高等财经类院校法学教育系列教材

经济法概论

INTRODUCTION TO ECONOMIC LAW

（第三版）

魏俊　朱福娟　主编

法律出版社
LAW PRESS·CHINA

编　委　会

主　　　编　魏　俊　朱福娟

副 主 编　夏凤英　蒋晓玲　郑　言

撰稿人名单（以姓氏笔画为序）

于金葵　王玉华　朱福娟

刘全顺　武善学　郑　言

姜沣格　夏凤英　梅云焕

蒋晓玲　魏　俊

主 编 介 绍

魏　俊　四川达州人。山东工商学院法学院副教授，法学硕士。现任中国法学会财税法学研究会理事、山东省财税金融法学研究会常务理事。近年来，出版学术专著2部，主持和参与编写教材5部，在国内期刊公开发表学术论文30余篇，主持和参与完成省部级项目6项。

朱福娟　山东蓬莱人。山东工商学院法学院副教授，法学硕士。近年来，参与编写学术专著2部，参与编写教材4部，在国内期刊公开发表学术论文近30篇，主持和参与完成各级各类项目7项。

副 主 编 介 绍

夏凤英　山东荣成人。山东工商学院法学院教授，法学硕士。现任山东省法学会民商法学研究会常务理事。近年来，出版学术专著2部，参与编写教材3部，在国内期刊公开发表学术论文30余篇，参与完成国家社会科学基金项目1项，主持和参与完成省部级项目6项。

蒋晓玲　辽宁大连人。山东工商学院法学院教授，法学硕士。现任山东省法学教育学研究会理事、烟台仲裁委员会仲裁员。近年来，合作出版学术专著2部，参与编写教材4部，在国内期刊公开发表学术论文30余篇，主持国家社会科学基金项目1项，主持完成省部级项目3项。

郑　言　山东章丘人。山东工商学院法学院副教授，法学硕士。近年来，主编教材1部，参与编写教材3部，在国内期刊公开发表学术论文10余篇，参与完成省部级科研项目6项。

第三版说明

《经济法概论》(第二版)自2015年4月修订出版以来,特别是党的十九大以来,我国经济形势发生了巨大变化,这些变化推动了我国经济立法和经济法学的进一步发展。教材所涉及的多部法律已经修改,原有教材不仅存在内容滞后、形式单一等问题,而且也不能很好适应新形势下学校办学目标定位的转变。为此,我们决定对《经济法概论》(第二版)进行修订。根据山东工商学院的实际情况和教材使用过程中发现的问题,本次修订对教材原有框架和体例做了较大调整,主要包括以下几个方面。

(1)新增部分内容。主要是根据教学需要,增加了"法律基础"作为第一编第一章。

(2)精简了部分内容。一是删除了部分章节内容,包括《经济法概论》(第二版)第四章(外商投资企业法律制度)、第六章第一节(物权法概述)、第十章第五节(房地产法律制度)、第十八章(企业国有资产法律制度)、第十九章(财政法律制度)及第二十二章(对外贸易法律制度)的内容。二是删除了每章所附的主要参考书目。

(3)突出定位与特色。将《经济法概论》(第二版)第四编"宏观调控法律制度"改为"财富管理法律制度"并作为第五编,同时将《经济法概论》(第二版)第十章第一节(商业银行法律制度)与第二十一章(金融调控法律制度)合并为第十七章(银行法律制度),《经济法概论》(第二版)第十章第二节(证券法律制度)、第三节(保险法律制度)、第四节(信托法律制度)独立成章。

(4)每一章内容前增加了本章知识结构图和引导案例,并在章节后面增加了复习思考题,在全书后面附有各章复习思考题的参考答案,以帮助学生学习和理解章节内容。

修订以后,《经济法概论》(第三版)内容由5编21章组成。修订过程中,各章节分工情况如下:魏俊(第一章、第五章、第七章)、朱福娟(第十七章、第二十章)、郑言(第四章、第十章、第十三章、第十四章、第十六章)、梅云焕(第三章、第十一章、第十二章、第十五章)、王玉华(第十八章、第二十一章)、姜沣格(第二章、第六章、第八章、第九章、第十九章)。在上述修订分工中,我们要求文责自负。

魏俊 朱福娟

2019年6月6日

目　录

第三编 市场运行法律制度

第四编 市场规制法律制度

第五编　财富管理法律制度

导　论

一、经济法是什么？

对于什么是经济法，许多学者从部门法划分的角度给出了自己不同的定义。作为一个新兴的法律部门，在发展过程中存在理论的争议是一种正常现象。基于本书的编写目的和主要适用对象的考虑，笔者不想在这里对经济法的学理概念作深入探讨，但既然是《经济法概论》教材，所以在一定程度上让读者对经济法有初步的了解和认识也是很有必要的。下面有关经济法的一些阐述，并非是从严格意义上或者从学理上给"经济法"这个概念下定义。

对于"经济法"这一概念，国内有学者从语言学的角度谈到了自己的一些理解，笔者认为，能帮助人们在一定程度上认识和了解经济法。从汉语言角度来看，"经济法"一词是一个偏正词组，由"经济"和"法"构成，这里的"经济"实质是"经济的"，作为限定词。要了解"经济法"，首先要了解什么是"经济"，什么是"法"。

那么，何谓"经济"？要从学理上给出"经济"一词的确切定义也是很复杂的事情。但从语义角度来讲，"经济"一词是由"经"和"济"两个字组成。"经"有"从上到下"或者"从古到今"的意思，有时也指"从北到南"，如在地理学上，我们把连接南北两极的线称为"经线"。在中国人的思想观念中，"古今之间""南北之间"在位置上是存在上下位之分的，所谓"古为上，今为下"，"北为上，南为下"。由此看来，"经"实际上是指一种不平等的、具有上下隶属性的纵向关系。而从构字法上来看，"济"由两部分组成，一边是"水"，另一边则是"齐"，所谓"齐平如水"，所以"济"的含义就是指"像水一样平"。因此，"济"实际上是指一种平等的横向关系。总而言之，从语义分析来看，"经济"实质上表达的是两种基本的社会关系，即纵向社会关系和横向社会关系。此外，"经济"一词还有"节约""经邦济世"等(管理国家)含义，英语中，"economic"既有"经济的"的含义，也包含"节约的"含义。

下面再从价值角度来分析一下"经济"所包含的两种社会关系。显而易见，"经"所代表的纵向关系体现的是一种从属和管理关系，这种关系之必要性在于它所具有的"效率"价值；而"济"所指的横向关系则体现为一种平等互助的关系，而这种关系之必要性在于它所具有的"公平"价值。所以，从价值角度来看，"经济"天然地蕴含着"效率"和"公平"两种基本的价值追求。但"经济"系统对"效率"和"公平"的价值追求并非是对等的，存在重"效率"、轻"公平"的现象。如果把"经济"系统比作一架天平，天平一边是"效率"，另一边是"公平"，这架天平则明显存在向"效率"一方倾斜的现象。古人在构词时把"经"放在前面，称"经济"而不叫"济经"，在冥冥中是否就是为了体现这个道理，我们当然不得而知。但天平有倾斜，"效率"和"公平"的不对等，并不必然导致天平无法维持平衡。事实上，如果"效率"和"公平"不是相差过大，即使存在不均等，天平还是可以维持一种在不均等条件下的平衡的；但如果相差过大，平衡就无法维持,而只能向一边倾倒。不幸的是,经济对效率的内在渴求,将不可避免地将“效率”和“公平”的差距拉大,在这种情况下,如果不及时采取措施,天平发生倾倒将是必然的。

那么,应当采取什么样的措施才可以维持这架“天平”的平衡?显然,依靠天平自身系统是无法维持的,必须借助外在的力量。经验告诉我们,当天平发生倾斜,若要维持其平衡,无外乎是增减天平两边的砝码,我们称为“加法”和“减法”。所谓“加法”,就是增加轻的一方的砝码,以使天平保持平衡;所谓“减法”,就是减少过重一方的砝码,同样也可以使天平保持平衡。但无论是“加法”还是“减法”,都必须依赖外在的力量予以实现,而这个外力就是“法”。

对于“法”来说,人们并不陌生。从一般意义上来讲,法是由国家制定或认可并通过国家强制力保障实施的一系列行为规范的总称。法也具有“公平”“效率”“秩序”等价值,但与“经济”不同,法的核心价值在于“公平”和“正义”,也可以说,在法的各种价值中,对“公平”的价值更为偏重。有意思的是,“法”字的左偏旁与前述“济”的左偏旁一样,也是“水”,有“平静如水”的含义,代表法对“公平”价值的追求。

市场经济是竞争的经济,为了追求效率,市场只能对竞争参与者一视同仁,无法也不可能实现差别对待。所谓“效率优先,兼顾公平”,就是人们对市场经济特点的高度概括。公平本身是相对的,市场优胜劣汰是规律使然,在一定程度上也是公平的一种体现。但客观上竞争参与者之间是存在差异的,这种差异集中体现在竞争能力的差别上,让市场强势群体和弱势群体在同一个平台上展开竞争,本身就是与实质公平相悖的。市场强势群体和弱势群体的差异不能被无限扩大,否则市场竞争自身终将难以为继。而市场自身并不具有防止这种差异无限度扩大的机制,这种机制只能来自市场之外的国家或政府。在现代市场经济国家,政府的权力受到法律的严格限制,因此,国家或政府之力作用于市场只能通过经济法律的手段来实现。

那么,“法”是如何作用于“经济”,并且使“经济”这架天平维持平衡的?权利与义务是“法”的核心。笔者认为,“法”作用于“经济”的机理就是法通过将经济活动过程中的权利和义务重新分配来实现“经济”天平的平衡的。从法律角度来说,前述所谓“加法”,就是指通过法律增加市场弱势群体一方的特别权利,以实现与强势群体实质公平的一种法律措施;所谓“减法”,就是指法律通过限制或减少市场强势群体一定权利(增加特定义务),以实现与弱势群体实质公平的一种法律措施。这是一个问题的两个方面。

因此,从不严格的意义来讲,经济法就是国家为了促进市场经济的健康运行,维持“效率”与“公平”的平衡,对市场进行干预或协调的一系列法律规范的总称。

二、经济法是我国社会主义市场经济法制体系的重要组成部分

(一)我国经济体制改革的目标是建立社会主义市场经济体制

党的十四大明确了我国经济体制改革的目标是建立社会主义市场经济体制。什么是社会主义市场经济?社会主义市场经济是以先进技术为主导的社会化、集约化、国际化、大生产的现代化市场经济,是以公有制经济为主、多种所有制经济共同发展,倡效率、竞争,崇公正、共同富裕的社会主义性质的市场经济。与传统计划经济相比,社会主义市场经济具有统一性、自由性、公正性、竞争性和可控性的特点。建立社会主义市场经济体制,就是要建立一种资源配置机制,在这种机制下,首先注重的是市场对资源配置的基础性作用,使经济活动遵循价值规律的要求,通过价格和竞争机制将资源配置到效益较好的环节中去,实现优胜劣汰,同时也要注

意计划手段的运用，主要表现为当市场对资源配置失效时，政府运用各种调控手段对市场进行及时的协调与控制。党的十六大提出了科学发展观的重要思想，“坚持以人为本，树立全面、协调、可持续的发展观，促进经济社会和人的全面发展”，“统筹城乡发展、统筹区域发展、统筹经济社会发展、统筹人与自然和谐发展、统筹国内发展和对外开放”，这一重要思想对我国如何建立社会主义市场经济具有方法论上的指导意义。

（二）社会主义市场经济是法治经济

社会主义市场经济是法治经济。资本主义国家发展市场经济的历史经验表明，为了维护市场竞争秩序，克服市场经济的盲目性，人们必须树立法律至上的理念，并建立一整套与市场经济相适应的法律加以规范、引导、制约和保障。尽管社会主义市场经济与资本主义市场经济存在本质的不同，但二者同属于市场经济，在反映市场经济共同规律的一般规则、具体制度上应该是相同的或大同小异的。法治是市场经济的共同特征，市场经济本质上就是法治经济。法治经济的基本内涵主要包括三个方面：一是树立社会主义市场经济法治观念；二是健全社会主义经济法制体系；三是良好的法律实施环境。

1. 树立社会主义市场经济法治观念

所谓法治观念，就是依照体现人民意志、反映市场经济规律的法律治理市场经济。树立社会主义市场经济法治观念就是要彻底摒弃人治思想，确立社会主义市场经济法律制度，使我国社会主义市场经济完全纳入法治轨道。树立社会主义市场经济法治观念，需要进一步树立法律制度是发展社会主义市场经济的根本，是治国安邦的根本，法律具有至高无上的权威，在法律面前人人平等的理念。

2. 健全社会主义经济法制体系

社会主义市场经济的建立与发展，必须有赖于相关法律制度的建立与健全。这不仅是市场经济客观规律的内在要求，也是国家社会稳定、政治稳定的客观需要，是我国社会主义市场经济与国际市场、国际经济接轨的客观需要。法治经济的具体表现，就是在社会经济活动中，各类经济主体的权利、义务和行为规则、政府行为等方面都以法律的形式予以全面规范，即一切经济活动法制化。而且只有建立完善的市场经济法律制度，使市场经济关系、经济运行和经济管理规范化、制度化，市场经济才能健康发展。

3. 良好的法律实施环境

没有完备的市场经济法律体系，市场经济就无所遵循，必然会出现混乱的无序状态。但有了市场经济法律制度之后，还必须确保其执行和遵守，这是健全市场经济法治的重要环节。有法不依、执法不严、违法不究，同样会导致市场经济的混乱。法治经济的基本要求就是要为市场经济的运行制定完备的法律制度，并保证在实际中得到严格的执行和遵守。

（三）社会主义市场经济法制体系的构成

维系市场经济健康运行需要一系列经济法律制度的综合作用和系统调整，这些经济法律制度构成了市场经济的法制体系。从一般意义上来讲，市场经济的法制基础，主要应该包括以下五个方面的基本制度。

1. 市场主体法律制度（又称为确认市场主体资格的法律制度）。社会主义市场过程发生的首要条件是存在市场参加者。这些在市场过程中追求自己利益的经济参加者，构成市场经济活动的法律主体。市场法律主体须符合以下要件:(1)他们是相互独立的人;(2)他们在法律地位上完全平等;(3)他们有相应的民事行为能力,能够从事民事法律行为;(4)他们有相应的民事责任能力,能够对自己行为的结果承担责任。符合这些条件的自然人或法人,没有行政依附,不存在因所有制不同而产生的身份差别,均能以真正独立、平等的市场主体资格进入市场并参与竞争。这与计划经济法律制度排斥市场、否定市场主体、禁止竞争是大相径庭的。市场经济是自主性经济,即承认和尊重市场主体意志的自主性,这就要求用法律来确认市场主体资格,明确自然人和法人作为市场主体资格必须具备的条件,明确产权、充分尊重和平等保护各类市场主体的财产权及其意志自由。同时还要规定市场主体的权利和义务、原则、保障权利的程序以及其作出法律行为需要承担的法律后果乃至法律责任。由于市场经济主体是通过契约发生关系的,因此,市场经济主体之间的地位是平等的,即平等地享受权利和履行义务,任何胁迫行为和欺诈行为在经济活动中都是无效的,为了确保这种地位的平等,就必须依赖主体制度加以规范,如果没有法律上的平等地位,市场经济主体之间的平等就失去了前提和保障。

2. 市场运行法律制度。充分尊重和保护财产权制度。社会主义市场不仅要有参加者,而且须有财产才能发生。这里所说的财产不是指社会公共财产,而是指市场参加者自己的财产。因此,社会主义市场经济法律制度的法制基础当然应包括充分尊重和保护市场主体财产权的法律制度。这与在计划经济法律制度条件下,强调所有制,而对法人、自然人的财产权的尊重和保护注重不够多不一样。市场经济的基础在于市场,在当代市场经济中,市场运行过程中的交换和分配活动的具体运作主要是通过市场主体之间经过自由、平等的协商所订立的契约来进行的。换言之,离开契约这一法律形式,市场经济就寸步难行。因此,契约是市场的法律原形,市场经济最重要的法律特征就是经济关系的契约化,在现代市场经济中,契约成为经济交往的主要形式,通过契约的形式来建立经济关系和实现资源配置,是市场经济不同于计划经济的最本质区别,而契约本身具有法律的约束力,也需要法律予以确认和保障。契约制度是市场运行最基本和核心的法律制度。维护合同自由制度。市场活动参加者既然是彼此相互独立、法律地位平等的自然人或法人,任何人均不能将自己的意志强加于他人,以迫使他人接受自己的交易条件,因此他们之间的关系唯有采取合同形式。合同法律制度构成市场经济最主要的法制基础,这与计划经济法律制度否定合同自由是不相同的。

3. 市场规制(秩序)法律制度。市场经济是竞争的经济,没有竞争也就没有市场经济。通过竞争实现优胜劣汰、合理配置资源,这是市场经济的优越性之一种表现。但竞争必须是公平、合法的竞争,否则市场机制就可能失灵或扭曲。在竞争过程中,竞争的行为是多种多样的,如果竞争手段被滥用,就会出现不正当竞争,使经济发展受到阻碍。有些竞争者为了挤垮竞争对手,手段无所不用,如采用制造假冒伪劣商品、虚假广告等不正当竞争手段,这必然会破坏竞争的公平性。此外,自由竞争的最终结果,必然会导致垄断,垄断以限制和排斥竞争为主要特征。当垄断出现的时候,市场竞争机制不复存在,市场对资源的优化配置功能丧失。无论是不正当竞争行为还是垄断行为都对市场秩序构成极大威胁,因此,反不正当竞争和反垄断以维护市场竞争秩序是市场经济的内在要求。有市场就有竞争,有竞争就需要维护自由、公平、公正的规则,并由它来规范各种交换和竞争行为。在社会主义现代化市场经济中必须有国家的适度干预。即使是历史上鼓吹自由放任主义最有力的经济学家,也认为政府应承担维护市场公正与秩序的职能,仅凭市场自发的机制是不可能保障市场秩序的。因此,社会主义市场经济要求适度的国家干预和宏观调控基本制度,以防止市场经济的自发性可能导致的滥用合同自由和各种违法行为。这同计划经济法律制度国家全面直接治理经济相去甚远。

市场竞争的有序性由法律来维护和保证,市场机制的运行要靠法治的保障。市场经济要求一切经济关系市场化,市场化的经济关系必然受价值规律、竞争规律、供求规律、优胜劣汰规律的调节和支配,这就决定了市场经济的运行必须遵循平等、自愿、等价、公平、诚实信用的原则。而每一个市场主体又都是具有独立利益的自然人和法人,并都以追求利益最大化为目标,这就必然会导致违背市场交易规则现象的发生,如果不及时得到妥善解决,就必然会导致市场规则的破坏和市场秩序的紊乱,进而危及市场经济的发展。这就需要有超脱于市场主体利害关系之外的市场法律规则体系,来保证市场机制有序和有效地运行。

4. 宏观调控法律制度。市场的功能不是万能的,其自身的缺陷必须要由国家的宏观调控来弥补。市场经济中的某些经济关系和经济问题,如经济总量供需平衡的经济结构协调,以及效率与公平、社会保障、共同富裕等问题,完全依靠市场是无能为力的,就必须依靠国家进行宏观调控和引导。所谓宏观调控,就是指国家从国民经济的全局出发,引导国民经济持续、快速、健康发展,推动社会全面进步,采取一系列符合市场经济发展规律的手段,实现对国民经济总体活动所进行的总体调节和控制。宏观调控的主体是国家,主要是通过政府来行使宏观调控职能,政府怎么行使才是真正的宏观调控而不是非法干预,这就必须依靠法律予以判断。

5. 社会保障法律制度。这是因为市场本身就意味着优胜劣汰,也可以说市场竞争是残酷的。对于那些竞争中的失败者尤其是劳动者,以及不具有竞争能力的老人、儿童和残疾者,应由社会提供物质保障。在没有社会保障的条件下提倡进入市场、公平竞争,不符合现代市场经济要求,不利于维护社会的安定。

(四)经济法是我国社会主义市场经济法制体系的重要组成部分

从部门法划分的角度来看,在上述五个方面的基本制度中,确认市场主体资格的法律制度和市场运行的法律制度主要归属于民商法体系,而市场规制(秩序)的法律制度、宏观调控法律制度以及劳动与社会保障制度按国内多数学者的观点属于经济法体系。由此可见,我国社会主义市场经济的法律调整,实际上是由多个法律部门共同作用形成的一个庞大体系,其中,民商法对市场经济的运行起着基础性的调整作用,而经济法对市场经济的健康运行发挥重要作用。我国社会主义市场经济法制体系主要由民商法和经济法两大法律部门构成,经济法是我国社会主义市场经济法制体系中一个十分重要的法律部门。

三、关于本书的体系说明

在体系安排上,除导论和第一编法律基础以外,本书由 4 个制度模块组成。即市场主体法律制度、市场运行法律制度、市场规制法律制度、财富管理法律制度,基本涵括了我国社会主义市场经济现行的主要法律制度。由于本书适用对象主要是财经类和经管类专业“经济法概论”限选课程的学生,并非一本法学专业的经济法学教材,因此,在体系安排上,并没有严格按照作为部门法分类上经济法学的体系安排教材的内容,而是打破了部门法划分的壁垒,站在我国社会主义市场经济法制体系的高度,注重民商法、经济法对市场经济运行的协同作用和系统综合调整,在此基础上形成本书的内容体系,目的是让非法学专业学生通过本书的学习,对我国社会主义市场经济现行的基本法律制度有一个系统了解。但需要说明的是,劳动与社会保障法律制度也是我国社会主义市场经济重要的和基本的法律制度,但由于课时安排、教材容量有限,没有将这部分内容纳入本书的编写范围。

综上所述,尽管本书名为《经济法概论》,但这里所使用的“经济法”概念,并非严格意义上的经济法学理概念,更多表达的是一种“有关经济的法律”的习惯称谓,有些“名不符实”。不当之处,敬请读者批评指正。

第一编　法律基础

第一章　法律基础

本章知识结构图

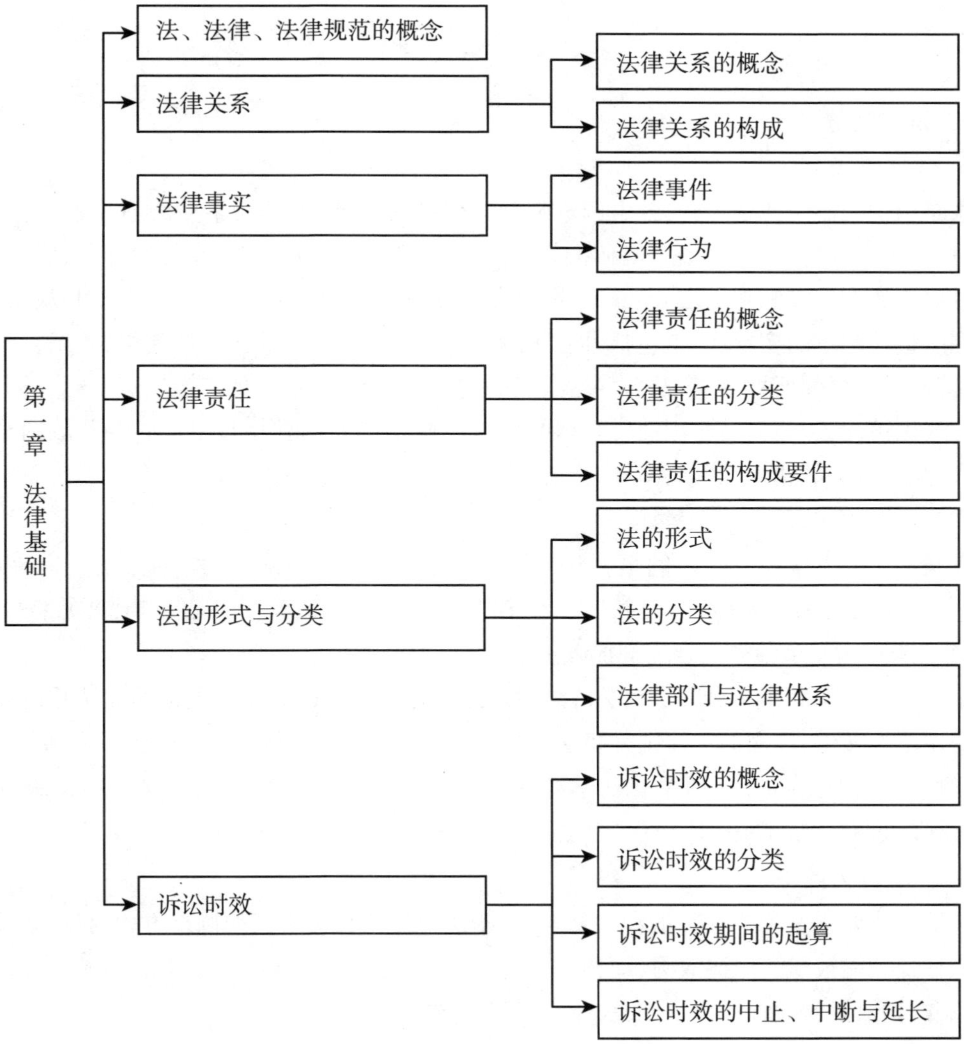

引导案例

某商场进行有奖销售活动，15 岁的儿子花 5 元人民币买了一瓶酸奶，中奖 6000 元，母亲和他一起去将奖金领回后由母亲保管，后来儿子偷偷从奖金中拿走 5000 元买了一台电脑，母亲想用这笔钱买化妆品时发现钱被儿子花了,于是去找商家想把钱退回来。

问题:

1. 儿子买酸奶的行为是否有效?所中奖金应该归谁所有?

2. 儿子买电脑的行为是否有效?母亲要求退货是否合理?

3. 母亲能否用这钱买化妆品?

4. 涉及哪些法律关系?

第一节 法、法律、法律规范

一、法和法律

(一)法的概念

法是由国家制定或认可的,并由国家强制力保证实施的,反映统治阶级意志的规范体系,它通过规定人们在社会关系中的权利和义务,确认、保护和发展有利于统治阶级的社会关系和社会秩序。法有广义和狭义之分。广义的法是指所有与规制和约束有关的现象和规则,既包括由国家机关制定的实定法,也包括具有规制和约束意义的其他规则,如党纪、政纪,厂规、帮规等,甚至还有民间所称的“家法”。狭义的法是指由国家机关制定的实定法。

在我国古代,法与刑是通用的,如夏朝之禹刑、商朝之汤刑、周朝之吕刑,春秋战国时期有刑书、刑鼎、竹刑,魏相李悝集诸国刑典,造(法经)六篇,改“刑”为“法”。

(二)法律的概念

在我国历史上很长一段时间里,“法”与“律”是通用的。在秦汉时期,改“法”为“律”,如“秦律”“汉律”“隋律”“唐律”“明律”“大清律”等。至清末民初,受日本影响,开始将“法”和“律”连起来作为一个独立的合成词加以使用。

法律也有狭义和广义之分。狭义的法律是指拥有立法权的国家机关依照立法程序制定和颁布的规范性文件;广义的法律则是指法的整体,即国家制定或认可,并由国家强制力保证实施的各种行为规范的总和。在我国法学辞书中或在一些法学著述中,通常又把广义的“法律”称为“法”,而将狭义的“法律”仍称为“法律”。本书对此不加以严格的区分。

(三)法的构成要素

法的构成要素又称为法律的构成要素,是指法律作为社会关系的调整方式出现,必须具备一定的形式才能被赋予法律效力,而构成这种形式所应具备的要素就是法的构成要素。一般来说,法的构成要素包括法律规则、法律原则和法律概念。

二、法律规范

(一)法律规范的概念及特征

法律规范又称为法律规则,是指通过法律条文表现出来的,规定社会关系参加者法律上的某种具体的权利和义务,具有严密的内在逻辑结构的特殊行为规则。法律规范是法的构成要素之一,与其他要素相比,具有微观指导性、可预测性,可操作性较强、确定性程度较高等特征。

人类社会需要有各种规范，如社会规范、技术规范、语言规范、运动规范等，法律规范只是社会规范中的一种。与其他社会规范相比，法律规范具有以下基本特征：

第一，法律规范是一种一般的行为规则，它使用同一标准；对处于其效力范围内的主体行为进行指导和评价，这一特点使其有别于任何个别性的调整措施。

第二，法律规范规定了一定的行为模式，是一种命令式的必须遵守的行为规则，这使它区别于不包含确定行为方案或仅具有倡导性的口号或建议。

第三，法律规范是由国家制定或认可的行为规范，具有强烈的国家意志性，这是它区别于其他社会规范的最基本特征。

第四，法律规范规定了社会关系参加者在法律上的权利和义务以及违反规范要求时的法律责任和制裁措施。

第五，法律规范有明确的、肯定的行为模式，有特殊的构成要素和结构，是一种高度发达的社会行为规则。所有这些特征使法律规范具有其他调整措施所不具备的品质，成为对社会关系进行法律调整的权威性根据。

（二）法律规范的种类

按照不同的标准，可以将法律规范划分为不同的类型。

1. 按照法律规范的行为模式的不同，可以分为授权性规范、义务性规范和禁止性规范。

（1）授权性规范。授权性规范是指规定人们可以为一定的行为或者不为一定的行为，以及可以要求他人为一定的行为或者不为一定的行为的法律规范。

（2）义务性规范。义务性规范是指规定人们必须积极作出一定行为的法律规范。

（3）禁止性规范。禁止性规范是指规定禁止人们作出一定行为或者必须不为一定行为的法律规范。禁止性规范也可以说是一种义务性规范。禁止性规范与义务性规范的区别在于：义务性规范是设定作为义务，禁止性规范却是设定不作为义务。

2. 按照法律规范强制性的程度，可以分为强制性规范和任意性规范。

（1）强制性规范。强制性规范是指法律规范所确定的权利和义务十分明确、肯定，不允许有任何方式的变更或违反的法律规范。强制性规范表现为义务性规范和禁止性规范两种形式，或者说义务性规范和禁止性规范绝大部分都属于强制性规范。

（2）任意性规范。任意性规范是指法律规范允许法律关系的参加者在一定范围内可以自行确定其权利和义务的法律规范。

3. 按法律规范内容的确定性程度的不同，可以分为确定性规范、委任性规范和准用性规范。

（1）确定性规范。确定性规范是指法律规范直接而明确地规定了行为规则的内容，适用时无须再援用其他的法律规范来补充或说明的法律规范。大多数法律规范是确定性规范。

（2）委任性规范。委任性规范是指法律规范没有明确规定行为规则的内容，而是授权由某一专门机构加以规定的法律规范。

（3）准用性规范。准用性规范是指没有明确规定行为规则内容，但明确指出可以援引其他的规则使本规则的内容得以明确。

第二节 法律关系

一、法律关系的概念

法律关系,是指法律在调整人们行为的过程中形成的特殊的权利和义务关系。或者说,法律关系是指被法律规范所调整的权利与义务关系。法律关系是以法律为前提而产生的社会关系,没有法律的规定,就不可能形成相应的法律关系。法律关系是以国家强制力作为保障的社会关系,当法律关系受到破坏时,国家会使用强制力进行矫正或恢复。

按照法律关系所赖以建立的法律规范所属的不同法律部门,可以划分为宪法法律关系、行政法法律关系、民事法律关系、刑事法律关系、诉讼法律关系等。法律关系由三要素构成,即法律关系的主体、法律关系的客体和法律关系的内容。

二、法律关系的主体

法律关系的主体,是指法律关系的参加者,即参加法律关系,依法享有权利和承担义务的当事人。其中,权利的享有者称为权利人,义务的承担者称为义务人。在我国,能够参与法律关系的主体包括自然人、法人、其他组织和国家。个体工商户、农村承包经营户与个人合伙属于特殊的自然人。

要成为法律关系的主体、享有权利和承担义务,就必须具有权利能力和行为能力。

(一)权利能力

权利能力,是指能够参与一定的法律关系,依法享有一定权利和承担一定义务的法律资格。它是法律关系主体实际取得的权利、承担义务的前提条件。我国《民法总则》第 13 条规定:“自然人从出生时起到死亡时止,具有民事权利能力,依法享有民事权利,承担民事义务。”该法第 14 条规定:“自然人的民事权利能力一律平等。”一般而言,法人的权利能力范围由法人成立的宗旨和业务范围所决定。

(二)行为能力

行为能力,是指法律关系主体能够通过自己的行为实际取得权利和履行义务的能力,包括独立取得和行使权利的能力,独立承担和履行义务的能力以及对自己的违法行为独立承担责任的能力。行为能力以法律所认可的权利能力为前提。

就自然人的民事权利能力和民事行为能力而言,具有民事权利能力只是自然人获得了参与民事活动的资格,但能否运用这一资格,还要受自然人的理智、认知能力等主观因素制约。因此,有民事权利能力者不一定有民事行为能力,两者确认的标准不同。根据年龄和精神状态,我国将自然人的民事行为能力划分为 3 种类型。

1. 完全民事行为能力。我国《民法总则》第 17 条规定:“十八周岁以上的自然人为成年人。不满十八周岁的自然人为未成年人。”该法第 18 条规定:“成年人为完全民事行为能力人,可以独立实施民事法律行为。十六周岁以上的未成年人,以自己的劳动收入为主要生活来源的,视为完全民事行为能力人。”

2. 限制民事行为能力。我国《民法总则》第 19 条规定："八周岁以上的未成年人为限制民事行为能力人，实施民事法律行为由其法定代理人代理或者经其法定代理人同意、追认，但是可以独立实施纯获利益的民事法律行为或者与其年龄、智力相适应的民事法律行为。"

3. 无民事行为能力。我国《民法总则》第 20 条规定："不满八周岁的未成年人为无民事行为能力人，由其法定代理人代理实施民事法律行为。"该法第 21 条第 1 款规定："不能辨认自己行为的成年人为无民事行为能力人，由其法定代理人代理实施民事法律行为。"

我国《民法总则》第 59 条规定："法人的民事权利能力和民事行为能力，从法人成立时产生，到法人终止时消灭。"

三、法律关系的内容

法律关系的内容是指法律关系主体所享有的权利和承担的义务，即法律权利和法律义务。权利和义务是法律调整的特有机制，是法律行为区别于道德行为最明显的标志，也是法律和法律关系内容的核心。

法律权利是指法律保护的某种利益，它表现为要求权利相对人可以怎样行为，必须怎样行为或不得怎样行为。法律义务则是指人们必须履行的某种责任，它表现为必须怎样行为和不得怎样行为两种方式。在法律调整状态下，权利是受法律保障的利益，其行为方式表现为意志和行为的自由；义务则是对法律所要求的意志和行为的限制，以及利益的付出。

四、法律关系的客体

法律关系的客体是指法律关系主体间权利和义务所指向的对象。归纳起来有以下几大类。

（一）物

法律意义上的物是指法律关系主体支配的、在生产上和生活上所需要的客观实体。它可以是天然物，也可以是生产物；可以是活动物，也可以是不活动物。作为法律关系客体的物与物理意义上的物，既有联系，又有不同，它不仅具有物理属性，也具有法律属性。物理意义上的物要成为法律关系客体，须具备以下条件：第一，应得到法律之认可；第二，应为人类所认识和控制，不可认识和控制之物（如地球以外的天体）不能成为法律关系客体；第三，能够给人们带来某种物质利益，具有经济价值；第四，须具有独立性。不可分离之物（如道路上的沥青、桥梁之构造物、房屋之门窗）一般不能脱离主物，故不能单独作为法律关系的客体而存在。至于哪些物可以作为法律关系的客体或可以作为哪些法律关系的客体，应由法律予以具体规定。在我国，大部分天然物和生产物可以成为法律关系的客体。但有以下几种物不得进入国内商品流通领域，成为私人法律关系的客体：(1) 人类公共之物或国家专有之物，如海洋、山川、水流、空气；(2) 文物；(3) 军事设施、武器（枪支、弹药等）；(4) 危害人类之物（如毒品、假药、淫秽书籍等）。

（二）行为

在众多法律关系中，其主体的权利和义务所指向的对象是行为。作为法律关系客体的行为是特定的，即义务人为满足权利人的利益要求而完成的行为，包括作为和不作为（又称积极行为和消极行为）。

（三）智力成果

智力成果，也称精神产品或无体财产。智力成果是人通过某种物体（如书本、砖石、纸张、胶片、磁盘)或由大脑记载下来并加以流传的思维成果。智力成果不同于有体物,其价值和利益在于物中所承载的信息、知识、技术、标识(符号)和其他精神文化。同时,它又不同于人的主观精神活动本身,它是精神活动的物化、固定化。

(四)人身

人身是由各个生理器官组成的生理整体(有机体)。它是人的物质形态,也是人的精神利益的体现。在现代社会,随着现代科技和医学的发展,使输血、植皮、器官移植、精子提取等现象大量出现;同时,也产生了此类交易买卖活动及其契约,带来了一系列法律问题。因此,人身不仅是人作为法律关系主体的承载者,而且在一定范围内成为法律关系的客体。但须注意的是:第一,活人的(整个)身体,不得视为法律上之"物",不能作为物权、债权和继承权的客体,禁止任何人(包括本人)将整个身体作为"物"而参与有偿的经济法律活动,亦不得转让或买卖。

在研究法律关系客体问题时,还必须看到,法律关系客体是一个历史的概念,其范围、形式、类型随着社会历史的不断发展而不断变化。总体来看,由于权利和义务类型的不断丰富,法律关系客体的范围和种类有不断扩大和增多的趋势。

第三节　法律事实

一、法律事实的概念

法律事实是指依法能够引起法律关系产生、变更、消灭的客观情况。法律事实的一个主要特征是它必须符合法律规范逻辑结构中假定的情况,只有当这种假定的情况在现实生活中出现时,人们才有可能依据法律规范使法律关系得以产生、变更和消灭。例如,结婚产生夫妻间的权利和义务关系,结婚即为法律事实;死亡引起婚姻法律关系的消亡、继承法律关系的产生,死亡即为法律事实。

根据是否与人的意志或者意识有关,法律事实分为法律事件和法律行为。

二、法律事件

法律事件是指法律规定的,不以人的意志为转移的能够引起法律关系产生、变更、消灭的客观情况。法律事件可以分为社会事件和自然事件,前者如社会革命、战争,后者如人的生老病死、地震、洪水等自然灾害。

事件发生后,有的事件依据法律会直接引起法律关系的演变,如人的出生、死亡,依据法律会直接引起抚养关系、法定继承关系,但有的法律事件发生后,依据法律并不能直接引起法律关系,如洪水发生后,致使某人受到损害,但若某人未与保险公司在此之前建立保险合同关系,就不可能直接引起保险赔偿关系。由此可见,有的事件发生后会依法直接成为法律事实,而有的事件发生后并不必然成为法律事实,从这个角度来讲,事件要成为法律事件有其法律前提——如在这个事实之前存在一个具体约定,如买卖合同、保险合同等,并且这种合同约定不违法。因此,一个事件发生后,由于它符合法律及当事方约定的情形,所以才成为法律事实。

三、法律行为

法律行为是法律事实的一种，是指能够引起法律关系产生、变更和消灭的人的有目的、有意识的活动（行为）。其主要形式包括口头形式、书面形式、推定形式和沉默形式。

按照不同的标准，可以对法律行为作不同的分类。

（一）单方法律行为和多方法律行为

单方法律行为，是指法律主体一方的意思表示即可成立的法律行为，如遗嘱、行政命令等；多方法律行为，是指有两个或两个以上的多方法律主体意思表示一致而成立的法律行为，如合同行为等。

（二）合法行为与违法行为

合法行为，是指符合现行法律规定的行为，如职工的录用、买卖合同的缔结等；违法行为，是指违反现行法律的行为，既包括作出了法律所禁止的行为，也包括不作法律所要求的行为。根据违法的性质和对社会危害的程度，违法行为又可以分为严重违法行为和一般违法行为。严重违法行为通常是指触犯刑法的行为，这种行为构成犯罪，属于依照法律应当受到刑罚处罚的违法行为；一般违法行为是指犯罪以外的违法行为，例如，违反民事法律应受到民事制裁的，属于民事违法行为；违反经济法规应依法追究其经济法上的责任的，属于经济法的违法行为；违反行政法规应受行政处罚的，属于行政法的违法行为。

（三）积极行为和消极行为

积极行为又称作为，是指以积极、主动作用于客体的形式表现的、具有法律意义的行为；消极行为又称不作为，是指以消极的、抑制的形式表现的、具有法律意义的行为。

（四）要式行为和非要式行为

要式行为，是指必须具备某种特定形式或程序才能成立的法律行为；非要式行为，是指无须特定形式或程序即能成立的法律行为。

（五）自主行为和代理行为

自主行为是指法律主体在没有其他主体参与的情况下以自己的名义独立从事的法律行为；代理行为是指法律主体根据法律授权或其他主体的委托而以被代理人的名义从事的法律行为，所产生的法律后果由被代理人承担。

第四节　法 律 责 任

一、法律责任的概念及其特征

（一）法律责任的概念

法律责任是法律义务履行的保障机制和法律义务违反的矫正机制，在整个法律体系中占有十分重要的地位。法律责任有广义和狭义之分，广义的法律责任是指任何组织和个人所负有的遵守法律、自觉维护法律尊严的义务；而狭义的法律责任仅是指违法者对违法行为所应承担的具有强制性的、不利的法律后果,即由于违反第一性义务而引起的第二性义务。

(二)法律责任的特征

法律责任具有以下特征:

1. 法律责任首先表示一种因违反法律上的义务(包括违约等)关系而形成的责任关系,它是以法律义务的存在为前提的;

2. 法律责任还表示为一种责任方式,即承担不利后果;

3. 法律责任具有内在逻辑性,即存在前因与后果的逻辑关系;

4. 法律责任的追究是由国家强制力实施或者潜在保证的。

二、法律责任的分类

根据违法行为所违反的法律的性质,可以将法律责任分为民事责任、行政责任、刑事责任、违宪责任和国家赔偿责任。

(一)民事责任

民事责任,是指由于违反民事法律、违约或者由于民法规定所应承担的一种法律责任,包括停止侵害、排除妨碍、消除危险、返还财产、恢复原状、修理、重作、更换、赔偿损失、支付违约金、消除影响、恢复名誉、赔礼道歉等。

(二)行政责任

行政责任,是指因违反行政法规定或因行政法规定而应承担的法律责任,包括行政处分(内部制裁措施)、行政处罚两种。其中,行政处分包括警告、记过、记大过、降级、撤职、开除。行政处罚包括警告、罚款、没收违法所得、没收非法财物、责令停产停业、暂扣或吊销许可证、暂扣或者吊销执照、行政拘留,以及行政法规规定的其他行政处罚。

(三)刑事责任

刑事责任,是指行为人因其犯罪行为所必须承受的,由司法机关代表国家所确定的否定性法律后果,包括主刑和附加刑。其中,主刑包括管制、拘役、有期徒刑、无期徒刑、死刑;附加刑包括罚金、剥夺政治权利、没收财产、驱逐出境。

(四)违宪责任

违宪责任,是指由于有关国家机关制定的某种法律、法规、规章,或有关国家机关、社会组织或公民从事了与宪法规定相抵触的活动而产生的法律责任。

(五)国家赔偿责任

国家赔偿责任,是指在国家机关行使公权力时由于国家机关及其工作人员违法行使职权所引起的由国家作为承担主体的赔偿责任。

此外,还可以根据其他标准对法律责任进行分类。例如,根据主观过错在法律责任中的地位,可以将法律责任分为过错责任、无过错责任和公平责任;根据行为主体的名义,分为职务责任和个人责任;根据追究责任的目的,分为补偿性责任和惩罚性责任等。

三、法律责任的构成要件

法律责任的构成要件,是指构成法律责任必须具备的各种条件或必须符合的标准,它是国家机关要求行为人承担法律责任时进行分析、判断的标准。根据违法行为的一般特点,法律责任的构成要件一般包括法律责任主体、过错、违法行为、损害事实和因果关系5个方面。

（一）主体

法律责任主体是指违法主体或者承担法律责任的主体。一般情况下，责任主体就是违法主体，但并非完全等同。

（二）违法行为

违法行为是指违反法律所规定的义务、超越权利的界限行使权利以及侵权行为的总称，一般认为违法行为包括犯罪行为和一般违法行为。

（三）损害事实

损害事实是指受到的损失和伤害的事实，包括对人身、对财产、对精神（或者三方面兼有）的损失和伤害。

（四）过错

过错是指承担法律责任的主观故意或者过失。

（五）因果关系

因果关系是指行为与损害之间的因果关系，它是存在于自然界和人类社会中的各种因果关系的特殊形式。

第五节　法的形式与分类

一、法的形式

法的形式，亦称法的渊源，是指法的具体的外部表现形态。

我国法的形式主要有：宪法、法律、行政法规、地方性法规、自治法规、特别行政区的法律、行政规章、国际条约与惯例等。

（一）宪法

宪法由国家最高权力机关——全国人民代表大会制定，是国家的根本大法，具有最高的法律效力。

（二）特别行政区基本法

特别行政区在我国有香港特别行政区和澳门特别行政区，根据我国《宪法》的规定享有特殊的法律地位。关于特别行政区基本法的合宪性，尽管基本法与我国《宪法》规定的国家根本制度不同，但由于基本法规定的国家对特别行政区的政策和制度是我国《宪法》允许的，所以不存在同我国《宪法》相抵触的问题。

（三）法律

法律包括基本法律（全国人民代表大会制定和修改）、基本法律以外的法律（全国人民代表大会常务委员会制定和修改）。另外，全国人民代表大会及其常务委员会还有权就有关问题作出规范性决议或决定，它们与法律具有同等地位和效力。

(四)行政法规

行政法规是由国家最高行政机关——国务院制定、发布的规范性文件。

(五)地方性法规

省、自治区、直辖市的人民代表大会及其常务委员会在与宪法、法律和行政法规不相抵触的前提下,可以根据本地区情况制定、发布规范性文件即地方性法规。

(六)自治条例、单行条例

自治条例,是指民族自治地方的人民代表大会根据宪法和法律的规定,并结合当地民族政治、经济和文化特点制定的有关管理自治地方事务的综合性法规。单行条例,是指民族自治地方的人民代表大会及其常务委员会在自治权范围内,依法根据当地民族的特点,针对某一方面的具体问题而制定的法规。根据我国《宪法》和法律的规定,自治区制定的自治条例和单行条例须报全国人大常委会批准后才能生效;自治州、自治县制定的自治条例和单行条例,须报省或者自治区的人大常委会批准后生效,并报全国人大常委会备案。

(七)行政规章

行政规章分为部门规章(也称部委规章)和政府规章(也称地方规章)两种。政府规章除不得与我国《宪法》、法律和行政法规相抵触,还不得与上级和同级地方性法规相抵触。行政规章在法院审理行政案件时仅起参照作用。

(八)国际条约与惯例

根据我国法律的规定,我国缔结或参加的国际条约,如果同我国有关涉外经济合同的法律有不同规定的,适用国际条约的规定,但我国声明保留的条款除外。此外,在适用我国法律的情况下,如果我国法律没有解决有关涉外合同争议的相应规定,则可以适用国际惯例。

需要注意的是,我国不实行判例制度,最高人民法院所作的判决书只是一种非规范性法律文件,不能作为法的形式。

二、法的分类

根据不同的标准,可以对法作不同的分类。

(一)成文法和不成文法

这是以法的创制方式和表现形式为标准对法所作的分类。成文法又称制定法,是指有立法权或立法性职权的国家机关制定或认可的以规范化的成文形式出现的规范性法律文件。不成文法是指由国家有权机关认可的、不具有文字形式或虽有文字形式但却不具有规范化成文形式的法,一般是指习惯法。

(二)根本法和普通法

这是以法的内容、效力和制定程序为标准对法所作的分类。根本法,即我国《宪法》,是指在一个国家中,规定国家的最根本的经济、政治和社会制度,公民的基本权利和义务以及国家机构组织和活动的基本原则,具有最高的法律地位和效力,制定、修改需要经过特别的程序。普通法,其内容一般是调整某一或者某些社会关系,效力低于根本法,制定和修改必须符合根本法,程序较根本法简单。

(三)实体法和程序法

这是以法的内容为标准对法所作的分类。实体法是指按照法律规定的内容不同予以划分的一种法律类别，规定主要权利和义务的法律。程序法是指保障实体法所规定的权利义务关系的实现而制定的诉讼程序的法律，又称诉讼法。

（四）一般法和特别法

这是以法的空间效力、时间效力或对人的效力为标准对法所作的分类。一般法是指在一国范围内，对一般的人和事有效的法。特别法是指在一国的特定地区、特定期间或对特定事件、特定公民有效的法。在一般情况下，在同一领域，法律适用遵循特别法优于一般法的原则。

（五）国内法和国际法

这是以法的主体、调整对象和形式为标准对法所作的分类。国内法是指由特定的国家创制的并适用于本国主权所及范围内的法律。国际法又称国际公法，是指调整国家间权利义务关系的法律规范的总称，包括条约、国际习惯法和为各国承认的一般法律原则。在处理国际法与国内法关系问题时，我国在参与制定国际法规则时，原则上要根据和考虑本国国内法的规定和立场；而在制定国内法时，需要充分考虑和尊重所承担的国际法义务，力争使二者协调互补、有机配合。

（六）公法和私法

这是大陆法系最基本的法的分类，是以法律运用的目的为标准对法所作的分类，有一定的争议。公法主要是指关于国家或国家与个人之间权利义务关系的法律部门的总和。公法以行政法和刑法为核心。私法主要是指关于个体与个体之间权利义务关系的法律部门的总和。私法以民法和商法为核心。

三、法律部门与法律体系

法律部门亦称部门法，是指根据一定的标准和原则对一国现行全部法律规范所作的分类。法律体系是指一国的部门法体系，即由若干法律部门组成的有机联系的整体。法律部门是构成法律体系的基本单位。

根据法律所调整的社会关系以及调整方法的不同，可以将我国法律体系划分为以下主要的法律部门：宪法、行政法、民商法、经济法、劳动与社会保障法、文教科技法、自然资源与环境保护法、刑法、诉讼法、军事法。

第六节 诉 讼 时 效

一、诉讼时效的概念

诉讼时效是为了督促权利人及时行使权利，如果权利人在诉讼时效内不行使权利，诉讼时效过了以后不再享有胜诉权。我国《民法总则》第192条第1款规定，诉讼时效期间届满的，义务人可以提出不履行义务的抗辩。

二、诉讼时效的分类

诉讼时效按其适用范围和时效期间长短的不同，可以分为普通诉讼时效、特别诉讼时效和最长诉讼时效。

(一)普通诉讼时效

普通诉讼时效是指在一般情况下普遍适用的时效,这类时效不是针对某一特殊情况规定的,而是普遍适用的。如我国《民法总则》第 188 条第 1 款规定:“向人民法院请求保护民事权利的诉讼时效期间为三年。法律另有规定的,依照其规定。”这表明,我国一般民事诉讼的普通诉讼时效为 3 年。

(二)特别诉讼时效

特别诉讼时效是指针对某些特定的民事法律关系而制定的诉讼时效。特殊时效优于普通时效,也就是说,凡有特殊时效规定的,适用特殊时效。如前述我国《民法总则》第 188 条第 1 款的规定。根据我国相关法律规定,特别诉讼时效主要包括以下情形:

1. 因身份受到伤害要求赔偿的,诉讼时效期间为 1 年;
2. 因环境污染而造成身体伤害的,诉讼时效期间为 3 年;
3. 出售质量不合格的商品未声明的诉讼时效期间为 1 年;
4. 因产品存在缺陷而造成损害的,诉讼时效期间为 2 年;
5. 延付或者拒付租金的、寄存财物被丢失或者损毁的,诉讼时效期间为 1 年;
6. 涉外合同纠纷的诉讼时效期间为 4 年;
7. 海上货物运输损害请求赔偿的诉讼时效期间为 1 年;
8. 其他法律另有规定的情形。

(三)最长诉讼时效

我国《民法总则》第 188 条第 2 款规定,自权利受到损害之日起超过 20 年的,人民法院不予保护。即从权利被侵害后超过 20 年,无论当事人是否知道权利被侵害的事实或侵权人,都不再受法律保护。

三、诉讼时效期间的起算

我国《民法总则》第 188 条第 2 款规定:“诉讼时效期间自权利人知道或者应当知道权利受到损害以及义务人之日起计算。法律另有规定的,依照其规定……”

此外,根据我国《民法总则》第 189 条、第 190 条及第 191 条的规定,当事人约定同一债务分期履行的,诉讼时效期间自最后一期履行期限届满之日起计算;无民事行为能力人或者限制民事行为能力人对其法定代理人的请求权的诉讼时效期间,自该法定代理终止之日起计算;未成年人遭受性侵害的损害赔偿请求权的诉讼时效期间,自受害人年满 18 周岁之日起计算。

四、诉讼时效的中止、中断和延长

(一)诉讼时效的中止

诉讼时效的中止是指在诉讼时效期间进行中,因一定法定事由(不可抗力或者其他障碍)的发生阻碍了权利人行使其请求权,暂时停止时效的计算,待阻碍事由消除后,时效期间继续计算。我国《民法总则》第 194 条规定,在诉讼时效期间的最后 6 个月内,因下列障碍,不能行使请求权的,诉讼时效中止。

1. 不可抗力;
2. 无民事行为能力人或者限制民事行为能力人没有法定代理人,或者法定代理人死亡、丧失民事行为能力、丧失代理权;

3. 继承开始后未确定继承人或者遗产管理人；

4. 权利人被义务人或者其他人控制；

5. 其他导致权利人不能行使请求权的障碍。

（二）诉讼时效的中断

诉讼时效的中断是指在诉讼时效期间进行中，因发生一定的法定事由，致使已经过时效期间的统归无效，待时效中断的事由消除后，诉讼时效期间重新起算。我国《民法总则》第 195 条规定，有下列情形之一的，诉讼时效中断，从中断、有关程序终结时起，诉讼时效期间重新计算。

1. 权利人向义务人提出履行请求；

2. 义务人同意履行义务；

3. 权利人提起诉讼或者申请仲裁；

4. 与提起诉讼或者申请仲裁具有同等效力的其他情形。

（三）诉讼时效的延长

诉讼时效延长是指人民法院查明权利人在诉讼时效期间确有法律规定之外有正当理由而未行使请求权的，适当延长已完成的诉讼时效期间。我国《民法总则》第 188 条第 2 款规定，有特殊情况的，人民法院可以根据权利人的申请决定延长。

复习思考题

一、名词解释

1. 法；2. 法律关系；3. 法律行为；4. 法律责任；5. 诉讼时效。

二、单项选择

1. 在我国，制定行政法规的机关是（　　）。

A. 国务院　　B. 全国人民代表大会

C. 国务院各部、委、局　　D. 全国人民代表大会常务委员会

2. 法律为人们的行为提供了模式、标准、样式和方向。这体现的是法律的（　　）。

A. 概括性特征　　B. 普遍性特征

C. 规范性特征　　D. 严谨性特征

3. 我国《宪法》规定："中华人民共和国劳动者有休息的权利。"此规定属于法律规范中的（　　）。

A. 委托性法律规范　　B. 命令性法律规范

C. 禁止性法律规范　　D. 授权性法律规范

4. 全国人民代表大会常务委员会对宪法和法律的解释是（　　）。

A. 立法解释　　B. 司法解释

C. 行政解释　　D. 学理解释

5. 能够直接引起法律关系产生、变更和消灭的条件或情况是（　　）。

A. 法律权利　　B. 法律义务
C. 法律后果　　D. 法律事实

6. 在我国的法律监督体系中,从国务院到地方各级人民政府的法律监督是(　　)。
A. 社会性的监督　　B. 国家权力机关的监督
C. 国家行政机关的监督　　D. 国家司法机关的监督

7. 规定国家制度和社会制度的基本原则,集中表现各种政治力量对比关系,保障公民基本权利和义务的国家根本法是(　　)。
A. 宪法　　B. 民法
C. 刑法　　D. 行政法

8. 全国人民代表大会是由(　　)。
A. 各省、市、县的人民代表大会选出的代表组成
B. 各省、市、县的人民代表大会和军队选出的代表组成
C. 各省、自治区、直辖市的人民代表大会选出的代表组成
D. 各省、自治区、直辖市的人民代表大会和军队选出的代表组成

9. 决定我国香港特别行政区、澳门特别行政区的设立及其制度的国家机关是(　　)。
A. 国务院　　B. 中央军事委员会
C. 全国人民代表大会　　D. 全国人民代表大会常务委员会

10. 在诉讼时效期间的最后6个月内,因不可抗力或者其他障碍不能行使请求权的,则诉讼时效(　　)。
A. 终结　　B. 中止
C. 中断　　D. 延长

三、多项选择

1. 下列关于法的描述正确的是(　　)。
A. 法是人类社会发展到一定历史阶段的产物
B. 法体现的是全体社会成员的共同意志
C. 法的产生有其深刻的经济根源和阶级根源
D. 法的内容主要决定于社会政治条件

2. 按照法的内容和法的效力大小,可将法分为(　　)。
A. 宪法性法律　　B. 普通性法律
C. 组织性法律　　D. 程序性法律
E. 全国性法律

3. 下列法律事实属于行为的有(　　)。
A. 买台彩电　　B. 赠送别人一套房屋
C. 订立合同　　D. 火灾
E. 地震

4. 我国《宪法》规定,我国行使国家立法权的机关是(　　)。
A. 国家主席　　B. 国务院

C. 全国人民代表大会　　D. 全国人大常务委员会

E. 中共中央委员会

5. 无民事行为能力人包括(　　)。

A. 精神病人　　B. 不能完全辨认自己行为的精神病人

C. 未满8周岁的人　　D. 不能辨认自己行为的精神病人

6. 由被代理人与代理人负连带责任的情况有(　　)。

A. 委托书授权不明

B. 被代理人知道代理人的代理行为违法而不表示反对

C. 代理人无权代理

D. 代理人知道被委托代理的事项违法仍然进行代理活动的

第二编　市场主体法律制度

第二章　公司法律制度

本章知识结构图

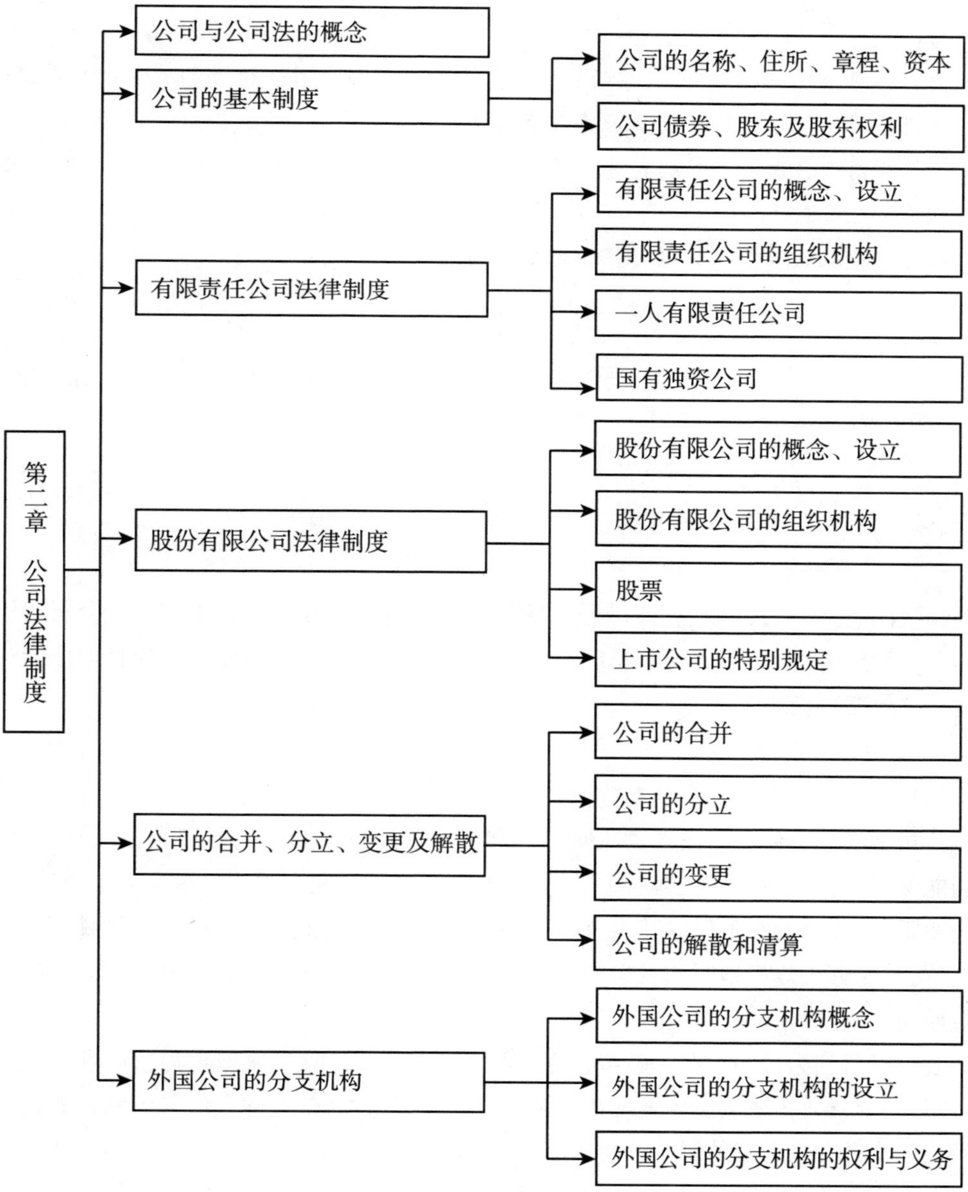

引导案例

甲、乙、丙、丁、戊拟共同组建一家有限责任性质的饮料公司,注册资本为200万元。其中,甲、乙各以货币60万元出资;丙以实物出资,经评估机构评估为20万元;丁以其专利技术出资,作价50万元;戊以劳务出资,经全体出资人同意作价10万元。公司拟不设董事会,由甲任执行董事;不设监事会,由丙担任公司的监事。饮料公司成立后经营一直不景气,已欠A银行贷款100万元未还。经股东会决议,决定把饮料公司唯一盈利的保健品车间分出去,另成立有独立法人资格的保健品厂。后饮料公司增资扩股,乙将其股份转让给大北公司。1年后,保健品厂也出现严重亏损、资不抵债,其中,欠B公司货款达400万元。

问题:

1. 饮料公司组建过程中,各股东的出资是否存在不符合公司法的规定之处?为什么?

2. 饮料公司的组织机构设置是否符合公司法的规定?

3. 饮料公司设立保健品厂的行为在公司法上属于什么性质的行为?设立后,饮料公司原有的债权债务应如何承担?

4. 乙转让股权时应遵循股权转让的何种规则?

第一节 公司及公司法概述

一、公司的概念、特征及其分类

(一)公司的概念

根据我国《公司法》的规定,公司是指"依照本法在中国境内设立的有限责任公司和股份有限公司"。该条是关于公司形式的规定。笔者将公司界定为:公司是以营利为目的而依法设立的具有法人资格的商事组织。

(二)公司的特征

公司具有以下三个方面的基本特征。

1. 公司是法人。公司的法人属性使公司财产与公司成员的个人财产完全区别开来,从而使公司能够以自己的名义独立地从事民事活动、享受民事权利和承担民事义务。与独资企业、合伙企业不同,公司的股东仅以其出资额为限对公司的债务承担清偿责任,即承担有限责任。因此,公司就能够大规模地吸收社会资金,形成严密的企业组织,造就专门的管理层,实现资源的高效使用。

2. 公司以营利为目的。在一般情况下,可以把营利目的简单地理解为获取利润。也就是说,公司是一个营业实体。主要表现在,首先,公司拥有营业财产,即人们为营利目的而通过投资、借贷、积累等方式形成的属于公司的有组织财产;其次,公司从事营业活动,即公司以营利为目的而运用营业财产所从事的各种生产经营活动。

3. 公司依法成立。所谓依法成立包括三层含义:第一,公司成立应依据专门的法律,即公司法和其他有关的特别法律、行政法规;第二,公司成立应符合公司法规定的实质要件;第三,公司成立须遵循公司法规定的程序,履行规定的申请和审批登记手续。

(三)公司的分类

依据不同的划分标准,公司可以作如下分类。

1. 根据出资人的责任形式不同,历史上有无限公司、两合公司、股份两合公司、有限责任公司和股份有限公司5种公司类型。

(1)无限公司,是指二人以上股东所组成,股东对公司债务负连带无限责任的公司。所谓连带无限责任,是指公司财产不足清偿其债务时,股东应以其个人财产清偿公司债务;在这种情况下,公司的债权人有权请求公司股东中的任何一人或数人承担全部清偿责任。

(2)两合公司,是指由无限责任股东和有限责任股东共同组成的公司。前者对公司债务负连带无限责任,后者仅以其出资额对公司的债务负有限责任。两合公司实为无限公司的"变种",其无限责任股东经营企业,有限责任股东仅提供资本和分享利润,不参与公司事务。

(3)股份两合公司,是指由无限责任股东和有限责任股东所组成的公司。股份两合公司的资本分为等额股份,公开发行股票,由无限责任股东和有限责任股东认购。有限责任股东以其认购的股份对公司承担有限责任,无限责任股东则对公司债务负连带无限清偿责任。股份两合公司是借"两合公司"之名行股份有限公司之实。

(4)有限责任公司,是指由法定数量的股东组成,股东对公司债务所负的责任仅以其出资额为限的公司。

(5)股份有限公司,是指由法定数量的股东组成,全部资本分为等额股份,股东以其所认购的股份为限对公司债务承担责任的公司。

随着公司制度的发展,有些公司类型已经趋于消亡。所以,我国公司法只规定了两种公司,即有限责任公司和股份有限公司。

2. 根据公司组织管辖系统的不同,可分为本公司和分公司。本公司在实践中常常被称作总公司,是指一个公司法人的总机构。而分公司则是本公司管辖之下的分支机构,没有单独的法人资格,其民事责任由本公司承担。分公司可以在本公司授权范围内以自己名义进行业务活动,也可以代表本公司进行诉讼,但其行为和诉讼的效力当然地及于本公司。

3. 依据公司间的控制与依附关系,可分为母公司和子公司。当一个公司拥有另一个公司的相对多数股份因而能够对其加以实际控制时,前者为母公司,后者为子公司。子公司具有法人资格,依法独立承担民事责任。一个母公司可以拥有若干个子公司,一个子公司又可以成为别的公司的母公司。通过这种层层控股的办法,可以吸收大量资金,从而形成庞大的企业集团。

4. 依据公司国籍的不同,可分为本国公司和外国公司。在我国,凡是依照中国法律在中国境内登记成立的公司,都是本国公司。依照外国法律在中国境外登记成立的公司,则为外国公司。因此,外商在中国设立的中外合资经营企业、中外合作经营企业和外商独资企业,都是中国公司。但是,外国公司在中国境内设立的分支机构,不具有中国法人资格,不属于中国公司。

二、公司法的概念和特征

(一)公司法的概念

公司法是规定公司法律地位,调整公司组织关系,规范公司在设立、变更与终止过程中组织行为的法律规范的总称。公司法的概念有广义与狭义之分,狭义的公司法,仅是指专门调整公司问题的法典;广义的公司法,除包括专门的公司法典外,还包括其他法律、法规、行政规章、司法解释中有关调整公司组织关系、规范公司组织行为的法律规范。

我国由1993年12月29日第八届全国人大常委会第五次会议通过并颁布了《公司法》,该法自1994年7月1日起施行。此后,《公司法》于1999年、2004年、2005年、2013年、2018年先后进行了5次修改,修改以后的《公司法》于2018年10月26日起施行。

(二)公司法的特征

与其他法律相比,我国《公司法》具有以下特征:

1. 组织法和行为法相结合。公司法确立了公司的法律地位,对公司必须设置的组织机构及其权限作了详细规定,以此调整公司内部关系,具有组织法的特征。同时,公司法又具体规定了公司和股东在公司设立、变更、解散、经营管理、利润分配以及对外活动的权利义务,是公司的行为准则。因此,公司法又是行为法。

2. 强制性与任意性相结合。国家制定公司法,目的在于规范公司的组织和行为,保护公司、股东和债权人的合法权益,维护社会主义经济秩序。因此,公司法中规定了许多强制性规范。同时,为了使公司在激烈的市场竞争中有一定的灵活性,公司法又允许公司和股东在法定范围内,对权利义务有选择的自由,规定了一些任意性条款。

3. 国内性与国际性相结合。公司是世界各国普遍采用的一种企业组织形式,各国在公司立法中都十分重视借鉴吸收国外公司立法的先进经验,注意在基本概念和基本模式上与各国大体保持一致,使之具有普遍适用性,以适应和促进国际经济技术的合作与交流。因此,作为国内法的公司法,又呈现出一定的国际性。

第二节　公司的基本制度

一、公司名称和住所

(一)公司名称

公司名称是公司法律人格的文字符号,是其区别于其他公司、企业的识别标志。公司名称具有标志性、排他性和财产性的特征。根据我国《公司法》《公司登记管理条例》《企业名称登记管理规定》等的规定,公司名称应当依次包括以下几层含义。

1. 所属的行政区划名称,即注册机关的行政管辖级别和行政管辖范围。也就是公司所在地的省、市或县行政区划的名称;在国家工商行政管理总局注册的,可以冠以"中华""中国""国际"等字样;在省工商行政管理局注册的,可以冠以"某某省"字样,以此类推。

2. 字号,即公司的特有名称,一般由两个或者两个以上的汉字或者少数民族文字组成。这是由当事人自主选定的,也是公司具有标志性、排他性的重要内容。当事人在选定字号时,也要遵守相关规定。

3. 行业特点,即显示公司的业务和经营特点,所属行业的属性,如化工、医药等。

4. 公司的组织形式。根据我国《公司法》第 8 条的规定,有限责任公司必须在公司名称中标明“有限责任公司”或者“有限公司”字样;股份有限公司必须在公司名称中标明“股份有限公司”或者“股份公司”字样。此外,根据《企业名称登记管理规定》的有关规定,企业设立分支机构的,企业及分支机构的名称应当符合有关要求。如在企业名称中使用“总”字的,必须下设 3 个以上分支机构;不能独立承担民事责任的分支机构,其名称应当冠以其所从属的企业名称,缀以“分公司”“分厂”“分店”等字样。公司只能使用一个名称,经公司登记机关核准登记的公司名称受法律保护。

（二）公司住所

公司住所是公司进行经营活动的中心场所,同时也是发生纠纷时确定诉讼及行政管辖的依据,是向公司送达文件的法定地址。一个公司可以有多个经营场所,但登记的住所只能有一个。根据我国《公司法》第 10 条和《民法通则》第 39 条的规定,公司以其主要办事机构所在地为住所。公司的住所应当在其公司登记机关辖区内。

二、公司章程

（一）公司章程的概念和特征

公司章程是指由发起设立公司的投资者制定,并对公司、股东、公司经营管理人员具有约束力的,调整公司内部组织关系和经营行为的自治规则。章程是公司设立的必备条件。公司章程具有以下几方面特点。

1. 法定性。法定性是指公司章程的制定、内容、效力和修改均由公司法明确规定。公司章程的法定性主要表现在,公司章程的制定、内容、效力、修改权限和程序都由法律直接规定,公司章程必须登记。

2. 公开性。公司章程记载的所有内容都是可以公开的、为公众所知悉的。而且公司和公司登记机关应当采取措施,方便公司的股东、潜在的投资者、债权人以及潜在的交易对象以不同的方式从不同的途径了解公司章程的内容。

3. 自治性。公司章程由发起设立公司的投资者制定,是公司的自治规则。公司章程的自治性体现了公司经营自由的精神,强调的是公司章程的对内效力。但公司章程自治是以不违反法律、行政法规为前提的,要经过有关政府部门必要的形式审查甚至是实质审查,因此,公司章程的自治性又是相对的。

（二）我国《公司法》规定公司章程的记载内容

公司章程的内容即公司章程记载的事项。我国《公司法》对有限责任公司和股份有限公司的公司章程的内容分别作了规定。例如,我国《公司法》第 25 条规定,有限责任公司公司章程应当载明下列事项:(1)公司名称和住所;(2)公司经营范围;(3)公司注册资本;(4)股东的姓名或者名称;(5)股东的出资方式、出资额和出资时间;(6)公司的机构及其产生办法、职权、议事规则;(7)公司法定代表人;(8)股东会会议认为需要规定的其他事项。股东应当在公司章程上签名、盖章。我国《公司法》第 81 条规定,股份有限公司的公司章程应当载明下列事项:(1)公司名称和住所;(2)公司经营范围;(3)公司设立方式;(4)公司股份总数、每股金额和注册资本;(5)发起人的姓名或者名称、认购的股份数、出资方式和出资时间;(6)董事会的组成、职权和议事规则;(7)公司法定代表人;(8)监事会的组成、职权和议事规则;(9)公司利润分配办法;(10)公司的解散事由与清算办法;(11)公司的通知和公告办法;(12)股东大会会议认为需要规定的其他事项。

(三)公司章程的效力

公司章程是公司的内部规章,因此,只有在公司已经依法成立以后,才发生法律效力。我国《公司法》第11条规定:“设立公司必须依法制定公司章程。公司章程对公司、股东、董事、监事、高级管理人员具有约束力。”因此,公司章程的效力表现在三个方面:一是对公司的约束力;二是对股东的约束力;三是对董事、监事、高级管理人员的约束力。

三、公司资本

(一)公司资本的概念和特点

公司资本,又称股本,是指公司成立时公司章程规定的由股东出资构成的财产总额。该界定表明,公司资本是公司自有的独立财产,源于股东的出资,是在公司成立时由章程予以规定的,是一个确定不变的、抽象的财产数额。

(二)公司资本三原则

所谓资本的原则,是指根据有关国家公司法关于公司资本的法律规定,对其加以综合和归纳而总结出的关于公司资本制度所应遵循的法律原则。公司资本三原则具体是指资本确定原则、资本维持原则、资本不变原则。

资本确定原则是指在公司设立时,公司的资本总额必须在公司章程中确定,并由全体股东认缴,或者公司的股份须全部认足或募足,否则公司不得成立。资本维持原则是指在公司存续过程中,公司至少须经常保持相当于公司注册资本额的财产,也就是说,公司须以具体的财产充实抽象的资本,所以该原则也称为资本充实原则。资本不变原则是指公司资本一经公司章程确定,应当保持相对的稳定,不得随意变动,公司如需增减资本,必须依照法定的增资或减资程序及修改公司章程程序进行。

(三)可供出资的财产及其变动

根据我国《公司法》的规定,有限责任公司的股东或者股份有限公司的发起人,均可以用货币出资,股东可以用货币出资,也可以用实物、知识产权、土地使用权等可以用货币估价并可以依法转让的非货币财产作价出资;但是,法律、行政法规规定不得作为出资的财产除外。

公司资本一经确定,不得任意变动。由于公司经营和发展,需要增加或减少公司资本,应当依照法律规定的程序进行。

四、公司债券

(一)公司债券的概念和特征

公司债券是指公司依照法定程序发行、约定在一定期限还本付息的有价证券。公司债券与公司股票相比,具有不同的法律特征。

1. 公司债券的持有人是公司的债权人,对于公司享有民法上规定的债权人的所有权利,而股票的持有人则是公司的股东,享有我国《公司法》所规定的股东权利。

2. 公司债券的持有人,无论公司是否有营利,对公司享有按照约定给付利息的请求权,而股票持有人,则只有在公司营利时才能依法获得股利分配的权利。

3. 公司债券到了约定期限,公司必须偿还债券本金,而股票持有人仅在公司解散时方可请求分配剩余财产。

4. 公司债券的持有人享有优先于股票持有人获得清偿的权利,而股票持有人必须在公司全部债务清偿之后,方可就公司剩余财产请求分配。

5. 公司债券的利率一般是固定不变的,风险较小,而股票股利分配的高低,与公司经营好坏密切相关,故常有变动,风险较大。

(二)公司债券的种类

依照不同的标准,对公司债券可作不同的分类,主要有以下分类。

1. 记名公司债券和无记名公司债券。记名公司债券是指在公司债券上记载债权人姓名或者名称的债券;无记名公司债券是指在公司债券上不记载债权人姓名或者名称的债券。区分记名公司债券和无记名公司债券的法律意义在于两者转让的要求不同。根据我国《公司法》的规定,发行记名公司债券的,应当在公司债券存根簿上载明下列事项:债券持有人的姓名或者名称及住所;债券持有人取得债券的日期及债券的编号;债券总额,债券的票面金额、利率、还本付息的期限和方式;债券的发行日期。发行无记名公司债券的,应当在公司债券存根簿上载明债券总额、利率、偿还期限和方式、发行日期及债券的编号。

2. 可转换公司债券和不可转换公司债券。可转换公司债券是指可以转换成公司股票的公司债券。这种公司债券在发行时规定了转换为公司股票的条件与办法,当条件具备时,债券持有人拥有将公司债券转换为公司股票的选择权。不可转换公司债券是指不能转换为公司股票的公司债券。凡在发行债券时未作出转换约定的,均为不可转换公司债券。

3. 上市的公司债和非上市的公司债。上市的公司债是指发行之后可以在依法设立的证券交易所挂牌交易的公司债券;非上市的公司债是指发行之后不在证券交易所挂牌交易的公司债券,但债券持有人也可以转让该债券,只是不能在证券交易所进行买卖。

(三)公司债券的发行

1. 公司债券发行条件。我国《公司法》规定,公司发行公司债券应当符合我国《证券法》规定的发行条件与程序。

2. 公司债券募集办法。公司发行债券,应当公告公司债券募集办法,该办法中应当载明下列主要事项:公司名称;债券募集资金的用途;债券总额和债券的票面金额;债券利率的确定方式;还本付息的期限和方式;债券担保情况;债券的发行价格、发行的起止日期;公司净资产额;已发行的尚未到期的公司债券总额;公司债券的承销机构。

3. 公司债券记载的内容。以实物券方式发行公司债券的,必须在债券上载明公司名称、债券票面金额、利率、偿还期限等事项,并由法定代表人签名,公司盖章。公司发行公司债券应当置备公司债券存根簿。

(四)公司债券的转让

我国《公司法》规定,公司债券可以转让,转让价格由转让人与受让人约定。公司债券在证券交易所上市交易的,按照证券交易所的交易规则转让。

根据公司债券种类的不同,公司债券的转让有两种不同的方式。记名公司债券,由债券持有人以背书方式或者法律、行政法规规定的其他方式转让,转让后由公司将受让人的姓名或者名称及住所记载于公司债券存根簿,以备公司存查。无记名公司债券的转让,由债券持有人将该债券交付受让人后即发生转让的效力,受让人一经持有该债券,即成为公司的债权人。发行可转换为股票的公司债券的,公司应当按照其转换办法向债券持有人换发股票,但债券持有人对转换股票或者不转换股票具有选择权。

五、股东及股东权利

(一)股东

股东是指持有公司股份或出资的人。在公司设立时因出资或认购股份而成为股东的,称为原始股东;在公司成立之后,因依法转让、继承、赠与或法院强制执行等原因获得公司出资或股份而成为股东的,一般称为继受股东;公司成立之后,因公司增资而出资或认购股份成为股东的,针对原股东而言,一般称为新股东。无论依据何种方式成为公司股东,除另有约定外,股东地位一律平等,即依据所持出资额或股份比例享有平等的权利和承担同等的义务。

股东可以是自然人,也可以是法人。但是,自然人股东应当具备完全民事行为能力,法人作为公司股东,应当遵守法律、法规以及有关规定,如根据我国《公司法》第142条第1款的规定,公司原则上不得收购本公司的股份,但是在减少公司注册资本,与持有本公司股份的其他公司合并,将股份奖励给本公司职工,股东因对股东大会作出的公司合并、分立决议持异议,要求公司收购其股份等情形除外。对公司发起人的国籍和住所有要求的,应当遵守有关规定。

(二)股东权利

1. 股东权利的概念

股东权利是指股东向公司出资或认购股份而对公司享有的权利,也称为股东权或股权。股东可以通过行使股东权对公司管理者进行选择、决定公司重大事项、提出质询等。

2. 股东权利的内容

我国《公司法》第4条规定,公司股东依法享有资产收益、参与重大决策和选择管理者等权利,这是一种概括式的规定。实际上,有关股东权利的内容散见于我国《公司法》的相关条文之中,归纳起来主要有以下几个方面。

(1)表决权。股东通过亲自出席或者委托代理人出席股东(大)会,对会议议决事项有表示同意或者表示不同意的权利。股东行使表决权时,一般是按照"一股一票"或者按照出资比例行使表决权。对于议决事项,一般事项的决议按简单多数通过为原则,特别事项的决议以绝对多数通过为原则。

(2)选举权和被选举权。股东有权通过股东(大)会选举公司的董事或者监事,也有权在符合法定任职资格的条件下,被选举为公司的董事或者监事。为了保护中小股东的利益,我国《公司法》在股份有限公司中采用了累积投票制。所谓累积投票制,是指公司股东大会选举董事或者监事时,有表决权的每一股份拥有与应选董事或者监事人数相同的表决权,股东拥有的表决权可以集中使用。这就增加了中小股东选出代表其利益的董事、监事的机会。

(3)依法转让出资额或者股份的权利。法律禁止股东出资获得公司股权后从公司抽逃投入资产,但允许股东为了转移投资风险或者收回投资并获得相应的利益而转让其出资或者股份。

(4)知情权。股东有获取公司信息的权利。我国《公司法》第33条规定,有限公司"股东有权查阅、复制公司章程、股东会会议记录、董事会会议决议、监事会会议决议和财务会计报告。股东可以要求查阅公司会计账簿"。我国《公司法》第97条规定,股份有限公司"股东有权查阅公司章程、股东名册、公司债券存根、股东大会会议记录、董事会会议决议、监事会会议决议、财务会计报告”。为了避免股东滥用查阅权而影响公司的正常经营活动，防止股东泄露公司商业机密而损害公司的利益，我国《公司法》对查阅公司会计账簿有一定的限制。我国《公司法》第33条规定，查阅股东应当向公司提出书面请求并说明目的。公司有合理根据认为股东查阅会计账簿有不正当目的，可能损害公司合法利益的，可以拒绝提供查阅，并应当自股东提出书面请求之日起15日内书面答复股东并说明理由。公司拒绝提供查阅时，股东可以请求人民法院要求公司提供查阅。

(5)建议和质询权。我国《公司法》规定，股份有限公司的股东有权对公司的经营提出建议和质询，股东会或者股东大会要求董事、监事、高级管理人员列席会议的，董事、监事、高级管理人员应当列席并接受股东质询。

(6)新股优先认购权。公司发行新股时，股东有权以确定的价格按照持股比例优先购买公司所发行的新股，但这种优先只是认购优先，而不是发行价格或其他条件上的优惠或者享有某种特殊权利。

(7)股利分配请求权。股东有权按照出资比例或者股份比例请求分得股利。

(8)提议召开临时股东(大)会的权利。股东认为有必要时，有权提议召开临时会议。我国《公司法》规定，有限责任公司有代表1/10以上表决权的股东，可以提议召开临时股东会会议；股份有限公司有单独或者合并持有公司10%以上股份的股东，有权请求召开临时股东大会。

(9)临时提案权。我国《公司法》规定，股份有限公司有单独或者合计持有公司3%以上股份的股东，可以在股东大会召开10日前提出临时提案并书面提交董事会；董事会应当在收到提案后2日内通知其他股东，并将该临时提案提交股东大会审议。临时提案的内容应当属于股东大会的职权范围，并有明确的议题和具体的决议事项。

(10)异议股东股份收买请求权。是指股东(大)会作出对股东利害关系产生实质性影响的决议时，对该决议有异议的股东，有权要求公司以公平价格回购其所持出资额或者股份，从而退出公司。我国《公司法》规定，有限责任公司的股东在出现以下情形之一时，对股东会决议投反对票的股东，可以请求公司按合理价格收购其股权：一是公司连续5年不向股东分配利润，而公司连续5年盈利，并符合我国《公司法》规定的分配利润条件的；二是公司合并、分立、转让主要财产的；三是公司章程规定的营业期限届满或者章程规定的其他解散事由出现，股东会会议通过决议修改章程使公司存续的。股份有限公司异议股东股份收买请求权仅限于股东大会作出的公司合并、分立决议持异议的情形。

(11)申请法院解散公司的权利。我国《公司法》规定，公司经营管理发生严重困难，继续存续会使股东利益受到重大损失，通过其他途径不能解决的，持有公司全部股东表决权10%以上的股东，可以请求人民法院解散公司。

(12)公司剩余财产的分配请求权。公司终止后，向其全体债权人清偿债务之后尚有剩余财产的，股东有权请求分配。

此外，股东还有召集和主持股东(大)会、向人民法院提起诉讼等权利。

3. 股东权利的分类

依据不同的标准，可以对股东权进行不同的分类。

(1)共益权和自益权。这是以股东权行使的目的是涉及全体股东共同利益还是股东个人利益为标准进行的分类。共益权是股东依法参加公司事务的决策和经营管理的权利,它是股东基于公司利益同时兼为自己的利益而行使的权利,如股东大会参加权、提案权、质询权,在股东大会上的表决权、累积投票权,股东大会召集请求权和自行召集权,了解公司事务、查阅公司账簿和其他文件的知情权,提起诉讼权等权利。自益权是股东仅以个人利益为目的而行使的权利,即依法从公司取得利益、财产或处分自己股权的权利,主要为股利分配请求权、剩余财产分配权、新股认购优先权、股份质押权和股份转让权等。

(2)单独股东权和少数股东权。这是按股权行使条件的不同进行的分类。单独股东权是每一单独股份均享有的权利,即只持有一股股份的股东也可以单独行使的权利,如自益权、表决权等。少数股东权是指须单独或共同持有占股本总额一定比例以上股份方可行使的权利,如请求召开临时股东会的权利等。

(3)固有权和非固有权,又称法定股东权和非法定股东权。这是按股东权的重要程度、是否可由公司章程或股东大会决议加以限制或剥夺进行的分类。固有权是指股东依法享有、只能由其自愿放弃,不允许由公司章程或股东大会决议加以限制或剥夺的股东权利,如一般共益权和特别股东权均属固有权。非固有权是指法律允许由公司章程或股东大会决议加以限制或剥夺的股东权利,如自益权中的一部分就是非固有权。

(4)普通股东权和特别股东权。这是按照发行股份的不同性质进行的分类。普通股东权是指普通股股东所享有的权利;特别股东权是指特别股股东所享有的特别权利,如优先股股东所享有的各种优先权利。

4. 股东权利的滥用禁止

根据我国《公司法》第20条的规定,公司股东应当遵守法律、行政法规和公司章程,依法行使股东权利,不得滥用股东权利损害公司或者其他股东的利益。公司股东滥用股东权利给公司或者其他股东造成损失的,应当依法承担赔偿责任。

第三节　有限责任公司法律制度

一、有限责任公司的概念及设立

(一)有限责任公司的概念

有限责任公司也称有限公司,是指由50个以下股东共同出资设立,股东以出资额为限对公司承担责任,公司以其全部资产对其债务承担责任的公司。

(二)有限责任公司的设立

根据我国《公司法》第23条的规定,设立有限责任公司,应当具备以下条件。

1. 股东符合法定人数。我国《公司法》第24条规定,有限责任公司由50个以下股东出资设立。

2. 有符合公司章程规定的全体股东认缴的出资额。有限责任公司的注册资本为在公司登记机关登记的全体股东认缴的出资额，股东可以用货币出资，也可以用实物、知识产权、土地使用权等能用货币估价并可以依法转让的非货币财产作价出资；但是，法律、行政法规规定不得作为出资的财产除外。对作为出资的非货币财产应当评估作价、核实财产，不得高估或者低估作价。法律、行政法规对评估作价有规定的，从其规定。股东应当按期足额缴纳公司章程中规定的各自所认缴的出资额。股东以货币出资的，应当将货币出资足额存入有限责任公司在银行开设的账户；以非货币财产出资的，应当依法办理其财产权的转移手续。股东不按照章程规定缴纳出资的，除应当向公司足额缴纳外，还应当向已按期足额缴纳出资的股东承担违约责任。

有限责任公司成立后，发现作为设立公司出资的非货币财产的实际价额显著低于公司章程所定价额的，应当由交付该出资的股东补足其差额；公司设立时的其他股东承担连带责任。

有限责任公司成立后，应当向股东签发出资证明书。公司成立后，股东不得抽逃出资。

3. 股东共同制定公司章程，全体股东应当在公司章程上签名、盖章。

4. 有公司名称，建立符合有限责任公司要求的组织机构。

5. 有公司住所。

二、有限责任公司的组织机构

有限责任公司的组织机构主要包括三部分：股东会、董事会及经理、监事会，即权力机构、执行机构和监督机构。

（一）股东会

1. 股东会的组成和职权。股东会是公司的最高权力机关，由公司全体股东组成。股东会行使下列职权：(1)决定公司的经营方针和投资计划；(2)选举和更换非由职工代表担任的董事、监事，决定有关董事、监事的报酬事项；(3)审议批准董事会的报告；(4)审议批准监事会或者监事的报告；(5)审议批准公司的年度财务预算方案、决算方案；(6)审议批准公司的利润分配方案和弥补亏损方案；(7)对公司增加或减少注册资本作出决议；(8)对发行公司债券作出决议；(9)对公司合并、分立、解散、清算或者变更公司形式作出决议；(10)修改公司章程；(11)公司章程规定的其他职权。对前款所列事项，股东以书面形式一致表示同意的，可以不召开股东会会议，直接作出决定，并由全体股东在决定文件上签名、盖章。

2. 股东会的召开。股东会议分为定期会议和临时会议。定期会议应当依照公司章程的规定按时召开。代表1/10以上表决权的股东，1/3以上的董事，监事会或者不设监事会的公司的监事提议召开临时会议的，应当召开临时会议。召开股东会会议，应于会议召开15日以前通知全体股东，股东会应当对所议事项的决定作成会议记录。出席会议的股东应当在会议记录上签名。

股东会会议的召集人，除首次会议由出资最多的股东召集和主持外，应由董事会召集，董事长主持。董事长因特殊原因不能履行职务或不履行职务时，由副董事长主持，副董事长不能履行职务或不履行职务时，由半数以上董事共同推举一名董事主持。

3. 股东会的表决程序。股东在股东会上对所议事项按其出资比例行使表决权。股东会对公司增加或者减少注册资本、分立、合并、解散或者变更公司形式作出的决议，以及修改章程的决议，必须经代表2/3以上表决权的股东通过。

(二)董事会

1. 董事会的组成及职权。董事会是公司的业务执行机关。有限责任公司的董事会的成员为3~13人,但是法律另有规定的除外。两个以上国有企业或国有投资主体投资设立的有限责任公司,其董事会成员中应当有公司职工代表。其他有限责任公司董事会成员中可以有公司职工代表。职工代表由公司通过职工代表大会、职工大会或者其他形式民主选举产生。

董事会设董事长1人,可以设副董事长,产生办法由公司章程规定。董事任期和董事长、副董事长的产生办法由公司章程规定。但是,每届董事任期不得超过3年。董事任期届满,连选可以连任。董事在任期届满未及时改选,或者董事在任期内辞职导致董事会成员低于法定人数的,在改选出的董事就任前,原董事仍应当依照法律、行政法规和公司章程的规定,履行董事职务。最高人民法院《关于适用〈中华人民共和国公司法〉若干问题的规定(五)》第3条也明确规定,董事任期未届满,股东会或股东大会也可决议解除其职务。董事因职务解除与公司就补偿问题发生纠纷时,应依据法律、法规、公司章程的规定及合同的约定,综合考虑解除的原因、剩余任期、董事薪酬等因素确定是否补偿以及补偿的合理数额,董事会对股东会负责,行使下列职权:(1)召集股东会会议,并向股东会报告工作;(2)执行股东会的决议;(3)决定公司的经营计划和投资方案;(4)制订公司的年度财务预算方案、决算方案;(5)制订公司利润分配方案和弥补亏损方案;(6)制订公司增加或者减少注册资本以及发行公司债券的方案;(7)制订公司合并、分立、解散或者变更公司形式的方案;(8)决定公司内部管理机构的设置;(9)决定聘任或者解聘公司经理及其报酬事项,并根据经理的提名决定聘任或者解聘公司副经理、财务负责人及其报酬事项;(10)制定公司的基本管理制度;(11)公司章程规定的其他职权。

2. 董事会的召集和主持。董事会会议由董事长召集和主持;董事长不能或者不履行职务的,由副董事长召集和主持;副董事长不能或者不履行职务的,由半数以上董事共同推举一名董事召集和主持。

3. 董事会的议事规则。召开董事会会议,应于会议召开10日前通知全体董事。除我国《公司法》另有规定外,董事会的议事方式和表决程序由公司章程规定。董事会决议的表决,实行一人一票。董事会应当对所议事项的决定作成会议记录,出席会议的董事应当在会议记录上签名。

4. 经理。经理是公司法规定的必设机构,经理对董事会负责,行使下列职权:(1)主持公司的生产经营管理工作,组织实施董事会决议;(2)组织实施公司年度经营计划和投资方案;(3)拟订内部管理机构设置方案;(4)拟订公司的基本管理制度;(5)制定公司的具体规章;(6)提请聘任或解聘公司副经理、财务负责人;(7)决定聘任或解聘除应由董事会决定聘任或解聘以外的负责管理人员;(8)董事会授予的其他职权。公司章程对经理职权另有规定的,从其规定。经理列席董事会会议。

5. 执行董事。有限责任公司股东人数较少和规模较小的,可以设1名执行董事,不设立董事会。执行董事可以兼任公司经理。执行董事的职权,根据我国《公司法》公司章程的规定。

(三)监事会

监事会是公司的监督机关。经营规模较大的有限责任公司,应当设立监事会,其成员不得少于3人。监事会自行推选召集人1名。监事会由股东代表和适当比例的公司职工代表(不得低于1/3)组成,具体比例由公司章程规定,监事会中的职工代表由公司通过职工代表大会、职工大会或者其他形式民主选举产生。公司股东人数较少和规模较小的,可以设1～2名监事,不设监事会。董事、高级管理人员不得兼任监事。

根据我国《公司法》的规定,有限责任公司设立监事会,设主席1人,由全体监事过半数选举产生。董事、高级管理人员不得兼任监事。每届监事的任期为3年。监事任期届满,连选可以连任。

监事会、不设监事会的公司的监事行使下列职权:(1)检查公司财务;(2)对董事、高级管理人员执行公司职务的行为进行监督,对违反法律、行政法规、公司章程或者股东会决议的董事、高级管理人员提出罢免的建议;(3)当董事、高级管理人员的行为损害公司的利益时,要求董事、高级管理人员予以纠正;(4)提议召开临时股东会会议,在董事会不履行公司法规定的召集和主持股东会会议职责时召集和主持股东会会议;(5)向股东会会议提出提案;(6)依法对董事、高级管理人员提起诉讼;(7)公司章程规定的其他职权。监事可以列席董事会会议,并对董事会决议事项提出质询或者建议。

监事会、不设监事会的公司的监事发现公司经营情况异常的,可以进行调查;必要时,可以聘请会计师事务所等协助其工作,费用由公司承担。监事会主席召集和主持监事会会议;监事会主席不能或者不履行职务的,由半数以上监事共同推举一名监事召集和主持监事会会议。监事会每年度至少召开一次会议,监事可以提议召开临时监事会会议。

三、公司董事、监事、高级管理人员的资格

根据我国《公司法》的规定,有下列情形之一的,不得担任公司的董事、监事、高级管理人员:(1)无民事行为能力或者限制民事行为能力;(2)因贪污、贿赂、侵占财产、挪用财产或者破坏社会主义市场经济秩序,被判处刑罚,执行期满未逾5年,或者因犯罪被剥夺政治权利,执行期满未逾5年;(3)担任破产清算的公司、企业的董事或者厂长、经理,对该公司、企业的破产负个人责任的,自该公司、企业破产清算完结之日起未逾3年的;(4)担任因违法被吊销营业执照、责令关闭的公司、企业的法定代表人,并负有个人责任的,自该公司、企业被吊销营业执照之日起未逾3年的;(5)个人所负数额较大的债务到期未清偿的。

四、一人有限责任公司的特别规定

一人有限责任公司是指只有一个自然人股东或者只有一个法人股东的有限责任公司。根据我国《公司法》的规定,一个自然人股东或者一个法人股东可以设立有限责任公司。我国《公司法》对一人有限责任公司的设立和组织机构作了特别规定,以加强对其监管。

(一)一人有限责任公司设立的特别规定

根据我国《公司法》的规定,一个自然人只能投资设立一个一人有限责任公司,禁止设立多个一人有限责任公司,而且该一人有限责任公司不能投资设立新的一人有限责任公司。一人有限责任公司应当在公司登记中注明自然人独资或者法人独资,并在公司营业执照中载明。

(二)组织机构的特别规定

一人有限责任公司不设股东会。法律规定的股东会职权由股东行使,当股东行使相应职权作出决定时,应当采用书面形式,并由股东签字后置备于公司。

(三)一人有限责任公司有关行为的特别规定

1.股东作出决定公司经营方针和投资计划的有关决定时,应当采用书面形式,并由股东签名后置备于公司。

2.一人有限责任公司应当在每一会计年度终了时编制财务会计报告,并经会计师事务所审计。

3.一人有限责任公司的股东不能证明公司财产独立于股东自己财产的,应当对公司债务承担连带责任。

五、国有独资公司的特别规定

国有独资公司是指由国家单独出资,并由国务院或者地方人民政府授权本级人民政府国有资产监督管理机构履行出资人职责的有限责任公司。国有独资公司是一种特殊的有限责任公司。除国务院确定的生产特殊产品或属于特定行业的公司,应当采取国有独资公司形式的以外,均可以采取国有独资公司的形式。我国《公司法》对国有独资公司有一些特别规定。

(一)制定章程的特别规定

国有独资公司章程由国有资产监督管理机构制定,或者由董事会制订报国有资产监督管理机构批准。

(二)组织机构的特别规定

1.国有独资公司不设股东会,由国有资产监督管理机构行使股东会职权。国有资产监督管理机构可以授权公司董事会行使股东会的部分职权,决定公司的重大事项,但公司的合并、分立、解散、增加或者减少注册资本和发行公司债券,必须由国有资产监督管理机构决定;其中,重要的国有独资公司合并、分立、解散、申请破产的,应当由国有资产监督管理机构审核后,报本级人民政府批准。此外,国有独资公司转让资产的,必须依照法律、行政法规,由国家授权投资的机构或授权的部门办理审批和财产权移转手续。

2.国有独资公司设立董事会。董事会成员由国有资产监督管理机构委派,董事会成员中应当有公司职工代表,每届董事任期不得超过3年。但是,董事会成员中的职工代表由公司职工代表大会选举产生。董事会设董事长1人,可以设副董事长。董事长、副董事长由国有资产监督管理机构从董事会成员中指定。国有独资公司董事会依照法律规定的有限责任公司董事会的职权和国有资产监督管理机构的授权行使职权。

国有独资公司设经理,由董事会聘任或者解聘。经国有资产监督管理机构同意,董事会成员可以兼任经理。国有独资公司的董事长、副董事长、董事、高级管理人员,未经国有资产监督管理机构同意,不得在其他有限责任公司、股份有限责任公司或其他经济组织中兼职。

3.国有独资公司监事会成员不得少于5人,监事会成员由国有资产监督管理机构委派,其中,职工代表的比例不得低于1/3,具体比例由公司章程规定。监事会主席由国有资产监督管理机构从监事会成员中指定。

六、有限责任公司的股权转让

(一)有限责任公司股权转让的概念

有限责任公司的股权转让,是指有限责任公司的股东向公司其他股东,公司股东以外的人、公司转让其全部或者部分股权的行为,即有限责任公司股权的内部转让、有限责任公司股权的外部转让和有限责任公司的股权收购。

(二)有限责任公司股权转让的条件

1. 有限责任公司股权内部转让条件。我国《公司法》第 71 条第 1 款规定,有限责任公司的股东之间可以相互转让其全部或者部分股权。由此可见,有限责任公司股权内部转让时,只需要转让双方协商同意,不需要经过其他股东表决通过。

2. 有限责任公司股权外部转让条件。我国《公司法》第 71 条第 2 款规定,股东向股东以外的人转让股权,应当经其他股东过半数同意。股东应就其股权转让事项书面通知其他股东征求同意,其他股东自接到书面通知之日起满 30 日未答复的,视为同意转让。其他股东半数以上不同意转让的,不同意的股东应当购买该转让的股权;不购买的,视为同意转让。

经股东同意转让的股权,在同等条件下,其他股东有优先购买权。两个以上股东主张行使优先购买权的,协商确定各自的购买比例;协商不成的,按照转让时各自的出资比例行使优先购买权。公司章程对股权转让另有规定的,从其规定。

人民法院依照法律规定的强制执行程序转让股东股权时,应当通知公司及全体股东,其他股东在同等条件下有优先购买权。其他股东自人民法院通知之日起满 20 日不行使优先购买权的,视为放弃优先购买权。

有限责任公司转让股权后,公司应当注销原股东的出资证明书,向新股东签发出资证明书,并相应修改公司章程和股东名册中有关股东及其出资额的记载。对公司章程的该项修改不需要再由股东会表决。

3. 有限责任公司向其股东收购公司股权。我国《公司法》第 74 条规定,有下列情形之一的,对股东会该项决议投反对票的股东可以请求公司按照合理的价格收购其股权:(1)公司连续 5 年不向股东分配利润,而公司该 5 年连续盈利,并且符合公司法规定的分配利润条件的;(2)公司合并、分立、转让主要财产的;(3)公司章程规定的营业期限届满或者章程规定的其他解散事由出现,股东会会议通过决议修改章程使公司存续的。

自股东会会议决议通过之日起 60 日内,股东与公司不能达成股权收购协议的,股东可以自股东会会议决议通过之日起 90 日内向人民法院提起诉讼。

另外,依照我国《公司法》第 75 条的规定,自然人股东死亡后,其合法继承人可以继承股东资格;但是,公司章程另有规定的除外。

七、有限责任公司股东重大分歧解决机制

在有限责任公司股东产生重大分歧、使公司无法正常运营、出现公司僵局时,由于有限责任公司人合性特征,股权转让受到诸多限制,不愿意继续经营公司的股东退出公司较困难。最高人民法院《关于适用〈中华人民共和国公司法〉若干问题的规定(五)》第 5 条规定,人民法院审理涉及有限责任公司股东重大分歧案件时,应当注重调解。当事人协商一致以下列方式解决分歧,且不违反法律、行政法规的强制性规定的,人民法院应予以支持:(1)公司回购部分股东股份;(2)其他股东受让部分股东股份;(3)他人受让部分股东股份;(4)公司减资;(5)公司分立;(6)其他能够解决分歧、恢复公司正常经营、避免公司解散的方式。

第四节 股份有限公司法律制度

一、股份有限公司的概念及设立

(一)股份有限公司的概念

股份有限公司也称股份公司,是指将公司全部资本分成等额股份,股东以其认购的股份为限对公司承担责任,公司以其全部资产对公司债务承担责任的公司。

(二)股份有限公司的设立

我国《公司法》第76条规定,设立股份有限公司,应当具备下列条件:(1)发起人符合法定人数;(2)有符合公司章程规定的全体发起人认购的股本总额或者募集的实收股本总额;(3)股份发行、筹办事项符合法律规定;(4)发起人制定公司章程,采用募集方式设立的经创立大会通过;(5)有公司名称,建立符合股份有限责任公司要求的组织机构;(6)有公司住所。

设立股份有限公司,应当有2人以上200人以下为发起人,其中须有半数以上的发起人在中国境内有住所。发起人签订发起人协议,明确各自在公司设立过程中的权利和义务,发起人承担公司筹办事务,当公司不能成立时,公司不能成立时,对设立行为所产生的债务和费用负连带责任;对认股人已缴纳的股款,负担返还股款并加算银行同期存款利息的连带责任;在公司设立过程中,由于发起人的过失致使公司利益受到损害的,应当对公司承担赔偿责任。

股份有限公司的设立,可以采取发起设立或者募集设立的方式。发起设立是指由发起人认购公司应发行的全部股份而设立公司。募集设立是指由发起人认购公司应发行股份的一部分,其余股份向社会公开募集或者向特定对象募集而设立公司。股份有限公司采取发起设立方式设立的,注册资本为在公司登记机关登记的全体发起人认购的股本总额。在发起人认购的股份缴足前,不得向他人募集股份。股份有限公司采取募集方式设立的,注册资本为在公司登记机关登记的实收股本总额。法律、行政法规以及国务院决定对股份有限公司注册资本实缴、注册资本最低限额另有规定的,从其规定。以募集设立方式设立股份有限公司的,发起人认购的股份不得少于公司股份总数的35%;但是,法律、行政法规另有规定的从其规定。

二、股份有限公司的组织机构

(一)股东大会

1. 股东大会的组成。股份有限公司股东大会由全体股东组成,是公司的权力机构,依法行使职权。股东大会分为年会与临时会议。股东大会年会应当每年召开一次,上市公司的年度大会应当于上一会计年度结束后6个月内举行。有下列情形之一时,应当在2个月内召开临时股东大会:(1)董事人数不足法定或章程规定人数的2/3时;(2)公司未弥补的亏损达实收股本总额的1/3时;(3)单独或合计持有公司股份10%以上的股东请求召开;(4)董事会认为有必要召开;(5)监事会提议召开;(6)公司章程规定的其他情形。

2. 股东大会的召集和主持。股东大会会议由董事会召集,董事长主持。董事长不能履行职务或者不履行职务的,由副董事长主持;副董事长不能履行职务或者不履行职务的,由半数以上董事共同推举一名董事主持。董事会不能履行或者不履行召集股东大会会议职责的，监事会应当及时召集和主持；监事会不召集和主持的，连续 90 日以上单独或者合计持有公司 10% 以上股份的股东可以自行召集和主持。

3. 股东大会的议事规则。召开股东大会会议，应当将会议召开的时间、地点和审议的事项于会议召开 20 日前通知各股东；临时股东大会应当于会议召开 15 日前通知各股东；发行无记名股票的，应当于会议召开 30 日前公告会议召开的时间、地点和审议事项。单独或者合计持有公司 3% 以上股份的股东，可以在股东大会召开 10 日前提出临时提案并书面提交董事会；董事会应当在收到提案后 2 日内通知其他股东，并将该临时提案提交股东大会审议。临时提案的内容应当属于股东大会职权范围，并有明确议题和具体决议事项。股东大会不得对前两款通知中未列明的事项作出决议。无记名股票持有人出席股东大会会议的，应当于会议召开 5 日前至股东大会闭会时将股票交存于公司。

股东出席股东大会会议，所持每一股份有一表决权。但是，公司持有的本公司股份没有表决权。股东大会选举董事、监事，可以依照公司章程的规定或者股东大会的决议，实行累积投票制。所谓累积投票制，是指股东大会选举董事或者监事时，每一股份拥有与应选董事或者监事人数相同的表决权，股东拥有的表决权可以集中使用。

股东大会作出决议，必须经出席会议的股东所持表决权过半数通过。但是，股东大会作出修改公司章程、增加或者减少注册资本的决议，以及公司合并、分立、解散或者变更公司形式的决议，必须经出席会议的股东所持表决权的 2/3 以上通过。

股东大会应当对所议事项的决定作成会议记录，主持人、出席会议的董事应当在会议记录上签名。会议记录应当与出席股东的签名册及代理出席的委托书一并保存。

（二）董事会

1. 董事会的组成和职权。董事会是公司的业务执行机关。董事会的成员为 5 ~ 19 人。董事会成员中可以有公司职工代表。董事会中的职工代表由公司职工通过职工代表大会、职工大会或者其他形式民主选举产生。董事会每年度至少召开 2 次会议，每次会议应当提前 10 日通知全体董事和监事。代表 1/10 以上表决权的股东、1/3 以上董事或者监事会，可以提议召开董事会临时会议。董事长应当自接到提议后 10 日内，召集和主持董事会会议。董事会召开临时会议，可以另定召集董事会的通知方式和通知时限。董事会职权适用有限责任公司的规定。董事会设董事长 1 人，可以设副董事长，由全体董事以过半数选举产生。

2. 董事会的召集和主持。董事长召集和主持董事会会议，检查董事会决议的实施情况。副董事长协助董事长工作，董事长不能履行职务或者不履行职务的，由副董事长履行职务；副董事长不能履行职务或者不履行职务的，由半数以上董事共同推举一名董事履行职务。

3. 董事会的议事规则。董事会会议应由 1/2 以上的董事出席方可举行。董事会作出决议，必须经全体董事过半数通过。会议表决实行一人一票。董事应本人出席董事会会议。董事因故不能出席的，可以书面委托其他董事代为出席，委托书中应载明授权事项。董事应当对董事会的决议承担责任。董事会的决议违反法律、法规或公司章程，致使公司遭受严重损失的，参与决议的董事对公司负赔偿责任。但是，根据会议记录的记载，证明在表决时曾表示异议的董事，可以免除责任。

4. 经理。股份有限公司设经理,由董事会聘任或解聘。经理职权适用有限责任公司的规定。公司董事会可以决定,由董事会成员兼任经理。

(三)监事会

股份有限责任公司监事会的成员不得少于3人,监事会应当包括股东代表和适当比例的公司职工代表,其中,职工代表的比例不得低于1/3,具体比例由公司章程规定。监事会中的职工代表由公司职工通过职工代表大会、职工大会或者其他形式民主选举产生。监事会设主席1人,可以设副主席。董事、高级管理人员不得兼任监事。监事会每6个月至少召开一次会议。监事会决议应当经半数以上监事通过。监事会应当对所议事项的决定作成会议记录,主持人、出席会议的监事应当在会议记录上签名。

三、股份有限公司的股票

(一)股票的概念和特征

股票是公司股份的表现形式,是公司签发的证明股东所持股份的凭证。股票具有以下特征。

1. 股票是有价证券。股票代表持有者(股东)对股份有限公司的股份,即代表的资本金额以及股权的大小。但是,股票与一般有价证券不同的是,股票不仅是一种财产权证券,也是多种权利的集合。

2. 股票是要式证券。股票的制作和记载事项必须符合法律规定的形式。

3. 股票是无偿还期限的证券。投资者认购股票后,除法律特别规定外,不能要求退还出资。

4. 股票是一种高风险金融工具。股票在交易市场上交易时,价格波动较大,这种价格变化除受股票发行者的经营状况和银行利率等客观因素的影响外,还受供求关系和公众心理等多种因素的影响。这就使股票价格变动的不确定性加大,因而风险较高。

(二)股票的种类

依据不同的分类标准,股票可分为不同的种类。

1. 按股东的权利、义务不同,股票可分为普通股股票和优先股股票。普通股股票是指享有普通权利、承担普通义务的股票;优先股股票是指享有优先权的股票。一般而言,公司对优先股股票的股利按照约定的股利率优先支付,但优先股股东不参与公司的经营管理决策。

2. 按投资者是以人民币认购和买卖还是以外币认购和买卖股票划分,股票可分为内资股股票和外资股股票。内资股股票,又称A股,一般是由境内人士或机构以人民币认购和买卖的股票;外资股股票一般是以外币认购和买卖的股票。外资股股票有境内上市外资股股票即B股和境外上市外资股股票。境外上市外资股股票一般以境外上市地的英文名称中的第一个字母命名,如在我国香港特别行政区上市的H股,在纽约上市的N股,在新加坡上市的S股等。

3. 按票面上是否记载股东的姓名或名称,股票可分为记名股票和无记名股票。记名股票是指股票票面上记载有股东的姓名或名称的股票;无记名股是指股票票面上不记载有股东的姓名或名称的股票。根据我国《公司法》及有关规定,公司向发起人、国家授权投资的机构、法人发行的股票,应当为记名股票,并应当记载该发起人、机构或者法人的名称,不得另立户名或者以代表人姓名记名,境外上市的外资股也应采取记名股票的形式。公司向社会公众发行的股票可以记名,也可以不记名。

4. 按照股票票面是否记载一定金额,股票可分为面额股和无面额股。面额股是指在股票票面表示一定金额的股票;无面额股是指股票票面不表示一定金额,只表示其占公司资本总额一定比例的股份。根据我国《公司法》的规定,股票发行价格可以按票面金额,也可以超过票面金额,但不得低于票面金额。

(三)股票的形式和记载的内容

股票采用纸面形式或者国务院证券监督管理机构规定的其他形式。目前,我国上市公司股票的发行、交易均已通过计算机采用电子信息等无纸化方式进行。股票应当载明下列主要事项:公司名称,公司成立日期,股票种类、票面金额及代表的股份数,股票的编号。股票由法定代表人签名,公司盖章。股份有限公司成立后,即向股东正式交付股票,公司成立前不得向股东交付股票。

(四)股票的发行

股票的发行,应当实行公平、公正的原则,同种类的每一股份应当具有同等权利。同次发行的同种类股票,每股的发行条件和价格应当相同。任何单位或者个人认购的股份,每股应当支付相同价额。

公司发行新股,依照公司章程的规定由股东大会或者董事会对下列事项作出决议:新股种类及数额、新股发行价格、新股发行的起止日期、向原有股东发行新股的种类及数额。

公司经国务院证券监督管理机构核准公开发行新股时,必须公告新股招股说明书和财务会计报告,并制作认股书。公司公开发行新股应当由依法设立的证券公司承销,签订承销协议,并同银行签订代收股款协议。公司发行新股,可以根据公司经营情况和财务状况确定其作价方案。公司发行新股募足股款后,必须向公司登记机关办理变更登记,并予以公告。

(五)股票的转让

1. 股票转让的限制。股份有限公司的股份以自由转让为原则,以法律限制为例外。具体限制如下所示。

(1)转让场所的限制。根据我国《公司法》的规定,股东转让其股份,应当在依法设立的证券交易场所进行或者按照国务院规定的其他方式进行。上市公司的股票,依照有关法律、行政法规及证券交易所交易规则上市交易。

(2)发起人转让股票的限制。根据我国《公司法》第141条第1款的规定,发起人持有的本公司股份,自公司成立之日起1年内不得转让。公司公开发行股份前已发行的股份,自公司股票在证券交易所上市交易之日起1年内不得转让。

(3)董事、监事、高级管理人员转让股票的限制。根据我国《公司法》和《上市公司董事、监事和高级管理人员所持本公司股份及其变动管理规则》的规定,公司董事、监事、高级管理人员应当向公司申报所持有的本公司的股份及其变动情况,在任职期间每年转让的股份不得超过其所持有本公司股份总数的25%;所持本公司股份自公司股票上市交易之日起1年内不得转让。上述人员离职后半年内,不得转让其所持有的本公司股份;但是因司法强制执行、继承、遗赠、依法分割财产等导致股份变动的除外。上市公司董事、监事和高级管理人员所持股份不超过1000股的,可一次全部转让,不受上述转让比例的限制。公司章程可以对公司董事、监事、高级管理人员转让其所持有的本公司股份作出其他限制性规定。

上市公司董事、监事和高级管理人员在下列期间不得买卖本公司股票:上市公司定期报告公告前30日内;上市公司业绩预告、业绩快报公告前10日内;自可能对本公司股票交易价格产生重大影响的重大事项发生之日或在决策过程中,至依法披露后2个交易日内;证券交易所规定的其他期间。

(4)公司收购自身股票的限制。根据我国《公司法》第142条的规定,公司不得收购本公司股份,但有下列情形之一的除外:①减少公司注册资本;②与持有本公司股份的其他公司合并;③将股份用于员工持股计划或者股权激励;④股东因对股东大会作出的公司合并、分立决议持异议,要求公司收购其股份;⑤将股份用于转换上市公司发行的可转换为股票的公司债券;⑥上市公司为维护公司价值及股东权益所必需。公司因前款第①项、第②项规定的情形收购本公司股份的,应当经股东大会决议;公司因前款第③项、第⑤项、第⑥项规定的情形收购本公司股份的,可以依照公司章程的规定或者股东大会的授权,经2/3以上董事出席的董事会会议决议。公司依照我国《公司法》第142条第1款规定收购本公司股份后,属于第①项情形的,应当自收购之日起10日内注销;属于第②项、第④项情形的,应当在6个月内转让或者注销;属于第③项、第⑤项、第⑥项情形的,公司合计持有的本公司股份数不得超过本公司已发行股份总额的10%,并应当在3年内转让或者注销。

(5)股票质押的限制。为防止变相违规收购本公司股份,我国《公司法》规定,公司不得接受本公司的股票作为质押权的标的。

2. 股票转让的方式。(1)记名股票转让。根据我国《公司法》的规定,记名股票由股东以背书方式或者法律、行政法规规定的其他方式转让;转让后由公司将受让人的姓名或者名称及住所记载于股东名册。股东大会召开前20日内或者公司决定分配股利的基准日前5日内,不得进行股东名册的变更登记,但法律对上市公司股东名册变更登记另有规定的,从其规定。(2)无记名股票的转让。根据我国《公司法》的规定,无记名股票的转让,由股东将该股票交付给受让人后即发生转让的效力。(3)上市公司股票的转让。根据我国《公司法》的规定,上市公司的股票,依照有关法律、行政法规及证券交易所交易规则上市交易。

3. 记名股票被盗、遗失或者灭失的处理。记名股票被盗、遗失或者灭失,股东可以依照我国《民事诉讼法》规定的公示催告程序,请求人民法院对该股票作出除权判决。人民法院对记名股票作出除权判决后,股东可以向公司申请补发股票。

四、上市公司的特别规定

上市是指所发行的股票经过有关主管部门批准在证券交易所公开上市交易的股份有限公司。上市公司是股份有限公司的一种,由于其发行的股票在证券交易所公开交易,所以它既要遵守公司法以及相关法律、法规和规范性文件的规定,又要遵守证券法以及相关法律、法规和规范性文件的规定。我国《公司法》对上市公司有下列特别规定。

1. 上市公司在一年内购买、出售重大资产或者担保金额超过公司资产总额30%的,应当由股东大会作出决议,并经出席会议的股东所持表决权的2/3以上通过。

2. 上市公司设独立董事,具体办法由国务院规定。独立董事是指不在公司担任除董事外的其他职务,并与其所受聘的上市公司及其主要股东不存在可能妨碍其进行独立客观判断的关系的董事。

3. 上市公司设董事会秘书，负责公司股东大会和董事会会议的筹备、文件保管以及公司股东资料的管理，办理信息披露事务等事宜。

4. 上市公司董事与董事会会议决议事项所涉及的企业有关联关系的，不得对该项决议行使表决权，也不得代理其他董事行使表决权。该董事会会议由过半数的无关联关系董事出席即可举行，董事会会议所作决议须经无关联关系董事过半数通过。出席董事会的无关联关系董事人数不足3人的，应将该事项提交上市公司股东大会审议。

第五节　公司的合并、分立、变更及解散

一、公司的合并

（一）公司合并的概念和特点

公司合并是指两个或两个以上的公司订立合并协议，依照公司法的规定，不经过清算程序，直接合并为一个公司的法律行为。公司合并具有以下特点：公司合并是公司间共同的法律行为，是公司间的自由合并，是一种可以免除解散、清算等复杂程序而使两个或两个以上的公司变成一个公司的行为，公司合并后，原公司依然存在。

（二）公司合并的形式

根据我国《公司法》的规定，公司合并可以采取吸收合并和新设合并两种形式。吸收合并又称存续合并，是指两个或两个以上的公司合并时，其中一个公司因吸收了其他公司而成为存续公司的合并形式。新设合并又称创设合并，是指两个或两个以上的公司合并时，参加合并的各原有公司同归解散，而另创设一个新的公司的合并形式。

（三）公司合并的法律效力

公司合并的法律效力主要表现在三个方面：一是公司发生变更；二是股东转移公司股份或出资；三是合并各方的债权、债务，应当由合并后存续的公司或新设的公司承继。

二、公司的分立

（一）公司分立的概念

公司分立是指一个公司依法分为两个或者两个以上的公司。公司分立的形式有两种：一是派生分立，即公司以其部分财产另设一个或数个新的公司，原公司存续；二是新设分立，即公司以其全部财产分别归入两个以上的新设公司，原公司解散。

（二）公司分立前债务的承担

公司分立前的债务由分立后的公司承担连带责任。但是，公司在分立前与债权人就债务清偿达成的书面协议中另有约定的除外。

三、公司的变更

公司组织形式的变更，又称公司组织形式转换，是指公司不中断其法人资格，而将公司由

一种法定形态变更为另一种法定形态的法律行为。根据我国《公司法》的规定,我国目前法律只允许有限责任公司变更为股份有限公司,而不允许股份有限公司变更为有限责任公司。

四、公司的解散和清算

(一)公司解散的概念和特征

公司解散是指公司发生章程规定或法定的除破产外的解散事由而停止业务活动,并进入清算程序的过程。

公司解散具有以下特征:(1)公司解散事由发生后,公司并未终止,仍然具有法人资格,可以自己的名义开展与清算相关的活动,直至清算完毕并注销后才消灭其主体资格;(2)除公司因合并或分立而解散,不必进行清算外,公司解散必须经过法定清算程序;(3)公司解散的目的是终止其法人资格。

(二)公司解散的原因

根据我国《公司法》的规定,公司解散的原因有以下 5 种情形:(1)公司章程规定的营业期限届满或者公司章程规定的其他解散事由出现;(2)股东会或者股东大会决议解散;(3)因公司合并或者分立需要解散;(4)依法被吊销营业执照、责令关闭或者被撤销;(5)人民法院依法予以解散。

公司有上述第(1)种情形的,可以通过修改公司章程而存续。公司依照规定修改公司章程的,有限责任公司须经持有 2/3 以上表决权的股东通过,股份有限公司须经出席股东大会会议的股东所持表决权的 2/3 以上通过。

根据我国《公司法》第 182 条和最高人民法院于 2008 年 5 月 12 日颁布的《关于适用〈中华人民共和国公司法〉若干问题的规定(二)》的有关规定,单独或者合计持有公司全部股东表决权 10% 以上的股东,有下列事由之一,公司继续存续会使股东利益受到重大损失,通过其他途径不能解决,提起解散公司诉讼,人民法院应予受理:(1)公司持续 2 年以上无法召开股东会或者股东大会,公司经营管理发生严重困难的;(2)股东表决时无法达到法定或者公司章程规定的比例,持续两年以上不能作出有效的股东会或者股东大会决议,公司经营管理发生严重困难的;(3)公司董事长期冲突,且无法通过股东会或者股东大会解决,公司经营管理发生严重困难的;(4)经营管理发生其他严重困难,公司继续存续会使股东利益受到重大损失的情形。

股东以知情权、利润分配请求权等权益受到损害,或者公司亏损、财产不足以偿还全部债务,以及公司被吊销企业法人营业执照未进行清算等为由,提起解散公司诉讼的,人民法院不予受理。另外,股东提起解散公司诉讼,同时又申请人民法院对公司进行清算的,人民法院对其提出的清算申请不予受理。

(三)公司清算

公司清算是指公司解散或被依法宣告破产后,依照一定的程序结束公司事务,收回债权、偿还债务、清理资产,并分配剩余财产,终止消灭公司的过程。公司被依法宣告破产的,依照有关企业破产的法律实施破产清算。公司解散后进入清算程序是为了公平地分配公司财产,保护股东和债权人的利益,同时也是为了保护职工利益。

1. 公司在清算期间的行为限制

公司进入清算程序后,其行为受到以下限制:清算期间,公司不再从事新的经营活动,仅局限于清理公司已经发生但尚未了结的事务,包括清偿债务、实现债权以及处理公司内部事务等。清算期间,公司的代表机构为清算组。清算组负责处理未了事务,代表公司对外进行诉讼。在清算组未成立前,仍然由原公司法定代表人代表公司进行诉讼。清算组进行民事诉讼,应当以公司名义进行。清算期间,公司财产在未按照法定程序清偿前,不得分配给股东。

2. 清算组及其组成

根据我国《公司法》的规定,公司应当在解散事由出现之日起15日内成立清算组,开始清算。有限责任公司的清算组由股东组成,股份有限公司的清算组由董事或者股东大会确定的人员组成。逾期不成立清算组进行清算的,债权人可以申请人民法院指定有关人员组成清算组进行清算。人民法院应当受理该申请,并及时组织清算组进行清算。

此外,根据最高人民法院《关于适用〈中华人民共和国公司法〉若干问题的规定(二)》的规定,有下列情形之一,债权人申请人民法院指定清算组进行清算的,人民法院应予受理:公司解散逾期不成立清算组进行清算的;虽然成立清算组但故意拖延清算的;违法清算可能严重损害债权人或者股东利益的。具有上述情形,而债权人未提起清算申请,公司股东申请人民法院指定清算组对公司进行清算的,人民法院应予受理。

人民法院受理公司清算案件,应当及时指定有关人员组成清算组。清算组成员可以从下列人员或者机构中产生:公司股东、董事、监事、高级管理人员;依法设立的律师事务所、会计师事务所、破产清算事务所等社会中介机构;依法设立的律师事务所、会计师事务所、破产清算事务所等社会中介机构中具备相关专业知识并取得执业资格的人员。

3. 清算组的职权

根据我国《公司法》的规定,清算组在清算期间行使下列职权:清理公司财产,分别编制资产负债表和财产清单;通知、公告债权人;处理与清算有关的公司未了结的业务;清缴所欠税款以及清算过程中产生的税款;清理债权、债务;处理公司清偿债务后的剩余财产;代表公司参与民事诉讼活动。

清算组在公司清算期间代表公司进行一系列民事活动,全权处理公司经济事务和民事诉讼活动。根据我国《公司法》的规定,清算组成员应当忠于职守,依法履行清算义务。清算组成员不得利用职权收受贿赂或者其他非法收入,不得侵占公司财产。清算组成员因故意或者重大过失给公司或者债权人造成损失的,应当承担赔偿责任。

4. 清算工作程序

(1)登记债权。清算组应当自成立之日起10日内通知债权人,并于60日内在报纸上公告。债权人应当自接到通知书之日起30日内,未接到通知书的自公告之日起45日内,向清算组申报其债权。债权人申报债权,应当说明债权的有关事项,并提供证明材料。清算组应当对债权进行登记。在申报债权期间,清算组不得对债权人进行清偿。

(2)清理公司财产,制订清算方案。清算组应当对公司财产进行清理,编制资产负债表和财产清单,制订清算方案。清算方案应当报股东会、股东大会或者人民法院确认。清算组在清理公司财产、编制资产负债表和财产清单后,发现公司财产不足清偿债务的,应当依法向人民法院申请宣告破产。公司经人民法院裁定宣告破产后,清算组应当将清算事务移交人民法院。

(3)清偿债务。公司财产在分别支付清算费用、职工工资、社会保险费用和法定补偿金,缴纳所欠税款,清偿公司债务后的剩余财产,有限责任公司按照股东的出资比例分配,股份有限公司按照股东持有的股份比例分配。清算期间,公司存续,但不得开展与清算无关的经营活动。

(4)公告公司终止。公司清算结束后,清算组应当制作清算报告,报股东会、股东大会或者人民法院确认,并报送公司登记机关。申请注销公司登记,公告公司终止。

第六节 外国公司的分支机构

一、外国公司的分支机构的概念及法律地位

外国公司是指依照外国法律在中国境外设立的公司,属于外国法人。外国公司在中国境内设立的分支机构,是外国公司的一个组成部分,不具有中国法人资格。外国公司对其分支机构在中国境内进行经营活动承担民事责任。

二、外国公司的分支机构的设立

(一)外国公司的分支机构的设立条件

外国公司在中国境内设立分支机构应当符合以下条件:(1)必须向中国主管机关提出申请,并提交其公司章程、所属国的公司登记证书等有关文件,经批准后,向公司登记机关依法办理登记,领取营业执照。外国公司分支机构的审批办法由国务院另行规定。(2)必须在中国境内指定负责该分支机构的代表人或者代理人,并向该分支机构拨付与其所从事的经营活动相适应的资金。对外国公司分支机构的经营资金需要规定最低限额的,由国务院另行规定。(3)应当在其名称中标明该外国公司的国籍及责任形式。外国公司的分支机构应当在本机构中置备该外国公司的章程。

(二)外国公司的分支机构的设立程序

外国公司在中国境内设立分支机构的主要程序是:(1)提出申请。外国公司在中国境内设立分支机构,必须向中国主管机关提出申请,并提交其公司章程、所属国的公司登记证书等有关文件。(2)进行工商登记。外国公司向中国主管机关提出在中国境内设立分支机构的申请经中国主管机关审查批准后,应当向中国的公司登记机关依法办理登记,领取营业执照。外国公司的分支机构在中国办理工商登记并领取营业执照后,即可在中国境内从事生产经营活动。

外国公司分支机构的审批办法由国务院另行规定。

三、外国公司的分支机构的权利与义务

(一)外国公司的分支机构的权利

外国公司的分支机构的权利主要有:(1)依法从事生产经营活动;(2)合法权益受中国法律保护。

(二)外国公司的分支机构的义务

外国公司的分支机构的义务主要有:(1)必须遵守中国的法律,不得损害中国的社会公共利益。(2)应当在其名称中标明该外国公司的国籍及责任形式。在本机构中置备该外国公司章程。(3)外国公司撤销其在中国境内的分支机构时,必须依法清偿债务,依照我国《公司法》

有关公司清算程序的规定进行清算。未清偿债务之前，外国公司不得将其分支机构的财产移至中国境外。

复习思考题

一、单项选择

1.2017年8月甲、乙、丙共同出资设立了A有限责任公司。2018年5月丙与丁达成协议，将其在A公司的股权全部转让给丁，甲、乙均不同意。下列解决方案中，不符合我国《公司法》规定的是(　　)。

A.由甲或乙购买丙的股权

B.由甲和乙共同购买丙的股权

C.如果甲、乙均不愿购买，丙无权将股权转让给丁

D.如果甲、乙均不愿购买，丙有权将股权转让给丁

2.甲、乙、丙于2016年3月出资设立东海有限责任公司。2017年4月该公司又吸收丁入股。2018年10月该公司因经营不善造成严重亏损，拖欠巨额债务，被依法宣告破产。人民法院在清算中查明：甲在公司设立时作为出资的房产，其实际价额明显低于公司章程所定价额；甲的个人财产不足以抵偿其应出资额与实际出资额的差额。按照我国《公司法》的规定，对甲不足出资的行为，正确的处理方法是(　　)。

A.甲以个人财产补交其差额，不足部分由乙、丙、丁补足

B.甲以个人财产补交其差额，不足部分由乙、丙补足

C.甲以个人财产补交其差额，不足部分待有财产时再补足

D.甲、乙、丙、丁均不承担补交该差额的责任

3.关于公司名称、章程、住所、经营范围等的陈述，以下说法正确的是(　　)。

A.有限责任公司必须在公司名称中标明"有限责任公司"的字样，股份有限公司必须在公司名称中标明"股份有限公司"的字样

B.公司章程对公司所有员工都具有约束力

C.甲公司在A市工商局登记设立，但其主要办事机构所在地是B市，则甲公司的住所地在B市

D.某公司章程规定该公司只能生产塑胶产品，但该公司多次向胜利网络公司销售电脑配件，则该公司与胜利网络公司的销售合同无效

4.关于股份有限公司创立大会的说法，哪个是错误的？(　　)

A.发起人应当在创立大会召开15日前将会议日期通知各认股人或者予以公告

B.创立大会应有代表股份总数过半数的发起人、认股人出席，方可举行

C.创立大会审议发起人关于公司筹办情况的报告后，对报告所列事项作出决议，必须经全体认股人所持表决权过半数通过

D.发起人、认股人缴纳股款或者交付抵作股款的出资后，除未按期募足股份、发起人未按期

召开创立大会或者创立大会决议不设立公司的情形外,不得抽回其股本

5. 国有独资公司不设股东会,由国家授权投资的机构或国家授权的部门,授权公司董事会(　　)。

A. 行使股东会的全部职权

B. 行使股东会的部分职权

C. 决定公司的重大事项,如公司合并、分立等事项

D. 行使股东会的职权,但所有事项由国家授权投资的机构或者国家授权的部门决定

二、简答

1. 简述有限责任公司的法律特征。

2. 简述公司合并、分立的法律效力。

3. 简述公司资本三原则。

三、案例分析

1. 甲、乙、丙三方约定共同出资,设立一个以生产经营为主的有限责任公司,在具体的出资数额方面,甲认缴出资为35万元,其中实物出资15万元,并依法办理了财产权转移手续,以货币出资20万元,但甲未按期足额缴纳公司章程规定所认缴的出资额,在有限责任公司在银行开设的账户仅存10万元。乙以土地使用权作价15万元,并依法办理了土地使用权移转手续。丙以劳务技术出资,作价8万元。同时,三方还约定公司经营期限为27年,公司成立后3年后可抽回出资。请分析说明:

(1)依照我国《公司法》的规定,上述股东出资是否违反了公司法的规定?并说明原因。

(2)就甲的出资而言,其仅以货币出资10万元,应如何承担责任?

(3)在三方的协议中有何不当之处,请说明原因。

2. 樱花房地产有限公司与其余5家公司共同筹建美亚房地产开发股份公司,注册资本总额1200万元,6家发起人认购其中500万元,其余向社会募集。同年10月发起人缴足500万元,出资方式包括现金、厂房、设备、土地使用权。由于发起人A作为投资的厂房用作办公大楼需装修,发起人共同协商成立公司筹建处,向海情装饰公司洽购货物总计70万元,约定待公司成立后一次付清。半个月后,海情装饰公司交付货物。但募股期限届满后,仅募集资金600万元,公司无法成立。请分析说明:

(1)发起人的出资是否合法,为什么?

(2)由于公司未成立,所欠海情装饰公司的70万元货款的责任应如何承担?

(3)对于认股人所认购的600万元,该部分责任如何承担?

第三章　合伙企业法律制度

本章知识结构图

- 第三章　合伙企业法律制度
  - 合伙企业、合伙企业法的概念
  - 普通合伙企业
    - 普通合伙企业的概念
    - 普通合伙企业的设立条件、设立登记
    - 普通合伙企业财产、合伙人财产份额
    - 普通合伙企业事务的执行
    - 普通合伙企业的损益分配
    - 普通合伙企业与第三人关系
    - 普通合伙人入伙、退伙
  - 特殊的普通合伙企业
    - 特殊的普通合伙企业的概念
    - 法律责任的承担
    - 职业风险基金与职业保险
  - 有限合伙企业
    - 有限合伙企业的概念、设立
    - 有限合伙企业事务的执行
    - 有限合伙企业的利润分配
    - 有限合伙人财产份额的处分权
    - 有限合伙人的入伙、退伙

引导案例

甲、乙、丙、丁共同出资成立一家普通合伙企业,主要从事挂面生产、销售,菜籽油生产和销售。合伙协议约定甲、乙各出资3万元,丙、丁各出资2万元,乙为合伙企业的对外事务执行人。

问题:

1. 合伙人能否以劳务的方式出资?

2. 甲未经其他合伙人同意擅自以合伙企业与个体商户A签订了一份菜籽油购销合同,约定1个月内向对方提供600公斤菜籽油。该合同是否有效?

3. 如果该合伙企业经营不善,对外负债12万元,各合伙人之间应该如何承担清偿债务责任?

第一节 合伙企业法概述

一、合伙企业的概念和特征

合伙是一种古老的制度,合伙的本质是两个以上的人互约出资,经营共同事业。合伙发展至今,可以分为个人合伙和合伙企业两种形式,两者成立的基础均为合伙协议,但一般认为组织松散的个人合伙不具有法律主体资格,而合伙企业具有相对独立性,其独立的民事主体地位已为法律所确认。

(一)合伙企业的概念

我国《合伙企业法》规定:"本法所称合伙企业,是指自然人、法人和其他组织依照本法在中国境内设立的普通合伙企业和有限合伙企业。"所谓合伙企业,是指由两个和两个以上的合伙人根据合伙协议,共同投资、合伙经营、共享收益,并且至少有一个以上的合伙人对企业债务承担无限责任的营利性组织。

(二)合伙企业的法律特征

1. 合伙企业是由2个以上的人共同投资、共同经营、共享收益的组织。首先,合伙企业作为一个独立经营的联合体,必须有2个以上的出资人,我国合伙企业法对普通合伙企业合伙人的上限没有明确的限制,但对有限合伙企业则明确规定合伙人的上限是50人。其次,合伙事务一般由全体合伙人共同管理,这个特征区别于法人企业,法人企业由法人机关从事经营管理。

2. 合伙企业的成立是基于合伙协议。合伙企业是典型的人合性组织,其信用基础是全体合伙人而不是合伙财产。因此,建立合伙企业必须由各合伙人协商一致,订立合伙协议。合伙人的书面协议是合伙形成的基础。

3. 合伙企业的财产归全体合伙人共有。合伙企业的财产是合伙人的共有财产,具有相对独立性,而不是各个合伙人单独拥有的财产,即合伙企业财产不是合伙人财产的简单集合。正因如此,合伙人也就失去了对自己出资合伙企业财产自由支配、处分的权利。

4. 合伙企业必须有人对企业债务承担无限连带责任。与公司股东对公司承担有限责任不同,合伙企业这种组织形态具有长久生命力的根本就在于合伙人对企业债务承担无限连带责任。这种责任制度对合伙人尤其是执行合伙事务的合伙人形成了巨大的管理压力及动力。虽然我国《合伙企业法》规定，有限合伙人承担的是有限责任，但无论是有限合伙企业还是普通合伙企业，都必须有人对合伙企业债务承担无限连带责任。

二、合伙企业法

合伙企业法有狭义和广义之分。狭义的合伙企业法是由国家最高立法机关依法制定的、规范合伙企业合伙关系的专门法律，即我国《合伙企业法》。广义的合伙企业法是指国家立法机关或者其他有权机关依法制定的、调整合伙企业合伙关系的各种法律规范的总称。由此，除我国《合伙企业法》外，国家有关法律、行政法规和规章中关于合伙企业的法律规范，都属于合伙企业法的范畴。

1997 年 2 月 23 日我国第八届全国人民代表大会常务委员会第二十四次会议通过并颁布了《合伙企业法》，2006 年 8 月 27 日第十届全国人民代表大会常务委员会第二十三次会议对该法进行了第一次修订，修订后的《合伙企业法》于 2007 年 6 月 1 日起施行。修订后的《合伙企业法》共 109 条，重大变化是在合伙类型上增加了特殊的普通合伙和有限合伙，进一步完善了我国的合伙制度，使之更能满足经济生活对主体制度创新的需求。

第二节　普通合伙企业

一、普通合伙企业的概念

普通合伙企业是指由两个和两个以上的合伙人订立合伙协议，共同投资、合伙经营、共享收益，合伙人对企业债务承担无限连带责任的营利性组织。

二、普通合伙企业的设立

普通合伙企业的设立是指拟设立合伙企业的自然人、法人或者其他组织依照法律、行政法规规定的条件和程序，向合伙企业登记机关申请设立合伙企业，并由登记机关依法给予登记的行为。

（一）设立条件

1. 有 2 个以上合伙人。在设立合伙企业时，合伙人不得低于 2 人。但对于合伙人的上限，法律没有也不需要明确规定，也就是说，设立人可以根据所设立的企业具体情况决定。普通合伙企业的合伙人，可以是自然人、法人或者其他组织。合伙人为自然人的，应当具有完全民事行为能力，限制民事行为能力和无民事行为能力的自然人不能设立合伙企业。虽然法人和其他组织能够投资于合伙企业，但是合伙企业法规定国有独资公司、国有企业、上市公司以及公益性的事业单位、社会团体不得成为普通合伙人，当然其也不能成为普通合伙企业的合伙人。

2. 有书面的合伙协议。合伙协议是各合伙人就有关合伙事项所为的一致的意思表示。从形式上来看，为设立合伙企业而达成的合伙协议应为书面形式。订立合伙协议应当遵循自愿、平等、公平、诚实信用原则。合伙协议应当载明下列事项：(1)合伙企业的名称和主要经营场所的地点;(2)合伙目的和合伙经营范围;(3)合伙人的姓名或者名称、住所,合伙人的出资方式、数额和缴付期限;(4)利润分配、亏损分担方式;(5)合伙事务的执行;(6)入伙与退伙;(7)争议解决办法;(8)合伙企业的解散与清算;(9)违约责任。

合伙协议经全体合伙人签名、盖章后生效。合伙人按照合伙协议享有权利,履行义务。修改或者补充合伙协议,应当经全体合伙人一致同意;但是,合伙协议另有约定的除外。合伙协议未约定或者约定不明确的事项,由合伙人协商决定;协商不成的,依照合伙企业法和其他有关法律、行政法规的规定处理。

3. 有各合伙人认缴或实际缴付的出资。合伙人应当按照合伙协议约定的出资方式、数额和缴付期限,履行出资义务。合伙人可以用货币、实物、知识产权、土地使用权或者其他财产权利出资,合伙人对货币以外的出资,需要评估作价的,可以由全体合伙人协商确定,也可以由全体合伙人委托法定评估机构评估。合伙人也可以用劳务出资,合伙人以劳务出资的,其评估办法由全体合伙人协商确定,并在合伙协议中载明。合伙人出资的缴付方式比较灵活,合伙人可以一次性缴付出资,也可以"认缴"的形式分期出资,但认缴必须在合伙协议中有所体现,不能随意进行。

4. 有合伙企业的名称和生产经营场所。合伙企业的名称应当符合我国有关企业名称的管理规定。普通合伙企业名称中应当标明"普通合伙"的字样。合伙企业的经营场所是合伙企业进行业务活动的必要条件之一,同时还是确定合伙企业住所的重要依据,而合伙企业住所的确定,又为确定债务履行地、企业登记地、诉讼管辖地、诉讼文书收受地提供了依据。

5. 法律、行政法规规定的其他条件。

(二)设立登记

申请合伙企业设立登记,应当向企业登记机关即工商行政管理部门提交登记申请书、合伙协议书、合伙人身份证明等文件。合伙企业的经营范围中有属于法律、行政法规规定在登记前须经批准的项目的,该项经营业务应当依法经过批准,并在登记时提交批准文件。

申请人提交的登记申请材料齐全、符合法定形式,企业登记机关能够当场登记的,应予当场登记,并发给营业执照。此外,企业登记机关应当自受理申请之日起20日内,作出是否登记的决定。予以登记的,发给营业执照;不予登记的,应当给予书面答复,并说明理由。合伙企业的营业执照签发日期,为合伙企业成立日期。合伙企业领取营业执照前,合伙人不得以合伙企业名义从事合伙业务。

三、普通合伙企业财产与合伙人的财产份额

(一)普通合伙企业财产的构成、管理

合伙财产是合伙企业的物质基础,合伙人的出资、以合伙企业名义取得的收益和依法取得的其他财产,均为合伙企业的财产。由此可见,合伙企业的财产由两部分构成:一是原始财产,即全体合伙人的出资;二是积累财产,即合伙企业成立后以合伙企业名义依法取得的全部收益,包括营业性的收入和其他财产,如合法接受的赠与财产等。

由于合伙企业财产归全体合伙人共有,为了维护合伙企业财产的完整,并且以此保证合伙企业交易对方的合法权益,除依法退伙等法律有特别规定的情形外,合伙人在合伙企业清算前,不得请求分割合伙企业的财产。合伙人在合伙企业清算前私自转移或者处分合伙企业财

产的，合伙企业不得以此对抗善意第三人。

（二）合伙人财产份额的处分权

合伙企业是典型的人合企业，因此，合伙人向他人转让其在合伙企业中的全部或部分财产份额时须有一定的限制。在合伙企业存续期间，合伙人之间转让在合伙企业中的全部或者部分财产份额时，应当通知其他合伙人。合伙人向合伙人以外的人转让其在合伙企业中的全部或部分财产份额时，除合伙协议另有约定外，须经其他合伙人同意，且在同等条件下其他合伙人有优先受让的权利。

合伙人以其在合伙企业中的财产份额出质的，须经其他合伙人一致同意；否则其出质无效，由此给善意第三人造成损失的，由行为人依法承担赔偿责任。

四、普通合伙企业事务的执行

合伙企业事务的执行，是指合伙人为达成合伙事业目的，管理、使用合伙财产，决定、执行合伙事务的活动。合伙人在合伙的经营中，既享有一定的权利，也负担一定的义务。

（一）普通合伙企业事务执行的方式

合伙企业为合伙人共同经营，合伙人对执行合伙企业事务享有同等的权利，那么在具体方式上可以有哪些选择？第一，可以由全体合伙人共同执行合伙企业事务；第二，由各合伙人分别单独执行合伙事务；第三，可以由合伙协议约定或者全体合伙人决定，委托一名或数名合伙人执行合伙企业事务。在此情形下，除执行合伙企业事务的一名或者数名合伙人外，其他合伙人不再执行合伙企业事务。执行合伙企业事务的合伙人，对外代表合伙企业。但是合伙企业对合伙人执行合伙事务以及对外代表合伙企业权利的限制，不得对抗善意第三人。

（二）普通合伙企业事务执行的监督

合伙协议约定或者经全体合伙人决定，合伙人分别执行合伙企业事务时，执行事务合伙人可以对其他合伙人执行的事务提出异议。提出异议时，应当暂停该项事务的执行；如果委托一名或者数名合伙人执行合伙事务的，其他合伙人不再执行合伙事务。但是，为了保护不参加合伙事务执行的合伙人的利益，他们有权监督执行事务合伙人执行合伙事务的情况。执行事务合伙人应当定期向其他合伙人报告事务执行情况以及合伙企业的经营和财务状况，其执行合伙事务所产生的收益归合伙企业，所产生的费用和亏损由合伙企业承担。其他合伙人为了解合伙企业的经营状况和财务状况，有权查阅合伙企业会计账簿等财务资料。受委托执行合伙事务的合伙人不按照合伙协议或者全体合伙人的决定执行事务的，其他合伙人可以决定撤销该委托。

（三）合伙事务的表决

我国《合伙企业法》规定，合伙企业事务按照合伙协议约定的表决办法办理，合伙协议未约定或者约定不明确的，实行合伙人一人一票并经全体合伙人过半数通过的表决办法。《合伙企业法》另有规定的，从其规定。

例如，我国《合伙企业法》第31条规定，除合伙协议另有约定外，合伙企业的下列事项应当经全体合伙人一致同意：(1)改变合伙企业的名称；(2)改变合伙企业的经营范围、主要经营场所的地点；(3)处分合伙企业的不动产；(4)转让或者处分合伙企业的知识产权和其他财产权利；(5)以合伙企业名义为他人提供担保；(6)聘任合伙人以外的人担任合伙企业的经营管理人员。

另外,合伙人应遵循以下义务:不得自营或者同他人合作经营与本合伙企业相竞争的业务;除合伙协议另有约定或者经全体合伙人一致同意外,不得同本合伙企业进行交易;不得从事损害本合伙企业利益的活动。

五、普通合伙企业的损益分配

合伙企业的利润与亏损如何分配?首先,利润分配、亏损分担,按照合伙协议的约定办理;其次,如果合伙协议未约定或者约定不明确的,由合伙人协商决定;再次,如果协商不成,由合伙人按照实缴出资比例分配、分担;最后,如果无法确定各合伙人的出资比例,则由合伙人平均分配、分担。

应该特别注意的是,普通合伙的合伙协议不得约定将全部利润分配给部分合伙人或者由部分合伙人承担全部亏损。这样的规定体现了尊重当事人意思自治和平衡合伙人之间利益的立法取向。

六、普通合伙企业与第三人关系

合伙企业与第三人的关系主要是指在经营过程中以合伙企业的名义与第三人进行交易活动以及由此产生的权利义务关系。

(一)合伙人对外行为的效力

如何理解合伙人对外代表合伙企业行为的性质?一般认为,其是一种代理关系,即对外执行合伙企业事务的合伙人是合伙企业和其他合伙人的代理人。在代理权范围内,该合伙人以合伙企业或者其他合伙人的名义所为的行为,直接对合伙企业发生法律效力。

合伙企业对合伙人执行合伙事务以及对外代表合伙企业权利的限制,不得对抗善意第三人。也就是说,如果合伙人执行合伙企业事务时,其权限有限制,但其超出代理权限或者在没有授权的情况下,以合伙企业的名义从事活动,其他合伙人不得对抗不知晓限制的善意第三人。当然,出于公平的考虑,合伙企业对外承担对第三人的责任后,可以向超越代理权限的合伙人行使追偿权,该合伙人应当承担赔偿责任。

(二)普通合伙企业债务的清偿

合伙企业的债务,是指在合伙企业存续期间产生的债务。它既包括由于合伙企业不履行合同所产生的违约之债,也包括由于合伙企业的侵权行为产生的侵权之债。合伙企业对其债务,应先以其全部财产进行清偿。合伙企业不能清偿到期债务的,合伙人承担无限连带责任。合伙人对外承担了合伙企业债务后,由于承担了无限连带责任而导致清偿的数额超过其对合伙企业承担亏损的比例,有权向其他合伙人追偿。

(三)合伙人的债务清偿

在合伙企业存续期间,可能发生个别合伙人因不能清偿私人债务而被追索的情况。由于合伙人在合伙企业中拥有财产权益,合伙人的债权人可能会向合伙企业提出各种清偿要求,为了保护合伙企业及其他合伙人的合法权益,同时也保护债权人的合法权益,我国《合伙企业法》作了如下规定。

1. 合伙人发生与合伙企业无关的债务,相关债权人不得以该债权抵销其对合伙企业的债务。该债权人对合伙企业的负债,实质上是对全体合伙人的负债;而合伙企业某一合伙人对该债权人的负债，只限于该合伙人个人。如果允许两者抵销，就等于强迫合伙企业其他合伙人对个别合伙人的个人债务承担责任。这违反了合伙制度的本义，加大了合伙人的风险，也不利于合伙企业这种经济组织形式的发展。因此，合伙企业法规定合伙人的债权人不得对合伙企业主张抵销权。

2. 合伙人个人负有债务，其债权人不得代位行使该合伙人在合伙企业中的权利。合伙具有人合性质，合伙人之间相互了解和信任是合伙关系稳定的基础。如果允许个别合伙人的债权人代位行使该合伙人在合伙企业中的权利，如参与管理权、事务执行权等，则不利于合伙关系的稳定和合伙企业的正常运营。况且，该债权人因无合伙人身份，其行使合伙人的权利而不承担无限连带责任，这无异于允许他将自己行为的责任风险转嫁于合伙企业的全体合伙人，这显然是不公平的。

3. 合伙人的自有财产不足清偿其个人债务的，该合伙人可以其从合伙企业中分取的收益用于清偿；债权人也可以依法请求人民法院强制执行该合伙人在合伙企业中的财产份额用于清偿。人民法院强制执行合伙人的财产份额时，应当通知全体合伙人，其他合伙人有优先购买权，其他合伙人未购买，又不同意将该财产份额转让给他人的，可以为该合伙人办理退伙结算，或者办理削减该合伙人相应财产份额的结算。这既保护了债权人的清偿利益，也无损于全体合伙人的合法权益，同时也充分尊重合伙人的意思自治及合伙企业赖以存在的各合伙人的信任基础。

七、合伙人变更

合伙人之间的信任，是合伙得以成立和存在的重要条件之一，合伙人的变更，必然对合伙这一组织产生重大影响。合伙人的变更，可以分为入伙、退伙两种情形。

（一）入伙

入伙是指在合伙组织存续期间第三人加入合伙而成为合伙人的行为。我国《合伙企业法》第 43 条规定，新合伙人入伙，除合伙协议另有约定外，应当经全体合伙人一致同意，并依法订立书面入伙协议。订立入伙协议时，原合伙人应当向新合伙人如实告知原合伙企业的经营状况和财务状况。

入伙的新合伙人与原合伙人享有同等权利，承担同等责任。入伙协议另有约定的，从其约定。这意味着，当事人可以通过协议限制入伙人的权利或者免除其责任。但免除新入伙人的责任只能在原合伙人与新合伙人之间的关系上免除，而新合伙人对入伙前合伙企业的债务承担无限连带责任。换言之，对于合伙企业的原有债务，原合伙人与新合伙人之间可以通过协议规定新合伙人不负有清偿责任，但这种协议不能对抗合伙企业的债权人，无论债权人是否知道他们之间的这种协议。新合伙人仍须对债权人负无限连带清偿责任，当其清偿债务后，可以根据协议向原合伙人追偿。

（二）退伙

退伙是指合伙人在合伙组织存续期间退出合伙组织、丧失合伙人资格的行为。

1. 退伙的类型

根据不同原因，退伙可分为自愿退伙、当然退伙、除名退伙。

自愿退伙又称声明退伙，是指合伙人依约定或单方面向其他合伙人声明退伙。合伙协议约定了合伙的期限，在合伙企业存续期间，有下列情形之一的，合伙人可以退伙：（1）合伙协议约定的退伙事由出现;(2)经全体合伙人一致同意;(3)发生合伙人难以继续参加合伙的事由;(4)其他合伙人严重违反合伙协议约定的义务。如果合伙协议未约定合伙期限的,合伙人在不给合伙企业事务执行造成不利影响的情况下,可以退伙,但应当提前30日通知其他合伙人。合伙人违反上述规定退伙的,应当赔偿由此给合伙企业造成的损失。

当然退伙又称法定退伙,是指基于法律的直接规定而退伙。合伙人有下列情形之一的,当然退伙:(1)作为合伙人的自然人死亡或者被依法宣告死亡;(2)个人丧失偿债能力;(3)作为合伙人的法人或者其他组织依法被吊销营业执照、责令关闭、撤销,或者被宣告破产;(4)法律规定或者合伙协议约定合伙人必须具有相关资格而丧失该资格;(5)合伙人在合伙企业中的全部财产份额被人民法院强制执行。在合伙人死亡或者被依法宣告死亡的特殊情形下,该合伙人在合伙企业中的财产份额由享有合法继承权的继承人,按照合伙协议的约定或者经全体合伙人一致同意,从继承开始之日起,取得该合伙企业的合伙人资格。但有下列情形之一的,合伙企业应当向合伙人的继承人退还被继承合伙人的财产份额:一是继承人不愿意成为合伙人;二是依法律规定、合伙协议约定合伙人必须具有相关资格,而该继承人未取得该资格;三是合伙协议约定不能成为合伙人的其他情形。另外,合伙人被依法认定为无民事行为能力人或者限制民事行为能力人的,经其他合伙人一致同意,可以依法转为有限合伙人,普通合伙企业依法转为有限合伙企业。其他合伙人未能一致同意的,该无民事行为能力或者限制民事行为能力的合伙人退伙。退伙事由实际发生之日为退伙生效日。

除名退伙又称强制退伙,是指出现某种事由经全体合伙人一致同意,将合伙人除名。合伙人有下列情形之一的,经其他合伙人一致同意,可以决议将其除名:(1)未履行出资义务;(2)因故意或者重大过失给合伙企业造成损失;(3)执行合伙事务时有不正当行为;(4)发生合伙协议约定的事由。对合伙人的除名决议应当书面通知被除名人。被除名人接到除名通知之日,除名生效,即被除名人退伙。被除名人对除名决议有异议的,可以自接到除名通知之日起30日内,向人民法院起诉。由此可见,除名退伙主要是作为一种处分措施而使用的。

2. 退伙的效力

首先,退伙人丧失合伙人资格。其次,合伙人退伙,其他合伙人应当与该退伙人按照退伙时的合伙企业财产状况进行结算,退还退伙人的财产份额。退伙人对给合伙企业造成的损失负有赔偿责任的,相应扣减其应当赔偿的数额。退伙时有未了结的合伙企业事务的,待该事务了结后进行结算。退伙人在合伙企业中财产份额的退还办法,由合伙协议约定或者由全体合伙人决定,可以退还货币,也可以退还实物。最后,退伙人对基于其退伙前的原因发生的合伙企业债务,承担无限连带责任。

第三节 特殊的普通合伙企业

一、特殊的普通合伙企业的概念

特殊的普通合伙企业是指在特定的情况下,不由全体合伙人对合伙债务承担无限连带责任的普通合伙企业。特殊的普通合伙企业一般是以专业知识和专门技能为客户提供有偿服务的专业机构性质的合伙企业。

我国《合伙企业法》规定,以专业知识和专门技能为客户提供有偿服务的专业服务机构,可以设立为特殊的普通合伙企业。特殊的普通合伙企业名称中应当标明“特殊普通合伙”的字样。特殊的普通合伙企业是普通合伙企业的一种特殊形式,因原理上参考了美国、英国等国家的有限责任合伙法,也称为有限责任的合伙,不同于有限合伙。

在市场经济体制建立中,我国出现了大量会计师事务所、资产评估师事务所等专业服务机构。这些专业服务机构由于其自身的特殊性,即没有多少资本,且仅以其专业知识与信息为客户提供专业服务,故而不能以一般普通合伙企业的原则要求他们。如果要求此类机构仍适用于一般普通合伙企业制度,即所有合伙人都对合伙企业债务承担无限连带责任,则许多无过错合伙人都要承担因其他合伙人过错所导致的连带责任,特别是全体合伙人要对异地分支机构合伙人独立开展的业务所引起的债务承担无限连带责任,将极大限制这类机构的发展。而且,大量国外的专业服务机构相继进入我国开展业务,它们绝大多数都采用了有限责任合伙制度,因而我国有必要建立特殊的普通合伙企业制度。

二、特殊的普通合伙企业的法律责任

(一)外部法律责任的承担

特殊的普通合伙企业之所以“特殊”,就在于其和一般合伙的责任形式不同,即特殊的普通合伙企业是有限责任与无限连带责任的混合体。我国《合伙企业法》第57条规定:“一个合伙人或者数个合伙人在执业活动中因故意或者重大过失造成合伙企业债务的,应当承担无限责任或者无限连带责任,其他合伙人以其在合伙企业中的财产份额为限承担责任。合伙人在执业活动中非因故意或者重大过失造成的合伙企业债务以及合伙企业的其他债务,由全体合伙人承担无限连带责任。”依此规定,在我国,特殊的普通合伙企业合伙人的责任形式可以归为两类情况。

1. 合伙企业的一般债务

对于合伙企业的一般债务,所有合伙人作为普通合伙人应承担无限连带责任。

2. 合伙人执业活动引起的合伙债务

合伙人执业活动引起的合伙债务包括两种情形:如果相关合伙人有故意或者重大过失,该合伙人个人承担无限责任,有数个合伙人时则彼此承担无限连带责任,其他合伙人承担有限责任,其实际是把执业活动中的有故意或者重大过失行为的合伙人与其他合伙人相区别对待,体现了公平、公正的原则;如果相关合伙人为普通过失,则所有合伙人承担无限连带责任。

由此可见,我国对合伙人连带责任的限制,适用范围是比较窄的,仅限于合伙人在执业活动中因故意或者重大过失造成的合伙企业债务。

(二)内部法律责任的承担

我国《合伙企业法》第58条规定:“合伙人执业活动中因故意或者重大过失造成的合伙企业债务,以合伙企业财产对外承担责任后,该合伙人应当按照合伙协议的约定对给合伙企业造成的损失承担赔偿责任。”

合伙人的执业活动引发的首先是合伙债务,无论合伙人是故意、重大过失还是其他原因,合伙企业债务首先要用合伙企业财产承担责任,只有当合伙企业财产不足时,才由合伙人清偿。合伙人执业活动中因故意或者重大过失造成的合伙企业债务,以合伙企业财产对外承担责任后,该合伙人应当按照合伙协议的约定对给合伙企业造成的损失承担赔偿责任。

三、特殊的普通合伙企业的职业风险基金与职业保险

为了防范特殊的普通合伙企业合伙人的职业风险,保护债权人利益,我国《合伙企业法》规定了建立职业风险基金和职业保险制度。

执业风险基金,主要是指为了化解经营风险,特殊的普通合伙企业从其经营收益中提取相应比例的资金留存或者根据相关规定上缴至指定机构所形成的资金,用于偿付合伙人执业活动造成的债务。执业风险基金应当单独立户管理。

职业保险,又称职业责任保险,是指承保各种专业技术人员因工作上的过失或者疏忽大意所造成的合同一方或者他人的人身伤害或者财产损失的经济赔偿责任的保险。

在我国,由于职业责任保险市场并不成熟,责任保险供给方面不确定因素比较多,如责任保险品种单一。责任保险的限制性内容(如免赔额、最高赔偿额等)不完善等,同时,目前专业服务行业(主要是注册会计师)提取执业风险基金是在税后利润部分,如果企业没有获得利润则很难建立这部分的基金。因此,两种方式并存的目的是希望能够相互补充,进而保护债权人的利益。

第四节　有限合伙企业

一、有限合伙企业的概念

所谓有限合伙,是指由有限合伙人和普通合伙人共同组成,有限合伙人以其出资额为限对有限合伙承担责任,普通合伙人对合伙债务承担无限连带责任的合伙形式。

有限合伙与普通合伙一样,都不具有独立的法人资格。但有限合伙具备普通公司的一个重要特性,即投资者的有限责任。有限合伙人承担责任的范围是其认缴的出资额,对超出出资额的范围不承担责任。有限合伙人对合伙债务承担有限责任,有利于吸引投资。

有限合伙人的有限责任与特殊的普通合伙企业中普通合伙人的有限责任不同。有限合伙人对合伙企业债务负有限责任是通常情形,对合伙企业债务承担连带责任仅是合伙企业法规定的特殊情形;而特殊的普通合伙企业的普通合伙人恰恰相反,对合伙企业债务承担无限连带责任是通常情况,受到有限责任的保护则是特殊情况。

二、有限合伙企业的设立

(一)设立条件

根据我国《合伙企业法》的规定,有限合伙企业除特别规定外,其设立条件适用普通合伙企业的规定。这些特别规定主要包括以下几个方面。

1. 有2个以上50个以下合伙人。设立有限合伙企业的合伙人最低人数为2人。有限合伙企业由普通合伙人和有限合伙人共同组成,至少应当有一个普通合伙人,缺少任何一种类型的合伙人，都不能称其为“有限合伙企业”。

2. 有限合伙企业名称中应当标明“有限合伙”的字样。

3. 有限合伙企业的合伙协议。有限合伙企业的合伙协议除需载明普通合伙企业应当载明的事项外，还应当载明下列事项：(1)普通合伙人和有限合伙人的姓名或者名称、住所；(2)执行事务合伙人应具备的条件和选择程序；(3)执行事务合伙人权限与违约处理办法；(4)执行事务合伙人的除名条件和更换程序；(5)有限合伙人入伙、退伙的条件、程序以及相关责任；(6)有限合伙人和普通合伙人相互转变程序。

(二)出资方式

我国《合伙企业法》特别规定了合伙企业中有限合伙人的出资方式，即有限合伙人可以用货币、实物、知识产权、土地使用权或者其他财产权利作价出资；同时，禁止有限合伙人以劳务出资。在有限合伙中，普通合伙人往往出资很少，如果有限合伙人不能按期足额缴纳出资，会影响合伙事业的正常运行，也会损害交易相对人的利益。有限合伙人应当按照合伙协议的约定按期足额缴纳出资，未按期足额缴纳的，应当承担补缴义务，并对其他合伙人承担违约责任。

(三)登记事项

为保障有限合伙企业中普通合伙人的权利，督促有限合伙人认真全面履行出资义务，我国《合伙企业法》规定，有限合伙企业登记事项中应当载明有限合伙人的姓名或者名称及认缴的出资数额。该规定将起到向社会公示的作用。

三、有限合伙企业事务的执行

(一)合伙企业事务的执行人

有限合伙企业由普通合伙人执行合伙企业事务。有限合伙企业的管理权和代表权是合一的。因普通合伙人具备管理合伙企业事务的专长，所以普通合伙人自然成为合伙事务的执行人。而有限合伙人对合伙企业债务承担有限责任，则不执行合伙事务，不得对外代表有限合伙企业。许多国家法律规定，如果有限合伙人参与有限合伙企业事务的管理，则有限合伙人视为普通合伙人，与普通合伙人一起对有限合伙企业的债务承担无限责任。

有限合伙人不执行合伙事务，其所不能参与的只是有限合伙企业的日常决策程序，主要是日常经营决策，但并不代表有限合伙人不能参与任何有限合伙企业的事务。有限合伙人的下列行为，不视为执行合伙企业事务：

1. 参与决定普通合伙人入伙、退伙；

2. 对企业的经营管理提出建议；

3. 参与选择承办有限合伙企业审计业务的会计师事务所；

4. 获取经审计的有限合伙企业财务会计报告；

5. 对涉及自身利益的情况，查阅有限合伙企业财务会计账簿等财务资料；

6. 在有限合伙企业中的利益受到侵害时，向有责任的合伙人主张权利或者提起诉讼；

7. 执行事务合伙人怠于行使权利时，督促其行使权利或者为了本企业的利益以自己的名义提起诉讼；

8. 依法为本企业提供担保。

有限合伙人对合伙债务承担有限责任，无权执行合伙事务，体现了权利与义务的一致。如果有限合伙人参与执行合伙事务,就应当对此承担无限连带责任。我国《合伙企业法》规定,第三人有理由相信有限合伙人为普通合伙人并与其交易的,该有限合伙人对该笔交易承担与普通合伙人同样的责任。但对于有限合伙的其他债务,有限合伙人仍然承担有限责任。有限合伙人未经授权以有限合伙企业名义与他人进行交易,给有限合伙企业或者其他合伙人造成损失的,该有限合伙人应当承担赔偿责任。

(二)有限合伙人的特殊权利

与普通合伙人不同,有限合伙人可以同本有限合伙企业进行交易;可以自营或者同他人合作经营与本有限合伙企业相竞争的业务。但是,合伙协议另有约定的除外。

四、有限合伙企业的利润分配与有限合伙人财产份额的处分权

(一)有限合伙企业的利润分配

我国《合伙企业法》规定,有限合伙企业不得将全部利润分配给部分合伙人;但是合伙协议另有约定的除外。这与普通合伙企业的合伙协议不得约定将全部利润分配给部分合伙人不同。

(二)有限合伙人财产份额的处分权

1. 有限合伙人财产份额的转让

有限合伙人可以按照合伙协议的约定向合伙人以外的人转让其在有限合伙企业中的财产份额,但应当提前30日通知其他合伙人。

有限合伙企业是兼具资合因素和人合因素的企业,其中有限合伙人与普通合伙人之间的联合属于资本联合。有限合伙人向合伙人以外的其他人转让其在有限合伙企业中的财产份额,并不影响有限合伙企业成立的基础,有限合伙人的财产份额可以对外转让,不必经过其他合伙人一致同意,但合伙协议另有约定的除外。转让财产份额的有限合伙人应当提前30日通知其他合伙人,以便其他合伙人进行必要的准备,以决定是否行使优先购买权。

2. 有限合伙人财产份额的出质

有限合伙人可以将其在有限合伙企业中的财产份额出质,但是合伙协议另有约定的除外。有限合伙人在有限合伙企业中的财产份额,是有限合伙人的财产权益,在有限合伙企业存续期间,有限合伙人可以对该财产权利进行一定的处分,包括出质。但是有限合伙协议可以对有限合伙人将其在有限合伙企业中的财产出质进行特殊约定。

3. 有限合伙人的一般债务的清偿

有限合伙人的一般债务,是指有限合伙人的与有限合伙企业无关的债务。有限合伙人清偿其一般债务时,可以使用其在有限合伙企业中分取的收益进行清偿。债权人也可以依法请求人民法院强制执行该合伙人在有限合伙企业中的财产份额并用于清偿,但人民法院强制执行有限合伙人的财产份额时,应当通知全体合伙人。在同等条件下,其他合伙人有优先购买权。

五、有限合伙人的入伙、退伙

新入伙的有限合伙人对入伙前有限合伙企业的债务,以其认缴的出资额为限承担责任。这与入伙的普通合伙人不同,入伙的普通合伙人对入伙前合伙企业的债务承担无限连带责任。

有限合伙人退伙后,对基于其退伙前的原因发生的有限合伙企业债务,以其退伙时从有限合伙企业中取回的财产承担责任。这与退伙的普通合伙人不同，退伙的普通合伙人对基于其退伙前的原因发生的合伙企业债务，承担无限连带责任。

复习思考题

一、名词解释

1. 普通合伙企业；2. 有限合伙企业；3. 特殊的普通合伙企业；4. 合伙协议。

二、单项选择

1. 甲企业是由自然人乙与丙各出资50%设立的普通合伙企业，欠丁企业货款30万元，由于经营不善，甲企业全部资产仅剩10万元。现所欠货款到期，相关各方因货款清偿发生纠纷。对此，下列表述正确的是(　　)。

A. 丁企业只能要求乙与丙各自承担10万元的清偿责任

B. 丁企业只能要求甲企业承担清偿责任

C. 欠款应先以甲企业的财产偿还，不足部分由乙与丙承担无限连带责任

D. 甲企业与乙、丙对丁企业承担无限连带责任

2. 甲于2014年3月以20万元加入某有限合伙企业，成为有限合伙人。后该企业的另一名有限合伙人退出，甲便成为唯一的有限合伙人。2014年6月甲不幸发生车祸，虽经抢救保住性命，但已成为植物人。对此，下列表述是正确的是(　　)。

A. 就甲入伙前该合伙企业的债务，甲仅需以20万元为限承担责任

B. 如甲因负债累累而丧失偿债能力，该合伙企业有权要求其退伙

C. 因甲已成为植物人，故该合伙企业有权要求其退伙

D. 因唯一的有限合伙人已成为植物人，故该有限合伙企业应转为普通合伙企业

3. 甲、乙、丙、丁成立一家普通合伙企业，1年后甲转为有限合伙人。此前，合伙企业欠银行债务30万元，该债务直至合伙企业因严重资不抵债被宣告破产仍未偿还。对该30万元银行债务的偿还，下列选项正确的是(　　)。

A. 乙、丙、丁应按合伙份额对该笔债务承担清偿责任，甲无须承担责任

B. 各合伙人均应对该笔债务承担无限连带责任

C. 乙、丙、丁应对该笔债务承担无限连带责任，甲无须承担责任

D. 合伙企业已宣告破产，债务归于消灭，各合伙人无须偿还该笔债务

三、多项选择

1. 通源商务中心为一家普通合伙企业，合伙人为赵某、钱某、孙某、李某、周某。就合伙事务的执行，合伙协议约定由赵某、钱某2人负责。下列哪些表述是正确的？(　　)

A. 孙某仍有权以合伙企业的名义对外签订合同

B. 对赵某、钱某的业务执行行为，李某享有监督权

C. 对赵某、钱某的业务执行行为，周某享有异议权

D. 赵某以合伙企业名义对外签订合同时，钱某享有异议权

2. 甲向乙借款50万元用来炒股,借期1个月,结果恰遇股市动荡,甲到期不能归还借款。经查明,甲为某普通合伙企业的合伙人,持有44%的合伙份额。对此,下列哪些说法是正确的?(　　)

A. 乙可主张以甲自该合伙企业中所分取的收益来清偿债务

B. 乙可主张对甲合伙份额进行强制执行

C. 对甲的合伙份额进行强制执行时,其他合伙人不享有优先购买权

D. 乙可直接向合伙企业要求对甲进行退伙处理,并以退伙结算所得来清偿债务

3. 注册会计师甲、乙、丙共同出资设立一家特殊的普通合伙制的会计师事务所。甲、乙在某次审计业务中,因故意出具不实审计报告被人民法院判决由会计师事务所赔偿当事人80万元。根据合伙企业法的规定,下列有关该赔偿责任承担的表述中,正确的是(　　)。

A. 甲、乙、丙均承担无限连带责任

B. 以该会计师事务所的全部财产为限承担责任

C. 甲、乙、丙均以其在会计师事务所中的财产份额为限承担责任

D. 甲、乙应当承担无限连带责任,丙以其在会计师事务所中的财产份额为限承担责任

四、案例分析

甲、乙、丙、丁欲设立一家有限合伙企业,在合伙协议中约定了如下内容:(1)甲为有限合伙人,仅以出资额为限对企业债务承担责任,同时为合伙事务执行人;(2)丙以其劳务出资,为普通合伙人,其出资份额经各合伙人商定为5万元;(3)乙不参与合伙事务管理,也不承担合伙亏损。

问题:请分析以上约定内容是否合法?

第四章　个人独资企业法律制度

本章知识结构图

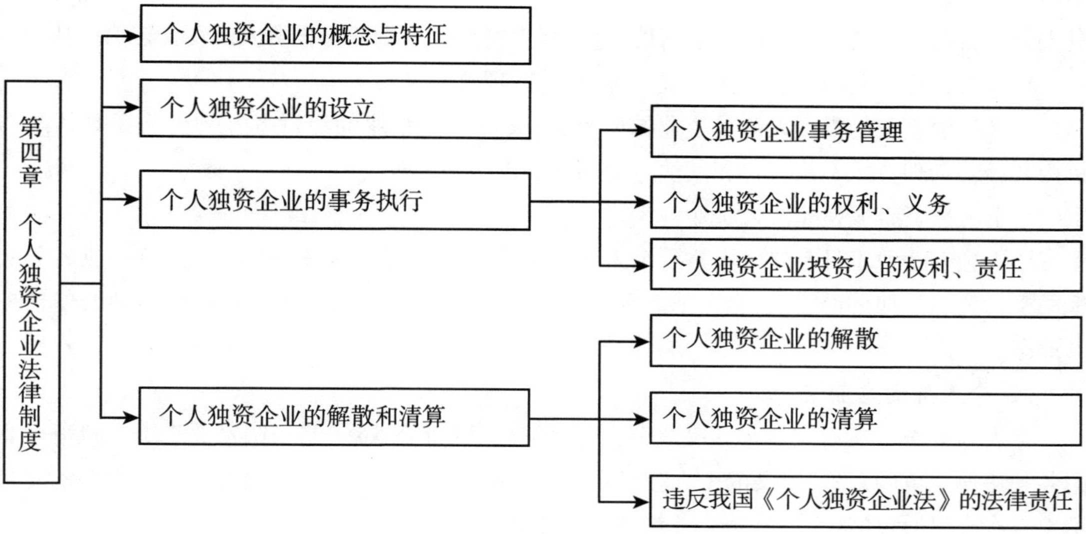

引导案例

王某于2015年2月设立乙个人独资企业。2015年5月乙企业与甲公司签订一份买卖合同,合同约定:乙企业应于2016年6月15日前支付给甲公司货款15万元。但乙企业一直未履行合同。2016年8月乙企业解散。2016年9月1日甲公司要求王某偿还上述15万元债务,遭到王某拒绝。甲公司遂起诉至当地人民法院。

问题:法院应如何判决?

第一节　个人独资企业法概述

一、个人独资企业的概念与特征

(一)个人独资企业的概念

个人独资企业是指依法在中国境内设立,由1个自然人投资,财产为投资人个人所有,投资人以其个人财产对企业债务承担无限责任的经营实体。

(二)个人独资企业的基本特征

1. 个人独资企业是由1个自然人投资的企业

设立个人独资企业只能是1个自然人,国家机关、国家授权投资的机构或者国家授权的部门、企业、事业单位等都不能作为个人独资企业的设立人。

2. 个人独资企业的投资人对企业的债务承担无限责任

由于个人独资企业的投资人是1个自然人,对企业的出资多少、是否追加资金或减少资金、采取什么样的经营方式等事项均由投资人1人做主。从权利和义务来看,出资人与企业是不可分割的。投资人对企业的债务承担无限责任,即当企业的资产不足以清偿到期债务时,投资人应以自己个人的全部财产用于清偿,这实际上将企业的责任与投资人的责任连为一体。

3. 个人独资企业的内部机构设置简单,经营管理方式灵活

个人独资企业的投资人既是企业的所有者,又可以是企业的经营者,因此,法律对其内部机构和经营管理方式不像公司和其他企业那样加以严格的规定。

4. 个人独资企业是非法人企业

个人独资企业不具有法人资格。个人独资企业虽然有资金、名称或商号,并以企业名义从事民事行为和参加诉讼活动,但它不具有独立的法人地位,只是自然人进行商业活动的一种特殊形态。

二、个人独资企业法

个人独资企业法有广义和狭义之分,广义的个人独资企业法,是指国家关于个人独资企业的各种法律规范的总称;狭义的个人独资企业法是指1999年8月30日第九届全国人大常委会第十一次会议通过的《个人独资企业法》,并于2000年1月1日起施行。

第二节 个人独资企业的设立

一、个人独资企业的设立

(一)个人独资企业的设立条件

根据我国《个人独资企业法》第8条的规定,设立个人独资企业应当具备下列条件。

1. 投资人为1个自然人,且只能是中国公民

根据我国《个人独资企业法》的规定,设立个人独资企业只能是1个自然人,且只能是中国公民,不包括外国公民和无国籍的自然人。个人独资企业的投资人须具有完全民事行为能力。

2. 有合法的企业名称

个人独资企业的名称应当符合国家关于企业名称登记管理的有关规定,企业名称应与其责任形式及从事的营业相符合,个人独资企业的名称中不得使用“有限”“有限责任”“公司”的字样,个人独资企业的名称可以叫厂、店、部、中心、工作室等。

3. 有投资人申报的出资

投资人可以个人财产出资,也可以家庭共有财产出资。以家庭共有财产出资的,投资人应当在设立或者变更申请书上予以注明。投资人可以货币出资,也可以实物、土地使用权、知识产权或者其他财产权利出资。投资人申报的出资额应当与企业的生产经营规模相适应。

4. 有固定的生产经营场所和必要的生产经营条件

生产经营场所包括企业的住所和与生产经营相适应的处所。住所是企业的主要办事机构所在地,是企业的法定地址。个人独资企业虽然内部机构设置简单,经营管理方式灵活,但是必须要有固定的生产经营场所和必要的生产经营条件,这些是个人独资企业开展经营活动的物质基础。

5. 有必要的从业人员

要有与其生产经营范围、规模相适应的从业人员。

(二)个人独资企业的设立程序

1. 提出申请

申请设立个人独资企业,应当由投资人或者其委托的代理人向个人独资企业所在地的登记机关提出设立申请。投资人申请设立登记,应当向登记机关提交下列文件。

(1)设立申请书。设立申请书应当载明的事项有:企业的名称和住所、投资人的姓名和居所、投资人的出资额和出资方式、经营范围及方式。个人独资企业投资人以个人财产出资或者以其家庭共有财产作为个人出资的,应当在设立申请书中予以明确。

(2)投资人身份证明。主要是身份证和其他有关的证明材料。

(3)企业住所证明和生产经营场所使用证明等文件。如土地使用证明、房屋产权证或租赁合同等。

(4)委托代理人申请设立登记的,应当提交投资人的委托书和代理人的身份证明或者资格证明。

(5)国家工商行政管理局规定提交的其他文件。从事法律、行政法规规定的须报经有关部门审批的业务,应当提交有关部门的批准文件。

2. 核准登记

登记机关应当在收到设立申请文件之日起 15 日内,对符合个人独资企业法规定条件的予以登记,发给营业执照;对不符合个人独资企业法规定条件的,不予登记,并发给企业登记驳回通知书。个人独资企业的营业执照的签发日期,为个人独资企业成立日期,在领取个人独资企业营业执照前,投资人不得以个人独资企业名义从事经营活动。

个人独资企业设立分支机构,应当由投资人或者其委托的代理人向分支机构所在地的登记机关申请设立登记,领取营业执照。分支机构经核准登记后,应将登记情况报该分支机构隶属的个人独资企业的登记机关备案。分支机构的民事责任由设立该分支机构的个人独资企业承担。

二、个人独资企业的变更

个人独资企业的变更,是指个人独资企业存续期间登记事项发生的变更,如企业名称、住所、经营范围、经营期限等方面发生的改变。个人独资企业存续期间登记事项发生变更的,应当在作出变更决定之日起15日内依法向登记机关申请办理变更登记。个人独资企业登记事项发生变更时,未按个人独资企业法规定办理有关变更登记的,责令限期办理变更登记;逾期不办理的,处以2000元以下的罚款。

第三节　个人独资企业的事务执行

一、个人独资企业事务管理

(一)个人独资企业事务管理的方式

个人独资企业事务管理有以下3种方式。

1. 自行管理。由个人独资企业投资人本人对个人独资企业的经营事务直接进行管理。

2. 委托管理。由个人独资企业投资人委托其他具有民事行为能力的人负责企业的事务管理。

3. 聘任管理。由个人独资企业投资人聘用其他具有民事行为能力的人负责企业的事务管理。

投资人委托或者聘用他人管理个人独资企业事务,应当与受托人或者被聘用的人签订书面合同。合同应订明委托的具体内容、授予的权利范围、受托人或者被聘用的人应履行的义务、报酬和责任等。受托人或者被聘用的人员应当履行诚信、勤勉义务,以诚实信用的态度对待投资人、对待企业,尽其所能依法保障企业利益,按照与投资人签订的合同负责个人独资企业的事务管理。

投资人对受托人或者被聘用的人员职权的限制,不得对抗善意第三人。个人独资企业的投资人与受托人或者被聘用的人员之间有关权利义务的限制只对受托人或者被聘用的人员有效,对第三人并无约束力。受托人或者被聘用的人员超出投资人的限制与善意第三人的有关业务往来应当有效。

(二)受托人或者被聘用人员的义务

我国《个人独资企业法》规定,投资人委托或者聘用的管理个人独资企业事务的人员不得从事下列行为:

1. 利用职务上的便利,索取或者收受贿赂;

2. 利用职务或者工作上的便利侵占企业财产;

3. 挪用企业的资金归个人使用或者借贷给他人;

4. 擅自将企业资金以个人名义或者以他人名义开立账户储存;

5. 擅自以企业财产提供担保;

6. 未经投资人同意,从事与本企业相竞争的业务;

7. 未经投资人同意,同本企业订立合同或者进行交易;

8. 未经投资人同意,擅自将企业商标或者其他知识产权转让给他人使用;

9. 泄露本企业的商业秘密;

10. 法律、行政法规禁止的其他行为。

二、个人独资企业的权利、义务

(一)个人独资企业的权利

根据我国《个人独资企业法》的规定,个人独资企业存续期间享有下列权利。

1. 个人独资企业可以依法申请贷款。

2. 个人独资企业可以依法取得土地使用权。

3. 个人独资企业享有拒绝摊派权。任何单位和个人不得违反法律、行政法规的规定,以任何方式强制个人独资企业提供财力、物力、人力;对于上述违法行为,个人独资企业有权拒绝。

4. 法律、行政法规规定的其他权利。

(二)个人独资企业的义务

根据我国《个人独资企业法》的规定,个人独资企业存续期间的主要义务有:

1. 个人独资企业从事经营活动须遵守法律、行政法规,遵守诚实信用原则,不得损害社会公共利益。

2. 个人独资企业应当依法设置会计账簿,进行会计核算。

3. 个人独资企业招用职工的,应当依法与职工签订劳动合同,保障职工的劳动安全,按时、足额发放职工工资。

4. 个人独资企业应当按照国家规定参加社会保险,为职工缴纳社会保险费。

三、个人独资企业投资人的权利和责任

根据我国《个人独资企业法》的规定,个人独资企业投资人的权利主要有:个人独资企业投资人对本企业的财产依法享有所有权,其有关权利可以依法进行转让或继承。这表明,个人独资企业的财产与投资人个人财产没有明确的界限。

个人独资企业财产不足以清偿债务的,投资人应当以其个人的其他财产予以清偿。个人独资企业投资人在申请企业设立登记时明确以其家庭共有财产作为个人出资的,应当依法以家庭共有财产对企业债务承担无限责任。

第四节　个人独资企业的解散和清算

一、个人独资企业的解散

个人独资企业的解散是指个人独资企业终止活动使其民事主体资格消灭的行为。个人独资企业有下列情形之一时,应当解散:(1)投资人决定解散;(2)投资人死亡或者被宣告死亡,无继承人或者继承人决定放弃继承;(3)被依法吊销营业执照;(4)法律、行政法规规定的其他情形。

二、个人独资企业的清算

个人独资企业解散时,应当进行清算。我国《个人独资企业法》对个人独资企业清算作了如下规定。

(一)清算人的产生

个人独资企业解散,由投资人自行清算或者由债权人申请人民法院指定清算人进行清算。原则上,个人独资企业的清算由投资人作为清算人自行清算,但经过债权人申请,人民法院可以指定投资人以外的人担任清算人。

(二)通知、公告债权人

投资人自行清算的,应当在清算前15日内书面通知债权人,无法通知的,应当予以公告。债权人应当在接到通知之日起30日内,未接到通知的应当在公告之日起60日内,向投资人申报其债权。

(三)财产清偿顺序

个人独资企业解散的,财产应当按照下列顺序清偿:(1)所欠职工工资和社会保险费用;(2)所欠税款;(3)其他债务。

个人独资企业财产不足以清偿债务的,投资人应当以其个人的其他财产予以清偿。清算期间,个人独资企业不得开展与清算目的无关的经营活动。在按前述财产清偿顺序清偿债务前,投资人不得转移、隐匿财产。

(四)投资人的持续偿债责任

个人独资企业解散后,原投资人对个人独资企业存续期间的债务仍应承担偿还责任,但债权人在5年内未向债务人提出偿债请求的,该偿债责任消灭。

(五)注销登记程序

个人独资企业清算结束后,投资人或者人民法院指定的清算人应当编制清算报告,并于15日内向登记机关办理注销登记。注销登记一旦完成,个人独资企业主体资格即告消灭。个人独资企业办理注销登记时,应当交回营业执照。

三、违反我国《个人独资企业法》的法律责任

(一)个人独资企业违反我国《个人独资企业法》的法律责任

1. 违反我国《个人独资企业法》的规定,提交虚假文件或采取其他欺骗手段,取得企业登记的,责令改正,处以5000元以下的罚款;情节严重的,并处吊销营业执照。

2. 违反我国《个人独资企业法》的规定,个人独资企业使用的名称与其在登记机关登记的名称不相符合的,责令限期改正,处以2000元以下的罚款。

3. 违反我国《个人独资企业法》的规定,涂改、出租、转让营业执照的,责令改正,没收违法所得,处以3000元以下的罚款;情节严重的,吊销营业执照。伪造营业执照的,责令停业,没收违法所得,处以5000元以下的罚款。构成犯罪的,依法追究刑事责任。

4. 违反我国《个人独资企业法》的规定,个人独资企业成立后无正当理由超过6个月未开业的,或者开业后自行停业连续6个月以上的,吊销营业执照。

5. 违反我国《个人独资企业法》的规定,未领取营业执照,以个人独资企业名义从事经营活动的,责令停止经营活动,处以3000元以下的罚款。个人独资企业登记事项发生变更时,未按该法规定办理有关变更登记的,责令限期办理变更登记;逾期不办理的,处以2000元以下的罚款。

6. 违反我国《个人独资企业法》的规定,侵犯职工合法权益,未保障职工劳动安全,不缴纳社会保险费用的，按照有关法律、行政法规予以处罚，并追究有关责任人员的责任。

（二）投资人、委托人或聘用人员违反我国《个人独资企业法》的法律责任

1. 投资人委托或者聘用的人员管理个人独资企业事务时违反双方订立的合同，给投资人造成损害的，承担民事赔偿责任。

2. 侵犯个人独资企业财产权益的，责令退还侵占的财产；给企业造成损失的，依法承担赔偿责任；有违法所得的，没收违法所得；构成犯罪的，依法追究刑事责任。

3. 个人独资企业及其投资人在清算前或清算期间隐匿或转移财产，逃避债务的，依法追回其财产，并按照有关规定予以处罚；构成犯罪的，依法追究刑事责任。

4. 承担民事赔偿责任和缴纳罚款、罚金，其财产不足以支付的，或者被判处没收财产的，应当先行承担民事赔偿责任。

（三）登记机关及直接责任人员违反我国《个人独资企业法》的法律责任

1. 登记机关对不符合我国《个人独资企业法》规定条件的个人独资企业予以登记，或者对符合该法规定条件的企业不予登记的，对直接责任人员依法给予行政处分；构成犯罪的，依法追究刑事责任。

2. 登记机关的上级部门的有关主管人员强令登记机关对不符合我国《个人独资企业法》规定条件的企业予以登记，或者对符合该法规定条件的企业不予登记的，或者对登记机关的违法登记行为进行包庇的，对直接责任人员依法给予行政处分；构成犯罪的，依法追究刑事责任。

3. 登记机关对符合法定条件的申请不予登记或者超过法定时限不予答复的，当事人可依法申请行政复议或提起行政诉讼。违反法律、行政法规的规定强制个人独资企业提供财力、物力、人力的，按照有关法律、行政法规予以处罚，并追究有关责任人员的责任。

复习思考题

一、名词解释

1. 个人独资企业；2. 个人独资企业变更。

二、单项选择

1. 根据我国《个人独资企业法》的规定，下列人员中，可以投资设立个人独资企业的是（　　）。

A. 人民法院法官　　　　B. 公安局民警

C. 商业银行信贷员　　　D. 国有企业工人

2. 下列关于个人独资企业法律特征的表述中，正确的是（　　）。

A. 个人独资企业是相对独立的主体

B. 个人独资企业具有法人资格

C. 个人独资企业的投资人对企业债务承担有限责任

D. 个人独资企业的投资人可以是中国公民，也可以是外国公民

3. 个人独资企业解散后，按照我国《个人独资企业法》的规定，原投资人对企业存续期间的

债务(　　)。

A. 仍应承担责任

B. 不再承担责任

C. 仍应承担责任,但债权人在5年内未向债务人提出偿债请求的,该责任消灭

D. 仍应承担责任,但债权人在2年内未向债务人提出偿债请求的,该责任消灭

4. 某个人独资企业的投资人以家庭共有财产作为出资,下列关于投资人应对个人独资企业债务承担责任的表述中,正确的是(　　)。

A. 投资人以其个人财产承担无限责任

B. 投资人以其出资额为限承担无限责任

C. 投资人以家庭共有财产承担无限责任

D. 投资人以企业财产为限承担责任

三、简答

1. 简述个人独资企业与一人公司的区别。

2. 简述个人独资企业解散时财产的清算顺序。

四、案例分析

2016年4月王某投资5万元成立腾飞个人独资企业,2017年6月王某因经营管理不善,负债较多,王某决定解散该企业。经清算,该企业现有资产3万元,但欠职工工资2万元,欠社会保险费用1万元,欠国家税款6000元,还欠甲公司债务2万元,欠乙公司债务1万元。

问题:对腾飞企业的财产应如何分配?对各债权人的债权应如何处理?

第五章　企业破产法律制度

本章知识结构图

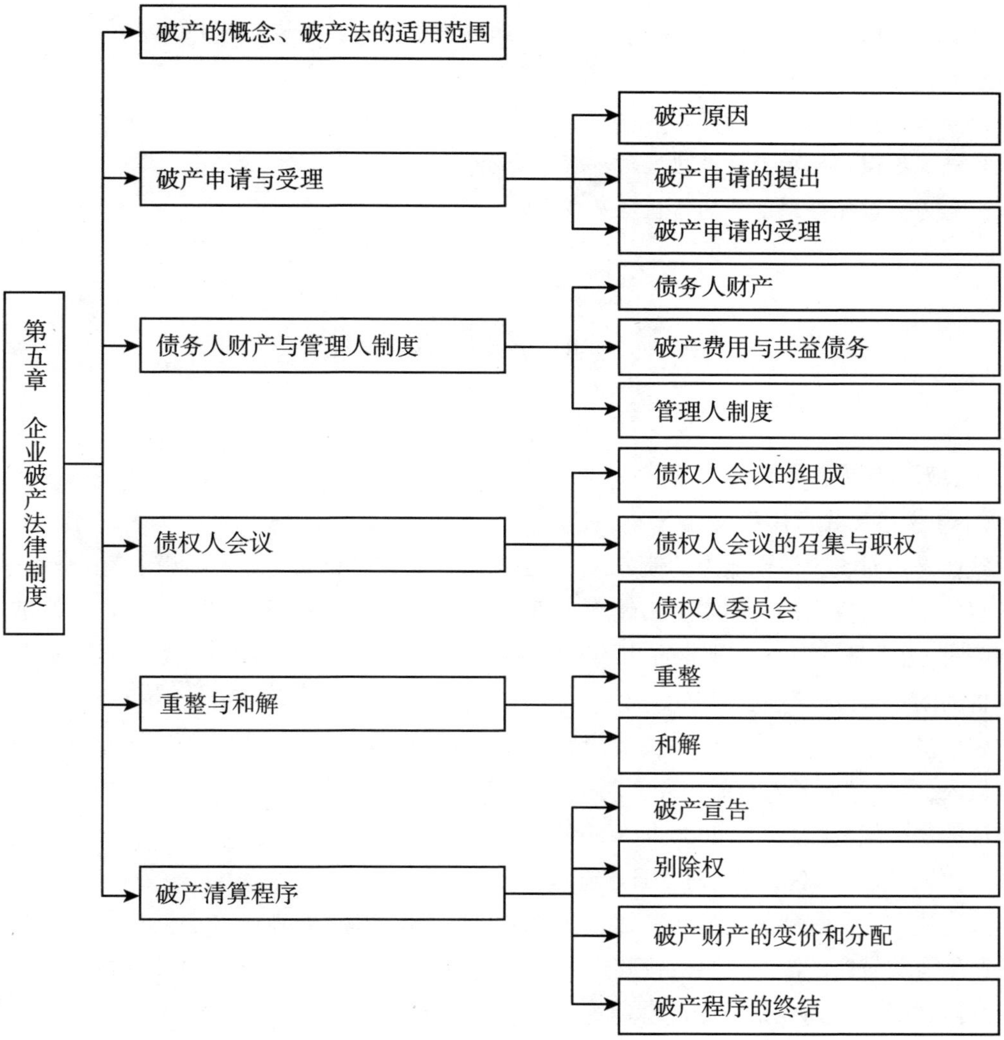

引导案例

某轻工机械厂系国有企业，拖欠某电力公司的电力款达500万元，久拖不还。电力公司调查了解到该轻工机械厂已严重亏损、负债累累，短期内根本无法偿还贷款，便于2007年7月依法向法院提出破产申请。法院经审查后认为,轻工机械厂符合法定破产条件,便依法宣告破产并指定了管理人,对轻工机械厂的财产进行清理。其清单报告提供的情况如下:

(1)轻工机械厂总资产为2000万元(变现价值),其中,流动资金为150万元、长期投资120万元、固定资产1500万元、其他财产230万元。

(2)轻工机械厂现负债2600万元,其中,应付职工基本养老保险、基本医疗保险及工资等320万元,应付税款280万元,普通破产债权2000万元(包括欠电力公司500万元)。

(3)在轻工机械厂的固定资产中,有4处厂房拥有产权证。其中,新建的3车间和4车间已于2005年3月向某建设银行借款时用于抵押贷款150万元,该两处房产现在的变现价值为100万元。

(4)轻工机械厂在破产还债的程序中支付的破产费用和共益债务为150万元。

问题:

1. 轻工机械厂的破产财产是多少?

2. 轻工机械厂的破产财产应按何种顺序清偿?

3. 电力公司能得到清偿的债权额是多少?

第一节 破产法概述

一、破产的概念及意义

(一)破产及破产法的概念

破产是指对丧失清偿能力的债务人,经法院审理并在其监督之下,强制清算其全部财产,公平清偿全体债权人的法律制度。破产一般是指对债务人的破产清算程序,但在谈及破产法律制度时,通常是从广义上理解的,不仅包括破产清算制度,而且包括以拯救债务人、避免其破产为目的的重整、和解等法律制度。

破产法是指规定在债务人丧失清偿能力时,法院强制对其全部财产进行清算分配,公平清偿债权人,或通过债务人与债权人会议达成的和解协议清偿债务,或进行企业重整,避免债务人破产的法律规范的总称。2006年8月27日第十届全国人大常委会第二十三次会议通过《企业破产法》,该法自2007年6月1日起施行。

破产法有广义和狭义之分。狭义的破产法特指上述我国《企业破产法》,广义的破产法还包括其他有关破产的法律、法规;行政规章、司法解释及散见于其他立法中的调整破产关系的法律规范,如我国《商业银行法》《保险法》《公司法》《合伙企业法》等立法中有关破产的规定。

(二)破产法的意义

破产制度是市场经济运行的重要法律制度。其重要的调整作用主要体现在:(1)通过破产法特有的调整手段,在债务人丧失清偿能力时,以多种方式保障债务关系的最终公平实现,从而达到维护全体债权人和债务人合法权益,维护社会利益与正常经济秩序的目的;(2)通过进一步完善市场经济优胜劣汰的竞争机制,利用破产的压力促进企业提高经济效益;(3)通过破产与重整等制度，达到优化社会资源的配置、调整产业产品结构的目的。

二、破产法的适用范围

（一）破产法适用的主体范围

我国《企业破产法》第2条、第134条、第135条对该法的适用范围作了规定。根据这些规定，我国《企业破产法》适用的主体范围主要包括：（1）企业法人；（2）依据其他法律规定，企业法人以外的组织的清算，属于破产清算的，可以参照适用破产法规定的程序；（3）金融机构实施破产的，国务院可以依据破产法和其他有关法律的规定制定实施办法。

（二）破产法适用的地域范围

根据我国《企业破产法》第5条的规定，该法适用的主地域范围主要包括：（1）依照破产法开始的破产程序，对债务人在中华人民共和国领域外的财产发生效力；（2）对外国法院作出的发生法律效力的破产案件的判决、裁定，涉及债务人在中华人民共和国领域内的财产，申请或者请求人民法院承认和执行的，人民法院依照中华人民共和国缔结或者参加的国际条约，或者按照互惠原则进行审查，认为不违反中华人民共和国法律的基本原则，不损害国家主权、安全和社会公共利益，不损害中华人民共和国领域内债权人的合法权益的，裁定承认和执行。

第二节　破产申请与受理

一、破产原因

破产原因，又称破产界限，是指认定债务人丧失清偿能力，当事人得以提出破产申请，法院据以启动破产程序的法律事实。破产原因也是和解与重整程序开始的原因，但重整程序开始的原因更宽松，企业法人有明显丧失清偿能力可能的，就可以依法申请重整。

根据我国《企业破产法》第2条的规定，我国企业破产原因可以分为两种情况：（1）债务人不能清偿到期债务，并且资产不足以清偿全部债务。主要适用于债务人因资不抵债而提出破产申请，且通过形式审查即可判断的案件。（2）债务人不能清偿到期债务，并且明显缺乏清偿能力。主要适用于债权人提出破产申请和债务人提出破产申请，但其资不抵债状况通过形式审查不易判断的案件。

二、破产申请的提出

（一）提出破产申请的当事人

根据我国《企业破产法》的有关规定，下列当事人可以提出破产申请。

1. 债务人。债务人发生破产原因，可以向人民法院提出重整、和解或者破产清算申请。

2. 债权人。债务人不能清偿到期债务，债权人可以向人民法院提出对债务人进行重整或者破产清算的申请。

3. 依法负有清算责任的人。企业法人已解散但未清算或者未清算完毕，资产不足以清偿债务的，依法负有清算责任的人应当向人民法院申请破产清算。

4. 国务院金融监督管理机构。我国《企业破产法》第134条规定："商业银行、证券公司、保险公司等金融机构有本法第二条规定情形的,国务院金融监督管理机构可以向人民法院提出对该金融机构进行重整或者破产清算的申请。国务院金融监督管理机构依法对出现重大经营风险的金融机构采取接管、托管等措施的,可以向人民法院申请中止以该金融机构为被告或者被执行人的民事诉讼程序或者执行程序。”

5. 破产企业的职工。破产企业的职工作为债权人也可以申请债务人企业破产。但为慎重起见,职工提出破产申请应经职工代表大会或者全体职工 2/3 以上多数同意。

(二)破产案件的管辖

当事人的申请应向对破产案件有管辖权的人民法院提出。

1. 破产案件的地域管辖。我国《企业破产法》规定,破产案件由债务人住所地人民法院管辖。债务人住所地是指债务人的主要办事机构所在地。

2. 破产案件的级别管辖。基层人民法院一般管辖县、县级市或者区的工商行政管理机关核准登记企业的破产案件;中级人民法院一般管辖地区、地级市(含本级)以上的工商行政管理机关核准登记企业的破产案件;纳入国家计划调整的国有企业破产案件即政策性破产,由中级人民法院管辖。

(三)破产申请的提出

当事人向人民法院提出破产申请,应当提交破产申请书和有关证据。破产申请书应当载明下列事项:(1)申请人、被申请人的基本情况;(2)申请目的;(3)申请的事实和理由;(4)人民法院认为应当载明的其他事项。债务人提出申请的,还应当向人民法院提交财产状况说明、债务清册、债权清册、有关财务会计报告、职工安置预案以及职工工资的支付和社会保险费用的缴纳情况。

三、破产申请的受理

(一)破产申请的受理

债权人提出破产申请的,人民法院应当自收到申请之日起 5 日内通知债务人。通知中应告知债务人不得转移资产、逃避债务,不得进行任何有碍于公平清偿的行为,否则将追究其法律责任。债务人对债权人提出的破产申请有异议的,应当自收到人民法院的通知之日起 7 日内向人民法院提出,并提交相关的证据材料。人民法院认为有必要的,可以组织债权人与债务人进行听证,听证会期间不计入法定期间。人民法院应当自异议期满之日起 10 日内裁定是否受理。除上述情形外,人民法院应当自收到破产申请之日起 15 日内裁定是否受理。有特殊情况需要延长受理案件期限的,经上一级人民法院批准,可以延长 15 日。

人民法院裁定受理破产申请的,应当将裁定自作出之日起 5 日内送达申请人。债权人提出申请的,人民法院应当自裁定作出之日起 5 日内送达债务人。债务人应当自裁定送达之日起 15 日内,向人民法院提交财产状况说明、债务清册、债权清册、有关财务会计报告以及职工工资的支付和社会保险费用的缴纳情况。债务人违反法律规定,拒不向人民法院提交或者提交不真实的上述文件与情况说明的,人民法院可以对直接责任人员依法处以罚款。

人民法院裁定不受理破产申请的,应当将裁定自作出之日起 5 日内送达申请人并说明理由。申请人对裁定不服的,可以自裁定送达之日起 10 日内向上一级人民法院提起上诉。人民法院受理破产申请后,债权人、债务人等又提出重整或和解申请的,人民法院裁定不受理该申请的,按照上述程序处理。

人民法院受理破产申请后至破产宣告前,经审查发现债务人未发生破产原因的,可以裁定驳回申请。申请人对裁定不服的,可以自裁定送达之日起 10 日内向上一级人民法院提起上诉。

人民法院裁定受理破产申请的,应当同时指定管理人,并在裁定受理破产申请之日起 25 日内通知已知债权人,并予以公告。

(二)破产申请受理后的法律效力

1. 自人民法院受理破产申请的裁定送达债务人之日起至破产程序终结之日,债务人的有关人员承担下列义务:(1)妥善保管其占有和管理的财产、印章和账簿、文书等资料;(2)根据人民法院、管理人的要求进行工作,并如实回答询问;(3)列席债权人会议并如实回答债权人的询问;(4)未经人民法院许可,不得离开住所地;(5)不得新任其他企业的董事、监事、高级管理人员。所谓债务人的有关人员是指企业的法定代表人,经人民法院决定,可以包括企业的财务管理人员和其他经营管理人员。

2. 人民法院受理破产申请后,债务人对个别债权人的债务清偿无效。但是,债务人以其财产向债权人提供物权担保的,其在担保物市场价值内向债权人所作的债务清偿,不受上述规定限制。

3. 次债务人或者财产持有人应当向管理人清偿债务或者交付财产。次债务人或者财产持有人故意违反法律规定向债务人清偿债务或者交付财产,使债权人受到损失的,不免除其清偿债务或者交付财产的义务。

4. 人民法院受理破产申请后,管理人对破产申请受理前成立而债务人和对方当事人均未履行完毕的合同有权决定解除或者继续履行,并通知对方当事人。管理人决定解除或者继续履行合同的,应当以保障债权人权益最大化为原则。管理人自破产申请受理之日起两个月内未通知对方当事人,或者自收到对方当事人催告之日起 30 日内未答复的,视为解除合同。管理人决定继续履行合同的,对方当事人应当履行,但有权要求管理人提供担保;管理人不提供担保的,视为解除合同。

5. 人民法院受理破产申请后,有关债务人财产的保全措施应当解除,执行程序应当中止。其中的保全措施,既包括民事诉讼保全措施,也包括在行政处罚程序中的保全措施,如海关、工商管理部门等采取的财产扣押、查封等措施,还应包括刑事诉讼中公安部门、司法部门采取的相关措施。所谓执行程序应当中止,是指对无物权担保债务的执行,物权担保债权人对担保物的执行在原则上不中止,除非当事人申请的是重整程序。

6. 人民法院受理破产申请后,已经开始而尚未终结的有关债务人的民事诉讼或者仲裁应当中止。在管理人接管债务人财产能够继续后,该诉讼或者仲裁继续进行。

7. 破产申请受理后,有关债务人的民事诉讼只能向受理破产申请的人民法院提起,但是其他法律有特殊规定的应当排除。如当事人约定仲裁解决纠纷的,仍应当以仲裁方式解决。上述有关债务人的民事诉讼向受理破产申请的人民法院提起后,该法院有权依据民事诉讼法的规定,根据案件的具体情况决定由该院审理,或指定由其下级法院审理。

第三节 债务人财产与管理人制度

一、债务人财产

(一)债务人财产与破产财产

债务人财产的界定是破产程序的基础,破产程序一经启动,立即就涉及何为债务人财产问题。如何界定债务人财产,关系到债权人能回收多少债权,应尽量减少损失。我国《企业破产法》第30条规定,债务人财产包括破产申请受理时属于债务人的全部财产,以及破产案件受理后至破产程序终结前债务人取得的财产。

“债务人财产”是我国《企业破产法》首次出现的概念,《企业破产法(试行)》没有使用“债务人财产”这一概念,而是使用了“破产财产”的概念。在我国破产法学界,“破产财产”这一概念在广义和狭义两个意义上被使用。广义上的破产财产,按照大陆法系的称谓也称为破产财团,和《企业破产法》中的“债务人财产”基本同义。狭义上的破产财产,仅指企业被宣告破产后,用以清算和在债权人之间进行分配的财产。我国《企业破产法》第107条第2款规定:“债务人被宣告破产后,债务人称为破产人,债务人财产称为破产财产……”由此可见,我国《企业破产法》对“债务人财产”和“破产财产”作了清楚的区分,其中对“破产财产”的概念仅在狭义上使用。

我国《企业破产法》对“债务人财产”概念的使用,不仅涵盖了破产清算程序中的债务人财产,也将破产和解程序和重整程序中的债务人财产包括在内,能较好地概括清算、和解和重整3种程序下债务人财产的不同状况,其内涵更全面,体现了我国破产立法理念的变革。

(二)债务人财产的收回

人民法院受理破产申请后,债务人的出资人尚未完全履行出资义务的,管理人应当要求该出资人缴纳所认缴的出资,而不受出资期限的限制。

为维护债权人及债务人的合法权益,我国《企业破产法》第36条规定:“债务人的董事、监事和高级管理人员利用职权从企业获取的非正常收入和侵占的企业财产,管理人应当追回。”

在人民法院受理破产申请后,管理人可以通过清偿债务或者提供为债权人接受的担保,取回质物、留置物。管理人所作的债务清偿或者替代担保,在质物或者留置物的价值低于被担保的债权额时,以该质物或者留置物当时的市场价值为限。否则,就可能出现对无担保债权不公平清偿的情况。

(三)取回权

破产法上的取回权,分为一般取回权与特别取回权。我国《企业破产法》第38条规定:“人民法院受理破产申请后,债务人占有的不属于债务人的财产,该财产的权利人可以通过管理人取回。但是,本法另有规定的除外。”这是对一般取回权的规定。所谓“本法另有规定的除外”,是指在重整程序中行使取回权,应当符合事先约定的条件。

我国《企业破产法》第39条规定:“人民法院受理破产申请时,出卖人已将买卖标的物向作为买受人的债务人发运,债务人尚未收到且未付清全部价款的,出卖人可以取回在运输途中的标的物。但是,管理人可以支付全部价款,请求出卖人交付标的物。"这是对特别取回权中出卖人取回权的规定。

(四)破产撤销权与无效行为制度

我国《企业破产法》规定了破产撤销权与无效行为制度。撤销权是指管理人对债务人在破产案件受理前的法定期间内进行的欺诈逃债或损害公平清偿的行为,有申请法院撤销,并追回财产的权利。我国《企业破产法》第 31 条规定:"人民法院受理破产申请前一年内,涉及债务人财产的下列行为,管理人有权请求人民法院予以撤销:(1)无偿转让财产的;(2)以明显不合理的价格进行交易的;(3)对没有财产担保的债务提供财产担保的;(4)对未到期的债务提前清偿的;(5)放弃债权的。"该法第 33 条规定:"涉及债务人财产的下列行为无效:(1)为逃避债务而隐匿、转移财产的;(2)虚构债务或者承认不真实的债务的。"

(五)抵销权

破产法上的抵销权,是指债权人在破产申请受理前对债务人即破产人负有债务的,无论是否已到清偿期限、标的是否相同,均可在破产财产最终分配确定前向管理人主张相互抵销的权利。我国《企业破产法》第 40 条规定:"债权人在破产申请受理前对债务人负有债务的,可以向管理人主张抵销。"此即破产抵销权。

为防止破产抵销权被当事人滥用,损害他人利益,各国破产法对抵销权的行使均规定有禁止条款。根据我国《企业破产法》第 40 条的规定,债权人在破产申请受理前对债务人负有债务的,可以向管理人主张抵销。但有下列情形之一的,不得抵销:(1)债务人的债务人在破产申请受理后取得他人对债务人的债权的;(2)债权人已知债务人有不能清偿到期债务或者破产申请的事实,对债务人负担债务的,但是债权人因为法律规定或者有破产申请 1 年前所发生的原因而负担债务的除外;(3)债务人的债务人已知债务人有不能清偿到期债务或者破产申请的事实,对债务人取得债权的,但是债务人的债务人因为法律规定或者有破产申请 1 年前所发生的原因而取得债权的除外。

二、破产费用与共益债务

(一)破产费用

破产费用是指在破产程序中为全体债权人共同利益,因程序进行而支付的各项费用的总称。根据我国《企业破产法》第 41 条的规定,人民法院受理破产申请后发生的下列费用,为破产费用:(1)破产案件的诉讼费用;(2)管理、变价和分配债务人财产的费用;(3)管理人执行职务的费用、报酬和聘用工作人员的费用。

(二)共益债务

共益债务是指在破产程序中发生的应由债务人财产负担的债务的总称。我国《企业破产法》第 42 条规定,人民法院受理破产申请后发生的下列债务,为共益债务:(1)因管理人或者债务人请求对方当事人履行双方均未履行完毕的合同所产生的债务;(2)债务人财产受无因管理所产生的债务;(3)因债务人不当得利所产生的债务;(4)为债务人继续营业而应支付的劳动报酬和社会保险费用以及由此产生的其他债务;(5)管理人或者相关人员执行职务致人损害所产生的债务;(6)债务人财产致人损害所产生的债务。

(三)破产费用与共益债务的清偿

我国《企业破产法》第43条规定,破产费用和共益债务由债务人财产随时清偿。债务人财产不足以清偿所有破产费用和共益债务的,先行清偿破产费用。债务人财产不足以清偿所有破产费用或者共益债务的,按照比例清偿。债务人财产不足以清偿破产费用的,管理人应当提请人民法院终结破产程序。人民法院应当自收到请求之日起15日内裁定终结破产程序,并予以公告。

债务人财产虽然不足以支付所有破产费用和共益债务,但是破产案件的债权人、管理人、债务人的出资人或者其他利害关系人愿意垫付相关费用的,经人民法院同意,破产程序可以继续进行。因此,可以避免债务人或其董事、监事、经理等高级管理人员转移财产、逃避债务等违法行为逃脱法律制裁。

三、管理人制度

(一)管理人的概念

管理人概念有广义与狭义之分。狭义的管理人仅为破产管理人,是指破产宣告后成立的,全面接管破产企业并负责破产财产的保管、清理、估价、处理和分配等破产清算事务的专门机构。狭义的管理人仅负责破产清算程序中的管理工作。广义的管理人是指除负责破产清算程序中的管理工作外,还在和解、重整程序中承担管理、监督工作,以及在破产程序启动后至破产宣告前临时负责管理债务人财产的专门机构。我国《企业破产法》将破产清算、和解与重整3种程序的受理阶段合并规定,管理人的工作自案件受理开始贯穿3种程序,因此使用的是广义的管理人概念。

破产管理人制度是各国破产法特别是英美法系国家破产法中非常重视的一项制度,该项制度的目的是试图在破产程序中,由熟悉破产业务的专业人员来接管债务人财产和处理与债务人财产相关的事务。我国《企业破产法》首次提出了专业化、市场化的管理人制度,是对清算组的一次重大改革,也是与国际破产制度接轨的一个良好开端。我国1986年颁布的《企业破产法(试行)》并未确立破产管理人制度,管理人的部分职责主要由清算组来承担。管理人与清算组之间的区别主要体现在以下几个方面。

1. 机构成立时间不同。清算组成立于人民法院宣告企业破产之日起15日内;破产管理人成立于人民法院裁定受理破产申请之时。

2. 机构功能不同。清算组仅仅关注破产清算功能;破产管理人不仅关注破产清算功能,还关注破产重整与和解等程序功能。

3. 组成成员不同。清算组的组成人员必须是2人以上,且主要是政府机构人员;破产管理人的组成人员可以是1人,且以社会中介机构的人员为主。

4. 成员工作报酬不同。一般而言,清算组工作人员的工作是无偿的,他们没有权利要求支付报酬;破产管理人有权要求支付报酬。

5. 法律责任承担不同。清算组违反法律规定造成当事人利益损害的,一般仅承担被解任的责任,不承担损害赔偿责任;破产管理人违反法律规定造成当事人利益损害的,应以自己的财产承担赔偿责任。

6. 管理人的外延大于清算组,它还包括社会中介机构。

（二）管理人的资格与报酬

1. 管理人的资格

根据我国《企业破产法》第 24 条规定，管理人可以由有关部门、机构的人员组成的清算组或者依法设立的律师事务所、会计师事务所、破产清算事务所等社会中介机构担任。人民法院根据债务人的实际情况，可以在征询有关社会中介机构的意见后，指定该机构具备相关专业知识并取得执业资格的人员担任管理人。有下列情形之一的，不得担任管理人：（1）因故意犯罪受过刑事处罚；（2）曾被吊销相关专业执业证书；（3）与案件有利害关系；（4）人民法院认为不宜担任管理人的其他情形。

此外，还规定管理人不能依法、公正执行职务或者有其他不能胜任职务情形的，债权人会议可以申请人民法院予以更换。个人担任管理人的，应当参加执业责任保险。

2. 管理人的报酬

管理人履行职责，应当获得合理的报酬。我国《企业破产法》第 28 条第 2 款规定："管理人的报酬由人民法院确定。债权人会议对管理人的报酬有异议的，有权向人民法院提出。"

（三）管理人的职责与责任

管理人应当勤勉尽责、忠实执行职务。根据我国《企业破产法》的规定，管理人履行下列职责：（1）接管债务人的财产、印章、账簿、文书等资料；（2）调查债务人财产状况，制作财产状况报告；（3）决定债务人的内部管理事务；（4）决定债务人的日常开支和其他必要开支；（5）在第一次债权人会议召开之前，决定继续或者停止债务人的营业；（6）管理和处分债务人的财产；（7）代表债务人参加诉讼、仲裁或者其他法律程序；（8）提议召开债权人会议；（9）人民法院认为管理人应当履行的其他职责。我国《企业破产法》对管理人的职责另有规定的，适用其规定。管理人经人民法院许可，可以聘用必要的工作人员。

管理人依法执行职务，向人民法院报告工作，并接受债权人会议和债权人委员会的监督；管理人应当列席债权人会议，向债权人会议报告职务执行情况，并回答询问；管理人没有正当理由不得辞去职务；管理人辞去职务应当经人民法院许可。管理人未依法勤勉尽责、忠实执行职务的，人民法院可以依法处以罚款。给债权人、债务人或者第三人造成损失的，依法承担赔偿责任。

第四节　债权人会议

一、债权人会议的组成

（一）债权人会议的概念

我国破产程序中的债权人会议，是指由所有依法申报债权的债权人组成，以保障债权人共同利益为目的，为实现债权人的破产程序参与权，讨论决定有关破产事宜，表达债权人意志，协调债权人行为的破产议事机构。

在破产程序中，债权人会议不是一个独立的民事权利主体，而只是具有自治性质的机构，仅在破产程序中与法院、管理人、债务人或者破产人等有关当事人进行交涉,负责处理涉及全体债权人共同利益的问题,协调债权人的法律行为,采用多数决的决定方式,在其职权范围内议决有关破产事宜。

(二)债权人会议的成员与权利

依法申报债权的债权人为债权人会议的成员,有权参加债权人会议,享有表决权。需注意的是,凡是申报债权者均有权参加第一次债权人会议,有权参加对其债权的核查、确认活动,并可依法提出异议。对于第一次会议以后的债权人会议,便只有债权得到确认者才有权行使表决权。对债权存在争议而未被列入债权表者,如果已经提起债权确认诉讼,可以参加债权人会议。但债权尚未确定的债权人,除人民法院能够为其行使表决权而临时确定债权额者外,不得行使表决权。根据我国《企业破产法》第 59 条第 3 款的规定,对债务人的特定财产享有担保权的债权人,未放弃优先受偿权利的,对于该法第 61 条第 1 款第 7 项(通过和解协议)、第 10 项(通过破产财产的分配方案)规定的事项不享有表决权。此外,债权人会议应当有债务人的职工和工会的代表参加,并对有关事项发表意见。

债权人可以自己出席会议,也可以委托代理人出席债权人会议,以行使表决权。代理人出席债权人会议,应当向人民法院或者债权人会议主席提交债权人的授权委托书。

为保证债权人会议的顺利进行,我国《企业破产法》规定,债权人会议设主席 1 人,由人民法院在有表决权的债权人中指定,通常是由在破产程序中无优先权的大债权人担任;由单位出任债权人会议主席的,该单位应当指定 1 名常任代表履行主席职务,且在一般情况下不应更换。债权人会议主席依法行使职权,负责债权人会议的召集、主持等工作。

在债权人会议上除有权出席会议的债权人外,还有其他列席人员。债务人的法定代表人有义务列席债权人会议;经人民法院决定,债务人企业的财务管理人员和其他经营管理人员也有义务列席债权人会议;管理人作为负有财产管理职责的人也应当列席债权人会议。

二、债权人会议的召集与职权

(一)债权人会议的召集

债权人会议是依召集方式活动的决策会议。第一次债权人会议由人民法院召集,自债权申报期限届满之日起 15 日内召开。以后的债权人会议,在人民法院认为必要时,或者管理人、债权人委员会、占债权总额 1/4 以上的债权人向债权人会议主席提议时召开。召开债权人会议,管理人应当提前 15 日通知已知的债权人。

(二)债权人会议的职权

我国《企业破产法》规定,债权人会议行使下列职权:(1)核查债权;(2)申请人民法院更换管理人,审查管理人的费用和报酬;(3)监督管理人;(4)选任和更换债权人委员会成员;(5)决定继续或者停止债务人的营业;(6)通过重整计划;(7)通过和解协议;(8)通过债务人财产的管理方案;(9)通过破产财产的变价方案;(10)通过破产财产的分配方案;(11)人民法院认为应当由债权人会议行使的其他职权。

债权人会议应当对所议事项的决议作成会议记录。债权人会议的决议,由出席会议的有表决权的债权人过半数通过,并且其所代表的债权额占无财产担保债权总额的 1/2 以上。但是,法律对债权人会议通过和解协议与重整计划的决议作了更严格的规定。债权人认为债权人会议的决议违反法律规定，损害其利益的，可以自债权人会议作出决议之日起 15 日内请求人民法院裁定撤销该决议，并责令债权人会议依法重新作出决议。

（三）债权人会议僵局的解决

根据我国《企业破产法》第 65 条的规定，债务人财产的管理方案和破产财产的变价方案，经债权人会议表决未通过的，由人民法院裁定；破产财产的分配方案，经债权人会议 2 次表决仍未通过的，由人民法院裁定。

三、债权人委员会

（一）债权人委员会的组成

根据我国《企业破产法》的规定，在债权人会议中可以设置债权人委员会。债权人委员会是遵循债权人的共同意志，代表债权人会议监督管理人行为以及破产程序的合法、公正进行，处理破产程序中有关事项的常设监督机构。

债权人委员会由债权人会议根据案件具体情况决定是否设置。债权人委员会中的债权人代表由债权人会议选任、罢免。此外，债权人委员会中还应当有 1 名债务人企业的职工代表或者工会代表。为便于决定事项、开展工作，债权人委员会的成员人数原则上应为奇数，最多不得超过 9 人。出任债权人委员会的成员应当经人民法院书面认可。

（二）债权人委员会的职权

债权人委员会行使下列职权：(1)监督债务人财产的管理和处分；(2)监督破产财产分配；(3)提议召开债权人会议；(4)债权人会议委托的其他职权。

债权人委员会执行职务时，有权要求管理人、债务人的有关人员对其职权范围内的事务作出说明或者提供有关文件。管理人、债务人的有关人员违反法律规定拒绝接受监督的，债权人委员会有权就监督事项请求人民法院作出决定，强制施行。人民法院接到债权人委员会的请求后应当在 5 日内作出决定。

第五节　重整与和解

一、重整

（一）重整的概念与特征

1. 重整的概念

重整是指对可能或已经发生破产原因但又有挽救希望的法人企业，通过对各方利害关系人的利益协调，借助法律强制进行营业重组与债务清理，以避免破产、获得更生的法律制度。

我国《企业破产法（试行）》中规定有和解与整顿制度，但其本质是行政整顿，已不适应市场经济防范企业破产之需要，故新《企业破产法》以各国公认预防破产最有力的重整制度取而代之。重整制度是破产法价值取向发展中的一次突破，在现代立法由个体本位逐步向社会本位的转变过程中，重整制度体现国家公力通过司法程序对私人经济活动的主动介入，更强调保护社会的整体利益。

2. 重整制度的特征

重整制度具有以下特征:第一,重整申请时间提前、启动主体多元化。提出破产与和解申请,以债务人已发生破产原因为前提,而重整申请则在债务人有发生破产原因的可能时即可提出。不仅债务人、债权人可提出重整申请,债务人的股东也可在一定条件下提出。另外,国务院金融监督管理机构也可以向人民法院提出对金融机构进行重整的申请。第二,参与重整活动的主体多元化、重整措施多样化。债权人包括有物权担保的债权人、债务人及债务人的股东等各方利害关系人均参与重整程序的进行。第三,担保物权受限。在重整程序中,物权担保债权人的优先受偿权受到限制,这是其与破产法上其他程序的重大不同之处。限制担保物权的目的是保证债务人不因担保财产的执行而影响生产经营,进而无法进行重整。第四,重整程序具有强制性。只要债权人会议各表决组及股东组以法定多数通过重整计划,经法院批准,对所有当事人均具有法律效力。而且,在未获全部表决组通过的情况下(但至少有一组通过),如重整计划草案符合法定条件,债务人或者管理人可以申请人民法院予以批准。法院可在保证反对者的既得利益不受损害等法定条件下强制批准重整计划,以避免因部分利害关系人的反对而无法进行重整。第五,债务人可负责制订、执行重整计划。除非债务人存在破产欺诈、无经营能力等情况,在重整期间,经债务人申请、法院批准,债务人可以在管理人的监督下制订重整计划草案,在重整计划批准后自行管理财产和营业事务。

(二)重整申请和重整期间

1. 重整申请

我国《企业破产法》规定,债务人或者债权人可以依法直接向人民法院申请对债务人进行重整。债权人申请对债务人进行破产清算的,在人民法院受理破产申请后、宣告债务人破产前,债务人或者出资额占债务人注册资本1/10以上的出资人,可以向人民法院申请重整。国务院金融监督管理机构可以向人民法院提出对金融机构进行重整的申请。

债务人提出重整申请,除应提交我国《企业破产法》第8条规定的材料外,还应当提交债务人通过重整程序、能够持续经营、获得经济收益以偿还债务、摆脱困境的重整可行性报告。人民法院经审查认为重整申请符合法律规定的,应当裁定债务人重整,并予以公告。

2. 重整期间及其法律效力

自人民法院裁定债务人重整之日起至重整程序终止,为重整期间。需注意的是,所谓重整期间,仅指重整申请受理至重整计划草案得到债权人会议分组表决通过和人民法院审查批准,或重整计划草案未能得到债权人会议分组表决通过或人民法院不予批准的期间,不包括重整计划得到批准后的执行期间。

重整期间具有以下法律效力:(1)重整期间,债务人的财产管理和营业事务执行,可以由债务人或管理人负责。对债务人的特定财产享有的担保权暂停行使,但是对企业重整无保留必要的担保财产,经债务人或管理人同意,担保权人可以行使担保权。(2)重整期间,债务人或者管理人为继续营业而借款的,可以为该借款设定担保。债务人在重整期间为重整进行而发生的费用与债务,原则上属于共益债务,可以不受重整程序限制地从债务人财产中受偿。债务人合法占有的他人财产,该财产的权利人在重整期间要求取回的,应当符合事先约定的条件。(3)重整期间,债务人的出资人不得请求投资收益分配。(4)重整期间,债务人的董事、监事、高级管理人员不得向第三人转让其持有的债务人的股权，但经人民法院同意的除外。

此外，在重整期间，有下列情形之一的，经管理人或者利害关系人请求，人民法院应当裁定终止重整程序，并宣告债务人破产：(1)债务人的经营状况和财产状况继续恶化，缺乏挽救的可能性；(2)债务人有欺诈、恶意减少债务人财产或者其他显著不利于债权人的行为；(3)由于债务人的行为致使管理人无法执行职务。

(三)重整计划的制订与批准

1. 重整计划的制订

当事人的重整申请被受理之后，应当在法定期限内提交重整计划草案。债务人自行管理财产和营业事务的，由债务人制作重整计划草案。管理人负责管理财产和营业事务的，由管理人制作重整计划草案。债务人或者管理人应当自人民法院裁定债务人重整之日起6个月内，同时向人民法院和债权人会议提交重整计划草案。债权人、股东、战略投资人等利害关系人也可以制作重整计划草案，并提交给债务人或管理人。债务人或管理人认为该重整计划草案可行的，可以提交或修改后提交债权人会议讨论。期限届满，经债务人或者管理人请求，有正当理由的，人民法院可以裁定延期3个月。债务人或者管理人未按期提出重整计划草案的，人民法院应当裁定终止重整程序，并宣告债务人破产。

根据我国《企业破产法》第81条的规定，重整计划草案应当包括下列内容：(1)债务人的经营方案；(2)债权分类；(3)债权调整方案；(4)债权受偿方案；(5)重整计划的执行期限；(6)重整计划执行的监督期限；(7)有利于债务人重整的其他方案。

2. 重整计划草案的表决与批准

在重整计划草案提请表决之前，债务人或管理人应当向债权人等利害关系人履行详尽的说明义务，利害关系人认为债务人或管理人说明不充分的，可以要求债务人或管理人补充说明或接受询问。

重整计划草案在债权人会议上进行分组表决。表决组的划分要充分体现出当事人在重整计划中的差别利益。我国《企业破产法》第83条规定，重整计划不得规定减免债务人欠缴的该法第82条第1款第2项规定以外的社会保险费用(纳入社会统筹账户的社会保险费用)；该项费用的债权人不参加重整计划草案的表决。

人民法院应当自收到重整计划草案之日起30日内召开债权人会议，对重整计划草案进行表决。出席会议的同一表决组的债权人过半数同意重整计划草案，并且其所代表的债权额占该组债权总额的2/3以上的，即为该组通过重整计划草案。债务人或者管理人应当在债权人会议上就重整计划草案作出说明，并回答询问。债务人的出资人代表可以列席讨论重整计划草案的债权人会议。人民法院经审查认为重整计划符合法律规定，无恶意损害部分债权人利益的内容，表决过程中反对者的既得利益未受到损害，应当自收到申请之日起30日内裁定批准，终止重整程序并予以公告。重整计划草案未获得通过且未依照法律规定获得人民法院的强制批准，或者已通过的重整计划未获得批准的，人民法院应当裁定终止重整程序并宣告债务人破产。

(四)重整计划的执行、监督、效力与终止

1. 重整计划的执行

根据我国《企业破产法》的规定，重整计划由债务人负责执行。为此，债权人在审查重整计划草案时,必须考虑重整计划草案中对债务人董事、监事、经理等高级管理人员中有违法行为者及不称职者的更换,以免在重整计划由债务人执行的过程中因人员不当而发生问题。

人民法院裁定批准重整计划后,已接管财产和营业事务的管理人应当向债务人移交财产和营业事务。

2. 重整计划的监督

在重整计划中应当规定对重整计划执行的监督期限,在重整计划规定的监督期内,由管理人监督重整计划的执行。在监督期内,债务人应当向管理人报告重整计划执行情况和债务人财务状况。监督期届满时,管理人应当向人民法院提交监督报告。自监督报告提交之日起,管理人的监督职责终止。经管理人申请,人民法院可以裁定延长重整计划执行的监督期限。管理人向人民法院提交的监督报告,重整计划的利害关系人有权查阅。

3. 重整计划的效力

经人民法院裁定批准的重整计划,对债务人和全体债权人均有约束力,包括对债务人的特定财产享有担保权的债权人。债权人对债务人的保证人和其他连带债务人所享有的权利,不受重整计划的影响,可以依据原合同的约定行使权利。

债权人未依法申报债权的,在重整计划执行期间不得行使权利;在重整计划执行完毕后,可以按照重整计划规定的同类债权的清偿条件行使权利。据此,在重整程序中,债权人未依法申报债权的,在债务人或管理人向人民法院和债权人会议提交重整计划草案表决之前仍未依法补充申报的,不得再补充申报债权,以免打乱重整计划中的债权调整、清偿等方案,进而影响重整程序的进行。

4. 重整计划的终止

债务人不能执行或者不执行重整计划的,人民法院经管理人或者利害关系人请求,应当裁定终止重整计划的执行,并宣告债务人破产。人民法院裁定终止重整计划执行的,债权人在重整计划中作出的债权调整承诺失去效力,但为重整计划的执行提供的担保继续有效。债权人因执行重整计划所受的清偿仍然有效,债权未受清偿的部分作为破产债权。在重整计划执行中已经接受清偿的债权人,只有在其他同顺位债权人与自己所受的重整清偿达到同一比例时,才能继续接受破产分配。按照重整计划减免的债务,自重整计划执行完毕时起,债务人不再承担清偿责任。

二、和解

(一)和解的概念与特征

1. 和解的概念

和解是指在发生破产原因时,债务人可以提出和解申请及和解协议草案,由债权人会议表决,如能获得通过,再经人民法院裁定认可后生效并予以执行,以避免被宣告破产。和解也是预防债务人破产的法律制度之一。

2. 和解的特征

与整顿相比,和解程序由于只能在债务人发生破产原因后才能提出申请,因此挽救企业的时机较晚,且不能约束对债务人的特定财产享有担保权的债权人;此外,其挽救债务人的强制性效果也明显不如重整程序。但是和解程序具有简单易行、成本低廉、时间快等优势。

（二）和解的程序

1. 和解申请与和解协议

和解申请只能由债务人一方提出。债务人可以依法直接向人民法院申请和解，也可以在人民法院受理破产申请后、宣告破产前，向人民法院申请和解。债务人申请和解的，应当提出和解协议草案。

2. 和解申请的受理

人民法院经审查认为和解申请符合法律规定的，应当受理其申请，裁定和解，予以公告，并召集债权人会议讨论和解协议草案。

3. 和解协议的通过

债权人会议通过和解协议的决议，由出席会议的有表决权的债权人过半数同意，并且其所代表的债权额占无财产担保债权总额的 2/3 以上。对债务人的特定财产有担保权的债权人，对此事项无表决权。和解程序对就债务人特定财产享有担保权的权利人无约束力，该权利人自人民法院裁定和解之日起可以对担保物行使权利。

债权人会议通过和解协议的，由人民法院裁定认可，终止和解程序，并予以公告。管理人应当向债务人移交财产和营业事务，并向人民法院提交执行职务的报告。和解协议草案经债权人会议表决未获得通过，或者已经债权人会议通过的和解协议未获得人民法院认可的，人民法院应当裁定终止和解程序，并宣告债务人破产。

（三）和解协议的效力

1. 和解协议对债务人与和解债权人的效力

经人民法院裁定认可的和解协议，对债务人和全体和解债权人均有约束力。和解债权人是指人民法院受理破产申请时对债务人享有无物权担保债权的人。债务人应当按照和解协议规定的条件清偿债务。按照和解协议减免的债务，自和解协议执行完毕时起，债务人不再承担清偿责任。

和解债权人未依照法律规定申报债权的，在和解协议执行期间不得行使权利；在和解协议执行完毕后，可以按照和解协议规定的清偿条件行使权利。因此，在和解程序中，债权人未依法申报债权的，在债务人向债权人会议提交和解协议草案表决之前未补报债权的，不得再补充申报债权，以免打乱和解协议中的债权调整、清偿方案，进而影响和解程序的进行。

2. 和解协议对债务人的保证人和其他连带债务人的效力

和解债权人对债务人的保证人和其他连带债务人所享有的权利，不受和解协议的影响。也就是说，和解协议对债务人的保证人或连带债务人无效，和解债权人对债务人所作的债务减免清偿或延期偿还的让步，效力不及于债务人的保证人或连带债务人，他们仍应按原来债的约定或法定责任承担保证或连带责任。在破产和解中，不适用主债务减少从债务随之减少的原则。因债务人的欺诈或者其他违法行为而成立的和解协议，人民法院应当裁定无效，并宣告债务人破产。

（四）和解协议的终止

债务人不能执行或者不执行和解协议的，人民法院经和解债权人请求，应当裁定终止和解协议的执行，并宣告债务人破产。

人民法院裁定终止和解协议执行的,和解债权人在和解协议中作出的债权调整承诺失去效力,但债务人为和解协议的执行提供的担保继续有效。和解债权人因执行和解协议所受的清偿仍然有效,不予退回,和解债权未受清偿的部分作为破产债权。上述债权人只有在其他债权人同自己所受的和解清偿达到同一比例时,才能继续接受破产分配。

为尊重当事人的自主决定权,我国《企业破产法》还规定,人民法院受理破产申请后,债务人与全体债权人就债权债务的处理自行达成协议的,可以请求人民法院裁定认可,并终结破产程序。

第六节　破产清算程序

一、破产宣告

破产宣告是指法院依据当事人的申请或法定职权裁定宣布债务人破产以清偿债务的活动。债务人被宣告破产后,在破产程序中的有关称谓也随之发生变化,债务人称为破产人,债务人财产称为破产财产,人民法院受理破产申请时对债务人享有的债权称为破产债权。

人民法院依法宣告债务人破产,应当自裁定作出之日起5日内送达债务人和管理人,自裁定作出之日起10日内通知已知债权人,并予以公告。

我国《企业破产法》第108条规定:“破产宣告前,有下列情形之一的,人民法院应当裁定终结破产程序,并予以公告:(1)第三人为债务人提供足额担保或者为债务人清偿全部到期债务的;(2)债务人已清偿全部到期债务的。”

二、别除权

别除权是指债权人因其债权设有物权担保或享有法定特别优先权,而在破产程序中就债务人(破产人)特定财产享有的优先受偿权利。我国《企业破产法》第109条规定:“对破产人的特定财产享有担保权的权利人,对该特定财产享有优先受偿的权利。”

别除权人享有破产申请权,也应当申报债权,未依法申报债权者不得依照破产法规定的程序行使权利。

别除权与职工劳动债权之间的清偿顺序,依我国《企业破产法》第132条的特别规定予以确定。别除权人为及时获得清偿,可以在处置担保物时将对担保物享有优先于别除权受偿的职工劳动债权全额提存,在不影响该债权清偿的前提下,对特定财产行使优先受偿权。享有优先受偿权的权利人为2人以上时,对职工劳动债权的责任按照各权利人行使优先受偿权的财产比例予以分担。

三、破产财产的变价和分配

(一)破产财产的变价

破产财产的分配以货币分配为基本方式,所以在破产宣告后,管理人应当及时拟订破产财产变价方案,并提交债权人会议讨论。管理人应当按照债权人会议通过的或者人民法院依法裁定的破产财产变价方案,适时变价出售破产财产。

变价出售破产财产应当通过拍卖方式进行,但债权人会议另有决议的除外。破产财产的变价出售必须以债权人利益最大化为原则,不能与破产企业职工安置挂钩,绝不允许以低价向购买者处分破产财产的方式换取其对职工的就业安置,以损害债权人利益的方式解决政府的财政与工作困难。

破产企业可以全部或者部分变价出售。企业变价出售时,可以将其中的无形资产和其他财产单独变价出售。按照国家规定不能拍卖或者限制转让的财产,应当按照国家规定的方式处理。

(二)破产财产的分配

破产财产的分配,是指将破产财产按照法律规定的债权清偿顺序和案件实际情况决定的受偿比例进行清偿的程序。破产财产的分配应当遵守法定的分配顺序和分配方法。对破产财产可以进行一次性分配,也可以进行多次分配,需视破产财产的多少、变价难易等情况而定。

我国《企业破产法》第 113 条规定:破产财产在优先清偿破产费用和共益债务后,依照下列顺序清偿:(1)破产人所欠职工的工资和医疗、伤残补助、抚恤费用,所欠的应当划入职工个人账户的基本养老保险、基本医疗保险费用,以及法律、行政法规规定应当支付给职工的补偿金。(2)破产人欠缴的除前项规定以外的社会保险费用和破产人所欠税款。(3)普通破产债权。破产财产不足以清偿同顺序清偿要求的,按照比例分配。破产企业的董事、监事和高级管理人员的工资按照该企业职工的平均工资计算。

此外,破产财产的分配应当以货币分配方式进行。但是,债权人会议另有决议的除外。在实践中,有些破产财产的处分较困难,或在变价过程中会造成较大损失,有些破产企业的债权一时难以追回,股权无法变现,在破产分配时,经债权人会议决议,可以进行实物分配、债权或股权分配。

管理人应当及时拟订破产财产分配方案,并提交债权人会议讨论。债权人会议表决通过破产财产分配方案后,由管理人将该方案提请人民法院裁定认可,经人民法院裁定认可后,由管理人执行。

四、破产程序的终结

(一)破产终结程序

破产终结方式主要有 4 种:(1)因和解、重整程序顺利完成而终结;(2)因债务人消除破产原因或者以其他方式解决债务清偿问题(包括自行和解)而终结;(3)因债务人的破产财产不足以支付破产费用而终结;(4)因破产财产分配完毕而终结。

在破产清算程序中仅涉及后两种情况。破产人无财产可供分配的,管理人应当请求人民法院裁定终结破产程序。在破产人有财产可供分配的情况下,管理人在最后分配完结后,应当及时向人民法院提交破产财产分配报告,并提请人民法院裁定终结破产程序。人民法院应当自受到管理人终结破产程序的申请之日起 15 日内作出是否终结破产程序的裁定。裁定终结的,应当予以公告。管理人应当自破产程序终结之日起 10 日内,持人民法院终结破产程序的裁定,向破产人的原登记机关办理注销手续。

(二)遗留事务的处理

在通常情况下,管理人应于办理破产人注销登记完毕的次日终结执行职务。但是,破产案件中存在债权诉讼或者仲裁未决等情况时,管理人可以在破产程序终结后,继续办理破产案件的遗留事务。在破产程序因债务人财产不足以支付破产费用而终结,或者因破产人无财产可供分配或破产财产分配完毕而终结时,自终结之日起2年内,有下列情形之一的,债权人可以请求人民法院按照破产财产分配方案进行追加分配:

1. 发现在破产案件中有可撤销行为、无效行为或者债务人的董事、监事和高级管理人员利用职权从企业获取非正常收入和侵占企业财产的情况,应当追回财产的;

2. 发现破产人有应当供分配的其他财产的。

有前述情形,但财产数量不足以支付分配费用的,不再进行追加分配,由人民法院将其上缴国库。破产人的保证人和其他连带债务人,在破产程序终结后,对债权人依照破产、清算程序未受清偿的债权依法继续承担清偿责任。

复习思考题

一、名词解释

1. 破产;2. 破产费用;3. 破产共益债务;4. 破产管理人;5. 债权人会议;6. 重整;7. 和解。

二、单项选择

1. 根据我国《企业破产法》的规定,下列属于企业破产原因的是(　　)。

A. 经营管理不善造成严重亏损,不能清偿到期债务

B. 不能清偿到期债务,并且资产不足以清偿全部债务

C. 不能清偿到期债务,并且有明显丧失偿债可能

D. 不能清偿到期债务

2. 下列人员可以担任破产案件中的管理人的是(　　)。

A. 某注册会计师,由于过失伤害被判刑罚,刑罚已执行完毕

B. 某注册会计师,由于行贿罪被判处有期徒刑2年,缓刑3年,刑罚已执行完毕

C. 某律师,并且是某合伙企业的合伙人,该合伙企业是被申请宣告破产企业的债权人

D. 某律师,曾被吊销律师执业证书

3. 红光印染厂被宣告破产,需要清偿如下费用及债务:

(1)管理、变价和分配企业财产的费用;

(2)企业作为保证人对被保证人负担的保证债务;

(3)企业欠缴的社会保险费用;

(4)企业财产受无因管理所产生的债务。

以上费用及债务的清偿顺序是(　　)。

A. (1)(3)(2)(4)　　B. (1)(4)(3)(2)

C. (4)(1)(3)(2)　　D. (3)(1)(4)(2)

4. 关于债权人会议的说法正确的是(　　)。

A. 债务人的所有债权人均为债权人会议成员

B. 债权人会议应当有债务人职工和工会代表参加

C. 债权人会议主席由全体成员选举产生

D. 对债务人特定财产享有担保权的债权人不享有表决权

5. 红日公司是碧海公司的出资人，其占碧海公司注册资本的30%，碧海公司有明显丧失偿债能力可能，蓝天公司是碧海公司的债权人，下列说法正确的有(　　)。

A. 碧海公司、红日公司、蓝天公司均可以直接向人民法院申请对碧海公司重整

B. 碧海公司向人民法院申请重整的，法院不须审查，直接裁定碧海公司重整，并予以公告

C. 重整期间，碧海公司自行管理财产和营业事务

D. 重整期间，蓝天公司不得请求投资收益分配

6. 有财产担保债权人对下列事项不享有表决权的是(　　)。

A. 通过重整计划

B. 通过和解协议

C. 通过债务人财产的管理方案

D. 通过债务人财产的变价方案

7. 甲公司向人民法院申请宣告破产，法院受理了申请，法院确定了2个月的申报期限，甲公司的债权人乙企业没有在申报期限内申报债权，下列说法正确的是(　　)。

A. 乙企业无权补充申报债权

B. 乙企业只能有正当理由，才能在破产财产最后分配前补充申报

C. 乙企业有权在破产财产最后分配前补充申报，为审查和确认补充申报债权的费用，由乙企业承担

D. 乙企业有权在破产财产最后分配前补充申报，为审查和确认补充申报债权的费用，列为破产费用

8. 宏达纺织厂向人民法院申请宣告破产，法院受理了申请，债权人会议对宏达纺织厂财产的分配方案未表决通过，下列说法正确的是(　　)。

A. 债权人会议二次表决，再未通过的，三次表决，直到通过为止

B. 债权人会议二次表决，再未通过的，法院裁定，债权人对法院裁定不服的，可以向该法院申请复议

C. 债权人会议二次表决，再未通过的，法院裁定，债权额占无财产担保债权总额1/2以上的债权人对裁定不服的，可以向该法院申请复议

D. 法院直接裁定，债权人对法院裁定不服的，可以向该法院申请复议

9. 下列关于债权人委员会的说法正确的是(　　)。

A. 债权人委员会的成员由债权人会议选举产生

B. 债权人委员会成员应经人民法院书面决定认可

C. 债权人委员会成员没有人数限制

D. 管理人履行债务人和对方当事人均未履行完毕的合同，应经债权人委员会同意

10. 甲企业被宣告破产，乙企业对甲企业的债权是附生效条件的债权，下列说法正确的是(　　)。

A. 乙企业的债权不是破产债权,不能参与破产财产的分配

B. 乙企业的债权是破产债权,管理人应向乙企业按清偿比例分配破产财产

C. 乙企业的债权是破产债权,管理人应将乙企业的分配额提存,如在最后分配公告日条件仍未成就,应当分配给其他债权人

D. 乙企业的债权是破产债权,管理人应将乙企业的分配额提存,如自最后分配公告日起2个月内条件仍未成就,应当分配给其他债权人

三、案例分析

2008年6月20日甲、乙公司签订100万元的买卖合同,7月1日人民法院受理了甲公司的破产申请。同时指定丙会计师事务所为破产管理人。该买卖合同甲、乙公司均未履行。

要求:根据破产法的规定回答下列问题:

1. 对于甲、乙均未履行完毕的合同,管理人应当如何处理?

2. 该买卖合同在什么情况下视为解除?

3. 如果管理人决定解除合同,给乙公司造成10万元的经济损失,该损失应当如何处理?

4. 如果管理人决定继续履行合同,乙公司按照合同约定发货后,100万元的货款应当如何支付?

5. 在第一次债权人会议召开之前,管理人是否可以自行决定继续履行该合同?并说明理由。

第三编　市场运行法律制度

第六章　物权法律制度

本章知识结构图

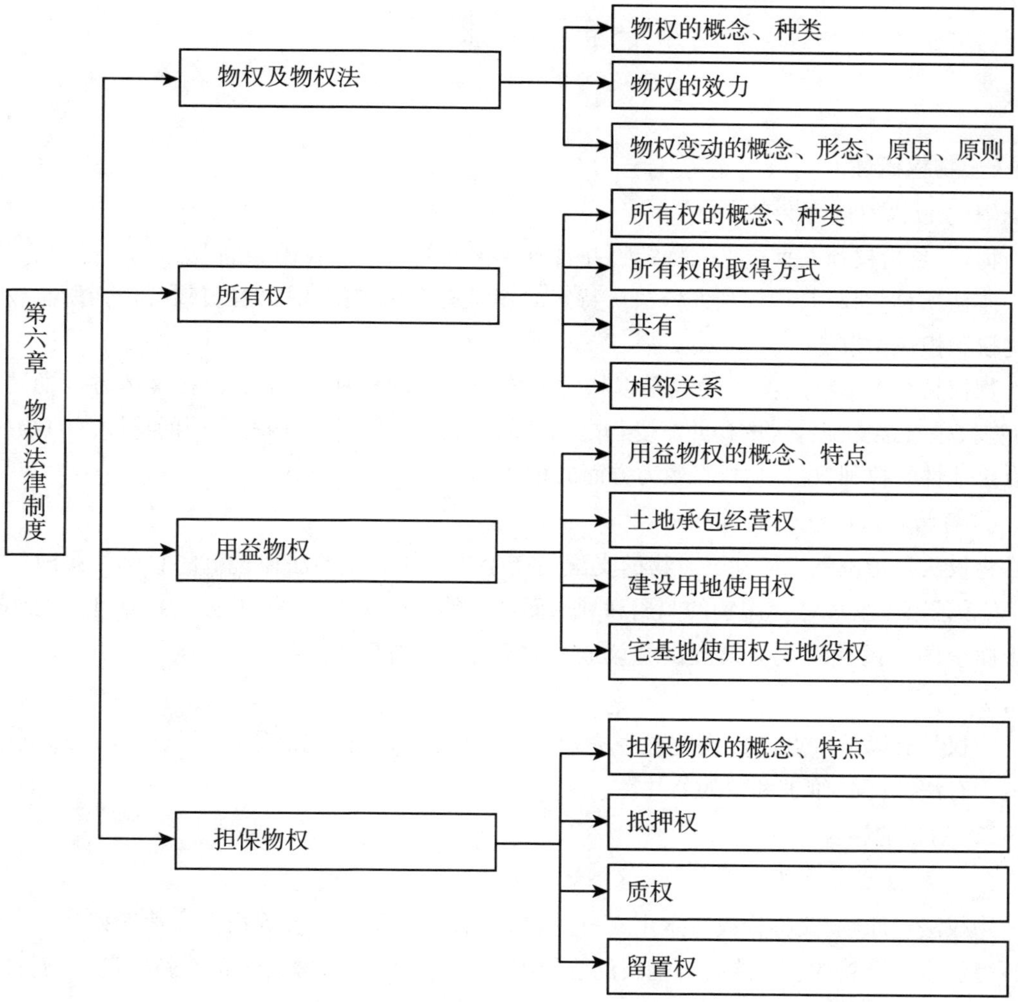

引导案例

罗某在公园散步时，不小心将随身携带的瑞士罗西尼名表丢失，后该手表被公园管理人拾得，交给公安部门。罗某未能在规定的保管期内认领，公安部门将手表交给代售店拍卖。张某在代售店按拍卖价买了这块手表，赠给自己的男朋友杜某。后来杜某出差时，将手表放在邻居李某家,当日手表被偷走。不久,小偷被抓获。在公安机关的审查中,小偷供认自己曾在李某家偷了手表一块,并将手表以100元卖给了袁某。杜某根据公安机关的通知,前去认领核实后,提出了将手表返还自己的请求。罗某知道通知后,认定该手表是自己在公园内遗失的那块,即向人民法院起诉,要求张某、杜某返还手表或赔偿损失。

问题:

1. 刘某是否有权要求张某、杜某返还手表或赔偿损失?为什么?

2. 本案中,谁对该手表享有所有权?为什么?

第一节　物权总论

一、物权概述

(一)物权的概念和特点

物权,是指权利人直接支配特定物并具有排他性的权利。我国《物权法》第2条第3款规定:“本法所称物权,是指权利人依法对特定的物享有直接支配和排他的权利,包括所有权、用益物权和担保物权。”

物权具有以下特点:(1)物权是以特定的物为客体的权利,这是物权在客体方面的特性;(2)物权是直接支配特定的物并享受物之利益的权利,这是物权在内容方面的特性;(3)物权是具有排他性的权利,这是物权在效力方面的特性。

(二)物权法的概念和特点

物权法是指调整人们基于对物的支配而产生的法律关系的法律规范的总称。我国《物权法》第2条第1款规定:“因物的归属和利用而产生的民事关系,适用本法。”2007年3月16日第十届全国人民代表大会第五次会议通过并颁布了《物权法》,该法自2007年10月1日起施行。

物权具有以下特点:(1)调整财产关系的静态性;(2)法律规范适用的强行性;(3)规范内容的固有法性;(4)维护利益的公共性。

二、物权的种类

(一)物权法定主义

物权法定原则,又称物权法定主义,是指物权的种类及其内容等均由法律明确规定,当事人不得任意创设新的物权或变更物权的法定内容。我国《物权法》第5条明确规定:“物权的种类和内容,由法律规定。”物权法定原则的内容包括:(1)物权的种类法定,即物权的种类由法律明确规定,当事人不得以协议的方式创设法律所不认可的新类型的物权;(2)物权的内容法定,即物权的内容由法律明定,当事人不得创设与法定物权内容不符的物权。

(二)物权的分类

物权根据不同的标准有以下不同的分类。

1. 自物权与他物权。根据标的物为自有还是他有,物权分为自物权与他物权。自物权,即所有权,是指权利人对自己所有的物所享有的物权;他物权,是指在他人所有之物上所设定或成立的物权。所有权之外的其他物权均属于他物权。

2. 不动产物权、动产物权与权利物权。根据标的物种类的不同,物权可以分为不动产物权、动产物权与权利物权。以不动产为标的物的为不动产物权,以动产为标的物的为动产物权,以可流通的财产性权利为标的为权利物权。

3. 用益物权与担保物权。根据权利人对标的物所支配的内容不同,物权分为用益物权与担保物权。用益物权是以支配标的物的使用价值为内容,以对标的物的使用、收益为目的的物权;担保物权是以支配标的物的交换价值为内容,以保障债权的实现为目的的物权。

4. 独立物权与从属物权。根据物权的存在是否以物权人享有的其他民事权利为前提,物权可分为独立物权与从属物权。独立物权是指不以权利人享有的其他民事权利为前提,能够独立存在的物权;从属物权是指依附、从属于权利人所享有的其他权利而存在的物权。

三、物权的效力

物权的效力是指法律赋予物权的强制性作用力与保障力。物权的效力可以概括为对物的支配效力、对其他物权的排他效力、对债权的优先效力和对妨害的排除效力。

(一)物权的支配效力

物权的支配效力是指物权所具有的保障物权人对标的物直接为一定行为,并享受其利益的作用力。

物权具有支配效力,意味着物权人得依自己的意志直接对客体为占有、使用、收益及处分等支配行为,并实现其权利之内容,而无须他人的意思或行为的介入。所有权是完全物权,有完全的支配力;他物权是不完全物权,不具有完全的支配力。

(二)物权的排他效力

物权的排他效力,是指物权相互之间的对抗效力,即一项物权排斥内容和性质与其相抵触的另一物权并存于同一标的物之上,或者得压制同一标的物上的其他物权而先行实现的效力。物权的排他效力表现在以下几个方面。

1. 所有权之间的排他效力。由于所有权是对物的全面支配权,同一标的物之上不可能存在两个相同的全面支配权,因此所有权之间具有成立上的绝对排他效力。

2. 用益物权之间的排他效力。基于用益物权的性质,同一物上势难同时成立两个现实占有,因此用益物权之间当然具有成立上的排他性。但也有例外,如地役权。

3. 担保物权之间的排他效力。由于担保物权是以获得标的物之交换价值为目的的价值权,因此除动产质权及以权利凭证的交付成立要件的权利质权之间具有成立上的排他效力外,其他担保物权及其相互之间仅有实现上的排他效力,其效力的强弱,依担保物权的顺序来确定。

4. 用益物权与担保物权之间的排他效力。以不动产为标的的用益物权与不动产抵押权之间,不发生设立上的排他效力,而仅发生行使与实现上的排他效力,其效力的强弱,原则上以设立的先后而定。

5. 所有权与定限物权之间的排他效力。所有权与用益物权及担保物权之间,不具有成立上的排他效力。同一标的物之上的定限物权虽成立于所有权之后,但其效力却当然地优先于所有权。

(三)物权的优先效力

物权的优先效力是指物权优先于债权的效力,即当特定的物既是物权的支配物又是债权中的给付标的物时,无论物权与债权成立的先后,物权均有优先于债权的效力。物权的优先效力,表现在以下几个方面:(1)所有权优先于债权;(2)用益物权优先于债权;(3)担保物权优先于债权。

但是,物权的优先效力也有例外:一是“买卖不破租赁”,即先设立的承租人的租赁权优先于租赁物受让人的所有权;二是进行了预告登记的债权。

(四)物权的妨害排除效力

物权的妨害排除效力是指物权具有的排除他人妨害、恢复权利人对物的正常支配的效力。从权利的角度来说,妨害排除力可以称为物权请求权或者物上请求权,是指物权的圆满状态受到妨害或有被妨害之虞时,物权人得请求妨害人除去妨害或防患于未然,以恢复其物权圆满状态的权利。

物权请求权是以排除妨害及恢复物权的圆满状态为目的,一般认为,物权请求权分为以下三类。

1. 物之返还请求权。占有人无权占有他人的不动产或动产的,发生物权人的原物返还请求权。

2. 妨害排除请求权。物权受到侵害或者物权的行使受到妨碍时,发生物权人的妨害排除请求权。

3. 妨害预防请求权。物权虽未受到现实妨害,但有受到妨害的可能时,发生物权人的妨害预防请求权。

四、物权的变动

(一)物权变动的概念、形态与原因

物权变动是指物权发生、转移、变更和消灭。物权的变动,就物权自身而言,就是物权的运动状态;就物权主体而言,就是物权的得失变更。

1. 物权的发生。物权的发生是指物权与特定主体相结合,即某一主体取得对某物的物权,包括原始取得与继受取得。

2. 物权的转移。物权的转移是指已经存在的物权在民事主体之间的流转,即一物上的物权从一个权利人手中转移至另一个权利人手中。

3. 物权的变更。物权的变更,仅就狭义而言,是指物权客体与内容的变更,而不包括物权主体的变更。

4. 物权的消灭。物权的消灭包括绝对消灭与相对消灭,前者是指权利人的物权消灭,且他人也不能取得该物的物权;后者是指物权虽与原主体分离,但又与另一新主体相结合。

物权变动的原因,是指引起物权变动的法律事实。从性质上可以分为三类:民事法律行为、事实行为与事件、行政行为或法院判决。

(二)物权变动的公示、公信原则

1. 公示原则。物权公示是指以一定的公开的、外在的、易于查知的形式展示物权存在和变动的情况。物权公示原则是指当事人必须以法定的公示方式展示物权变动的事实,否则不能发生物权变动的法律效力。

物权公示的方法,因不动产物权或动产物权的不同而有所区别。不动产物权的公示方式为登记,动产物权的公示方式为交付。我国《物权法》第 6 条规定:"不动产物权的设立、变更、转让和消灭,应当依照法律规定登记。动产物权的设立和转让,应当依照法律规定交付。"

物权公示的效力,主要是指决定物权的变动是否发生或能否对抗第三人的效力,即所谓物权公示的形成力和对抗力。我国采用的是以公示要件主义为原则、以公示对抗主义为例外的折中主义。我国《物权法》第 9 条第 1 款规定:"不动产物权的设立、变更、转让和消灭,经依法登记,发生效力;未经登记,不发生效力,但法律另有规定的除外。"该法第 23 条规定:"动产物权的设立和转让,自交付时发生效力,但法律另有规定的除外。"

2. 公信原则。公信原则是指依法定方式进行公示的物权,具有使社会一般人信赖其正确的效力,即使公示的物权状况与真实的权利状态不符,法律对信赖公示的善意第三人从公示的物权人处所取得的权利仍予以保护。依此原则,只要物权的变动符合法律规定的公示方式,对善意当事人及第三人就具有完全的效力。

(三)不动产的登记

不动产登记,是指登记机关根据当事人的申请并经审查,对不动产物权的设立、变更、转移、消灭等事项记载于特定簿册的事实。

根据我国《物权法》的相关规定,不动产登记由不动产所在地的登记机构办理;国家对不动产实行统一登记制度,统一登记的范围、登记机构和登记办法,由法律、行政法规规定;法律、行政法规作出规定前,地方性法规可以依照《物权法》的有关规定作出规定。

(四)动产的占有与交付

动产的公示方式,自古以来即为占有与交付。交付包括现实交付与观念交付。

1. 现实交付。现实交付又称直接交付,是指一方将物的直接占有转移给另一方的行为。当然,现实交付也可以采取委托交付与拟制交付。

2. 观念交付。观念交付是指在特殊情况下,法律允许当事人通过特别的约定采用变通的或观念上的方法转移标的物权利的交付方式。观念交付主要包括下列 3 种形式。

(1)简易交付,又称在手交付、先行占有,是指动产物权的受让人已因其他关系先行占有了标的物,尔后双方达成了物权变动的合意,因而不必再行交付,物权变动自合同生效时发生。

(2)指示交付,又称长手交付、替代交付,是指当标的物由第三人占有时,让与人将对该第三人承担返还请求权让与受让人并通知占有人,以代替物的实际交付。

(3)占有改定是指出让动产时,出让人仍有必要继续占有该项动产,可以与受让人另行约定由其实际占有该动产而使受让人取得间接占有,以代替实际交付的情形。

第二节　所　有　权

一、所有权概述

(一)所有权的概念和特点

所有权是指所有权人在法律规定的范围内,对自己的财产以占有、使用、收益、处分等方式进行全面支配,并排除他人干涉的权利。所有权具有以下特点。

1. 所有权具有自权性,即所有权是所有权人对自己的物所享有的物权。所有人在行使对标的物的权利时,无须其他权利的中介,即可以直接、无条件地行使占有、使用、收益、处分的权利。

2. 所有权具有全面性,即所有权是最完全的物权,是权利主体对于物所能享有的最完整、最充分的权利。在法律规定的范围内,所有人对于所有物得为占有、使用、收益及处分等全面的概括的支配,即对所有物的使用价值和交换价值都可予以全面的支配。与所有权不同,限制物权仅限于标的物的使用价值或交换价值支配标的物,而不能全面支配标的物。支配使用价值的,为用益物权;支配交换价值的,为担保物权。

3. 所有权具有整体性,即所有权是对标的物具有概括管领力或统一支配力的物权。所有权尽管有占有、使用、收益、处分等各种权能或作用,但所有权并不是这些权能或作用的总和,而是各种权能浑然一体的整体性权利。因此,所有权本身不得在内容或时间上加以分割。

4. 所有权具有弹力性,即所有权的单一性内容可以自由伸缩,其权能可以于一定情况下往复分出、回归。在所有权之上设定限制物权时,所有人对所有物的全面支配权将因受到限制而减缩,而于该限制解除时,所有人又恢复了对所有物的圆满支配状态。

5. 所有权具有恒久性,即所有权因标的物的存在而永久存续,不得预定其存续期间。因此,所有权是无期物权。所有权的恒久性并非是指所有权永不消灭或不可消灭,而只是指所有权不得如地上权、典权等预定存续期间。标的物灭失、抛弃、取得时效等原因,都可导致所有权的消灭。所有权的恒久性,是所有权区别于他物权的又一重要标志。

(二)所有权的内容

所有权的内容是指所有权的权能,即所有权的作用,或者说是所有权人为实现其利益而在法律规定的界限内可以采取的各种措施和手段。所有权人对所有物的占有、使用、收益、处分权能被称为所有权的积极权能;排除他人干涉的权能被称为所有权的消极权能。

占有是指所有人对其所有物为事实上管领的事实。占有权能是所有权的基本权能,是所有人行使支配权的基础和前提。占有权能通常属于所有人,即由所有人在事实上控制属于自己的财产。在某些情况下,占有权能也可以与所有人发生分离,而归属于非所有人,即非所有人占有。

使用是指所有人按照财产的性能和用途,对其所有物加以利用,以满足生产和生活的需要。所有权的使用权能系对财产的具体利用,本质上是实现财产的使用价值。使用是直接作用于所有物上的权能，所以使用权能是以占有权能为前提的，有使用权能必有占有权能。与占有一样，使用权能也可以与所有人发生分离，而由非所有人享有。

收益是指所有人收取所有物所产生的经济利益，其实质是获取物的价值。这里的经济利益的范围相当广泛，不仅包括天然孳息和法定孳息，而且包括在实际生产经营活动中所产生的各种收益。收益产生于人们对经济利益的追求，为所有权的重要权能之一。收益权能与使用权能是紧密相连的，在一般情况下，收益权能是以使用权能前提的，故收益权能和使用权能的主体往往是一致的。但在一定条件下，收益权能和使用权能也可以发生分离，即由不同的主体分别享有。例如，房屋所有人将房屋出租而收取租金，即是由出租人享有收益权能，而由承租人享有使用权能。

处分是指所有人依法对所有物进行处置，从而决定其命运。处分权能是所有权的核心权能，包括事实上的处分和法律上的处分。事实上的处分是指对物进行消费，即通过事实行为使物的物理形态发生变化，从而满足人们的需要，如粮食、燃料的消费等。法律上的处分是指对物的所有权的处置，即通过法律行为使物的所有权发生变动。法律上的处分有广义与狭义之分，狭义的处分仅是指使物的所有权发生变化，即所有人将物的所有权转让于他人；而广义的处分除狭义的处分外，还包括对物的所有权所设定的负担，如设定抵押权、质权等。

二、所有权的种类

（一）国家所有权、集体所有权、法人所有权和私人所有权

根据所有权的主体，所有权可以分为国家所有权、集体所有权、法人所有权和私人所有权。其中，国家所有权是指国家对全民所有的财产享有的占有、使用、收益和处分的权利；集体所有权是指集体经济组织依法对集体财产享有的占有、使用、收益、处分并排除他人干涉的权利；法人所有权是指法人对其不动产和动产依照法律、法规及章程享有的占有、使用、收益、处分并排除他人干涉的权利；私人所有权是指自然人个人对合法取得的不动产和动产享有的占有、使用、收益、处分并排除他人干涉的权利。

（二）动产所有权与不动产所有权

根据所有权的客体性质，所有权可分为动产所有权和不动产所有权。动产所有权是指以动产为客体的所有权；不动产所有权是以不动产为客体的所有权。不动产所有权通常分为土地所有权和建筑物所有权。动产所有权与不动产所有权，在主体范围的限制、取得方法、公示原则等方面存在明显差别，因而是所有权的一种基本分类。

三、所有权的取得方式

所有权应基于一定的法律事实而取得，仅仅对几种特殊的原始取得方式予以说明。

（一）先占

先占是指占有人以所有的意思，先于他人占有无主动产而取得其所有权的事实。通说认为，先占在法律性质上是一种事实行为，不以先占人具有完全的民事行为能力为必要。

先占的成立必须具备以下 4 个条件：(1)先占之物须是无主物；(2)先占之物限于动产；(3)先占人须以所有的意思占有无主动产；(4)先占不得违反法律、法规的规定。

先占的基本效力是先占人取得无主物的所有权。目前，我国民事立法并未对先占制度作出规定，在实践中依据共同生活习惯而予以认可。

(二)善意取得

善意取得,是指无处分权人将其占有的他人动产或者登记在其名下的他人的不动产转让给第三人,若第三人在交易时出于善意即可取得该财产的所有权,原所有权人不得追夺的法律制度。

根据我国《物权法》的规定,善意取得应符合下列条件:(1)让与人须为动产的占有人或者登记的不动产权利人;(2)让与人须无权处分;(3)受让人须基于交易行为支付合理的对价;(4)受让人受让财产时须为善意;(5)转让的标的物应已经完成过户登记或者交付。

善意取得发生后,受让人取得不动产或者动产的所有权,原权利人丧失该财产的所有权,不得向受让人主张返还。

(三)拾得遗失物

拾得遗失物是指发现他人遗失的物并予以占有的事实。

拾得遗失物的成立,需要具备以下 2 个条件:(1)须有拾得行为;(2)标的物须是遗失物。

拾得遗失物,应当返还权利人。

(四)发现埋藏物

发现埋藏物是指发现埋藏物的所在并予以占有的事实行为。

发现埋藏物的成立,需要具备以下 2 个条件:(1)须有发现行为;(2)标的物须为埋藏物。

拾得漂流物、发现埋藏物或者隐藏物的,参照拾得遗失物的有关规定。文物保护法等法律另有规定的,依照其规定。

(五)添附

添附,是指不同所有人的物因结合或因加工而形成不可分割的物或具有新质的物,包括混合、附合、加工 3 种形式。

混合,是指不同所有人的动产因相互混杂或交融而难以识别和分离,且在某些情况下业已生成新物质的情形。

附合,分为不动产上的附合和动产上的附合。不动产上的附合,是指动产因附合而成为不动产的重要成分的情形;此时,一般由不动产所有人取得该项动产的所有权。动产上的附合,是指因两个以上的动产相附合而形成新物的情形,此时新物一般由原物价值较大的一方取得。当各方原物的价值相当时则发生共有。

加工,是指在他人的物上进行劳作,从而使其物具有更高价值的活动。如将他人的布料制成衣服、将他人的木材制成家具等。加工的标的仅限于动产。加工物的所有权,一般依加工所生成的新价值是否大于原物价值而确定归属。大于者,由加工人取得;否则,由原物所有人取得。

四、共有

(一)共有的概念和特点

共有是指两个以上的权利主体对同一物共同享有所有权的法律状态。在共有关系中,共同享有所有权的人称为共有人,共有的标的物称为共有物。我国《物权法》第 93 条规定,不动产或者动产可以由两个以上单位、个人共有。共有具有如下法律特点。

1. 共有主体的多数性

共有主体的多数性又称为共有主体的多元性,是指共有人为两个以上的权利主体。共有主体的多数性是其区别于单独所有权的重要特征。

2. 共有客体的同一性

多数主体对同一财产共同拥有所有权。所谓“同一财产”，是指在法律上可以独立存在的尚未分割的统一财产。此项财产既可以是某一个特定的财产，如一栋房屋、一辆汽车等，也可以是一项集合财产，如遗产、夫妻共有财产等。

3. 共有内容的双重性

在共有关系中，既存在共有人之间的对内关系，也存在共有人与第三人之间的对外关系。在对内关系中，各共有人对共有物按照各自的份额享有权利、承担义务，或者平等地享有权利、承担义务。在对外关系中，共有人是作为一个单一的权利主体与第三人发生民事关系的。在多数情况下，共有人的权利行使和义务分担，须体现多数或全体共有人的意志，并由多数或全体共有人予以决定。

4. 共有权的联合性

共有权的联合性是指共有是所有权的联合，而不是一种独立的所有权类型。这种所有权的联合，既可以是同种类所有权的联合，如集体所有权之间联合（如数村对某一水库共有）、公民个人所有权之间的联合，也可以是不同种类所有权的联合，如集体所有权与国家所有权之间的联合、集体所有权与公民个人所有权之间的联合等。

5. 共有产生原因的共同性

共有是权利主体根据自身的生产或生活需要而设定的，或者法律为满足权利主体的共同需要而规定的。前者如合伙共有、家庭财产共有等，后者如夫妻财产共有、遗产共有等。因此，共有产生的原因具有共同性的特点。

（二）共有的分类

我国《物权法》第93条规定，共有包括按份共有和共同共有。

1. 按份共有。按份共有又称分别共有，是指共有人按照确定的份额对共有财产分享权利和分担义务的共有。按份共有具有以下特点：按份共有人之间的联系不以存在共同关系为必要；各共有人分别享有确定的份额；按份共有人对其应有部分享有相当于所有权的权利。

2. 共同共有。共同共有是指共有人基于共同关系，不分份额地共享共有物所有权的共有。共同共有具有以下特征：共同共有以共同关系为基础，以共同关系的存在为前提；共同共有是不分份额的共有；共同共有人平等地享有权利和承担义务。

在我国实际生活中，常见的共同共有主要有以下几种：夫妻财产共有、家庭财产共有、遗产分割前的共有。

（三）共有物的分割

1. 共有物分割的原则

按份共有人在分割共有物时，应当遵循下列原则。

（1）共有物分割自由原则。在按份共有关系中，各共有人之间并无人的结合关系存在，故各共有人得随时自由处分其应有部分，以脱离共有关系，亦得随时请求分割共有物，以消灭共有关系。尽管共有物的分割实行自由原则，但在一定情况下，共有物的分割也要受到一定的限制，如因物的使用目的而不能分割的、合同约定有不可分割期限的，都不允许共有人分割共有物。

(2)遵循约定的原则。按份共有人之间对分割共有物有约定的,分割共有物时,应当遵守其约定,不得违反约定。但共有人有重大理由需要分割的,可以请求分割。

(3)物尽其用的原则。按份共有人分割共有物,应当保存和发挥共有物的效用,不得损害共有物的使用价值,应当坚持物尽其用原则。对于不能实物分割或不宜实物分割的共有物,应采取其他的分割方式。对于那些从事某种职业所必需的物品,应尽量分配给有需要的共有人。

(4)平等协商的原则。按份共有人在分割共有物时,应当在平等协商的基础上,本着团结和睦的精神进行。共有人对共有物的分割时间、方法、范围等都应当进行协商。

2. 共有物分割的方法

共有物的分割可以是共有人协议分割,也可以诉请法院或仲裁机构予以裁判分割。具体的分割方法有以下3种。

(1)实物分割。实物分割是指由共有人对共有物进行实体分割,由各共有人取得分割部分的单独所有权。实物分割只能在共有物为可分物,且分割后不损坏共有物的使用价值时,才能适用。

(2)变价分割。变价分割是指将共有物出卖而由共有人分配价金。在共有物不能进行实物分割时,或者共有人都不愿意接受共有物时,则可以将共有物变卖,由共有人按照各自的应有部分分配价金。

(3)作价补偿。作价补偿是指由某个共有人取得共有物的所有权,并由该共有人向其他共有人补偿其应有部分的价值。

五、相邻关系

(一)相邻关系的概念和特点

相邻关系是指相互毗邻或邻近的不动产所有人或使用人之间在行使所有权或使用权时,因相互间依法应当给予方便或接受限制而发生的权利义务关系。

相邻关系作为所有权的一种限制,具有如下特点:相邻关系的主体是相邻近的不动产所有人或使用人;相邻权的客体不同于一般物权客体;相邻关系的内容十分复杂;相邻关系的产生具有法定性。

(二)相邻关系的处理原则

根据我国《物权法》第84条、第85条的规定,不动产的相邻权利人应当按照有利生产、方便生活、团结互助、公平合理的原则,正确处理相邻关系。法律、法规对处理相邻关系有规定的,依照其规定;法律、法规没有规定的,可以按照当地习惯。

(三)相邻关系的种类

不动产相邻关系既可以发生在相邻的土地之间,也可以发生在相邻的建筑物之间,还可以发生在相邻的土地与建筑物之间。因此,相邻关系的种类相当繁多,情况也十分复杂。在实际中,常见的相邻关系主要有以下诸项。

1. 相邻土地使用关系

土地所有人或使用人为方便行使权利,在法律规定的范围内,有权使用相邻人的土地。因使用相邻人的土地而发生的相邻关系主要包括3种:(1)相邻土地的通行关系;(2)相邻土地的管线安设关系；(3)相邻土地的建筑物营缮关系。

2. 相邻的损害防免关系

不动产所有人或使用人在行使不动产权利时，应当注意防止、避免给相邻人造成损害，这就是相邻的损害防免关系。相邻的损害防免关系主要包括5种：(1)相邻环保关系；(2)建筑物倒塌的防免关系；(3)地基动摇的防免关系；(4)业务活动危险的防免关系；(5)日照妨害的防免关系。

3. 相邻的用水和排水关系

在社会生活中，水是一种重要的资源。因水的特殊属性，必然与不动产联系在一起，因此，基于水也能产生相邻关系。有关水的相邻关系包括相邻用水关系和相邻排水关系。我国《物权法》第86条规定："不动产权利人应当为相邻权利人用水、排水提供必要的便利。对自然流水的利用，应当在不动产的相邻权利人之间合理分配。对自然流水的排放，应当尊重自然流向。"该法第92条规定："动产权利人因用水、排水、通行、铺设管线等利用相邻不动产的，应当尽量避免对相邻的不动产权利人造成损害；造成损害的，应当给予赔偿。"

4. 相邻的越界关系

在社会生活中，如果一方超越疆界进行建筑，或者培植的竹木逾越了疆界，也会发生相邻关系。这就是相邻的越界关系，又称越界的相邻关系。

第三节　用益物权

一、用益物权的概念、特点

(一)用益物权的概念

用益物权是指对于他人之物，以物的使用收益为目的而设立的物权。我国《物权法》第117条规定："用益物权人对他人所有的不动产或者动产，依法享有占有、使用和收益的权利。"我国《物权法》规定了4种用益物权，即土地承包经营权、建设用地使用权、宅基地使用权、地役权。

(二)用益物权的特点

用益物权是一种在他人之物上设立的限制物权，具有如下法律特点。

1. 用益物权的内容是利用物的使用价值

用益物权中的"用益"，就是使用、收益的合称。因此，用益物权就是对标的物为使用、收益的一种物权。尽管用益物权的内容在于利用物的使用价值，但因用益物权的标的物的不同，其利用的范围和程度也会存在差别。

2. 用益物权的客体以不动产为限

物权的客体为物，包括动产与不动产。所有权、担保物权的客体可以是动产，也可以是不动产。但用益物权的客体应限于不动产。

3. 用益物权是具有独立性的权利

用益物权虽然是在他人之物上设定的一种物权，但在用益物权设定时，并不要求用益物权的设定人与用益物权人之间存在一定的权利义务关系。因此,用益物权人不以其对标的物所有人或使用人享有其他权利为权利存在的前提。从这个意义上来说,用益物权是一种具有独立性的权利,而不同于担保物权具有从属性。

4. 用益物权的实现通常以占有标的物为前提

由于用益物权是利用物的使用价值的权利,因此,权利人只有在实体上支配标的物才能实现物的使用价值。换言之,用益物权的实现须以直接占有标的物为前提,因此,用益物权的实现具有标的物占有性。例如,不转移土地的直接占有,土地使用人就不能在土地上营造建筑物;不移转农地的直接占有,承包人就无法耕作土地。

二、土地承包经营权

(一)土地承包经营权的概念和特点

土地承包经营权简称农地承包权,是指农业生产经营者为种植、养殖、畜牧等农业目的对其依法承包的农民集体所有和国家所有由农民集体使用的土地享有的占有、使用、收益的权利。

农地承包经营权具有以下特点:(1)农地承包经营权的主体是农业生产经营者;(2)农地承包经营权的客体是农民集体所有和国家所有由农民集体使用的土地;(3)农地承包经营权的设立目的是从事种植、养殖、畜牧等农业活动。

(二)土地承包经营权的内容和消灭

1. 土地承包经营权的内容

承包人享有的权利:(1)对土地的使用收益权;(2)对土地承包权的转包、出租、互换和转让的权利;(3)投资补偿权,承包人承担的义务:①依法缴纳承包费用;②依约定方法和用途合理使用土地;③不得给土地造成永久性损害等。

2. 土地承包经营权的消灭

土地承包经营权的消灭事由主要有:(1)农地承包期限届满不愿继续承包的;(2)承包人在承包期内交回承包地;(3)发包人在承包期内依法收回土地;(4)农地被依法征收。

三、建设用地使用权

(一)建设用地使用权的概念和特点

建设用地使用权是指土地使用权人为营造建筑物或其他工作物而使用国有土地的权利。

建设用地使用权具有以下特点:(1)建设用地使用权的客体限于国有土地;(2)建设用地使用权的设立目的是在土地上建造建筑物或其他工作物;(3)建设用地使用权通过出让或者划拨的方式取得;(4)建设用地使用权具有流通性。

(二)建设用地使用权的内容和消灭

1. 建设用地使用权的内容

建设用地使用权人的权利:(1)对土地的占有、使用、收益权;(2)享有所建造的建筑物及其他工作物的所有权;(3)将建设用地使用权转让、互换、出资、赠与或者抵押的权利;(4)从事必要附属行为的权利;(5)建设用地使用权被提前收回时获得补偿的权利。

建设用地使用权人的义务:(1)支付建设用地使用权出让金的义务;(2)对土地的合理使用和保护义务。

2. 建设用地使用权的消灭

建设用地使用权的消灭事由有:(1)建设用地使用权期限届满;(2)建设用地使用权被撤销;(3)建设用地使用权被提前收回;(4)土地的灭失。

四、宅基地使用权

(一)宅基地使用权的概念和特点

宅基地使用权是指农村集体经济组织成员依法在集体所有的土地上建造住宅及其附属设施,供居住使用的权利。

宅基地使用权具有以下特点:(1)宅基地使用权的主体是农民集体经济组织的成员;(2)宅基地使用权的取得一般是无偿的;(3)宅基地使用权的客体是经依法批准划拨给个人建造住宅使用的集体所有的土地;(4)宅基地使用权的设立目的是供建造住宅及其附属设施而居住、使用。

(二)宅基地使用权的灭失

1. 宅基地使用权的收回

土地所有权人基于特殊的原因,经原批准用地的人民政府批准,可以收回宅基地使用权。在宅基地使用权被收回后,该权利即归于灭失。例如,基于城镇或乡村发展的需要,土地所有权人在对城镇或乡村作出发展规划或进行调整时,有权收回或调整宅基地使用权。在这种情况下,宅基地使用权应归于灭失。

2. 征收

国家为了社会公共利益的需要而征收宅基地的,该宅基地使用权灭失。应当指出的是,这里征收的对象既可以是单独的宅基地,也可以是住宅和宅基地。

3. 宅基地的灭失

宅基地因自然灾害等原因灭失的,宅基地使用权灭失。但如果只是宅基地上的建筑物或其他附属物灭失的,则不影响宅基地使用权的效力,宅基地使用权人有权在宅基地上重新建造房屋,以供居住。

(三)宅基地使用权灭失后的法律后果

1. 重新分配宅基地

为保障居民的基本生活需要,在宅基地使用权灭失后,对于没有宅基地的农户,有权重新申请宅基地使用权。

2. 宅基地使用权人取得补偿权

在土地所有权人收回宅基地使用权的情况下,如非出于宅基地使用权人的原因,土地所有权人应当对宅基地使用权人的地上附着物给予适当的补偿。

3. 办理注销登记

已经登记的宅基地使用权灭失的,权利人应当及时办理注销登记。

五、地役权

(一)地役权的概念和特点

地役权是指为了自己的不动产使用的便利和效益,按照合同约定而使用他人不动产的权利。在地役权关系中,为自己不动产的便利而利用他人不动产的一方称为地役权人,又称需役地人;将自己的不动产供他人利用的一方称为供役地人;需要提供便利的不动产称为需役地,供地役权人利用的不动产称为供役地。

地役权具有如下特点:(1)地役权是存在于他人不动产之上的物权;(2)地役权是以他人不动产供自己的不动产便宜之用的权利;(3)地役权具有从属性,即指地役权不得与需役地所有权或使用权(以下统称需役地权利)相分离而单独存在,不得保留地役权而处分需役地权利;(4)地役权具有不可分性,即无论是地役权的发生或灭失还是地役权的享有,均及于需役地与供役地的全部,不得分割为数个部分或仅为一部分而存在,即需役地的全部存在于供役地的全部之上。

(二)地役权的内容和灭失

1. 地役权的内容

地役权人的权利:(1)使用供役地的权利;(2)为附随行为与设置的权利;(3)行使基于地役权所生的物权请求权的权利。

地役权人的义务:(1)工作物取回权与恢复原状的义务;(2)维护设置的义务。

供役权人的权利:(1)费用请求权;(2)使用设置的权利;(3)供役地使用场所及方法的变更请求权。

供役权人的义务:(1)分担维持设置费用的义务;(2)容忍及不作为义务。

2. 地役权的消灭

地役权基于以下原因而灭失:(1)供役地人解除地役权合同;(2)约定的事由出现;(3)存续期间届满;(4)标的物灭失;(5)目的之事实不能;(6)混同;(7)抛弃。

第四节　担 保 物 权

一、担保物权的概念和特点

(一)担保物权的概念

担保物权是指权利人以确保债权的实现为目的,在债务人不履行到期债务或者发生当事人约定的情形时,依法就担保财产优先受偿的权利。

(二)担保物权的特点

1. 担保物权是他物权。担保物权是在担保人(债务人或债权人和债务人之外的第三人)之物上设立的一种物权,因此,担保物权属于他物权。

2. 担保物权的内容是利用物的交换价值。担保物权不以取得标的物的占有、使用、收益为内容,而仅是为利用标的物的交换价值。因此,担保物权具有价值性,担保物权也因之被称为价值权。

3. 担保物权具有优先受偿的效力。担保物权是为担保债权的实现而设置的法律制度,因此,在债务人不履行债务或发生当事人约定的情形时,担保物权人有权以担保物的价值优先受偿。

4. 担保物权的客体可以是不动产、动产或权利。与用益物权的客体限于不动产不同，担保物权的客体可以是不动产、动产或权利。当然，不同种类的担保物权，其客体并不相同。例如，抵押权的客体可以是不动产、动产或权利，质权的客体可以是动产或权利，而留置权的客体只能是动产。

5. 担保物权是具有从属性的物权。担保物权是以确保主债权的实现为目的的权利，是其所担保的主债权的从权利。因此，担保物权具有从属性。一般而言，担保物权的从属性表现在存在上的从属性、处分上的从属性和消灭上的从属性。存在上的从属性是指担保物权的存在应以相应的主债权存在为前提条件，不能脱离主债权而单独存在；处分上的从属性是指担保物权应随同主债权的转让而转让，不能与主债权分离而单独转让；消灭上的从属性是指担保物权随主债权的消灭而灭失，主债权不存在，担保物权必不能存在。

6. 担保物权是具有不可分性的物权。担保物权的不可分性是指担保物权人于其全部债权受清偿前，得就担保物的全部行使其权利，担保物的价值变化及债权的变化不影响担保物权的整体性。换言之，担保物权及于担保物的整体，以保障自己的全部债权受偿，而无论剩余多少债权未受偿。

7. 担保物权具有物上代位性。担保物权的物上代位性是指担保物权的效力及于担保物的代位物。因为，担保物权支配担保物的价值，只要担保物仍有价值，则担保物权仍存在，担保物权的效力也就及于担保物的代位物。在担保期间，担保财产毁损、灭失或者被征收等，担保物权人可以就获得的保险金、赔偿金或者补偿金等优先受偿。被担保债权的履行期未届满的，也可以提存该保险金、赔偿金或者补偿金等。

二、抵押权

（一）抵押权的概念和特点

抵押权是指债权人对于债务人或者第三人不转移占有而供作债务履行担保的财产，在债务人不履行债务或当事人约定的情形发生时，予以变价并就其价款优先受偿的权利。

抵押权具有以下特点：(1)抵押权为担保物权的一种；(2)抵押权是在债务人或者第三人提供的财产上设定的物权；(3)抵押权是不转移标的物占有的物权；(4)抵押权为得就标的物卖得价金优先受偿的权利。

（二）抵押权的取得

抵押权的取得可以是创设的继受取得，也可以是转移的继受取得（如转让、继承）。以创设的继受取得方式取得抵押权，为抵押权的设立。抵押权的设立须有抵押合同、抵押物和法定公示方式等要件。

1. 抵押合同

(1)抵押合同的当事人

抵押合同是抵押当事人双方自愿设立抵押权的合意。抵押合同的当事人包括抵押人和抵押权人，抵押担保的债务人并不是抵押关系的当事人。

抵押人又称为设抵人，是指以自己所有或享有处分权的财产为他人债权设立抵押担保的人。抵押人可以是债务人，也可以是第三人。当第三人作为抵押人时，该第三人称为物上保证人。抵押人可以是自然人，也可以是法人或者非法人组织，但应具备抵押能力。抵押权人是抵押权所担保的主债权的债权人。

(2)抵押合同的形式和内容

设立抵押权,当事人应当采取书面形式订立抵押合同。抵押合同一般包括以下内容:①被担保债权的种类和数额;②债务人履行债务的期限;③抵押物的名称、数量、质量、状况、所在地、所有权归属或者使用权归属;④担保的范围。

2. 抵押物

抵押物即抵押权的标的或抵押权的客体,抵押物应当符合下列条件:一是须具有特定性;二是须具有交换价值和可让与性;三是须为非消耗物(不因抵押人继续占有而贬损价值);四是须为依法可以设定抵押的财产。

(1)可以抵押的财产

根据我国《物权法》第180条的规定,债务人或者第三人有权处分的下列财产可以抵押:①建筑物和其他土地附着物;②建设用地使用权;③以招标、拍卖、公开协商等方式取得的荒地等土地承包经营权;④抵押人有权处分的生产设备、原材料、半成品、产品;⑤正在建造的建筑物、船舶、航空器;⑥交通运输工具;⑦法律、行政法规未禁止抵押的其他财产。

(2)动产浮动抵押

动产浮动抵押,是指企业以其全部资产包括现在的和将来可以取得的全部资产来设定抵押。标的物范围广泛,有利于提高经济流转效率,在不影响企业运营的情形下,推动商业融资和借贷、扩大企业融资能力。即便最终实现抵押权,并将企业整体拍卖,也不会损害企业固有的整体价值。我国《物权法》第181条规定,经当事人书面协议,企业、个体工商户、农业生产经营者可以将现有的以及将有的生产设备、原材料、半成品、产品抵押,债务人不履行到期债务或者发生当事人约定的实现抵押权的情形,债权人有权就实现抵押权时的动产优先受偿。

(3)不得抵押的财产

根据我国《物权法》第184条的规定,下列财产不得抵押:①土地所有权;②耕地、宅基地、自留地、自留山等集体所有的土地使用权,但法律规定可以抵押的除外;③学校、幼儿园、医院等以公益为目的的事业单位、社会团体的教育设施、医疗卫生设施和其他社会公益设施;④所有权、使用权不明或者有争议的财产;⑤依法被查封、扣押、监管的财产;⑥法律、行政法规规定不得抵押的其他财产。

3. 抵押登记

抵押登记又称抵押权登记,是指由主管机关依法在登记簿上就抵押物上的抵押权状态予以记载。

依我国现行法的规定,抵押登记部门主要有:(1)以建设用地使用权抵押的,为核发建设用地使用权证书的土地管理部门;(2)以城市房地产或者乡(镇)、村企业的厂房等建筑物抵押的,为县级以上地方人民政府规定的部门;(3)以林木抵押的,为县级以上林木主管部门;(4)以航空器、船舶、车辆抵押的,为运输工具的主管部门;(5)以生产设备、原材料、半成品、产品抵押的,为抵押人住所地的工商行政管理部门;(6)以其他财产抵押的,为抵押人所在地的公证部门。

在我国,不动产抵押(包括不动产权益抵押)实行登记生效主义,动产抵押实行登记对抗主义。以建筑物和其他土地附着物、建设用地使用权、土地承包经营权以及正在建设的建筑物抵押的，应当办理抵押登记，抵押权自登记时设立；以生产设备、原材料、半成品、成品、交通运输工具以及正在建造的船舶、航空器抵押的，抵押权自抵押合同生效时设立；未经登记，不得对抗善意第三人。

（三）抵押权的效力

抵押权的效力所及的标的物，首先是当事人设定抵押的财产，此外还及于抵押财产的从物、从权利、孳息、代位物和附合物。抵押权担保的范围包括主债权及利息、违约金、损害赔偿金和实现抵押权的费用，抵押合同另有约定的，按照约定。

抵押权设定后，抵押人享有的权利包括抵押财产的处分权、用益物权及租赁权的设定权、担保物权的再设定权以及物上保证人的反担保请求权、追偿权与代位权。抵押权人享有的权利包括抵押权的保全权、处分权、次序权以及优先受偿权。

（四）抵押权的实现

1. 抵押权的实现条件

抵押权的实现是指债务人不履行到期债务或者发生当事人约定的情形时，抵押权人通过特定的方式行使抵押权以实现抵押物的价值，并从抵押物的价值中优先受偿其债权的法律现象。一般而言，抵押权的实现条件有两个：(1) 债务人不履行到期债务。债务人不履行到期债务应满足如下要求：一是债务人的债务已届履行期；二是债务人未履行债务；三是债务人未履行到期债务没有正当理由。(2) 发生当事人约定的实现抵押权情形，如抵押人在债务人未清偿前便破产的，抵押人行为导致抵押财产价值减少的。

2. 抵押权的实现方式

抵押权的实现方式包括拍卖、变卖、折价。抵押财产折价或者变卖的，应当参照市场价格。抵押权人在实现抵押权时，有如下几个问题需要注意：第一，如果抵押人和抵押权人实现抵押权的协议损害其他债权人利益的，其他债权人可以在知道或者应当知道撤销事由之日起 1 年内请求人民法院撤销该协议。第二，如果抵押权人与抵押人未就抵押权实现方式达成协议的，抵押权人可以请求人民法院拍卖、变卖抵押财产。第三，抵押物折价或者拍卖、变卖所得的价款，当事人没有约定的，按照下列顺序清偿：(1) 实现抵押权的费用；(2) 主债权的利息；(3) 主债权。

三、质权

（一）质权的概念

质权是指债权人于债务人不履行到期债务或发生约定的情形时，得就债务人或第三人转移占有或经登记而供作担保的动产或权利之变价价值优先受偿的权利。

质权是在他人财产上设定的他物权，质权的客体只能是动产和权利，而不能是不动产，在不动产之上不能设立质权。质权以动产为客体的，则质权的设立以出质人移交质物的占有为设立要件与存续要件。质权以权利为客体的，则质权的设立以出质人交付权利凭证或办理出质登记为要件。相较抵押权，质权须转移占有，虽不利于物尽其用，但会使债务人心理有压力，迫使其履行以取得质物。

(二)动产质权

1. 动产质权的含义

动产质权是指债权人占有由债务人或第三人因担保债权而移交的动产,于债务届期不履行或发生当事人约定的情形时得就其买得的价金优先受偿的权利。

2. 动产质权的取得

(1)动产质权的设立

设立质权,当事人应当采取书面形式订立质权合同。在质权合同中,债务人或第三人用于质权担保的财产为质权标的,称为质物;占有质权标的的债权人为质权人;提供财产设定质权的债务人或第三人为出质人(又称为质押人)。

质权合同一般包括以下条款:①被担保债权的种类和数额;②债务人履行债务的期限;③质押财产的名称、数量、质量、状况;④担保的范围;⑤质押财产交付的时间。

质权自出质人交付质物于质权人占有时生效。质权合同中对质押财产约定不明,或者约定的质押财产与实际移交的不一致的,以实际交付占有的财产为质押财产。如果债务人或第三人未按照质权合同约定的时间移交质物,因此给质权人造成损失的,出质人应当根据其过错承担赔偿责任。

(2)动产质权的善意取得

因动产质权以动产的交付为公示方法,因此,动产质权也可以适用善意取得。出质人以其不具有所有权但合法占有的动产出质的,不知出质人无处分权的质权人行使质权后,因此给动产所有权人造成损失的,由出质人承担赔偿责任。

3. 动产质权的内容

动产质权设定后,质权人所享有的权利有:(1)留置质物的权利;(2)质物孳息的收取权;(3)经许可使用质物的权利;(4)质物的转质权;(5)质物变价权;(6)质权的实现权与优先受偿权。

出质人享有的权利有:(1)质押财产孳息的收取权;(2)质押财产的处分权;(3)物上保证人的反担保请求权;(4)追偿权与代位权。

4. 动产质权的实现

动产质权的实现是指债务人不履行到期债务或者发生当事人约定的情形时,质权人通过特定的方式行使质权以实现质物的价值,并从质物的价值中优先受偿其债权的法律现象。

动产质权的实现方式包括折价、拍卖、变卖3种方式。质物折价或拍卖、变卖后,其价款超过债权额的部分归出质人所有,不足部分由债务人清偿。应当指出的是,我国法律禁止流质契约。质权人在债务履行期届满前,不得与出质人约定债务人不履行到期债务时质押财产归债权人所有。

(三)权利质权

1. 权利质权的概念与特点

权利质权是指为担保债务的履行,债务人或者第三人将其有权处分的权利出质给债权人,债务人不履行到期债务或者发生当事人约定的实现质权的情形时,债权人就该权利优先受偿的权利。权利质权的特点包括以下几个方面。

第一,权利质权的客体是权利。与动产质权不同,权利质权的客体是权利。这里的权利并不是指所有的权利,而仅是指所有权、用益物权以外的可以让与的财产权利。

第二,权利质权涉及第三债务人。权利质权的客体是财产权利,这种财产权利不仅涉及权利人,还涉及义务人。该义务人虽不是质权合同的当事人,但属于有利害关系的第三人,通常称为第三债务人。

第三,权利质权以交付权利凭证或登记为设立条件。在权利质权的设立上,以具有权利凭证的财产权利设立质权的,应将该权利凭证交付于质权人占有,质权自权利凭证交付质权人时设立;以无权利凭证的财产权利设立质权的,质权自有关部门办理登记时设立。

第四,权利质权是一种特殊的质权形式。动产质权为质权的一般形式,而权利质权则为质权的特殊形式。因此,权利质权除适用物权法关于权利质权的特殊规定外,应适用有关动产质权的规定。

2. 权利质权的客体

根据我国《物权法》第 223 条的规定,债务人或者第三人有权处分的下列权利可以出质:(1)汇票、支票、本票;(2)债券、存款单;(3)仓单、提单;(4)可以转让的基金份额、股权;(5)可以转让的注册商标专用权、专利权、著作权等知识产权中的财产权;(6)应收账款;(7)法律、行政法规规定可以出质的其他财产权利。

四、留置权

(一)留置权的概念和特点

留置权是指债权人合法占有债务人的动产,债务人不履行到期债务时,对其占有的债务人的动产予以留置并就其变价优先受偿的权利。

留置权具有以下特点:(1)留置权是动产担保物权和占有性担保物权。(2)留置权是具有二次效力的担保物权。留置权的第一效力是留置债务人动产的效力,即当债务人不履行到期债务时,留置权人有权扣留已经合法占有的债务人的动产。留置权的第二次效力是优先受偿效力,即当债务人于债务履行期满超过一定期限仍不履行债务时,留置权人得依法处分留置物,以其变价优先受偿。(3)留置权是法定物权。

(二)留置权的成立

留置权的成立条件包括积极条件和消极条件。前者为留置权的取得条件,后者为不能取得留置权的条件。

1. 债权人合法占有债务人的动产。

2. 债权人占有的动产与债权之间原则上存在关联关系。我国《物权法》第 231 条规定,债权人留置的动产,应当与债权属于同一法律关系,但企业之间留置的除外。这里的“同一法律关系”,是指关联关系。债权人占有债务人的动产与其债权之间存在关联,直接还是间接关系不为所问。例如,甲到乙厂修车,乙厂占有甲车与乙厂的维修费债权之间存在关系。若甲未交维修费便提走了车,后来又去维修,但第二次交费了。则乙厂不得以第一次债权为由而留置甲车。因债权与物间不存在关联。

3. 债权已届清偿期,债务人不履行的,债权人得留置合法占有的债务人的动产。在债权未届清偿期的情况下,债务人即无须履行债务,故无所谓留置权问题。

4. 不存在妨碍留置权成立的情形。在有下列情形之一时,债权人不能取得留置权:其一,法律规定或者当事人约定不得留置的动产,不得留置。其二,留置债务人的动产违反公共秩序或善良风俗的。若留置债务人的动产违反公共秩序或善良风俗,则债权人不能取得留置权。其三,行使留置权与债权人所承担的义务相抵触的。如果债权人留置债务人的动产与其所承担的义务相抵触而仍允许债权人留置的,则无异于许可债权人不履行其承担的义务,这有违诚实信用原则。因此,在债权人行使留置权与其承担的合同义务相抵触时,债权人不能取得留置权,如依约应运输并交付货物的承运人不得留置。

(三)留置权的内容

留置权人享有的权利:(1)留置占有的动产的权利;(2)收取留置财产所生孳息的权利;(3)为保管之目的而使用留置财产的权利;(4)实行留置权并优先受偿的权利。

留置权人承担的义务:(1)妥善保管留置财产的义务;(2)不得擅自使用、出租或处分留置财产;(3)返还留置财产的义务。

留置财产所有人的权利:(1)损害赔偿请求权;(2)留置财产返还请求权;(3)留置财产的处分权;(4)请求留置权人及时行使留置权的权利。

(四)留置权的实现

留置权第二次效力的发生,即留置权通常的实现条件:第一,确定留置后债务人履行债务的宽限期,不少于2个月,但若留置物为鲜活易腐等不易保管的动产的,宽限期可少于2个月。第二,通知债务人在宽限期内履行债务。双方也可约定。若无法通知时,可不为通知。能通知且有必要通知而未通知的,不得实现留置权。第三,债务人在宽限期满后仍未履行,也未另外提供担保。

复习思考题

一、单项选择

1. 甲为了使自己的土地便于灌溉,与邻人乙协商在乙的土地上安装水管,甲的这种权利属于(　　)。

A. 地役权　　B. 地上权

C. 相邻权　　D. 使用权

2. 下列行为没有形成共有关系的是(　　)。

A. 甲和乙共同出资购买了一台电脑

B. 甲与其邻居乙对两家的分界墙归属发生争议,甲主张按份共有,乙主张共同共有,双方均无证据

C. 兄弟两人在共同生活期间购买日常用品的行为

D. 甲乙订立共同购买汽车合同

3. 下列财产可用以抵押的为(　　)。

A. 土地所有权

B. 依法被查封、扣押、监管的财产

C. 以招标方式取得的荒地等土地承包经营权

D. 使用权不明的财产

4. 甲在租用乙的房子期间,经乙同意后加盖了一阁楼。3 年后租赁期满,甲不再续租。下列说法正确的是(　　)。

A. 乙因附合而取得所有权,但应返回甲所出之钱

B. 乙因加工而取得所有权,但应返回甲所出之钱

C. 乙因加工而取得阁楼所有权,但应给甲适当补偿

D. 甲、乙因合作建房而成为房屋的共有人

5. 陈某开办了一养鸡场。某日,数只鸡患病,无法产蛋,患因不明。陈某恐这些鸡得了瘟疫,遂将这些鸡扔至野外丢弃。另一农民唐某耕作归途将这些鸡拿回家中。经唐某精心饲养后,这些鸡重新产蛋,陈某得知后,要求朱某返还鸡及鸡蛋。下列说法正确的是(　　)。

A. 鸡及鸡蛋均返还给陈某

B. 鸡返还给陈某,产下的鸡蛋归唐某

C. 鸡及鸡蛋均归唐某所有

D. 鸡归唐某,产下的鸡蛋归陈某

二、简答

1. 简述用益物权与担保物权的区别。

2. 简述动产所有权善意取得的构成要件。

3. 简述用益物权的特点。

三、案例分析

2018 年 1 月 2 日"鲁滨逊"将一件祖传价值 4 万元的明朝青花瓷杯交给"星期五"保管一年,双方约定 2500 元的保管费须于保管期满付清。

1. 假设 2019 年 1 月 2 日"鲁滨逊"拒不交纳保管费,"星期五"则拒不返还青花瓷杯,并将青花瓷杯赠与好友刘德甲。

问题:

(1)"星期五"可否不返还青花瓷杯? 为什么?

(2)"星期五"将青花瓷杯赠与好友的行为能否生效? 为什么?

2. 假设 2019 年 1 月 2 日"星期五"穷困潦倒,为渡难关而向张学乙借款 1200 元,并未经"鲁滨逊"同意即将青花瓷杯质押给张学乙。后张学乙又向郭富丙借款 1 万元,并将青花瓷杯质押给郭富丙。

问题:张学乙可否取得质权? 为什么?

第七章　工业产权法律制度

本章知识结构图

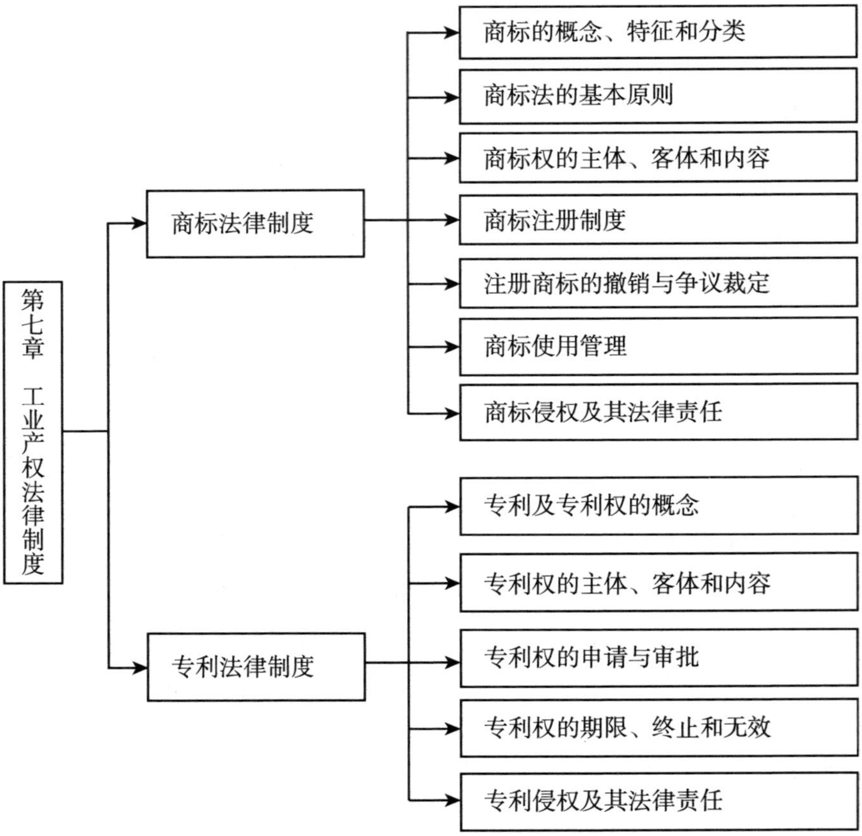

引导案例

某公司的注册商标被某省工商行政管理局认定为某省著名商标,被国家商标局认定为驰名商标。经过某公司多年的广泛宣传和经营活动,其商标在全国市场上已具备极高的知名度和显著特征。2017 年 2 月该公司发现有人大量生产销售标注为该公司商标的卫生纸,其字样与该公司的商标高度相似,极易造成消费者的混淆,并进而对该商品的来源产生混淆或误认。该公司认为,侵权人大肆生产销售侵犯,该公司注册商标专用权的产品,其行为严重损害了自己公司的商标价值,给自己公司造成了重大的经济损失。认为侵权人应当立即停止侵权行为,并承担赔偿责任。

问题:

1. 我国商标法规定的商标侵权行为有哪些种类?

2. 侵犯商标专用权的赔偿数额该如何确定?

第一节　商标法律制度

一、商标法概述

(一) 商标

1. 商标的概念、特征及分类

关于商标的概念,各国法律规定不尽相同,但含义基本一致。世界知识产权组织(World Intellectual Property Organization, WIPO)国际局起草的《商标保护法律协调条约(草案)》第3条对商标的表述为:"商标是一种显著的标记,它可以用来或准备用来识别市场上某些商品或服务。"世界贸易组织的《与贸易有关的知识产权协定》(Agreement on Trade-Related Aspects of Intellectual Property Rights, TRIPs)认为:任何能够将一个企业的商品或服务与其他企业的商品或服务区分开的标记或标记组合,均能构成为商标。

2. 商标的特征

(1)从属性。有商品或服务才有商标,商标与商品或服务不可分离。

(2)财产属性。随着知识经济的发展,知识产权在经济中所占比重的加大,商标作为一种无形财产,其财产属性将更加突出。

(3)排他性。未经权利人许可,任何单位、个人不得冒用他人的注册商标,否则构成商标侵权。

(4)标示商品质量。注册商标人必须保证商品质量恒定,至少不会下降,否则,该注册商标有可能被撤销。

3. 商标的分类

目前,我国商标法保护的商标主要有如下几种。

(1)商品商标。商标创设人申请注册商标,其目的是在生产经营的商品上使用,用于区别市场上不同生产者、经营者的商品,进而区别不同的生产者、经营者。这种在商品上使用的商标,称为商品商标。

(2)服务商标。不同主体提供同类服务时,需要服务商标以区别服务的提供者。商标申请人申请商标注册,主要用于区别不同的服务提供者提供的服务,这种商标就称为服务商标。

世界贸易组织的 TRIPs 则把服务商标与商品商标放在同等地位,要求成员方必须对服务商标予以保护,并且要求应与商品商标保护水平相同,否则视为对 TRIPs 的违反。

(3)集体商标。我国《商标法》第3条第2款规定,集体商标"是指以团体、协会或者其他组织名义注册,供该组织成员在商事活动中使用,以表明使用者在该组织中的成员资格的标志"。集体商标的所有权属于申请注册的团体、协会或者组织,商标由团体、协会或组织的成员共同使用。集体商标不得转让,也不得许可该团体、协会或组织之外的人使用。

(4)证明商标。我国《商标法》第3条第3款规定:“本法所称证明商标,是指由对某种商品或者服务具有监督能力的组织所控制,而由该组织以外的单位或者个人使用于其商品或者服务,用于证明该商品或者服务的原产地、原料、制造方法、质量或者其他特定品质的标志。”如“纯羊毛标志WOOL”“绿色食品标志”“旅游服务定点单位”等均是证明商标。大多数英美法系国家以及土耳其、伊朗等国家,均承认和保护证明商标。

我国《商标法》第3条第4款规定:“集体商标、证明商标注册和管理的特殊事项,由国务院工商行政管理部门规定。”

(二)商标法及其基本原则

1. 商标法的概念

商标法是确认商标专用权,规定商标注册、使用、转让、保护和管理的法律规范的总称。1982年8月23日第五届全国人民代表大会常务委员会第二十四次会议通过并颁布了《商标法》,该法分别于1993年、2001年、2013年先后经历了3次修订。2013年4月29日根据我国新修订的《商标法》,国务院通过了修订后的《商标法实施条例》,修订后的《商标法》及《商标法实施条例》均于2014年5月1日起正式施行。2019年4月23日第十三届全国人民代表大会常务委员会第十次会议通过了《关于修改〈中华人民共和国商标法〉的决定》,这是我国《商标法》的第四次修正,修改条款自2019年11月1日起施行。

2. 商标法的基本原则

我国《商标法》的基本原则如下所示。

(1)诚实守信原则。修订后的我国《商标法》第7条规定:“申请注册和使用商标,应当遵循诚实信用原则。商标使用人应当对其使用商标的商品质量负责。各级工商行政管理部门应当通过商标管理,制止欺骗消费者的行为。”将民事活动应遵循的基本原则明确写入我国《商标法》,目的在于倡导市场主体从事有关商标的活动时应诚实守信,同时对当前存在的大量商标抢注行为予以规制。

(2)自愿注册为主,强制注册为辅的原则。在实行申请原则的国家,商标权不能自动产生,依法定程序获得注册是商标专用权取得的唯一途径。但有两个例外:①人用药品和卷烟制品商标必须先注册才能使用;②出口商品使用的商标必须注册。我国《商标法》第6条规定:“法律、行政法规规定必须使用注册商标的商品,必须申请商标注册,未经核准注册的,不得在市场销售。”

(3)申请在先与使用在先互补原则。在商标权的确立采用注册原则的国家,对于不同的申请人提出的相同或近似的商标注册申请,采用两种不同的商标权归属原则:一是申请在先原则,二是使用在先原则。申请在先原则是指按申请的先后决定商标权的授予,谁先提出申请,商标权授予谁。使用在先原则是指以使用商标的先后决定商标权的授予。我国商标法采用申请在先原则。两个以上的申请人在同一或类似商品上以相同或相近的商标申请注册时,初步审定并公告申请在先的商标,申请在后的予以驳回,不予公告;一天申请的,初步审定并公告使用在先的商标,驳回其他人的申请;一天使用并同一天申请的,由当事人协商,超过30天达不成协议的,商标局通知各申请人以抽签的方式确定一个申请人,驳回其他人的注册申请。

(4)优先权原则。我国《商标法》第25条规定,商标注册申请人自其商标在外国第一次提出商标注册申请之日起6个月内,又在中国就相同商品以同一商标提出商标注册申请的,依照该外国同中国签订的协议或者共同参加的国际条约,或者按照相互承认优先权的原则,可以享受优先权。要求优先权的,应当在提出商标注册申请的时候提出书面说明,并且在3个月内提交第一次提出的商标注册申请文件的副本;未提出书面声明或者逾期未交商标注册申请文件副本的,视为未要求优先权。

此外,根据我国《商标法》第26条的规定,商标在中国政府主办的或者承认的国家展览会展出的商品上首次使用的,自该商品展出之日起6个月内,该商标的注册申请人可以享受优先权。要求优先权的,应当在提出商标注册申请的时候提出书面声明,并且在3个月内提交展出其商品的展览会名称、在展出商品上使用该商标的证据、展出日期等证明文件;未提出书面声明或者逾期未提交证明文件的,视为未要求优先权。

二、商标权的主体

在实行注册制度的国家,商标专用权属于取得商标注册证的人,注册商标权人即商标权主体。在实行使用取得制度的国家,商标专用权属于首先使用的人。由于商标权可以转让和继承,所以商标权的主体可以分为原始主体和继受主体。

(一)原始主体

修正以后的我国《商标法》第4条第1款规定:"自然人、法人或其他组织在生产经营活动中,对其商品或者服务需要取得商标专用权的,应当向商标局申请商品商标注册。不以使用为目的的恶意商标注册申请,应当予以驳回。"凡是经营者,包括商品的生产者、经营者和服务的提供者,都可以申请商标注册而成为商标权的主体。

外国人、外国企业在我国申请注册,应当按照其所属国与我国签订的协议或共同参加的国际条约或按照对等原则办理,并应委托国家工商局授权的商标代理组织代理。

中外合营企业、中外合作企业,如果是以企业或中方作为申请人的,按国内商标注册申请程序办理;如果是以外方作为申请人的,则按照外国商标申请程序办理。

此外,我国《商标法》还规定了商标共有人制度,该法第5条规定:"两个以上的自然人、法人或者其他组织可以共同向商标局申请注册同一商标,共同享有和行使该商标专用权。"

(二)继受主体

由于商标权是一项民事财产权利,可以继受或转让,所以商标权主体还可以是继承人或受让人。

三、商标权的客体

(一)商标权的客体

我国《商标法》第8条规定:"任何能够将自然人、法人或者其他组织的商品与他人的商品区别开的可视性标志,包括文字、图形、字母、数字、三维标志、颜色组合和声音等,以及上述要素的组合,均可以作为商标申请注册。"

我国新《商标法》增加了一种可注册的商标类型,即声音商标。声音商标主要集中在新媒体、多媒体等非传统企业以及一些知名企业的广告,如电影公司、广播公司,但对于传统行业来讲,声音商标也是较重要的,知名企业应当积极利用法律新设置的权利对企业的无形资产做到更全面的保护。

(二)商标权客体的禁止性规定

我国《商标法》第10条第1款规定,下列标志不得作为商标使用:

1. 同中华人民共和国的国家名称、国旗、国徽、军旗、勋章相同或者近似的,以及同中央国家机关的名称、标志、所在地特定地点的名称或者标志性建筑物的名称、图形相同的;

2. 同外国的国家名称、国旗、国徽、军旗相同或者近似的,但该国政府同意的除外;

3. 同政府间国际组织的名称、旗帜、徽记等相同或者近似的,但经该组织同意或者不易误导公众的除外;

4. 与表明实施控制、予以保证的官方标志、检验印记相同或者近似的,但经授权的除外;

5. 同“红十字”“红新月”的名称、标志相同或者近似的;

6. 带有民族歧视性的;

7. 带有欺骗性,容易使公众对商品的质量等特点或产地产生误认的;

8. 有害于社会主义道德风尚或者有其他不良影响的。

我国《商标法》第10条第2款规定:“县级以上行政区划的地名或者公众知晓的外国地名,不得作为商标。但是,地名具有其他含义或者作为集体商标、证明商标组成部分的除外;已经注册的使用地名的商标继续有效。”

(三)禁止宣传和使用“驰名商标”

我国《商标法》第14条第5款规定:“生产、经营者不得将‘驰名商标’字样用于商品、商品包装或者容器上,或者用于广告宣传、展览以及其他商业活动中。”违反此规定的,根据该法第52条的规定,“由地方工商行政管理部门责令改正,处十万元罚款。”

(四)不得作为商标注册的标志

我国《商标法》第11条规定,下列标志不得作为商标注册:

1. 仅有本商品的通用名称、图形、型号的。商品的通用名称是一种商品区别于另一种商品的称谓,或是人们约定俗成的叫法。通用图形是一类产品的公用图案。通用名称或图形,只是商品本身的名称或图形,其作用是将此种商品与彼种商品区别开来,但无法识别是谁的商品。

2. 仅直接表示商品的质量、主要材料、功能、用途、重量、数量及其他特点的。

3. 其他缺乏显著特征的。商标的显著性特征,从文字或图形的创意设计角度评价,是指用来作为商标的文字、图形或其结合,其立意新颖、选材独特、形体上简洁抽象,具有与其他商标相区别的特点。

(五)关于地理标志的法律规定

我国《商标法》第16条第2款所称的地理标志,“是指表示某商品来源于某地区,该商品的特定质量、信誉或者其他特征,主要由该地区的自然因素或者人文因素所决定的标志”。此外,根据《商标法实施条例》第4条的规定,地理标志可以作为证明商标或者集体商标申请注册。

四、商标权的内容

商标权是指注册商标权人对其注册商标所享有的专有权,其内容包括以下几个方面。

(一)专有使用权

专有使用权是指注册商标所有人对其注册商标享有专用的权利,以核准注册的商标和核定使用的商品为限。

（二）转让权

注册商标转让权，即注册商标权人根据自己的意愿在法律允许的范围内，按照法定条件和程序，将自己的注册商标所有权转让给第三人并由其专用的一种法律行为。

（三）许可使用权

注册商标权人可以通过签订商标使用许可合同，许可他人使用其注册商标。许可他人使用其注册商标，不同于商标的转让，其并不转移商标的所有权，也不完全转让其使用权。

注册商标的许可使用合同分为独占许可和一般许可两种。独占许可，即许可人只许可一个被许可人在规定的地区和指定的商品上使用其注册商标，而不得再许可第三人使用其注册商标，在合同规定的范围内被许可人可以行使禁止权，以独立对抗第三人的侵权行为。一般许可，即商标权人（许可方）许可他方在规定的地域行使自己的注册商标的使用权后，自己仍保留使用该注册商标的权利，同时还有权在同一地域内就同一注册商标再许可第三方使用。

（四）续展权

续展权，即注册商标权人在商标的保护期届满时，可以决定是否续展。我国《商标法》第39条规定，注册商标的有效期为10年，自核准注册之日起计算。该法第40条规定，注册商标有效期满，需要继续使用的，商标注册人应当在期满前12个月内按照规定办理续展手续；在此期间未能办理的，可以给予6个月的宽展期。每次续展注册的有效期为10年，自该商标上一届有效期满次日起计算。期满未办理续展手续的，注销其注册商标。

五、商标注册制度

（一）商标注册申请

商标注册申请人必须具备我国《商标法》及其实施条例规定的主体资格。申请人可以自己办理申请，也可以委托代理组织办理申请。外国人、外国组织申请商标注册，必须委托我国指定的代理组织办理。修正以后的我国《商标法》第19条第3款规定，商标代理机构知道或者应当知道委托人申请注册的商标属于“不以使用为目的的商标注册申请”情形的，不得接受其委托。

我国《商标法》第22条规定，商标注册申请人应当按规定的商品分类表填报使用商标的商品类别和商品名称，提出注册申请。商标注册申请人可以通过一份申请就多个类别的商品申请注册同一商标。此外，商标注册申请等有关文件，可以以书面方式或者数据电文方式提出。该法第23条规定，注册商标需要在核定使用范围之外的商品上取得商标专用权的，应当另行提出注册申请。该法第24条规定，注册商标需要改变其标志的，应当重新提出注册申请。

（二）商标注册的审查和核准

商标审查是商标主管机关对商标申请注册是否符合商标法的有关规定所进行的一系列活动。我国《商标法》第28条规定：“对申请注册的商标，商标局应当自收到商标注册申请文件之日起九个月内审查完毕，符合本法有关规定的，予以初步审定公告。”

1. 形式审查

形式审查是对商标注册申请的书件、手续是否符合法律规定的审查。主要就申请书的填写是否属实、准确、清晰和有关手续是否完备进行审查。修订以后的《商标法实施条例》对商标注册申请受理审查流程作出了调整，该条例第18条第2款规定：“商标注册申请手续齐备、按照规定填写申请文件并缴纳费用的,商标局予以受理并书面通知申请人;申请手续不齐备、未按照规定填写申请文件或者未缴纳费用的,商标局不予受理,书面通知申请人并说明理由。申请手续基本齐备或者申请文件基本符合规定,但是需要补正的,商标局通知申请人予以补正,限其自收到通知之日起30日内,按照指定内容补正并交回商标局。在规定期限内补正并交回商标局的,保留申请日期;期满未补正的或者不按照要求进行补正的,商标局不予受理并书面通知申请人。"

2. 实质审查

对商标是否具备注册条件的审查。包括的内容有:是否与已经注册或已经初步审定的商标相同或近似;是否与已经撤销、失效并未满一年的注册商标相同或近似;商标标识是否具有识别性;是否违反禁用条款。

3. 初步审定及公告

我国《商标法》第28条规定:"对申请注册的商标,商标局应当自收到商标注册申请文件之日起九个月内审查完毕,符合本法有关规定的,予以初步审定公告。"

4. 商标异议

商标异议是指对初步审定并公告的商标提出反对意见,要求撤销初步审定,不予公告。异议并非每一个商标注册的必经程序,它是对在商标注册过程中发生的矛盾或冲突采用补救措施的特别程序,其期限为商标初步审定并公告后的3个月。提出异议的主体,可以是认为这一商标注册申请侵犯了其在先权利的在先权利人或者利害关系人,或者认为违反我国《商标法》禁用和禁注条款规定的任何人。修正以后的我国《商标法》在第33条、第44条第1款中规定,将不以使用为目的的申请商标注册、商标代理机构违法申请或者接受委托申请商标注册一起纳入异议程序和无效宣告程序中,作为提出商标异议、宣告注册商标无效的事由。

根据我国《商标法》第35条的规定,对初步审定公告的商标提出异议的,商标局应当听取异议人和被异议人陈述事实和理由,经调查核实后,自公告期满之日起12个月内作出是否准予注册的决定,并书面通知异议人和被异议人。有特殊情况需要延长的,经国务院工商行政管理部门批准,可以延长6个月。商标局作出准予注册决定的,发给商标注册证,并予公告。异议人不服的,可以依照我国《商标法》第44条、第45条的规定,向商标评审委员会请求宣告该注册商标无效。商标局作出不予注册决定,被异议人不服的,可以自收到通知之日起15日内向商标评审委员会申请复审。商标评审委员会应当自收到申请之日起12个月内作出复审决定,并书面通知异议人和被异议人。有特殊情况需要延长的,经国务院工商行政管理部门批准,可以延长6个月。被异议人对商标评审委员会的决定不服的,可以自收到通知之日起30日内向人民法院起诉。人民法院应当通知异议人作为第三人参加诉讼。

商标评审委员会在进行复审的过程中,所涉及的在先权利的确定必须以人民法院正在审理或者行政机关正在处理的另一案件的结果为依据的,可以中止审查。中止原因消除后,应当恢复审查程序。

5. 核准注册

初步审定公告的商标从公告之日起3个月内,没有异议或异议不成立的,由商标局核准注册,颁发《商标注册证》,申请人取得商标专用权。

6. 禁止抢注因业务往来等关系明知他人已经在先使用的商标

为防止将他人已经在先使用的商标抢先进行注册,我国《商标法》第15条第2款规定:“就同一种商品或者类似商品申请注册的商标与他人在先使用的未注册商标相同或者近似,申请人与该他人具有前款规定以外的合同、业务往来关系或者其他关系而明知该他人商标存在,该他人提出异议的,不予注册。”

六、注册商标的撤销与争议裁定

(一)注册商标的撤销

注册商标的撤销是指已经注册的商标,违反我国《商标法》的规定,或者是以欺骗手段或者其他不正当手段取得注册的,商标局或者商标评审委员会可以予以撤销。具体包括以下几种情形。

1. 违反我国《商标法》第10条禁用条款的注册商标的撤销。该法第10条的禁用性条款,无论是注册商标还是未注册商标,都不得违反。一旦发现注册商标违反了该禁用条款,商标局即可依职权作出撤销注册商标的决定;其他单位或个人发现注册商标违反禁用条款的,可以申请商标评审委员会裁定撤销该注册商标。

2. 违反我国《商标法》第11条、第12条规定的注册商标的撤销。该法第11条规定:“下列标志不得作为注册商标:(一)仅有本商品的通用名称、图形、型号的;(二)仅直接表示商品的质量、主要材料、功能、用途、重量、数量及其他特点的;(三)缺乏显著特征的。前款所列标志经过使用取得显著特征,并便于识别的,可以作为商标注册。”该法第12条规定:“以三维标志申请注册商标的,仅由商品自身的性质产生的形状、为获得技术效果而需有的商品形状或者使商品具有实质性价值的形状,不得注册。”违反这两条法律规定的,商标局可依职权作出撤销注册商标的决定;其他单位或个人发现违反的,可以申请商标评审委员会裁定撤销该注册商标。

3. 以欺骗手段或者其他不正当手段取得注册的商标的撤销。以虚构、隐瞒事实真相或者伪造申请书件及有关文件进行注册的;违反诚实信用原则的,以复制、摹仿、翻译等方式,将他人已为公众所熟悉的商标进行注册的;以不正当手段取得注册的。有上述情形之一的,商标局可依职权作出撤销注册商标的决定;其他单位或个人发现的,可以申请商标评审委员会裁定撤销该注册商标。

(二)注册商标的争议裁定

注册商标的争议裁定是指在先申请注册的商标注册人认为他人在后申请注册的商标与其在同一种或者类似商品上的注册商标相同或者近似而发生商标专用权归属之争。注册商标争议必须符合下列条件:

1. 提出注册商标争议的人必须是注册在先的商标注册人;

2. 争议的两个注册商标被核定的范围必须涉及同一种商品或者类似商品;

3. 争议的两个注册商标具有相同或者近似的可能。

七、商标使用管理

(一)对注册商标的管理

使用注册商标,可以在商品、商品包装、说明书或者其他附着物上标明“注册商标”或者注册标记。使用注册标记,应当标注在商标的右上角或者右下角。根据我国《商标法》的有关规定,对注册商标的管理主要包括以下几个方面。

1. 不得违反我国《商标法》第 49 条的规定

我国《商标法》第 49 条规定,商标注册人在使用注册商标的过程中,自行改变注册商标、注册人名义、地址或者其他注册事项的,由地方工商行政管理部门责令限期改正;期满不改正的,由商标局撤销其注册商标。注册商标成为其核定使用的商品的通用名称或者没有正当理由连续 3 年不使用的,任何单位或者个人可以向商标局申请撤销该注册商标。商标局应当自收到申请之日起 9 个月内作出决定。有特殊情况需要延长的,经国务院工商行政管理部门批准,可以延长 3 个月。

2. 依法办理续展

注册商标被撤销、被宣告无效或者期满不再续展的,自撤销、宣告无效或者注销之日起 1 年内,商标局对与该商标相同或者近似的商标注册申请,不予核准。

3. 不得违反商标强制性注册的规定

违反我国《商标法》第 6 条关于商标强制性注册的规定,由地方工商行政管理部门责令限期申请注册,违法经营额 5 万元以上的,可以处违法经营额 20% 以下的罚款;没有违法经营额或者违法经营额不足 5 万元的,可以处 1 万元以下的罚款。

(二)对未注册商标的管理

我国实行自愿注册为主、强制注册为辅的原则,因而允许使用未注册商标,为保护注册商标的专用权,制止违法商标,对未注册商标也要加强管理,主要有以下几个方面:

1. 不得冒充注册商标;

2. 不得违反我国《商标法》第 10 条的禁用条款;

3. 不得粗制滥造、以次充好,欺骗消费者。

我国《商标法》第 52 条规定,将未注册商标冒充注册商标使用的,或者使用未注册商标违反《商标法》第 10 条规定的,由地方工商行政管理部门予以制止,限期改正,并可以予以通报,违法经营额 5 万元以上的,可以处违法经营额 20% 以下的罚款;没有违法经营额或者违法经营额不足 5 万元的,可以处 1 万元以下的罚款。

八、商标侵权及其法律责任

(一)商标侵权的概念

商标侵权行为是指行为人未经商标所有人同意,擅自使用注册商标或者近似的标示于相同或类似的商品,或干涉、妨碍商标所有人使用其注册商标,或未经商标注册人同意,更换其注册商标并将该更换商标的商品又投入市场的,损害商标权人合法权益的行为。

(二)商标侵权行为的种类

根据我国《商标法》的规定,商标侵权行为包括以下几种类型。

1. 未经商标注册人的许可,在同一种商品上使用与其注册商标相同的商标的行为。使用他人注册商标,必须经过商标注册人同意,并签订商标使用许可合同。未经商标注册人的许可,在同一种商品或者类似商品上使用与其注册商标相同或者近似的商标的行为,无论是否故意,都构成侵权。

2. 未经商标注册人的许可,在同一种商品上使用与其注册商标近似的商标,或者在类似商品上使用与其注册商标相同或者近似的商标,容易导致混淆的行为。

3. 销售侵犯注册商标专用权的商品的行为。我国《商标法》规定了销售侵犯注册商标专用权的商品的行为是商标侵权行为。并且此次修改,删除了原《商标法》“销售明知侵犯注册商标专用权的商品的”中的“明知”二字,确定了主观过失销售侵犯注册商标专用权的商品的行为,也应当属于此类商标侵权行为。

4. 伪造、擅自制造他人注册商标标识或者销售伪造、擅自制造的注册商标标识的行为。

5. 未经商标注册人同意,更换其注册商标并将该更换商标的商品又投入市场的行为,即“反向假冒”行为。侵权人购买注册商标权人的商品后,将注册商标撤掉,换成自己的商标或更改原注册商标后,又将商品投放市场,我国《商标法》将此行为界定为商标的侵权行为。

6. 故意为侵犯他人商标专用权行为提供便利条件,帮助他人实施侵犯商标专用权行为的行为,如故意为侵犯他人商标权行为提供仓储、运输、邮寄、隐匿等便利条件的行为等。

7. 给他人的注册商标专用权造成其他损害的行为。

(三)商标侵权行为的法律责任

商标侵权行为的法律责任是指侵权人对侵权行为应当承担的法律后果。根据我国《商标法》及其实施细则的规定,商标侵权行为应承担的法律责任分为民事责任、行政责任以及刑事责任。

1. 民事责任

对于商标侵权行为,被侵权人既可以向工商行政管理部门提出控告,也可以直接向人民法院起诉,要求侵权人承担民事责任。承担民事责任的方式主要有停止侵权、消除影响、赔偿损失等。

为维护商标权利人合法权益、打击商标侵权行为,我国《商标法》引入了惩罚性赔偿制度。修正后的我国《商标法》在第 63 条第 1 款、第 3 款中,将恶意侵犯商标专用权的侵权赔偿数额计算倍数由 1 倍以上 3 倍以下提高到 1 倍以上 5 倍以下,并将法定赔偿数额上限从 300 万元提高到 500 万元。对假冒注册商标的商品以及主要用于制造假冒注册商标的商品的材料、工具也加大了处置力度,在该法第 63 条中增加两款作为第 4 款、第 5 款,规定人民法院审理商标纠纷案件,应权利人请求,对属于假冒注册商标的商品,除特殊情况外,责令销毁;对主要用于制造假冒注册商标的商品的材料、工具,责令销毁,且不予补偿;或者在特殊情况下,责令禁止前述材料、工具进入商业渠道,且不予补偿。假冒注册商标的商品不得在仅去除假冒注册商标后进入商业渠道。

2. 行政责任

对于商标侵权行为,任何人都可以向侵权人所在地或侵权行为地县级以上工商行政管理部门控告或检举。工商行政管理部门有权依据我国《商标法》及其实施细则以及相关法律规定对侵权行为进行查处。此外,修正以后的我国《商标法》第 68 条还对商标代理机构不以使用为目的申请商标注册、明知委托人不以使用为目的申请商标注册还接受委托行为,以及恶意申请商标注册行为规定了行政处罚。

3. 刑事责任

未经商标注册人许可,在同一种商品上使用与其注册商标相同的商标,构成犯罪的,除赔偿被侵权人的损失外,依法追究刑事责任。

第二节 专利法律制度

一、专利法概述

(一)专利及专利权

“专利”一词由英文“patent”翻译而来,源于英国中世纪国王经常使用的“专利特许证”(letters patent),该文件加盖国王印章,实际上是某种特权的象征。现代意义上的专利,具有3种含义:一是指专利权;二是指依法获得专利法保护的发明创造本身;三是指记载专利技术的公开的专利文献。要准确把握“专利”一词,必须结合具体情况判断其含义。

专利权是指法律赋予专利权人对其获得的发明创造在一定范围内依法享有的专有权利。专利权具有如下特征。

1. 独占性。专利权是一种对世权,除专利权人外,其他任何人都是义务人。

2. 公开性。向社会公开其发明创造是获得专利权的前提条件。法律赋予发明创造人专利权,其目的在于保护发明创造的同时,鼓励人们尽可能公开其发明创造,及时准确传递信息,促进科技和经济发展。

3. 法定授权性。专利权不是基于发明创造的事实产生,而是基于申请人的申请和专利授权部门的审查、批准授权而产生。

4. 效力局限性。第一,具有地域限制,专利权仅在授权国范围内有效;第二,具有时间限制,专利权的保护有时间限制,保护期届满,专利技术成为社会共同财富;第三,具有权能限制,为了平衡权利人、国家、社会的关系,专利法规定了对专利权人权利的限制。

(二)专利法的概念

专利法是指调整因确认发明创造的所有权和因发明创造的实施而产生的各种社会关系的法律规范的总称。

1984年3月12日第六届全国人民代表大会常务委员会第四次会议通过并颁布了《专利法》,该法于1992年、2000年、2008年先后经历了3次修订。我国现行《专利法》是指2008年12月27日第十一届全国人民代表大会常务委员会第六次会议通过并颁布的《专利法》(第三次修订),自2009年1月1日起施行。2010年1月9日国务院通过了《关于修改〈中华人民共和国专利法实施细则〉的决定》(第二次修订)。

二、专利权的主体

对于专利权的主体问题,各国有不同规定。多数国家规定,当发明是执行本单位的工作任务或利用单位的物质条件而作出的,申请和取得专利的权利属于该单位;对于合作或委托发明创造,可由合同规定。

(一)职务发明创造申请人

职务发明创造是指发明人或设计人执行本单位的任务或主要利用本单位的物质技术条件完成的发明创造。根据《专利法实施细则》的规定,以下因素影响职务发明创造的界定。

1. 本单位的职工。首先，作出发明创造的发明人或设计人应是申请专利的单位的职工。《专利法实施细则》第 12 条规定：“专利法所称发明人或设计人，是指对发明创造的实质性特点作出创造性贡献的人。在完成发明创造过程中，只负责组织工作的人、为物质技术条件的利用提供方便的人或从事其他辅助工作的人，不是发明人或设计人。”这一规定既是专利申请文件或专利文件上注明的发明人设计人的依据，也是判断专利申请权和专利权归属的依据之一。其次，该条所称“单位”，既包括法人单位，也包括非法人单位。最后，该条中的“本单位”一词，应作广义理解。《专利法实施细则》第 11 条第 2 款规定：“专利法第六条所称本单位，包括临时工作单位。”

2. 执行本单位的任务所完成的发明创造。《专利法实施细则》第 11 条规定，执行本单位的任务包括下列几种情况：(1) 在本职工作中完成的发明创造；(2) 履行本单位交付的本职工作之外的任务所作出的发明创造；(3) 退休、调离原单位后或者劳动、人事关系终止后 1 年内作出的，与其在原单位承担的本职工作或者原单位分配的任务有关的发明创造。

3. 主要利用本单位的物质技术条件完成的发明创造。根据《专利法实施细则》第 11 条的规定，物质技术条件应当包括资金、设备、零部件、技术情报或技术资料等。

4. 单位与发明人、设计人之间的有关合同。根据我国《专利法》第 6 条第 3 款的规定，允许技术人员和单位通过合同约定利用本单位的物质技术条件所完成的发明创造的归属。

(二) 非职务发明创造申请人

除职务发明外，所有其他的发明创造均是非职务发明创造。对于非职务发明创造，发明人和设计人有申请和取得专利的权利。对于发明人或设计人的非职务发明创造专利申请，任何单位或个人不得压制，在受理和审批专利的程序上，对非职务发明专利申请应一视同仁。

(三) 合作或委托完成的发明创造的归属

1. 合作完成的发明创造。两个以上单位或个人合作完成发明创造应当签订书面合同，确定申请和获得专利的权利归属。如果合作单位没有就合作完成的发明创造的专利申请权达成协议，那么申请专利的权利属于“完成或者共同完成的单位或者个人”。“完成或者共同完成的单位”，是指完成这种发明创造的发明人或设计人所在的单位。而判断发明人或设计人的标准，即是指对发明创造的实质性特点作出了创造性贡献的人。在完成发明创造过程中，只负责组织工作的人、为物质技术条件的利用提供方便的人或从事其他辅助工作的人，不是发明人或设计人。

2. 委托完成的发明创造。一个单位或个人委托其他单位或个人进行发明创造时，应签订委托合同。由于受委托方主要从事研制开发工作，是对发明创造作出创造性贡献的一方，因此，除合同另有规定外，申请专利的权利应当属于受委托方。没有协议的，申请专利的权利属于完成的单位，即受委托的单位。

3. 共有权利的行使。根据我国《民法通则》关于权利共有的原则，权利共有可分为按份共有和共同共有。按份共有，一般依据合同产生，是指两个以上的共有人按照他们在作出发明创造中的贡献或按照预先确定的比例，对共有的专利权或专利申请权享有权利、承担义务。对共有的专利权或专利申请权的使用和管理，如果有协议的，按协议办理；没有协议的，应当按照协商一致的原则予以解决，协商不成的，可以诉请法院解决。

三、专利权的客体

(一)发明

我国《专利法》第2条第2款规定:“发明,是指对产品、方法或者其改进所提出的新的技术方案。”

发明有如下特点:(1)发明是一项新的技术方案。技术方案一般是指运用自然规律解决人类生产、生活中某一特定技术问题的具体构思,是利用自然规律、自然力使之产生一定效果的方案。(2)发明分为产品发明和方法发明。产品发明包括所有由人创造出来的物品,如对机器、设备、部件、仪器、装置、用具、材料、组合物、化合物等作出的发明;方法发明是指所有利用自然规律的方法,包括制造方法和操作方法,如加工方法、制造工艺、测试方法或产品使用方法等;专利法保护的发明也可以是对现有产品或方法的改进。

(二)实用新型

我国《专利法》第2条第3款规定:“实用新型,是指对产品的形状、构造或其结合所提出的适于实用的新的技术方案。”产品的形状是指产品具有可以从外部观察到的确定的空间形状;产品的构造是指产品的内部构造,即产品的组成部分及其构造,它们具有确定的空间位置关系,以某种方式相互联系而构成一个整体。实用新型专利必须是一种具有形状或构造的产品。

(三)外观设计

外观设计又称工业品外观设计。我国《专利法》第2条第4款规定:“外观设计,是指对产品的形状、图案或者其结合所作出的富有美感并适于工业上应用的新设计。”

外观设计具有以下特征:(1)只有与产品相结合的外观设计才是我国专利法意义上的外观设计;(2)必须能够在产业上应用,即能够为生产经营目的而制造;(3)富有美感。

下列不能列入外观设计保护的范围:(1)建筑物、桥梁等不能在工厂组装的产品;(2)无固定形状的物质;(3)产品不能单独出售或使用的部分;(4)用肉眼难以判断的产品;(5)不是以物品本身的形状要求保护的设计;(6)将自然物作为外观设计的主体,不能批量生产的物品;(7)纯属美术范畴的作品;(8)国徽、国旗、商标等标志;(9)文字及数字。

(四)不能授予专利权的发明创造

1. 违反法律、社会公德或妨害社会公共利益的发明创造。具体包括:(1)违反国家法律的发明创造;(2)违反社会公德的发明创造;(3)妨害公共利益的发明创造。

2. 不授予专利权的对象。根据我国《专利法》第25条的规定,对下列各项,不授予专利权:(1)科学发现;(2)智力活动的规则和方法;(3)疾病的诊断和治疗方法。

3. 暂不授予专利权的发明创造:(1)动物和植物品种;(2)用原子核变换方法获得的物质。

四、专利权的内容

(一)专利权人的权利

专利权人的权利是指权利人依法对获得专利权的发明创造所享有的控制、利用和支配权。主要有以下几项。

1. 自己实施专利的权利。专利技术的价值是通过实施得以实现的,专利权人申请专利的直接目的就是垄断该项技术的实施权。

2. 禁止他人实施其专利的权利。未经专利权人许可,他人不得制造、使用、许诺销售、销售、进口该产品;方法专利权人有权禁止他人使用该方法制造、许诺销售、销售、使用、进口由该方法直接制造的产品。

3. 处分其专利的权利。专利权人处分其专利的行为,包括许可他人实施专利权、转让专利权、放弃专利权和标记专利权。

第一,许可实施权。我国《专利法》规定,任何单位或个人实施他人专利的,应当与专利权人订立书面实施许可合同,并向专利权人支付专利使用费;被许可人无权允许合同规定以外的任何单位或个人实施该专利;签订专利实施许可合同,应当遵守我国《合同法》的有关规定。

第二,转让权。专利权是一种无形财产,依法可以转让。(1)专利权的转让应当订立书面合同。因为专利权是一项无形财产权,专利权人无法像对有形财产那样对发明创造进行占有和转移占有,其权利的归属只能以国家知识产权局的登记为准。因此,专利权的转让应当订立书面合同。(2)专利权转让的登记。专利权是国家主管部门经过审查而授予的权利,其存在与否、期限长短、权利人是谁等法律状态由国家知识产权局负责监控,其转让不仅涉及当事人双方的利益,也涉及公众的利益和国家知识产权局的审批程序。(3)专利权转让的生效。专利权转让应当采用登记的方式予以公示,以产生对抗公众的效力。

第三,放弃权。通过两种方式:(1)声明放弃;(2)不交纳专利年费。

第四,标记权。标记权是指专利权人有在其专利产品或该产品的包装上标明专利标记和专利号的权利。如果在非专利产品或该产品的包装上标注专利标记,或标注该产品是专利方法所制造,就是将非专利产品冒充专利产品,将非专利方法冒充专利方法,由行政机关予以处罚。

(二)专利权人的义务

1. 交纳专利年费。发明专利年费数额较高,每 3 年累进 1 次。实用新型、外观设计年费较低,每 3 年或 2 年累进 1 次。

2. 实施专利。专利权人被被授予专利权后,应当积极、充分地实施其专利,否则国家可能采用强制许可的方式保障专利的实施。

3. 职务发明创造的专利权人有义务给予发明人或设计人报酬。我国《专利法》规定,在职务发明创造被授予专利权后,无论发明创造是否已经实施,专利权人都应当对该发明创造的发明人或设计人给予奖励。职务发明创造专利实施后,专利权人应当根据其推广应用的范围和取得的经济效益,对发明人或设计人给予合理的报酬。

五、专利权的申请与审批

(一)专利申请原则

1. 禁止重复授权的原则。专利权的基本含义是权利人禁止他人未经其许可实施其发明创造的权利。因此,对于同样的发明创造,即使有两个以上的申请人分别提出了专利申请,并且都符合授予专利的条件,也不能都授予专利权,否则在多项专利之间就会发生冲突。因此,禁止重复授权是专利制度的基本原则。

2. 书面原则。书面原则是指申请专利的各种手续,应当以书面形式办理。随着计算机和网络技术的发展,为了便于申请人更快捷、方便提交专利申请,许多国家专利局纷纷开始接受以电子文件形式提交的专利申请,以后要完全过渡到以电子文件形式提交。

3. 优先权原则。优先权原则是指发明、实用新型、外观设计在《保护工业产权巴黎公约》成员国任何一方内提出申请后,将与其相同内容的申请,在一定期间内(发明、实用新型为 12 个月,外观设计为 6 个月)向其他本公约成员申请时,可享受优先权待遇。在上述期间内的申请,是以第一方申请日为基准的。

4. 一发明一申请原则。我国《专利法》第 31 条规定,一件发明或者实用新型专利申请应限于一个发明或者实用新型。属于一个总的发明构思的 2 项以上发明或实用新型,可以作为一件申请提出。属于同一类别并且成套出售或使用的产品的两项以上的外观设计可作为一项申请提出。

(二) 专利申请案的提交文件

1. 请求书。请求书是申请人向知识产权局表示请求授予专利权的愿望的一种书面文件。内容包括:(1) 发明或实用新型的名称;(2) 申请人的姓名或名称、地址;(3) 发明人或设计人的姓名;(4) 专利代理机构;(5) 优先权要求;(6) 申请人或代理机构的签字或盖章。

2. 说明书。说明书是专利申请案的主要和关键的组成部分。说明书的主要内容包括:(1) 发明或实用新型所属的技术领域;(2) 背景技术;(3) 发明或实用新型的内容;(4) 附图说明;(5) 具体实施方式。

此外,说明书应当对发明或实用新型作出清楚、完整的说明,以所属技术领域的技术人员能够实现为准。

3. 权利要求书。权利要求书是专利申请案最重要的部分,它是日后衡量第三者涉及该发明的活动是否构成侵权的主要依据。权利要求书的撰写应符合以下要求:(1) 权利要求应当以说明书为依据;(2) 权利要求应当清楚、简要。

4. 外观设计申请提交的文件。申请外观设计专利的,应当提交请求书以及该外观设计的图片或照片等文件,并应当写明使用该外观设计的产品及其所属的类别,包括:(1) 请求书;(2) 图片或照片;(3) 简要说明;(4) 使用外观设计的产品样品或模型。

(三) 专利申请的审批

1. 发明专利申请的初步审查和公布

初步审查是对发明专利公布的一个前提条件,经过初步审查合格后,才予以公布,并开始其他程序。初步审查的范围主要涉及以下几个方面:(1) 明显实质性缺陷的审查。按照《专利法实施细则》的有关规定,初步审查应对一些明显不符合我国《专利法》及其细则规定的实质性缺陷进行审查,其目的是尽早向申请人指出申请中存在的问题,尽早结束审查程序,以免不必要的拖延。(2) 对申请主体以及代理事项的审查。主要审查:在中国没有经常居所或营业所的外国人、外国企业和外国其他组织向我国申请专利的,其申请人是否有权在中国获得专利保护;上述申请人主体资格合格,是否委托了我国指定的专利代理机构。(3) 形式审查。主要审查:请求书是否使用了规定的表格,其填写是否符合规定要求;说明书的撰写是否符合规定的要求;权利要求书的撰写是否符合规定的要求;是否有摘要,说明书中有附图的,摘要是否提供了合适的附图;说明书写明有附图的,其附图是否符合规定的要求;委托专利代理机构申请专利的,是否有委托书,委托书是否符合要求;申请人要求优先权的,是否在申请时提出了声明,并提供了必要的证明文件;申请人主张不丧失新颖性宽限期的,是否在申请时提出了声明,并提供了必要的证明文件;申请费是否已经交纳。(4)其他问题的审查。如涉及国家秘密的,应移交有关机构审查等。

发明专利申请经过初步审查认为符合专利法要求的,自申请日起满18个月即行公布。要求优先权的,自优先权日起满18个月即行公布。

2. 发明专利申请的实质审查

我国专利法规定,对发明专利的审查采用早期公开、请求审查的方式,即对于发明专利的申请,不仅要进行初步审查,而且要进行实质审查。我国专利法规定,并非对所有已经提交的专利申请都自动进行实质审查,而是实行审查请求制,即在规定的期限内,由申请人决定是否进行实质审查。发明专利申请自申请日起3年内,国务院专利行政部门可以根据申请人随时提出的请求,对其申请进行实质审查;申请人无正当理由逾期不请求实质审查的,该申请即被视为撤回。国务院专利行政部门认为必要的时候,可以自行对发明专利申请进行实质审查。

实质审查的内容主要有:(1)申请专利的主题是否为我国《专利法》及其实施细则意义下的发明,是否属于不能授予专利权的范围;(2)申请专利的主题是否违反国家法律、社会公德或妨害公共利益;(3)申请专利是否符合关于发明单一性的要求;(4)如果申请人对申请提出了修改或者分案申请,它们是否超出了原说明书和权利要求书记载的范围;(5)在申请要求优先权的情况下,如果发现在优先权日和申请日之间其他人就同一主题提出了另外的专利申请,或者经过检索发现在此期间公开的相关对比文件,应当审查优先权是否成立;(6)根据检索出的对比文件,判断发明专利申请所要求保护的技术方案是否具有新颖性、创造性和实用性;(7)说明书是否对该发明作了清楚、完整的说明,使所属领域的技术人员能够实现;(8)权利要求书是否清楚和简要地表述了请求保护的范围,是否以说明书为依据,是否包含必要的技术特征。

发明专利申请经实质审查没有发现驳回理由的,由国务院专利行政部门作出授予发明专利权的决定,发给发明专利证书,并同时予以登记和公告。发明专利权自公告之日起生效。

3. 实用新型专利申请的初步审查

实用新型专利申请的初步审查包括明显的实质性缺陷的审查、对申请主体和代理的审查以及对申请文件和其他文件的形式审查。由于专利法规定实用新型专利申请一定要有附图,所以在初步审查中,必须核实申请中是否包括附图,以及附图是否符合规定。根据《专利法实施细则》的有关规定,对实用新型的初步审查还包括是否违反专利法"先申请原则"以及是否构成重复授权的审查。

4. 外观设计专利申请的初步审查

外观设计的初步审查范围与实用新型的初步审查大致相同。但由于其主题的特殊性,其初步审查也有特殊之处。对于外观设计申请,应初步审查其要求保护的对象是否符合《专利法实施细则》规定的外观设计的内容,同时还要审查是否违反专利法"先申请原则"以及是否构成重复授权的审查。

(四)授予专利权的条件

1. 发明和实用新型专利的专利性条件。各国专利法公认,申请专利的发明和实用新型必须符合新颖性、创造性和实用性三个条件,才能授予专利权。

(1)实用性

实用性是指发明或实用新型能够制造或者使用,并且能产生积极效果。在发明或实用新型专利申请中,有下列情形的,认为不具有实用性:其一,缺乏技术手段。如果申请仅仅提出了发明的任务,没有提出实现其任务的技术手段,或仅说明了部分技术手段,不能制造或使用,就不具有实用性。其二,违背自然规律。如果申请专利的发明或实用新型违背经过证明的自然规律,就不具有实用性。其三,利用独特的自然条件完成的技术解决方案。如果与特定的自然条件联系在一起,不能直接应用于其他地方,就被认为不具有实用性。其四,无积极效果。明显无益、脱离社会需要的发明或实用新型不具备实用性。

(2)新颖性

对于发明与实用新型,新颖性是指在申请日以前没有同样的发明或者实用新型在国内外出版物上公开发表过,在国内使用过或者以其他方式为公众所知,也没有同样的发明或实用新型由他人向专利局提出过申请并且记载于申请日以后公布的专利申请文件中。判断一项发明或实用新型是否具有新颖性,需要将被保护的技术方案与已经公开的技术方案进行比较,这就涉及一个时间点问题。

(3)创造性

就发明而言,创造性是指具有突出的实质性特点和显著的进步;就实用新型而言,创造性是指具有实质性特点和进步。具有"突出的实质性特点","具有实质性特点"是指申请专利的发明或实用新型与申请日以前已有的技术相比,在技术方案的构成上具有实质性的区别,不是在已有技术的基础上,通过逻辑分析、推理或简单试验就能够自然得出的结果,而是必须经过创造性思维活动才能获得的结果。

2. 外观设计专利的专利性条件。授予专利权的外观设计必须具有新颖性,这里的新颖性是指申请专利的外观设计应当同申请日以前在国内外出版物上公开发表过或国内公开使用过的外观设计不相同和不近似,并不得与他人在先取得的合法权利相冲突。判断外观设计新颖性的时间标准是外观设计专利申请的申请日。就出版物公开而言,外观设计新颖性的标准是全球性的;就使用公开而言,是指在本国制造、使用,包括从国外进口。

六、专利权的期限、终止和无效

(一)专利权的期限

我国专利法规定,发明专利权的期限为20年,实用新型专利权和外观设计专利权的期限为10年,均自申请日起计算。

(二)专利权期限届满前的终止

根据我国《专利法》第44条的规定,有下列情形之一的,专利权在期限届满前终止。

1. 没有按照规定缴纳年费的。专利权人有缴纳年费的义务,年费的数额与发明创造本身的价值大小无关,而是与专利的类型、年度有关。发明专利年费最高,实用新型次之,外观设计最低。对同一专利类型,缴纳的年费数额相同。年费的数额随保护期限的延长而递增,即实行递进制。若专利权人不履行缴纳年费的义务,专利权在期限届满前终止。

2. 专利权人以书面声明放弃其专利的。专利权人可以通过书面声明通知知识产权局放弃其专利。专利权人通过书面声明放弃其专利的,专利权在期限届满前终止。

(三)专利权的无效

1. 专利权的无效宣告请求。我国专利法规定，自国务院专利行政部门公告授予专利权之日起，任何单位和个人认为该专利权的授予不符合专利法有关规定的，可以请求专利复审委员会宣告该专利无效。

2. 专利权的无效宣告请求的审查和决定以及司法程序。专利复审委员会对宣告专利权无效的请求应当及时审查和作出决定，并通知请求人和专利权人。宣告专利权无效的决定，由国务院专利行政部门登记和公告。对专利复审委员会宣告专利权无效或维持专利权的决定不服的，可以自收到通知之日起 3 个月内向人民法院起诉。人民法院应当通知无效宣告请求程序的对方当事人作为第三人参加诉讼。

3. 宣告专利权无效的效力。宣告无效的专利权视为自始即不存在。宣告专利权无效的决定，对在宣告专利权无效前人民法院作出并已执行的专利侵权的判决、裁定，已经履行或强制执行的专利侵权纠纷处理决定，以及已经履行的专利实施许可合同和专利权转让合同，不具有追溯力。

七、专利侵权及其法律责任

(一)假冒他人专利行为及其法律责任

1. 假冒他人专利的行为。下列行为属于我国《专利法》第 63 条所规定的假冒专利的行为：(1)在未被授予专利权的产品或者其包装上标注专利标识，专利权被宣告无效后或者终止后继续在产品或者其包装上标注专利标识，或者未经许可在产品或者产品包装上标注他人的专利号；(2)销售第(1)项所述产品；(3)在产品说明书等材料中将未被授予专利权的技术或者设计称为专利技术或者专利设计，将专利申请称为专利，或者未经许可使用他人的专利号，使公众将所涉及的技术或者设计误认为是专利技术或者专利设计；(4)伪造或者变造专利证书、专利文件或者专利申请文件；(5)其他使公众混淆，将未被授予专利权的技术或者设计误认为是专利技术或者专利设计的行为。

2. 假冒他人专利的法律责任。(1)民事责任。假冒他人专利行为构成对他人专利权的侵犯，首先是一种民事侵权行为，应当承担民事侵权责任。(2)行政责任。假冒他人专利是一种行政违法行为，应当承担行政责任。假冒他人专利的行政责任包括：由地方专利行政管理机关责令改正并予以公告，没收违法所得，同时可以并处违法所得 3 倍以下的罚款，没有违法所得的，可以处 5 万元以下的罚款。(3)刑事责任。假冒他人专利的行为，不但侵犯了专利权人的利益，而且侵犯了公众的利益，破坏社会经济秩序，具有社会危害性，如果情节严重，就构成了犯罪，应承担刑事责任。

(二)侵犯专利权赔偿数额的确定

侵犯专利权的赔偿数额是指侵权人应当向权利人赔偿损失的金额。专利法规定，侵犯专利权的赔偿数额，按照权利人因被侵权所受到的损失或侵权人因侵权所获得的利益确定，被侵权人的损失或侵权人获得的利益难以确定的，参照该专利许可使用费的倍数合理确定。

(三)不构成侵犯专利权的行为及其免责行为

对专利权人的权利进行一定的限制，以平衡专利权人与专利技术使用者和社会公众之间的利益，是各国的普遍做法。

1. 不构成侵犯专利权的行为。我国《专利法》第69条规定,有下列情形之一的,不视为侵犯专利权:

(1)专利产品或者依照专利方法直接获得的产品,由专利权人或者经其许可的单位、个人售出后,使用、许诺销售、销售、进口该产品的;

(2)在专利申请日前已经制造相同产品、使用相同方法或者已经做好制造、使用的必要准备,并且仅在原有范围内继续制造、使用的;

(3)临时通过中国领陆、领水、领空的外国运输工具,依照其所属国同中国签订的协议或者共同参加的国际条约,或者依照互惠原则,为运输工具自身需要而在其装置和设备中使用有关专利的;

(4)专为科学研究和实验而使用有关专利的;

(5)为提供行政审批所需要的信息,制造、使用、进口专利药品或者专利医疗器械的,以及专门为其制造、进口专利药品或者专利医疗器械的。

2. 免责行为。我国《专利法》第70条规定,为生产经营目的使用、许诺销售或者销售不知道是未经专利权人许可而制造并售出的专利侵权产品,能证明该产品合法来源的,不承担赔偿责任。

复习思考题

一、名词解释

1. 商标;2. 商标权;3. 专利;4. 专利权;5. 职务发明。

二、单项选择

1. 下列商品中必须使用注册商标的有(　　)。

A. 护肤用品　　B. 哈磁五行针

C. 雪茄烟　　D. 儿童补钙糖果

2. 甲公司自1996年起在系列小食品上使用"全味斋"商标,但未注册。1996年以风味小吃为主营范围的乙酒楼,将"全味斋"三个字注册为服务商标。依据我国《商标法》,甲公司(　　)。

A. 在原范围内可继续使用"全味斋"商标

B. 在经乙酒楼的许可后再使用"全味斋"商标

C. 可继续使用"全味斋"商标

D. 须将"全味斋"商标转让给乙酒楼

3. 商品使用未经核准注册商标的,根据我国商标法的规定应当如何处理?(　　)

A. 一律不得在市场上销售,违者应受行政处罚

B. 原则上不许在市场上销售,但商标法另有规定的除外

C. 一律可以在市场上销售,但其商标不受法律保护

D. 原则上可以在市场上销售,但商标法另有规定的除外

4. 甲于1999年3月1日开始使用"建华"牌商标,乙同年4月1日开始使用相同商标。甲、

乙均于2000年5月1日向商标局寄出注册“建华”商标的申请文件,但甲的申请文件于5月8日寄至,乙的申请文件于5月5日寄至。商标局应初步审定公告谁的申请?(　　)

A. 同时公告,因甲、乙申请日期相同

B. 公告乙的申请,因乙申请在先

C. 公告甲的申请,虽然甲、乙同时申请,但甲使用在先

D. 由商标局自由裁定

5. 单位或个人接受其他单位或个人委托所完成的发明创造,若无关于专利权归属的协议,则申请专利权的权利属于(　　)。

A. 委托人　　B. 受托人

C. 委托人和受托人　　D. 双方均不能申请专利

6. 下列选项中仅属于对自然规律认识的是(　　)。

A. 科学发现　　B. 产品发明

C. 方法发明　　D. 实用新型

7. 取得发明、实用新型专利的实质条件与取得外观设计专利的实质条件的主要区别之一是,后者不要求(　　)。

A. 新颖性　　B. 创造性

C. 实用性　　D. 美感

8. 在对专利申请进行新颖性判断时,我国采取的时间标准是(　　)。

A. 发明日　　B. 申请日

C. 前两者均不正确

9. 在对专利申请进行新颖性判断时,我国采取的空间标准是(　　)。

A. 世界新颖性标准　　B. 国内新颖性标准

C. 混合新颖性标准

10. 确定发明、实用新型专利权保护范围的依据是(　　)。

A. 请求书　　B. 说明书

C. 权利要求书　　D. 摘要

三、案例分析

2013年1月21日甲研究所与泰山家用电器厂签订了一份关于开发节能燃气灶的技术合同。合同约定由甲研究所组织技术开发,开发时间是合同签订后12个月,开发费用总额为10万元,泰山家用电器厂在合同签订后10日内预付给研究所6万元,余额待家用电器厂验收后10日内付清,合同约定:(1)泰山家用电器厂须有3名技术人员负责协助性工作;(2)甲研究所如没有按期完成开发工作,每超过半个月按合同总额的2%作为罚金支付给家用电器厂。李某作为甲研究所的一名工作人员参与了该节能灶的开发工作。2013年3月李某调至乙研究所,并利用新单位的设备以及技术资料继续研制开发更节能的节能灶,嗣后李某在某技术会议上介绍了该种节能灶的核心技术。2013年12月红光家用电器厂依据相关报道很快研制出样品,进行了批量生产并将李某绘制的产品设计图的主要部分用于推销。2014年2月乙研究所决定将节能灶向国家专利局申请发明专利。乙研究所通过邮寄向国家专利局寄出了附有李某绘制的产品设计图的专利

申请文件,邮戳日期为2014年2月10日。2014年2月15日国家专利局收到申请文件,2014年12月23日国家专利局授予乙研究所专利。2015年1月13日乙研究所将该专利转让给蓝光家用电器厂并约定蓝光家用电器厂不得对节能灶专利权的有效性提出异议。甲研究所得知后向国家专利局申请宣告该专利无效并将乙研究所和蓝光家用电器厂告上法庭。

问题:

1. 假设甲研究所如期完成开发任务,谁享有专利申请权?

2. 乙研究所是否有权节能灶申请专利?为什么?

3. 乙研究所取得专利权后能否要求红光家用电器厂停止侵害并赔偿损失?

4. 假设红光家用电器厂并未改变产品设计图上的署名,李某能否要求红光家用电器厂停止侵害并赔偿损失?

5. 假设乙研究所取得的专利权合法有效,那么,乙研究所取得的专利权保护期限何时届满?

6. 乙研究所与蓝光家用电器厂的技术转让合同效力如何?

第八章　合同法律制度

本章知识结构图

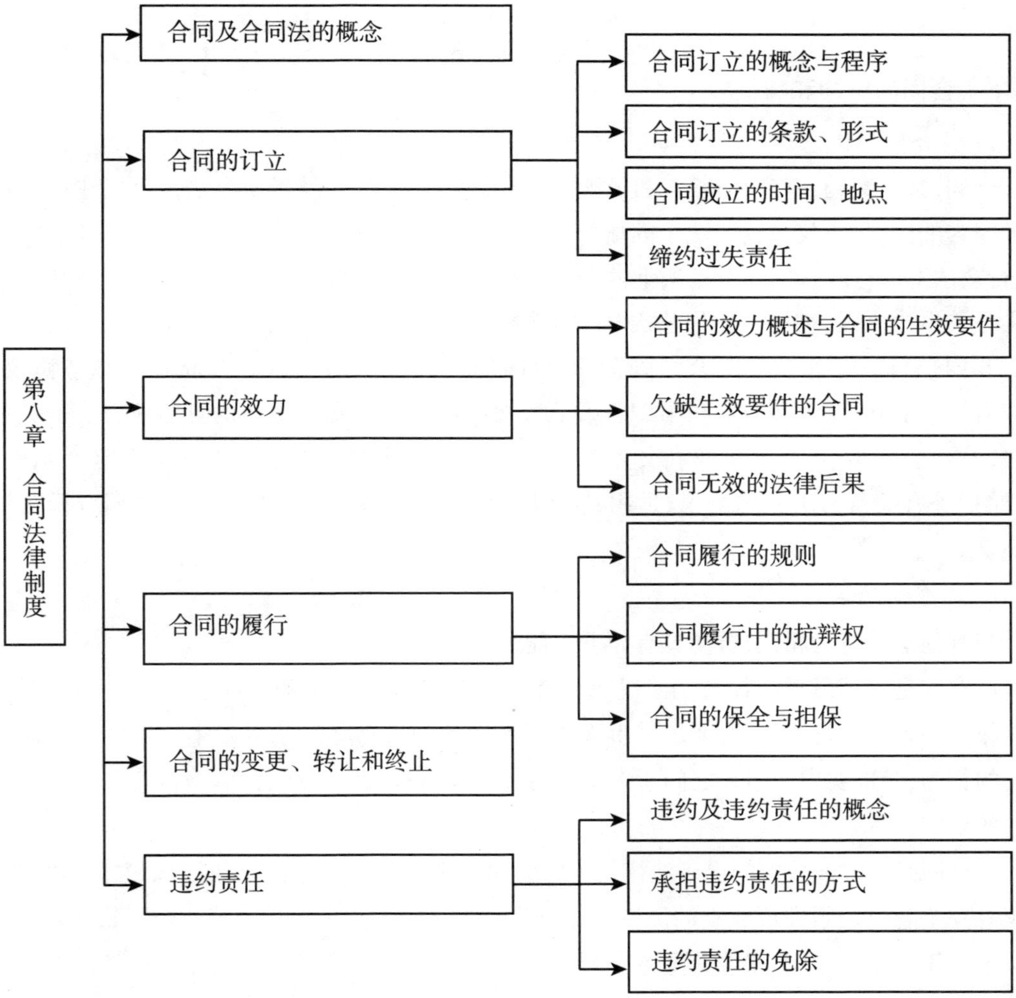

引导案例

甲因有事要长时间外出，临行前几天与乙约定，将甲未婚妻赠与其的一块价值15,000元的名贵手表交由乙保管，甲回来以后，请乙吃饭。几日后甲外出，同时将手表交至乙处。2个月后，因乙急需用钱，便以20,000元的价格将手表卖给丙，丙不知道手表并非乙所有。在丙付款后,乙将手表交付给丙。手表当时的市场价格为17,000元。

问题:

1. 乙的行为应如何定性?乙和丙之间订立的合同效力如何?为什么?

2. 丙能否取得手表的所有权?为什么?

3. 若甲对乙提起诉讼,甲可以行使何种请求权?可以请求的金额是多少?为什么?

第一节　合同法概述

一、合同的概念和特征

(一)合同的概念

合同,又称契约,有广义、狭义和最狭义之分。广义的合同是指所有法律部门中确定权利义务内容的协议,不仅包括民法上的债权合同、物权合同、身份合同,还包括国际法上的国家合同、行政法上的行政合同和劳动法上的劳动合同等。狭义的合同是指确立、变更、终止民事权利义务关系的协议,包括一切民事合同,即债权合同、物权合同、身份权合同、知识产权合同等。我国《合同法》采最狭义合同概念,即我国《合同法》上的"合同"仅指债权债务协议,即债权合同。我国《合同法》虽在第2条第1款规定:"合同是平等主体的自然人、法人、其他组织之间设立、变更、终止民事权利义务关系的协议。"但该法第2条第2款又规定:"婚姻、收养、监护等有关身份关系的协议,适用其他法律的规定。"说明只有债权合同才属合同法调整的范畴。

(二)合同的法律特征

与其他法律行为相比,合同具有如下特征。

1. 合同是一种民事法律行为。民事法律行为是以发生一定的法律后果为目的的合法行为。作为一种法律行为,首先要求当事人之间所发生的行为必须是以发生一定的法律后果为目的的行为;其次要求当事人之间所发生的行为必须合法,即当事人的合意内容与目的不违背法律的要求。

2. 合同是双方或多方的民事法律行为。合同有别于单方法律行为,所谓单方法律行为,是指仅有一个意思表示即可成立的民事法律行为,如追认行为、撤销行为等。合同属双方或多方的民事法律行为,这就意味着其主体必须是两个或两个以上,其意思表示必须一致,否则就不是合同。

3. 合同是当事人在平等自愿互利的基础上发生的法律行为。所谓平等,是指当事人在合同关系中的法律地位是平等的,双方都以平等主体资格出现,都要按合同的规定享有权利,承担义务。所谓自愿,是指当事人的缔约意思是自愿发生的,不是对方或第三人的强行所致。所谓互利,是指双方在合同关系中的权利义务要对等,除极少数无偿合同外,当事人若要取得一定经济利益,就必须付出对等的代价。

二、合同的分类

合同分类是将合同的诸多种类按照特定的标准进行抽象性的区别和划分。合同分类的意义在于，通过分类使我们掌握同一类合同的共同特征及其成立生效条件等，以便确定合同的管理、案件的管辖和法律的适用。在我国，常见的合同分类有如下几种。

（一）双务合同和单务合同

这是根据合同当事人双方权利义务的分担方式来划分的。双务合同是指合同当事人都享有权利和负有义务的合同。在这类合同中，当事人的债权债务呈对应状态，一方当事人既是债权人又是债务人。买卖、租赁、合伙、借贷、运输以及财产保险等均为典型的双务合同。单务合同是指一方只享有权利而不尽义务，另一方则只尽义务不享有权利的合同。典型的单务合同有赠与合同、归还原物的借用合同和无偿保管合同等。在实践中，单务合同只是合同的极少数例外。

区分双务合同、单务合同的法律意义在于：双务合同当事人的任何一方在自己未履行合同义务的情况下，无权请求对方履行，任何一方不能只要求他方履行义务而自己却只享受权利，而单务合同则不存在这种情况。

（二）有偿合同和无偿合同

这是根据合同双方当事人权利的取得是否需要付出相应的代价来划分的。有偿合同是指当事人取得合同规定的利益需付出相应的代价的合同。如买卖、租赁、承揽等。无偿合同是指当事人享有合同规定的利益而无须偿付任何代价的合同。如赠与、借用、保管等。有偿合同大多数是双务合同，但并非所有的双务合同都是有偿合同，如无偿保管虽属双务合同，却是无偿合同；无偿合同原则上是单务合同，但并非所有的单务合同都是无偿的，如有息借贷是单务合同，同时又是有偿合同。

区分有偿合同、无偿合同的法律意义在于：(1)有利于确定合同当事人履行合同义务时应注意的程度及违约责任的大小。有偿合同当事人对合同义务注意的程度较无偿合同当事人注意的程度更大，而无偿合同的义务人比有偿合同的义务人的违约责任更轻。(2)有利于确定合同相对人的不同地位。有偿合同的双方当事人必须都具有完全的民事行为能力，限制民事行为能力人不经法定代理人同意，原则上不能订立有偿合同；而对于一些单纯获得利益的无偿合同，原则上限制民事行为能力人也可以订立，如独立接受他人赠与等。

（三）诺成合同和实践合同

这是根据合同成立是否以交付标的物为要件来划分的。诺成合同是指当事人意思表示一致即告成立的合同。实践合同是指虽经当事人双方意思表示一致，但还须交付标的物才能成立的合同。传统民法通常将买卖、租赁、承揽、委托等列为诺成合同，而将借贷、保管、赠与等归入实践合同。然而时至今日，信贷业、保管业、运输业已高速发展，如果仍坚持将标的物的交付作为这类合同的成立要件，显然已不能适应经济发展的需要。为此，我国合同法已将借贷合同、运输合同以及仓储保管合同列为诺成合同。

区分诺成合同、实践合同的法律意义在于：(1)两者成立要件不同。诺成合同仅以双方合意为成立要件，而实践合同除双方合意外，还需交付标的物或完成其他给付方能成立。(2)当事人义务的确定不同。诺成合同中交付标的物或完成其他给付系当事人的给付义务，违反该义务便产生违约责任;而在实践合同中,交付标的物或完成其他给付不是当事人的给付义务,只是先合同义务,违反它不产生违约责任,但可构成缔约过失责任。

(四)要式合同和不要式合同

这是根据合同的成立是否需要特定的形式和手续来划分的。要式合同是指合同成立必须采用特定形式和手续的合同。根据特定形式是法律直接规定的还是当事人自由约定的又可分为法定要式合同和约定要式合同。不要式合同是指不需要特定形式和手续就可成立的合同。在我国所谓“特定形式”,主要是指书面形式;所谓“特定手续”,主要是指经过公证、签证或有关国家机关的核准。

区分要式合同、不要式合同的法律意义在于:要式合同不采取法律规定或当事人约定的特定形式和手续,合同因缺乏形式要件而不能成立和生效;而不要式合同,当事人可采用任何形式,合同的形式不影响合同的成立和效力。

(五)有名合同和无名合同

这是根据合同在法律上是否被赋予特定的名称来划分的。有名合同是指法律赋予其一定的名称,并对其内容作出规定的合同。我国《合同法》中规定的各种合同均为有名合同。无名合同是指法律未赋予特定名称的合同。我国《合同法》第124条规定:“本法分则或其他法律没有明文规定的合同,适用本法总则的规定,并可以参照本法分则或其他法律最相类似的规定。”该条规定从立法上明确了无名合同的地位和适用,具有一定的实践指导意义。

区分有名合同、无名合同的法律意义在于:明确合同的法律适用。

(六)主合同和从合同

这是根据合同是否具有从属性来划分的。主合同是指不依赖他合同而能独立存在的合同。从合同是指以他合同的存在为存在前提的合同。主合同和从合同是就两个有主从关系的合同所作的分类。如借贷合同是主合同;为借贷合同所设的抵押、质押担保合同是从合同。

区分主合同、从合同的法律意义在于:从合同的命运决定于主合同。从合同以主合同的存在为前提;主合同消灭,从合同也将随之消灭。

三、合同法的概念和基本原则

(一)合同法的概念

合同法主要是指调整平等民事主体间利用合同进行财产流转而产生的社会关系的法律规范的总称。我国《合同法》第2条明确规定:“本法所称合同是平等主体的自然人、法人、其他组织之间设立、变更、终止民事权利义务关系的协议。婚姻、收养、监护等有关身份关系的协议,适用其他法律的规定。”这一规定说明:(1)合同是平等主体之间订立的有关民事权利义务关系的协议,不属于民事关系的协议,如国家合同、行政合同等不属于合同法调整的范围。(2)合同是有关债权债务关系的协议,非有关债权债务关系的协议,如婚姻、收养、监护等,也不适用于合同法。

合同法是民事法律制度的重要组成部分,也是民法体系中的一个特殊范畴。

(二)合同法的基本原则

依据民法和合同法的规定,我国《合同法》的基本原则主要有以下几项。

1. 平等原则。平等原则是指法律赋予当事人以平等主体的资格介入民事关系,平等地享受民事权利和承担民事义务,并同样地受法律约束。法律地位平等是合同自愿原则的前提。

我国《合同法》第3条规定:“合同当事人的法律地位平等,一方不得将自己的意志强加给另一方。”

2. 自愿原则。自愿原则是指合同当事人通过协商,自愿决定或调整相互权利义务关系。自愿原则体现了民事活动的基本特征,是民事法律关系区别于行政法律关系、刑事法律关系的特有原则。合同自愿原则在我国《合同法》中表现为:一是当事人之间订立合同时法律地位平等,要协商一致,一方不得将自己的意志强加给另一方;二是当事人依法享有自愿订立合同的权利,任何单位和个人不得非法干预;三是任何违背当事人意志的合同内容都是无效或可撤销的。合同自愿原则贯穿合同订立、履行全过程。我国《合同法》第4条规定:“当事人依法享有自愿订立合同的权利,任何单位和个人不得非法干预。”

3. 公平原则。公平原则是指合同双方当事人之间的权利义务要公平合理,要大体上均衡,各方当事人都应当在不侵害他人合法权益的基础上实现自己的利益,不得滥用自己的权利。我国《合同法》第5条规定:“当事人应当遵循公平原则确定各方的权利和义务。”

4. 诚实信用原则。诚实信用原则是指民事活动的当事人在行使权利和履行义务时,应当遵循诚实信用的道德准则。即要求一切市场参加者符合诚实商人的道德标准,在不损害他人利益和社会公益的前提下追求自己的利益,其目的是在当事人之间的利益关系中和当事人与社会之间的利益关系中实现平衡,并维持市场道德秩序。我国《合同法》第6条规定:“当事人行使权利、履行义务应当遵循诚实信用原则。”

5. 公序良俗原则。公序良俗是公共秩序与善良风俗的简称。我国《合同法》第7条规定:“当事人订立、履行合同,应当遵守法律、行政法规,尊重社会公德,不得扰乱社会经济秩序,损害社会公共利益。”

第二节　合同的订立

一、合同订立的概念

合同的订立是指当事人双方就合同的内容经过协商达成一致的行为。合同订立的过程,即是当事人各方接触、洽商直至使其意思表示趋于一致的过程。

合同的订立与合同的生效是不同的。合同的订立是当事人意思表示一致,是一种合意。合同的效力是合同成立以后的事,合同成立后,符合合同生效要件的,合同生效,反之合同无效。确定合同是否有效的第一步,应是确定该合同是否成立。一项合同只有成立,才会产生有效、无效的问题。

二、合同订立的程序

合同订立的过程分为要约和承诺两个阶段。

(一)要约

要约是希望和他人订立合同的意思表示。在商业贸易中称要约为发盘。发出要约的当事人为要约人,受领要约的当事人为受要约人。要约要具备法律效力,应具备以下条件:(1)要约必须是特定人的意思表示;(2)要约必须向相对人作出;(3)要约必须有订立合同的主观目的;(4)要约的内容必须具体确定。

要约一般分为口头和书面两种形式。要约究竟采用何种形式,一般以欲成立的合同类型为标准,法律规定采用书面形式或当事人约定采用书面形式的,应当采用书面形式。

要约的法律效力即指一项要约从什么时候开始生效。我国《合同法》规定,要约自到达受要约人时起开始生效。同时规定要约的到达时间因要约形式的不同而不同:(1)口头形式的要约以相对人了解要约内容为标准来确定;(2)书面形式的要约只要送达受要约人所控制的地方,就应当认定要约已经到达受要约人,要约开始生效;(3)采用数据电文形式订立合同,收件人指定特定系统接收数据电文的,该数据电文进入该特定系统的时间,视为到达时间;(4)未指定特定系统的,该数据电文进入收件人的任何系统的首次时间,视为到达时间。要约一经生效,要约人即受到要约的约束,不得任意撤回、撤销要约,也不得对要约内容加以变更,否则由此给受要约人造成损害的,要约人应承担赔偿责任。受要约人一旦接到要约,即取得了承诺的资格,但没有承诺的义务。要约人对受要约人的有效承诺必须接受。

要约可以撤回,也可以撤销。所谓要约的撤回,是指要约发生效力之前,要约人欲使其不产生法律效力的意思表示。要约的撤销是指要约发生法律效力之后,要约人欲使其丧失法律效力的意思表示。我国《合同法》规定,撤回要约的通知应当在要约到达受要约人之前或者与要约同时到达受要约人;撤销要约的通知应当在受要约人发出承诺之前到达受要约人。同时,为了保护交易的安全,保护受要约人的利益,我国《合同法》还规定,“要约人确定了承诺期限或者以其他形式明示要约不可撤销”或“受要约人有理由认为要约是不可撤销的,并已经为履行合同作了准备工作”的,要约不得撤销。

要约的消灭是指要约丧失法律效力。要约消灭的原因主要有以下几种:(1)要约被拒绝,即受要约人以通知的方式明确表示不接受要约,要约失效的时间为拒绝通知到达要约人之时;(2)要约人依法撤销要约;(3)承诺期限届满,凡在承诺期限内受要约人没有作出承诺的,要约即失效;(4)受要约人对要约内容作出实质性变更。

(二)承诺

承诺是受要约人同意要约的意思表示。一项承诺欲取得成立合同的法律效力,必须同时具备以下条件:(1)承诺必须由受要约人作出;(2)承诺必须向要约人作出;(3)承诺的内容必须与要约的内容一致;(4)承诺应在要约有效期内作出。所谓要约“有效期内”,是指要约确定承诺期的,所确定的期限即为有效期间,承诺必须在要约确定的有效期间内作出才有效。

承诺的形式应与要约相一致,要约人在要约中对承诺方式提出具体要求的,承诺必须按规定方式作出,否则承诺不生效。另外,除法律有特别规定,或根据交易性质、商业惯例或要约中规定承诺不须通知外,承诺应当以通知的方式作出,沉默和不作为本身不能构成承诺。

承诺的法律效力在于,承诺一经作出,合同即告成立。我国《合同法》第 26 条规定,承诺自承诺通知到达要约人时生效。承诺不需要通知的,根据交易的习惯或者要约的要求作出承诺的行为时生效。采用数据、电文形式订立合同的,承诺到达的时间适用该法第 16 条第 2 款的规定。

承诺的撤回是指承诺人阻止承诺发生法律效力的意思表示。撤回承诺的通知应当于承诺通知到达要约人之前或者与承诺通知同时到达要约人。撤回承诺，只能发生在承诺采用书面通知的情况下。如果承诺采用对话方式作出，就不存在撤回承诺的问题；如果承诺是通过行为方式作出的，也不可能存在撤回承诺的问题。承诺只能撤回，不能撤销。

三、合同的一般条款和格式条款

合同条款是指合同当事人协商一致的合同内容，具体规定当事人的权利义务。我国《合同法》第12条规定，合同内容由当事人约定，一般包括以下条款：（1）当事人的名称或者姓名和住所；（2）标的；（3）数量和质量；（4）价款或者报酬；（5）履行的期限、地点和方式；（6）违约责任；（7）解决争议的方法。

所谓格式条款，是指当事人为了重复使用而预先拟定，并在订立合同时未与对方协商的条款。格式条款具有以下特点：（1）为重复使用而事先拟定的条款；（2）在订立合同时未与对方协商的条款；（3）具有不变性。

采用格式条款订立合同既有其有利的一面，又有其不利的一面。有利的一面是有利于减少交易成本，避免一事一议可能带来的不确定性和补充法律规定的不足。不利的一面主要是格式条款的提供者在拟定格式条款时，更多的是考虑自己的利益，而对另一方的权利考虑较少或者附加种种限制条件。为此我国《合同法》规定，采用格式条款订立合同的，提供格式条款的一方应当遵循公平原则确定当事人之间的权利和义务，并采取合理的方式提请对方注意免除或者限制其责任的条款，按照对方的要求，对该条款予以说明。

四、合同的形式

合同形式通常分为两大类，即口头形式和书面形式。口头形式是指当事人以对话方式表述合同内容的合同形式。一般适用于标的数量不大、内容不复杂而能及时清结的合同关系，对于不能及时清结或虽然能及时清结但标的比较大的合同，一般不宜采用口头形式。

书面形式是指合同当事人以文字方式表述合同内容的合同形式。书面形式包括合同书、信件、数据电文（包括电报、电传、传真、电子数据交换和电子邮件）等形式。书面形式是当事人广泛采用的一种合同形式，它主要适用标的数额较大、内容复杂、不能立即履行的合同。

五、合同成立的时间和地点

合同成立时间的确定，对当事人任何一方都具有重要的意义。我国《合同法》规定，当事人采用合同书的形式订立合同的，自双方当事人签字或者盖章时合同成立；当事人采用信件、数据电文等形式订立合同的，可以在合同成立之前要求签订确认书，签订确认书时合同成立。法律、行政法规规定或者当事人约定采用书面形式订立合同，当事人未采用书面形式但一方已经履行主要义务，对方接受的，该合同成立。采用合同书形式订立合同，在签字或者盖章之前，当事人一方已经履行主要义务，对方接受的，合同成立。

一般认为，承诺生效的地点为合同成立的地点。当事人采用数据电文形式订立合同的，收件人的主营业地为合同成立的地点；没有主营业地的，其经常居住地为合同成立地点。当事人另有约定的，按照其约定。当事人采用合同书形式订立合同的，双方当事人签字或者盖章的地点为合同成立的地点。

六、缔约过失责任

缔约过失责任是指缔约人因过错违反缔约过程中的义务而依法应承担的民事责任。当事人在订立合同时虽无合同义务,但因相互接触而产生了相应的注意义务,当事人违反该义务给对方造成损失的,自应承担民事责任。这一责任并非违反合同义务的法律后果,而是违反法定的订立合同中的义务即先合同义务的法律后果,所以又称先合同责任。我国《合同法》规定了缔约过失责任,该法第 43 条规定,当事人在订立合同过程中有下列情形之一,给对方造成损失的,应当承担损害赔偿责任:(1)假借订立合同,恶意磋商;(2)故意隐瞒与订立合同有关的重要事实或者提供虚假情况;(3)有其他违背诚实信用原则的行为。

当事人在订立合同过程中知悉的商业秘密,无论合同是否成立,均不得泄露或者不正当地使用。泄露或者不正当地使用该商业秘密给对方造成损失的,应当承担损害赔偿责任。

第三节　合同的效力

一、合同的效力概述

合同的效力是指已经成立的合同将对当事人乃至第三人产生的法律后果。已成立的合同按照效力不同分为生效的合同和欠缺生效要件的合同。按照合同效力的不同情况,可分为 4 种情形,即生效的合同、无效合同、可撤销的合同以及效力待定的合同。

二、合同的生效要件

合同的生效是指依法成立的合同对当事人乃至第三人产生了法律上的拘束力。我国《合同法》第 44 条规定,依法成立的合同,自成立时生效。合同的成立与合同的生效不同。合同成立只是解决合同是否存在的问题,对于其是否有效,则要看其是否依法成立,即成立的合同是否符合法定的生效要件。合同的生效要件分为一般生效要件和特别生效要件。

(一)合同的一般生效要件

合同的一般生效要件主要有以下几个方面:(1)当事人缔约时具有相应的缔约能力。所谓缔约能力,是指合同主体据以独立订立合同并独立承担合同义务的主体资格。自然人订立合同,原则上应具有完全民事行为能力;限制民事行为能力人只能从事与其年龄、智力状况相适应的民事活动;无民事行为能力人原则上不能成为合同主体,但事实上无民事行为能力人订立的纯获利的合同一般认为是有效的。法人与非法人组织的缔约能力,原则上与其经营范围和设立宗旨相一致。(2)合同当事人意思表示真实。即要求行为人的内心意愿为行为人自觉自愿产生,同时与其所表达的意志相一致。(3)合同的目的和内容不违反法律或社会公共利益。(4)合同标的确定和履行可能。当事人订立合同,其效果意思大都希望合同得以履行。而合同能否履行,首先要看合同的标的是否确定,其次要看标的有没有履行的可能。否则,合同关系的存在就成为不必要。

(二)合同的特别生效要件

合同的自愿原则赋予了当事人对合同效力予以限制的权利,当事人可以对合同的生效和解除、生效与终止附加条件和期限,此时,合同效力就取决于所附条件是否成就,期限是否届满。

附条件的合同是指合同效力的开始或终止取决于将来不确定事实的发生或不发生的合同。我国《合同法》第45条规定:“当事人对合同的效力可以约定附条件。附生效条件的合同,自条件成就时生效。附解除条件的合同,自条件成就时失效。当事人为自己的利益不正当的阻止条件成就的,视为条件已成就;不正当的促成条件成就的,视为条件不成就。”当事人在合同中所附条件,必须是将来可能发生的合法事实;已经发生的事实、将来必定发生或不发生的事实以及违反法律和道德的事实,均不能作为合同的附加条件。

附期限的合同是指以一定期限的到来为其效力开始或终止原因的合同。我国《合同法》第46条规定:“当事人对合同效力可以约定附期限。附生效期限的合同,自期限届至时生效。附终止期限的合同,自期限届满时失效。”期限与条件不同,任何期限都是确定要到来的;而条件的成就与否具有不确定性。

三、欠缺生效要件的合同

合同尽管是当事人的合意,反映了当事人的目的,但该合同只有在不违反法律要求时才生效,才受法律保护;如果合同欠缺生效要件,合同的效力就会受到影响。根据欠缺的生效要件对合同当事人之间的关系及社会公共利益的影响程度,我国《合同法》将欠缺生效要件的合同分为3种类型,即无效合同、可撤销的合同和效力待定的合同。

(一)无效合同

无效合同是指欠缺合同的生效要件,在法律上确定的当然的完全不发生法律效力的合同。无效合同自成立时起就不具有法律约束力,并且其后也无转变为有效合同的可能。根据我国《合同法》第52条的规定,导致合同绝对无效的原因主要有以下几种:(1)一方以欺诈、胁迫的手段订立合同,损害国家利益;(2)恶意串通,损害国家、集体或者第三人利益;(3)以合法形式掩盖非法目的;(4)损害社会公共利益;(5)违反法律、行政法规的强制性规定。

(二)可撤销的合同

可撤销的合同,是指合同欠缺一定的生效要件,其有效与否,取决于有撤销权的一方当事人是否行使撤销权的合同。相对于前述绝对无效合同来说,可撤销合同属于相对无效的合同。可撤销的合同在被撤销之前,合同有效;但合同一旦被撤销,即被确认为无效,无效行为溯及合同成立之时。合同可撤销的原因主要有以下几个方面。

1. 因重大误解订立的合同。重大误解的合同是指一方当事人在为意思表示时,对涉及合同效果的重要事项存在认识上的缺陷,在此基础上签订了对自己明显不利的合同。

2. 在订立合同时显失公平。显失公平的合同是指合同中双方当事人的权利与义务明显不对等,使一方遭受重大不利的合同。显失公平主要表现在以下几个方面:(1)一方当事人利用优势或者利用对方没有经验,致使双方的权利义务明显违反公平、等价有偿原则的,可以认定为显失公平;(2)一方以欺诈、胁迫的手段,使对方在违背真实意思的情况下订立的合同,只要合同内容不损害国家利益,可以认定为显失公平;(3)一方乘人之危,使对方在违背真实意思的情况下订立合同的,可以认定为显失公平。对于显失公平的合同,受损害方有权请求人民法院或者仲裁机构予以变更或者撤销。

享有撤销权的当事人不能以自己单方的行为来撤销合同,而只能向法院或仲裁机关主张撤销合同,至于合同是否被撤销,确认权在法院或仲裁机关。对于可撤销的合同,当事人只请求变更的,人民法院或仲裁机构不得撤销。但享有撤销权的人是否行使撤销权,取决于自己的意思,撤销权以外的人不得主张撤销合同。具有撤销权的当事人自知道或应当知道撤销事由之日起1年内行使,逾期不行使或当事人知道撤销事由后明确表示或以自己的行为放弃撤销权的,撤销权消灭。

(三)效力待定的合同

效力待定的合同是指已成立的合同,因欠缺合同的主体资格的生效要件,其生效与否,尚未确定,须经过补正方可生效,在一定的期限内不予补正则为无效的合同。导致合同效力待定的原因主要有以下几个方面。

1. 限制行为能力人订立的依法不能独立订立的合同。这一类合同经法定代理人追认后有效。限制行为能力人订立的纯获利的合同,或者与其年龄、智力、精神健康状况相适应的合同,不必经法定代理人追认。

相对人可以催告法定代理人在1个月内予以追认。法定代理人未作表示的,视为拒绝追认。合同被追认之前,善意相对人有撤销的权利,撤销应当以通知的方式作出。

2. 无权代理人订立的合同。行为人没有代理权、超越代理权或者代理权终止后以被代理人名义订立的合同,未经被代理人追认的,对被代理人不发生效力,由行为人承担责任。被代理人知道行为人以本人的名义订立合同而未作否认表示的,或出现了表见代理的情形的,则无须追认,合同当然有效。

对于无权代理人订立的合同,相对人可以催告被代理人在1个月内予以追认。被代理人未作表示的,视为拒绝追认。合同被追认之前,善意相对人有撤销的权利,撤销应当以书面的形式作出。

3. 无处分权人订立的合同。无处分权人处分他人财产,经权利人追认或者无处分权人订立合同后取得处分权的,该合同有效。权利人的追认和相对人的催告适用无权代理的补正规定。

4. 法定代表人越权订立的合同。法人或其他组织的法定代表人、负责人超越权限订立的合同,相对人为善意的,该代表行为有效;若相对人知道或者应当知道其超越权限的,则该合同尚须补正方才有效。

四、合同无效的法律后果

合同当然无效、被撤销后的无效或未经补正的无效,都属于广义的无效。其法律后果均导致合同自始无效,即无效溯及既往,自合同成立时就无效。在我国,无效合同的确认权属于法院和仲裁机构。合同一经确认无效会产生以下法律后果。

(一)返还财产

返还财产是指依合同已交付财产的当事人,在合同被确认无效或被撤销后,有权请求对方返还财产,同时,接受财产的当事人有返还财产的义务。原物存在的返还原物,原物已不存在的折价返还其价值。财产返还中,除返还原物外,还应返还由原物所生孳息。

(二)赔偿损失

凡在主观上对合同无效或被撤销有过错的一方当事人,应赔偿因此给对方造成的损失;如果双方都有过错,应当各自承担相应的责任。

(三)收归国家所有或返还集体、第三人

当事人恶意串通,损害国家、集体或第三人利益的,因此取得的财产收归国家所有或者返还集体、第三人。

第四节　合同的履行

合同的履行是指合同依法成立后,当事人双方按照合同规定的内容,全面完成各自应承担的义务以实现合同权利的行为。按照履行情况的不同,可以分为全部履行、部分履行、未履行、迟延履行和单方履行等情况。

一、合同履行的规则

(一)合同履行的原则

1. 法定义务原则

法定义务是指依照法律规定合同当事人在履行合同过程中应承担的义务。依据我国《合同法》第60条的规定,法定合同义务应包括:(1)及时通知义务;(2)提供必要条件的协作义务;(3)防止损失扩大的义务;(4)保密义务。

2. 正确履行原则

合同的正确履行也称适当履行,是指当事人应按合同的规定不折不扣地履行合同义务。主要包括以下几个方面:(1)履行主体正确;(2)履行标的正确;(3)履行时间正确,不得提前履行和迟延履行;(4)履行地点正确;(5)履行方式正确。合同约定一次履行的,债务人不得分期履行;合同约定分期履行的,债务人不得一次履行。

(二)条款约定不明确的合同的履行规则

依据我国《合同法》第61条、第62条的规定,合同生效后,当事人就质量、价款或者报酬、履行地点等内容没有约定或者约定不明确的,可以协议补充;不能达成补充协议的,按照合同有关条款或者交易习惯确定。若依以上内容仍不能确定的,适用下列规定。

1. 质量要求不明确的,按照国家标准、行业标准履行;没有国家标准、行业标准的,按照通常标准或者符合合同目的的特定标准履行。

2. 价款或者报酬不明确的,按照订立合同时履行地的市场价格履行;依法应当执行政府定价或者政府指导价的,按照规定履行。

3. 履行地点不明确,给付货币的,在接受货币一方所在地履行;交付不动产的,在不动产所在地履行;其他标的,在履行义务一方所在地履行。

4. 履行期限不明确的,债务人可以随时履行,债权人也可以随时要求履行,但应当给对方必要的准备时间。

5. 履行方式不明确的,按照有利于实现合同目的的方式履行。

6. 履行费用的负担不明确的,由履行义务一方负担。

(三)价格变动的履行规则

价格变动的履行,是指执行政府定价的合同,在合同订立后、履行前政府定价发生调整的,按照何种价格履行的问题。依据我国《合同法》第 63 条的规定,“执行政府定价或者政府指导价的,在合同约定的交付期限内政府价格调整时,按照交付时的价格计价。逾期交付标的物的,遇价格上涨时,按照原价格执行;价格下降时,按照新价格执行。逾期提取标的物或者逾期付款的,遇价格上涨时,按照新价格执行;价格下降时,按照原价格执行”。

(四)不完全履行

不完全履行,是指当事人在履行合同时,没有按照合同约定的全部履行因素进行履行的情况。我国《合同法》在第 68 条至第 72 条中对这一情况进行了规定。

1. 中止履行。中止履行是指在合同义务履行之前或在履行的过程中,由于某种客观情况的出现,使当事人不能履行合同义务而只能暂时停止的情况。

2. 债务提前履行。提前履行是指合同约定的履行期限到来之前履行合同义务的情况。按照合同正确履行规则的要求,履行合同义务应当按照合同规定的履行期限履行,不得提前或推迟。在实践中,债务提前履行一般不会给债权人造成任何损害,所以债权人应当接受履行;但有时债务提前履行也会给债权人带来不利,这时债权人可以拒绝债务人提前履行。因债务人提前履行债务给债权人增加的费用,由债务人负担。

3. 部分履行。部分履行是指当事人只履行合同部分义务的情况。通常而言,法律要求合同履行应是全部履行,因此对于债务人的部分履行,债权人可以拒绝接受,但部分履行不损害债权人利益的除外。因债务人部分履行给债权人增加的费用,由债务人负担。

二、合同履行中的抗辩权

抗辩权是指权利人所享有的对抗对方当事人请求权的权利。抗辩权的作用在于阻止对方请求权的效力。依据我国《合同法》的规定,合同履行中的抗辩权主要有以下 3 种。

(一)同时履行抗辩权

同时履行抗辩权是指合同当事人双方的债务没有先后履行的顺序时,一方在对方未为对待给付前,可以拒绝对方的履行要求。我国《合同法》第 66 条规定:“当事人互负债务,没有先后履行顺序的,应当同时履行。一方在对方履行之前有权拒绝其履行要求。一方在对方履行债务不符合约定时,有权拒绝其相应的履行要求。”

(二)先履行抗辩权

先履行抗辩权是指在双务合同中应当先履行的一方当事人没有履行合同义务的,后履行一方当事人拒绝履行自己的合同义务的权利。我国《合同法》第 67 条规定:“当事人互负债务,有先后履行顺序,先履行一方未履行的,后履行一方有权拒绝其履行要求。先履行一方履行债务不符合约定的,后履行一方有权拒绝其相应的履行要求。”

(三)不安抗辩权

不安抗辩权是指在双务合同中依约定应先履行债务的当事人在有确切证据证明对方难以为对待给付时,有权中止履行。依据我国《合同法》第 68 条的规定,应当先履行债务的当事人,有确切证据证明对方有下列情形之一的,可以中止履行:(1)经营状况严重恶化;(2)转移财产、抽逃资金、逃避债务;(3)丧失商业信誉;(4)有丧失或可能丧失履行债务能力的其他情形。

当事人没有确切证据中止履行的，应当承担违约责任。当事人中止履行的，应及时通知对方。对方提供适当担保时，应当恢复履行。中止履行后，对方在合理期限内未恢复履行能力并且未提供适当担保的，中止履行的一方可以解除合同。

三、合同的保全

合同的保全是指法律为防止因债务人的财产不当减少而给债权人的债权带来危害而对合同债权人采取一定保护措施的制度。我国《合同法》规定，合同履行的保全措施主要有两种，即代位权和撤销权。

（一）代位权

债权人的代位权，是指债权人以自己的名义行使债务人对第三人的债权的权利。当债务人享有对第三人的权利而又怠于行使，致其财产应能增加而未增加，危害债权实现时，债权人可以请求人民法院以自己的名义代位行使属于债务人的权利，从而保障债权的实现。依据我国《合同法》第 73 条以及最高人民法院《关于适用〈中华人民共和国合同法〉若干问题的解释》第 11 条的规定，债权人行使代位权应具备以下条件。

1. 债权人对债务人的债权合法，是指债权人与债务人的债权已经成立并且是合法有效的债权。

2. 债务人怠于行使其到期债权，对债权人造成损害，是指债务人不履行其对债权人的到期债务，又不以诉讼方式或仲裁方式向其债务人主张其享有的具有给付内容的到期债权，致使债权人的到期债权未能实现。次债务人（债务人的债务人）不认为债务人有怠于行使其到期债权情况的，应当承担举证责任。

3. 债务人的债权已到期。债务人对第三人享有的权利为债权人代位权的标的。只有在债务人对第三人享有债权，且该债权已到期时，才可行使代位权。

4. 债务人的债权不是专属于债务人自身的债权。专属于债务人自身的债权，是指基于扶养关系、抚养关系、赡养关系、继承关系产生的给付请求权和劳动报酬、退休金、养老金、抚恤金、安置费、人寿保险、人身伤害赔偿请求权等权利。

债权人代位权的行使必须通过法院进行，其行使范围以债权人的债权为限。债权人向次债务人提起的代位权诉讼经人民法院审理后认定代位权成立的，由次债务人向债权人履行清偿义务，债权人与债务人、债务人与次债务人之间相应的债权债务关系随即消灭。在债权人代位行使债务人对第三人的权利时，第三人得以对抗债务人的一切抗辩事由，均得用以对抗债权人。

（二）撤销权

债权人的撤销权，是指债权人对于债务人实施的减少财产的行为而危害到债权人的债权实现时，可请求法院予以撤销其行为的权利。依据我国《合同法》第 74 条的规定，债权人撤销权的成立要件依债务人的行为是否有偿而有所不同。若债务人的行为是无偿的，只要具备客观要件，债权人的撤销权就可成立；若债务人的行为是有偿的，则还须具备主观要件，债权人的撤销权才能成立。

1. 撤销权成立的客观要件。债权人的撤销权成立的客观要件主要有以下三点：（1）债务人实施了法律上的处分行为。处分行为分为事实处分和法律处分，债务人实施的行为若属于事实处分则无法撤销。(2)债务人的处分行为以财产为标的。债务人的非财产上的处分行为,与债务人的责任财产无关,不会影响债权人的权利,因而债权人无权要求撤销。(3)债务人的行为有害债权。债务人积极减少财产,如无偿转让财产;消极减少财产,如放弃到期债权、主动承担债务等,都会使债务人的责任财产减少而危及债权的实现。因此,债权人可以申请撤销债务人的行为。当然,若债务人的行为虽然使责任财产减少,但减少后的责任财产仍能满足债权人的债权的,债权人不能申请撤销债务人的行为。

2. 撤销权成立的主观要件。撤销权成立的主观要件是指债务人和第三人具有主观上的恶意,即在进行行为时明知有害于债权而仍进行。若债务人的行为是无偿的,只要具备客观要件,债权人的撤销权即可成立。若债务人的行为是有偿的,则在债务人主观上有恶意时,债权人的撤销权成立;若第三人也有恶意,则债权人可以行使撤销权。若仅有债务人的恶意而没有第三人的恶意,撤销权成立但不能行使;只有第三人恶意而没有债务人恶意,撤销权不能成立。债权人的撤销权由债权人以自己的名义在诉讼上行使。撤销权的行使范围也以债权人的债权范围为限。债权人行使撤销权的必要费用由债务人负担。撤销权自债权人知道或应当知道撤销事由之日起1年内行使。自债务人的行为发生之日起5年内没有行使撤销权的,该撤销权消灭。

四、合同的担保

合同的担保是指为了确保合同的切实履行而由法律规定的或者双方当事人共同商定的具有法律效力的保证措施。依照我国《担保法》的规定,合同的担保主要有保证、抵押、质押、留置和定金5种方式,由于抵押、质押、留置作为担保物权,在本书第六章“物权法律制度”部分已经作了介绍,这里仅介绍保证和定金两种担保方式。

(一)保证

保证是指保证人和债权人约定,当债务人不履行债务时,保证人按照约定履行债务或者承担责任的行为。

具有代为清偿债务能力的法人、其他组织或者公民,可以作为保证人;国家机关、以公益为目的的事业单位、社会团体、企业法人的分支机构、职能部门不得担任保证人,但法律有特别规定或合同另有约定的除外。保证人与债权人应当以书面形式订立保证合同。保证合同的当事人是保证人和债权人,债务人不是保证合同的当事人。

保证方式有一般保证和连带责任保证两种。当事人在保证合同中约定,债务人不能履行债务时,由保证人承担保证责任的,为一般保证。当事人在保证合同中约定保证人与债务人承担连带责任的,为连带责任保证。一般保证的保证人在主合同纠纷未经审判或者仲裁,并就主债务人财产依法强制执行仍不能履行债务前,对债权人可以拒绝承担保证责任。连带责任保证的债务人在主合同规定的履行期届满时仍没有履行债务的,债权人可以要求债务人履行债务,也可以要求保证人在保证范围内承担保证责任。

连带责任的保证人不享有先诉抗辩权,而一般保证的保证人享有先诉抗辩权。先诉抗辩权是保证人对抗债权人请求权的一项抗辩权,是指保证人在主合同纠纷未经审判或者仲裁,并就主债务人的财产依法强制执行仍不能履行债务前,得对债权人拒绝承担保证责任的权利。

保证期间债权人转让债权的,保证人仍负保证责任。债权人与债务人协议变更主合同或债务人转让债务的,必须经保证人书面同意,否则保证人解除保证责任。保证合同的期限由当事人约定,当事人未约定的,保证期限为6个月,自主债务履行期限届满之日起计算。物的担保效力优于保证的效力,保证人仅对物的担保以外的债权承担保证责任。有下列情形之一的,保证人不承担民事责任:(1)主合同双方当事人串通,骗取保证人提供保证的;(2)主合同债权人采取欺诈、胁迫等手段,使保证人在违背真实意思的情况下提供担保的。

主合同无效,保证合同无效,但保证人有过错的,应承担民事责任。保证人承担保证责任后,有权向债务人追偿。

(二)定金

定金是合同当事人约定一方在合同订立时或在合同履行前预先给付对方一定数量的金钱,以保障合同债权实现的一种担保方式。当事人一方在法律规定的范围内可以向对方给付定金。债务人履行债务后,定金应当折抵价款或者收回。给付定金一方不履行债务的,无权要求返还定金;接受定金的一方不履行债务的,应当双倍返还定金。定金应当以书面形式约定。当事人应当在定金合同中约定交付定金的期限。定金合同应当从实际交付定金之日起生效。定金数额由当事人约定,但不得超过主合同标的额的20%。

第五节 合同的变更、转让和终止

一、合同变更

(一)合同变更的概念

合同变更,是指有效成立的合同在尚未履行和未履行完毕之前,由于一定法律事实的出现而使合同内容发生改变。合同变更有广义的合同变更和狭义的合同变更之分。广义的合同变更是指合同法律关系三要素即主体、客体和内容的变化。狭义的合同变更仅指合同客体和权利义务的变化。我国《合同法》中所说的变更是指狭义的变更,而将广义的主体变更称为合同的转让。

(二)合同变更的方式

1. 合意。即协议变更合同,实质上就是成立新合同以取代旧合同。因此,合意变更合同的程序应当遵守合同订立时的要约承诺规则。

2. 法院和仲裁机关的裁决。通过这种方式变更合同包括以下几种情形:(1)因情势变更的出现,当事人一方可提出延期履行或部分履行的变更要求,但他并不享有单方变更合同的权利,而是由人民法院或仲裁机关根据当事人的申请,并结合实际情况对合同作出变更的裁决。(2)因可归责于债务人的事由而导致原合同没有履行,可以适用裁决的方式予以变更。

3. 因重大误解或显失公平的合同,可裁决变更。

(三)变更的效力

合同一经变更即产生如下的法律效力。

1. 合同变更部分发生债权债务关系消灭的后果,同时,原合同未变更部分仍保持原有的效力。

2. 合同变更仅对未履行部分发生法律效力,对已履行部分没有溯及力,当事人不得主张已履行的部分按变更后的合同重新履行。

二、合同的转让

(一)合同转让的概念

合同的转让是指不改变合同的内容,而合同当事人发生变更的一种法律制度。合同的转让即为合同主体的变更。

合同的转让不同于合同的分包。合同的转让改变了原合同的权利义务承受者,而合同的分包则是当事人一方为了履行自己的义务求助于第三方,并不改变原来的权利义务关系。如建筑公司将工程承包中的装潢项目分包给装潢公司,由建筑公司向装潢公司支付报酬,并在质量方面对用户负责。合同的转让也不同于"他益合同"。他益合同是为了他人(第三人)利益而订立的合同,合同利益由第三人享有。如国际货物运输保险合同,由出口商订约,指定进口方为受益方,受益方的权利并非基于合同转让而产生,而是在合同成立时即已获得。

(二)合同转让的类型

依当事人协商转让内容的不同,合同转让可分为债权让与、债务转移以及债权债务的概括转移3种类型。

债权让与即合同权利的转让,是指不改变合同的内容,债权人通过与第三人订立合同的方式将债权移转于第三人。其中,债权人称为让与人,第三人称为受让人。我国《合同法》第79条规定,债权人可以将合同的权利全部或者部分转让给第三人,但有下列情形之一的除外:(1)根据合同性质不得转让;(2)按照当事人约定不得转让;(3)依照法律规定不得转让。该法第80条规定,债权人转让权利的,应当通知债务人。未经通知,该转让对债务人不发生效力。

债务转移又称债务承担,即合同义务的转移,是指在不改变合同内容的前提下,债务人将合同债务的全部或者部分转移给第三人。债务人将其合同债务部分转移的,受让人加入原合同关系,与原债务人按照约定的份额分担债务或者共同承担连带债务。若让与人与受让人没有就合同债务的分担作出约定,视为承担连带债务。债务人将其合同全部债务转移的,受让人就取代原合同债务人的地位成为合同关系的新债务人,原债务人则脱离合同关系。我国《合同法》第84条规定,债务人将合同的义务全部或者部分转移给第三人的,应当经债权人同意。该法第85条规定,债务人转移义务的,新债务人可以主张原债务人对债权人的抗辩。

债权债务的概括转移又称概括承受,是指合同的当事人一方将自己的权利义务概括地移转给第三人。包括两种情形:(1)合同承受。所谓合同承受,是指一方当事人与他人订立合同后,依照其与第三人的约定并经对方当事人的同意,由第三人取代自己在合同关系中的法律地位,承受合同中规定的全部权利义务。我国《合同法》第89条规定,合同承受的法律效力适用债权转让和债务转移的有关规定。(2)企业合并、分立。我国《合同法》第90条规定,当事人订立合同后合并的,由合并后的法人或者其他组织行使合同权利,履行合同义务。当事人订立合同后分立的,除债权人和债务人另有约定外,由分立的法人或者其他组织对合同的权利和义务享有连带债权,承担连带债务。

三、合同的终止

(一)合同终止的概念

合同终止是指因一定法律事实的发生,使合同当事人双方权利义务关系归于消灭。合同关系消灭,合同的法律效力即告终止。合同终止是针对有效合同而言的,无效合同不存在终止的问题。

(二)导致合同终止的情形

导致合同终止的原因主要有以下几个方面。

1. 债务已经按照约定履行。这是合同终止的最主要、最正常的原因。

2. 合同解除。我国《合同法》规定,合同解除是指合同有效成立后,在没有履行或没有完全履行之前,当事人双方通过协议或者一方行使解除权的方式,使合同关系提前消灭,包括约定解除和法定解除两种情况。约定解除是指当事人在合同中约定一方解除合同的条件,条件成就时,解除权人可以解除合同;法定解除是指法律规定合同解除的条件,符合条件的,享有解除权的一方当事人可以行使解除权。我国《合同法》第 94 条规定,有下列情形之一的,当事人可以解除合同。

(1)因不可抗力致使不能实现合同目的的。所谓不可抗力,是指当事人不能预见、不能避免并且不能克服的客观情况。

(2)当事人预期违约。根据我国《合同法》第 94 条的规定,在履行期限届满之前,当事人一方明确表示或者以自己的行为表明不履行主要债务的,即预期违约,另一方有权解除合同。

(3)当事人一方迟延履行债务,经催告后在合理期限内仍未履行。迟延履行是指不按合同规定的时间履行。

(4)当事人一方迟延履行债务或者有其他违约行为致使不能实现合同目的的。在一些合同中履行期限是十分重要的,如对一些季节性非常强的商品购销,若迟延交货,将影响商业销售,债权人订立合同的目的就根本无法实现,这时应当允许当事人解除合同。

(5)法律规定的其他情形。

依据我国《合同法》第 97 条、第 98 条的规定,合同解除会产生以下的法律后果:(1)终止履行。合同解除后尚未履行的,终止履行。(2)恢复原状或采取其他补救措施。合同法规定对于已经履行的合同,根据履行情况和合同性质,当事人可以要求恢复原状或采取其他补救措施。(3)赔偿损失。依据合同法的规定,合同解除后,当事人有权就造成的损失要求赔偿。

3. 债务互相抵销。抵销是指两人互负给付种类相同的债务时,双方各以其债权充当债务之清偿,而使自己的债务与对方的债务在对等数额内相互消灭。抵销依其产生根据的不同,可以分为法定抵销和协议抵销两种。

(1)法定抵销是指由法律规定构成条件,当条件具备时,按照当事人一方的意思表示即可发生抵销债务的效力。依据我国《合同法》第 99 条的规定,法定抵销应具备以下条件:①双方当事人互负债务;②两项债务的标的物种类、品质相同;③两项债务已到履行期;④依法律规定和合同性质可以抵销。如果是按照合同的性质不得抵销的债务,不能抵销。一方当事人主张抵销的,应当通知对方当事人。抵销不得附条件和附期限。抵销的通知自到达对方时生效。

(2)协议抵销。协议抵销是由互负债务的当事人协商一致后发生的抵销。我国《合同法》

第100条规定:“当事人互负债务,标的物种类、品质不相同的,经双方协商一致也可以抵销。”

4. 债务人依法将标的物提存。提存是指由于债权人的原因而无法向其交付合同标的物时,债务人将标的物交给提存机关而使合同权利义务关系终止的制度。依据我国《提存公证规则》的规定,我国的债务提存机关为公证处。

我国《合同法》第101条规定,有下列情形之一,难以履行债务的,债务人可以将标的物提存:(1)债权人无正当理由拒绝受领;(2)债权人下落不明;(3)债权人死亡未确定继承人或者丧失民事行为能力未确定监护人;(4)法律规定的其他情形。提存的标的物必须是适于提存的物,若标的物不适于提存或者提存费用过高的,债务人依法可以拍卖或者变卖标的物,提存所得价款。

5. 债权人免除债务。债权人免除债务是指债权人放弃部分或全部债权,免除债务人部分或全部债务的一种单方法律行为。免除应由债权人向债务人作出明确的意思表示,并且不得违反法律、行政法规的强制性规定,不得损害国家利益和社会公共利益。免除是单方法律行为,仅依债权人免除的意思表示即可发生法律效力。自债权人向债务人作出明确的免除其债务的意思表示时起,即产生债务消灭的法律后果。债权人作出免除的意思表示不得撤回。

6. 混同。混同是指债权人和债务人同归于一人,从而使合同关系消灭。如企业合并、第三人同时继承债权人的债权和债务人的债务等都为混同。

7. 法律规定或当事人约定终止的其他情形。如我国《保险法》第14条规定,除保险法另有规定或者保险合同另有约定外,投保人可以任意解除合同。

(三)合同权利义务终止后的效力

合同权利义务终止,当事人之间的合同关系已不存在了,但是在一些合同中,由于原来合同履行中的一些特点,当事人的某些权利义务具有延续性,所以虽然合同关系不存在了,但当事人仍可能有一些义务需要履行,这就是合同终止后的效力。依据我国《合同法》第92条、第98条的规定,合同终止后的效力主要有:(1)合同权利义务终止后,当事人应当遵守诚实信用的原则,根据交易习惯履行通知、协助、保密等义务;(2)合同终止后不影响合同中结算和清理条款的效力;(3)合同终止后不影响当事人要求赔偿损失的权利;(4)合同终止后不影响合同中约定的争议处理条款的效力。

第六节　违约责任

一、违约及违约责任的概念

(一)违约的概念

违约是指一方或双方当事人没有依据合同履行其义务或履行其义务不符合合同要求的行为。合同法律关系有效成立后,即在当事人之间产生法律约束力,任何对这种约束力的不法违反都将构成违约。在合同实践中,违约主要有预期违约、不适当履行、迟延履行、拒绝履行、履行不能5种表现形式。

（二）违约责任的概念

违约责任又称违反合同的民事责任，是指合同当事人不履行合同义务或履行合同义务不符合约定时所承担的法律后果。违约责任具有以下几方面的特征。

1. 违约责任以违反合同义务为前提。合同义务是发生合同责任的必要前提，合同责任是违反合同义务的必然后果。两者之间存在一种因果关系，没有违反合同义务的行为，则没有违约责任。

2. 违约责任的确定具有相对的任意性。违约责任，除法律强制规定外，当事人可以在法律规范的指导下，通过合同加以确定，这是由合同自愿原则决定的。法律允许合同当事人自主、自愿约定各自的权利义务，同时也允许当事人通过合同预先约定违约形态，约定违约金的数额幅度，约定损害赔偿的计算方法，甚至约定免责或限责事由。因此，违约责任的确定具有相对的任意性。

3. 违约责任具有补偿性。违约责任作为民事责任的一种，主要是一种财产责任。从合同法所规定的承担违约责任的方式来看，无论是强制实际履行，还是支付违约金、赔偿金，或者采用其他补救措施，无不体现出补偿性的特征。这是合同法平等、公平、等价有偿原则的体现。

4. 违约责任承担主体具有特定性和相对性。合同主体的特定性和相对性决定了违约责任承担主体的特定性和相对性。首先，违约责任的承担者为没有履行合同义务的违约方，其他人如果不是合同关系的当事人，也就不可能成为违约责任的承担者。即使债务人因第三人的行为导致债务不能履行，债务人仍应向债权人承担违约责任；债务人在承担了违约责任之后，有权向第三人追偿。我国《合同法》第 121 条规定："当事人一方因第三人的原因造成违约的，应当向对方承担违约责任。当事人一方和第三人之间的纠纷，依照法律规定或者按照约定解决。"由此可见，违约责任只能由合同关系的一方当事人承担。其次，违约责任的承受者为履行合同义务的守约者，其他人不得成为违约责任的承受者。也就是说，违约责任人不向合同当事人以外的其他人承担责任。

（三）违约责任的分类

1. 过错责任与无过错责任。这是以违约责任的成立是否以过错为要件作为划分标准的。过错责任是指由于行为人的过错致使其违反合同义务时承担的责任。采取过错责任原则，行为人承担违约责任，不仅要有行为人的违约行为，还必须有行为人的过错。过错可以是行为人自己的过错，也可以是第三人的过错。无过错责任，又称严格责任，是指无论合同当事人主观上是否有过错，只要合同当事人有违约行为，就要承担违约责任。我国《合同法》明确规定，违约责任采取严格责任原则，只有不可抗力才可免责。

2. 单独责任与共同责任。这是以承担违约责任的当事人的数量为标准所作的划分。单独责任是指违约方仅为一人时所承担的违约责任。共同责任是指违约方为二人以上时所承担的违约责任。共同责任又分为按份责任和连带责任。

3. 单方责任与混合责任。这是以承担违约责任者是当事人一方还是双方为标准所作的划分。单方责任是指违约一方向守约一方所承担的责任。混合责任是指当事人双方对违约责任均有过错，各自以其过错程度承担相应的责任。

二、承担违约责任的方式

违约行为的复杂性,决定了承担违约责任方式的多样性。根据我国《合同法》的规定,违约责任的承担方式主要有以下几种。

(一)继续履行

继续履行,是指当事人一方不履行合同义务或者履行合同义务不符合约定时,另一方当事人可要求其在合同履行期限届满后继续按照合同约定的主要条件完成合同义务的行为。我国《合同法》第 110 条规定:"当事人一方不履行非金钱债务或者履行非金钱债务不符合约定的,对方可以要求履行,但有下列情形之一的除外:(一)法律上或事实上不能履行;(二)债务的标的不适于强制履行或者履行费用过高;(三)债权人在合理期限内未要求履行。"

(二)支付违约金

违约金是指合同当事人在合同中约定的,在合同债务人不履行或不适当履行合同义务时,向对方当事人支付的一定数额的金钱。违约金作为违约责任的方式,直接源于双方当事人在合同中的约定,若双方当事人在合同中未约定违约金条款的,则不产生违约金责任。

违约金除具有补偿性质外,主要体现在违约金数额不能过分高于违约所造成的损失,违约金与定金不能同时适用等规定之上。我国《合同法》第 114 条规定,当事人可以在合同中对违约金进行约定,但约定违约金低于或过分高于造成的损失的,当事人可以请求人民法院或者仲裁机构予以增加或者适当减少。但是,我国《合同法》第 114 条还规定,当事人就迟延履行约定违约金的,违约方支付违约金后,还应当履行债务。此时违约金又具有一定的惩罚性,但这只是违约金责任的一种例外。

(三)损害赔偿

损害赔偿是指因合同一方当事人的违约行为而给对方当事人造成财产损失时,违约方向对方当事人所作的经济补偿。损害赔偿责任以违约行为造成对方财产损失的事实为基础,没有损害事实,则谈不上损害赔偿。

损害赔偿责任具有典型的补偿性。违约损害赔偿以赔偿当事人实际遭受的全部物质损失为原则。一方违反合同,对方不仅会遭受实际财产损失(直接损失),还会遭受可得利益损失(间接损失),这些损失都应得到补偿。但损害赔偿只限于财产损失,而不包括非财产损失,即精神损害。需要注意的是,当事人一方违约后,在对方可以采取适当的措施防止损失的扩大而没有采取适当措施时,不得就扩大的损失要求赔偿。

(四)采取其他补救措施

其他补救措施是指我国《合同法》第 111 条所规定的情形,即"质量不符合约定的,应当按照当事人的约定承担违约责任。对违约责任没有约定或约定不明确,依照本法第六十一条的规定仍不能确定的,受损害方根据标的的性质以及损失的大小,可以合理选择要求对方承担修理、更换、重作、退货、减少价款或者报酬等违约责任"。

三、违约责任的免除

违约责任的免除是指不履行或者不完全履行合同义务的当事人,依照法律规定或合同约定免于承担违约责任。根据合同法的规定,出现以下情况致使当事人违约的,可免于承担违约责任。

（一）不可抗力

不可抗力是违约责任免责的法定事由。所谓不可抗力，是指不能预见、不能避免并且不能克服的客观情况。一般包括三类：一是自然灾害；二是政府行为；三是社会异常事件。发生不可抗力的一方当事人必须依法履行以下两项义务。

1. 应将不可抗力影响合同不能履行的情况及时通知另一方，以减轻可能给对方造成的损失；否则就扩大损失的部分，发生不可抗力的一方当事人应承担赔偿责任。

2. 应在合理的期限内提供有关机关出具的证明。不可抗力作为一种客观情况，必须发生在合同成立以后至合同履行期间届满之前，如果当事人一方在其迟延履行合同期间发生不可抗力，由于其违约实质上是其迟延履行造成的，而非不可抗力因素，所以不能援引法律规定的不可抗力条款，也不能免除责任。

（二）免责条款

免责条款是指合同双方当事人在合同中约定一定的事由或条件，当违约符合所约定的事由或条件时，可免除违约方的违约责任。免责条款并非产生于法律的直接规定，而是双方当事人通过事先协商在合同中的约定。它符合合同法的当事人意思自治的原则。在一般合同中，只要双方当事人在合同中约定了合同的免责条款，而这种约定又不违反法律，不损害社会公共利益和社会公德，那么这种约定就是有效的。双方当事人可依据此免责条款，免除违约方应承担的违约责任。但在格式条款合同中，对免责条款则有特殊的要求，即提供格式条款的一方当事人对免责条款的内容有义务提请对方当事人注意。另外，为了保证合同的公平性，我国《合同法》还对合同的免责条款作了限制。

（三）法律的特别规定

这是指除不可抗力外，法律又特别规定免责条件的，一旦发生违约又符合该条件时，可免除其违约责任。如我国《合同法》第311条规定，在符合法律和合同规定条件下的运输，由于货物本身的自然性质或合理损耗的原因造成货物灭失、短少、变质、污染、损坏的，承运人不承担违约责任。

复习思考题

一、单项选择

1. 甲公司与乙公司签订了一份买卖合同，但由于丙公司恶意阻挠，导致乙公司没有履行合同，那么（　　）。

A. 乙公司应向甲公司承担违约责任

B. 丙公司应向甲公司承担违约责任

C. 乙公司与丙公司一起向甲公司承担违约责任

D. 乙公司不必承担任何责任，因为其未履行合同是因丙公司的缘故

2. 甲向出版社发送电子邮件，询问该出版社是否出版了某种图书，出版社收到电子邮件之后，马上向甲寄送了一本该种图书，按照图书标称价格的八五折要求甲支付货款。甲认为出版社

强人所难,不愿意支付货款。那么,下列表述中正确的是(　　)。

A. 甲的行为属于要约

B. 出版社的行为属于要约

C. 出版社的行为属于承诺

D. 甲应向出版社支付货款

3. 甲手机专卖店门口立有一块木板,上书"假一罚十"4个醒目大字。乙从该店购买了一部手机,后经有关部门鉴定,该手机属于假冒产品,乙遂要求甲履行其"假一罚十"的承诺。关于本案,下列哪一选项是正确的?(　　)

A. "假一罚十"过分加重了甲的负担,属于无效的格式条款

B. "假一罚十"没有被订入合同之中,故对甲没有约束力

C. "假一罚十"显失公平,甲有权请求法院予以变更或者撤销

D. "假一罚十"是甲自愿作出的真实意思表示,应当认定为有效

4. 下列选项中,属于效力待定合同的是(　　)。

A. 11岁的小男孩接受了姥爷赠与的一支高档的英雄钢笔

B. 12岁的少年瞒着父亲,将笔记本电脑卖给老刘

C. 甲将刀架在乙的脖子上,强迫乙在合同上签字,将一车西瓜卖给了乙

D. 出租车司机甲借乙抢救病人急需用车之机,将车价提高3倍,乙被迫接受

5. 按照合同约定,海赢公司应当在6个月内向辉正公司交付一批货物。在合同订立之后,辉正公司很快便搬迁了。海赢公司欲向辉正公司交付货物,却无法联系到辉正公司。辉正公司的这种行为主要违反了合同履行的哪种原则?(　　)

A. 适当履行原则　　　　B. 实际履行原则

C. 协作履行原则　　　　D. 经济合理原则

6. 甲与乙签订买卖合同,按照合同的约定,甲应在5月5日前向乙交付100吨纯净水,乙应在5月5日前向甲支付价款。甲未履行交付义务,即要求乙向其支付价款,乙可以基于(　　)而拒绝履行。

A. 先履行抗辩权　　　　B. 先诉抗辩权

C. 同时履行抗辩权　　　　D. 不安抗辩权

7. 甲向乙借款1万元,到期没有偿还,而甲的经济状况十分糟糕,除下列权利外别无财产可供偿还,在符合条件的情况下,债权人乙可以代位行使甲的权利是(　　)。

A. 甲对其儿女的请求支付赡养费的权利

B. 甲对其母的继承权

C. 甲对其债务人所享有的偿还货款的请求权

D. 甲因被第三人打伤而对第三人享有的损害赔偿请求权

二、简答

1. 如何区分要约与要约邀请?

2. 简述合同的一般生效要件。

3. 简述先履行抗辩权的成立条件。

4. 简述合同保全的特点。

5. 合同终止后的效力有哪些？

三、案例分析

1. 甲到乙开的商店购买热水瓶。甲看到货架上标明热水瓶的价格为20元一个，甲付款后，携带热水瓶回来使用。初次使用以后，甲便发现热水瓶保温效果实在太差，开水放到热水瓶里，不到两个小时便凉了。甲便找到乙，要求更换热水瓶。但乙表示，“我在商店入口处以十分醒目的标志标明‘货物出门，概不退换’，你既然在看到标志之后，仍然到我的商店里买东西，那便意味着你接受了这种规定，所以我也就不应当给你更换热水瓶”。

问题：乙是否应当给甲更换热水瓶？为什么？

2. 甲将房屋出租给乙，每年租金2万元。乙租赁房屋之后，开了一家商店，甲经常在乙处赊账。第1年过后，乙欠甲租金2万元，而甲欠乙货款1万元。双方均未清偿。

问题：

(1) 甲能否向乙主张抵销？为什么？

(2) 甲见乙资金周转不灵，一时也不能支付租金，便向乙称：“再过60天，如果你的商店还办得下去的话，咱们之间的债便抵销1万元。”甲的抵销行为是否合法？为什么？

(3) 如果甲出了车祸，之后神志不清，被宣告为限制民事行为能力人，其能否向乙主张抵销？为什么？

第九章　票据法律制度

本章知识结构图

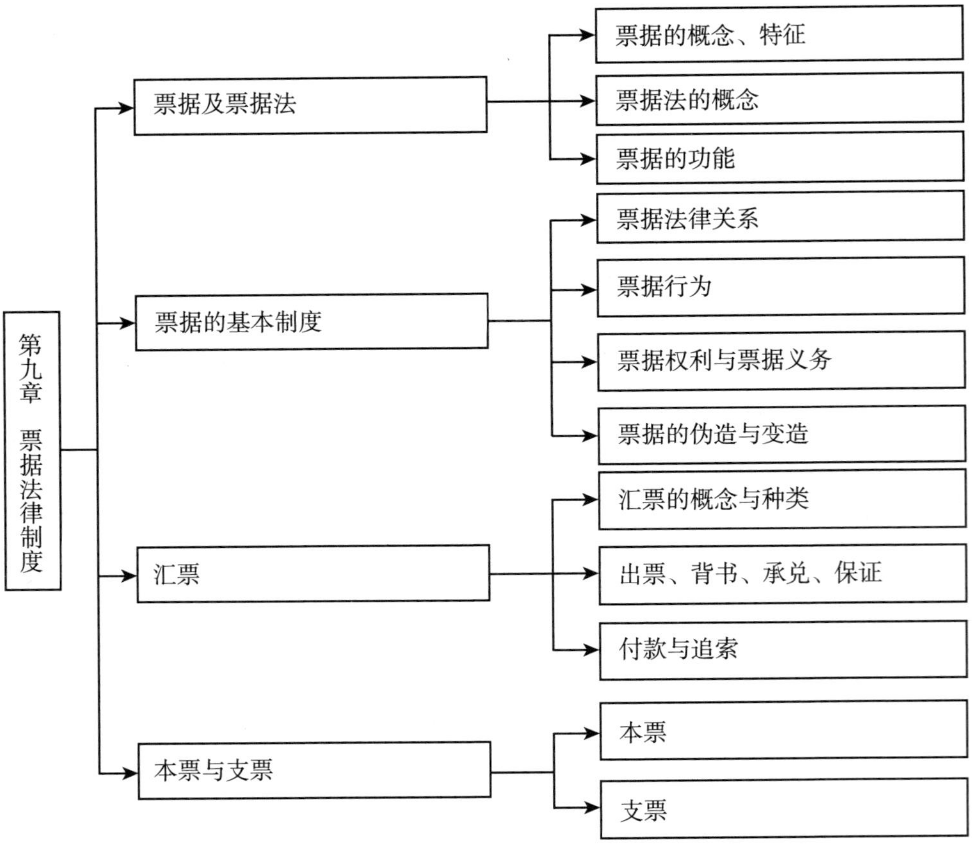

引导案例

A公司与B公司订立一买卖合同,A公司据此签发了一张以B公司为收款人,票面金额为20万元,出票后3个月付款的银行承兑汇票,并交付给B公司。1周后,B公司不慎将汇票丢失,B公司立即与A公司联系并通知银行拒绝付款。汇票被个体服装经营户张某拾得,张某在汇票背面假冒B公司的签章和其法定代表人的签章,背书转让给自己,此后张某又将汇票背书转让给C公司抵偿其欠C公司的货款。由于伪造签章逼真,C公司接受票据时未能识别真假,但于汇票到期日向银行提示付款时被银行拒绝。

问题：

1. 张某可否取得票据权利？为什么？

2. C 公司是否享有票据权利，为什么？

第一节 票据法概述

一、票据的概念与特征

（一）票据的概念

票据是指出票人依法签发的由自己或委托他人于见票时或在到期日无条件支付一定金额给收款人的一种有价证券。票据包括汇票、本票和支票。

（二）票据的特征

1. 票据是设权证券。制作票据就是创设权利，而且非依法律规定的方法，权利与票据不能分离，持票人行使票据权利应当出示票据。

2. 票据是货币债权证券。票据实质上是存款货币的表现形式。

3. 票据是流通证券。票据可以多次转让，并形成票据流通。

4. 票据是文义证券。票据权利严格依照票据上的文字记载而定，不受文字记载以外的事项影响。

5. 票据是要式证券。票据必须具备法律所要求的形式、格式，否则票据的法律效力就会受到影响。

6. 票据属于无因证券。票据关系都是基于一定的原因关系而发生的，如货款的支付、债权债务的清偿等，但票据关系成立后，即与其原因关系相分离。只要票据符合法定要式，并且依法取得，持票人就享有票据权利，在行使票据权利时，不需要向债务人证明其取得票据的原因。票据关系与票据原因关系是两种不同的法律关系。前者由票据法调整；至于签发票据是否有商品交易或者交易是否合法，则由其他有关的法律调整。

二、票据法的概念

票据法是指调整票据关系与票据运作中形成的非票据关系的法律规范的总称。1995 年 5 月 10 日第八届全国人民代表大会常务委员会第十三次会议通过并颁布了《票据法》，该法于 1996 年 1 月 1 日起施行。2004 年 8 月 28 日第十届全国人民代表大会常务委员会第十一次会议通过了《关于修改〈中华人民共和国票据法〉的决定》。

三、票据的功能

票据是市场经济中重要的交易工具，在市场经济中发挥着重要的作用。概括起来，票据的功能主要有以下几个方面。

（一）汇兑工具

票据可以作为汇兑工具使用。在市场经济的异地贸易中，发生异地支付需要时，票据可以作为汇兑工具使用，避免了异地输送大量现金的烦琐和危险。在历史上，汇票、本票就是基于汇兑功能而发展起来的。尽管由于邮汇和电汇业务的发展,在现代,票据的汇兑功能有所减弱,但在国际贸易中,票据的汇兑功能仍然在被大量利用。

(二)支付工具

票据可以用作支付工具。以开立票据或转让票据来代替现金支付,不仅可以节省和避免现金支付的麻烦和困难,而且比较安全。汇票、本票是在汇兑工具的基础上发展出支付工具功能的,支票则在最初就是作为支付工具而产生的。

(三)信用工具

在商务交易中,交易与付款不同时进行,而是由付款人签发一张票据,同意在交易以后的一定日期再对票据进行付款,这种票据利用,就是基于对应付款人的信用而接受表示将来付款的票据的。不仅如此,票据可以背书转让,具有流通性,流通的票据进一步将直接交易人之间的个人信用扩展到其他非直接交易人中,从而扩大为社会信用,使票据具有社会信用工具的功能。汇票、本票都具有信用工具的功能;支票因为见票即付的即期性,所以一般仅限于用作支付工具。

(四)结算工具

票据作为支付手段,在当事人互相持有对方所发票据,从而发生相互支付时,可以用作相互间债务的抵销;用票据进行债权债务的抵销,使票据具备了结算工具的功能。互相持有对方票据,可以是互相签发的票据,也可以是通过背书转让从他人手中取得的对方票据。利用票据进行结算,手续简便,交易安全也有所保证。在现代国际贸易中,各国都广泛实行票据交换制度,设立票据交换中心或票据交换场所,以便利用票据进行国际结算。利用票据进行国际结算是现代国际贸易中的一项重要制度。

(五)货币替代工具

票据用作支付工具和结算工具,代替了现金支付和以现金支付为内容的结算,从而节约了社会中通货的使用。不仅如此,因背书人对票据付款负有担保义务,背书转让的次数越多,票据付款的担保人越多,票据流通的价值就越高,替代通货的作用就越大。用作替代通货的工具进行流通,是票据节约通货或货币替代工具的功能。

(六)融资工具

票据可以用作融资的工具。汇票、本票的付款如果是在将来的一定期日,到期之前,持票人发生资金运用困难时,为了调动资金,持票人可将手中未到期的票据以买卖方式转让于他人,以融通资金。收买未到期的票据,再将其卖给需用票据进行支付或结算的人,可以从买卖票据的差价中获利,即使不能获利,也能在到期日取得票据付款。由于有获利的可能,买卖票据的业务逐渐发展起来。票据到期之前,发生资金运用困难的持票人,将票据卖给买卖票据的经营者,称为票据贴现。票据贴现解决了资金流转的困难,因而具有融资功能。

第二节　票据的基本制度

一、票据法律关系

有关票据的法律关系可以分为票据关系和非票据关系两类。

(一)票据关系

票据关系是指依票据法的规定,基于票据当事人的票据行为而发生于票据当事人之间的,以票据金额的给付为标的的金钱上的债权债务关系。包括票据发行关系、票据背书关系、票据承兑关系、票据保证关系、票据付款关系。

1. 票据发行关系。因出票或发行票据而产生的票据关系,称为票据发行关系。票据发行关系的当事人为出票人和收款人。

2. 票据背书关系。因票据背书行为产生的票据债权转让关系,称为票据背书关系。票据背书关系的当事人为背书人和被背书人。

3. 票据承兑关系。因票据承兑行为而产生的票据关系,称为票据承兑关系,这种关系仅发生于汇票。票据承兑关系的当事人为承兑人和持票人。

4. 票据保证关系。票据保证关系有两种含义:一是指出票人、背书人对票据付款的担保;二是指票据债务人以外的其他人对票据付款的担保。一般而言,在没有特别指明时,票据保证仅指后一种。票据保证关系的当事人为保证人、被保证人和持票人。

5. 票据付款关系。因票据付款行为而产生的票据关系,称为票据付款关系。票据付款关系的当事人为付款人和持票人。

(二)票据法上的非票据关系

票据法上的非票据关系是指与票据有关,受票据法调整,但基于其他法律事实而非票据行为产生的法律关系。

1. 与票据所有权相关的程序法律关系。失票人一方面,不因丧失票据而丧失票据权利,仍可请求债务人付款,被请求付款的债务人可以要求失票人提供担保。另一方面,失票人可以通过挂失止付、公示催告和提起诉讼等进行补救。挂失止付是指失票人丧失票据后,及时通知付款人暂停支付票款。付款人获得通知后,应当暂停支付。公示催告是指失票人失票后,申请法院宣告票据权利与票据分离。提起诉讼是指失票人请求法院保障其对付款人的权利。

2. 利益偿还请求权关系。持票人因超过票据权利时效或者因票据记载事项欠缺而丧失票据权利时,仍享有民事权利,可以请求出票人或者承兑人返还其与未支付的票据金额相当的利益。

3. 其他关系。包括汇票持有人请求出票人发给复本、汇票复本持票人请求复本接受人交还复本、付款人付款后请求持票人交还票据、汇票誊本持有人请求原本接受人交还原本等关系。

(三)民法上的非票据关系

也称为票据的基础关系或实质关系,是指不为票据法调整,但与票据行为、票据关系有密切联系的关系,如票据原因关系、票据资金关系、票据预约关系等。票据原因关系大多是一定金额支付关系,但设定质权和委任取款除外。票据资金关系是指汇票和支票的出票人与付款人之间的资金往来关系。票据预约关系是指当事人使用票据的约定。基础关系不影响票据关系的效力。

二、票据行为

(一)票据行为的概念与特征

票据行为是指以产生、变更、消灭票据法律关系为目的的票据法律行为和准票据法律行为。票据法律行为是承担票据责任的法律行为,它以意思表示为要素,包括出票、背书、承兑、保证、付款。票据法律行为可分为基本票据行为和附属票据行为。前者是指出票行为,后者是指其他票据行为。

准票据法律行为是由法律直接规定其法律效力,而不以意思表示为要素的票据行为,包括付款、画线、涂销等。

(二)票据行为的特征

1. 要式性。各种票据行为都必须按照法定要式(法定内容和格式)记载于票据上并签章。

2. 文义性。在票据上签章的人应依所记载的事项承担票据责任。债务人不得以票据记载以外的事由对抗债权人,债权人不得向债务人主张票据记载以外的权利。

3. 独立性。票据上的各种行为独立发生法律效力,其中一个行为无效,不影响其他票据行为的效力。如伪造签章或者无行为能力人或限制行为能力人的签章等无效,并不影响其他真实签章的效力。

(三)票据行为有效的条件

1. 行为人有票据行为能力,即行为人必须具备民法上的权利能力与行为能力。

2. 意思表示要真实。票据行为的意思表示要真实,但违反法律或者社会公共利益、以合法形式掩盖非法目的、显失公平、行为人本身的错误等,不属于票据法调整的范畴。

3. 票据行为的形式要件包括以下几个方面。

(1)必须采用书面形式。

(2)记载事项。包括应记载事项、任意记载事项、不发生票据法效力的事项以及不得记载事项4种情形。应记载事项包括绝对应记载事项和相对应记载事项。前者是指票据法规定必须记载的事项,如不记载,票据无效,如票据金额。后者是指票据法明文规定应当记载事项,如不记载,法律另作补充规定的事项。如未记载到期日,则认作见票即付。任意记载事项,此种事项记载与否由当事人选择,一旦记载,则发生票据法上的效力,如票据金额的利息与利率等。不发生票据法效力的事项,即票据法规定记载后不发生票据法效力的事项。不得记载事项,即票据法禁止记载的事项。它分为记载本身无效的事项和使票据无效的记载事项。前者是指记载后视为无记载的事项。记载无效,但票据有效,如背书附条件。后者是指一经记载,票据无效的事项,如票据金额附有条件。

(3)签章。为签名、盖章或者签名加盖章。法人和其他使用票据的单位在票据上的签章,为该法人或者该单位的盖章加其法定代表人或者其授权的代理人的签章。在票据上签名,应当签该当事人的本名。

(4)票据的交付,即将票据交给相对人占有的行为。交付是票据行为成立有效的要件。

(四)票据的变更

票据的变更包括更改与涂销。更改是指原记载人改写票据金额、日期、收款人名称以外事项并签章的行为;涂销是指原记载人涂抹或消除票据金额、日期、收款人名称以外事项并签章的行为。票据金额、日期、收款人名称不得变更,变更的票据无效。票据交付前,票据行为人可以自行变更自己书写的票据文句。票据交付后,票据行为人须经全体票据关系当事人同意才能变更自己书写的票据文句,并在变更处签章。

(五)空白票据

空白票据是指票据行为人预先签名于票据上,并将票据上其他记载事项的一部分或全部授权持票人补全的票据。常见的有空白汇票与空白支票。

三、票据权利与票据义务

(一)票据权利

票据权利是指持票人向票据债务人请求支付票据金额和有关费用的权利,包括付款请求权和追索权。付款请求权又称为第一次票据权利,是指票据权利人向票据主债务人请求支付票据金额的权利;追索权又称为第二次票据权利,是指主债务人拒绝承兑、拒绝付款或发生其他法定原因时,持票人可向其前手请求偿付票据金额及其他法定款项的权利。

1. 票据权利的取得。票据权利的取得是指因一定法律事实而取得票据。票据的取得,必须给付票据双方当事人认可的相对应的对价。因法定原因可以依法无偿取得票据的,不受给付对价的限制,但所享有的票据权利不得优于其前手的权利。以欺诈、偷窃或者胁迫等手段取得票据的,或者明知有前列情形,出于恶意取得票据的,不享有票据权利。持票人因重大过失取得不符合票据法规定的票据的,也不得享有票据权利。应当背书的票据背书不连续,则持票据人不能取得票据权利。

取得分为原始取得和继受取得。原始取得是指从出票人处取得票据;继受取得是指通过转让从持票人处取得票据,或因法定原因,如税收、继承、赠与、公司合并等取得票据。另外,票据上的受让人,可依票据法所规定的转让方法,善意地从无权利人处取得票据,从而享有票据权利。

2. 票据权利的行使与保全。票据权利的行使是指持票人在法定期限,在票据记载的特定地点或债务人所在地,向债务人出示票据,请求票据债务人履行票据债务,包括行使承兑请求权、付款请求权和追索权。票据权利的保全是指持票人为防止票据权利丧失所作的行为,包括作成证明持票人已遭退票的拒绝证书、催告履行、起诉、向前手通知提起诉讼。

3. 票据权利的消灭。票据权利的消灭是指因一定的法律事实而使票据权利不复存在。票据权利消灭分为绝对消灭与相对消灭。绝对消灭是指因票据自身原因或票据法规定原因所致的消灭,如因票据上的记载、票据毁损、未进行权利保全而致消灭;相对消灭是指基于民法上原因而致消灭,如因付款、抵销、免除、提存、撤销等消灭。此外,票据权利还因于一定期限内不行使而消灭。

4. 票据抗辩。票据抗辩是指票据债务人根据票据法规定对票据债权人拒绝履行义务的行为。票据债务人不得以自己与出票人或者与持票人的前手之间的抗辩事由对抗持票人,但是,持票人明知存在抗辩事由而取得票据的除外。票据债务人可以对不履行约定义务的与自己有直接债权债务关系的持票人进行抗辩。

(二)票据义务

票据义务是指票据债务人向持票人支付票据金额和有关费用的责任。票据义务主要包括:(1)付款人负有无条件支付票款的义务;(2)出票人、背书人等债务人有担保承兑和担保付款的义务;(3)当付款人不履行付款义务时,票据的所有债务人负连带付款责任。

此外,票据债务人不依法履行付款义务而造成损失的,应当承担赔偿责任。

四、票据的伪造与变造

(一)票据的伪造

票据的伪造,是指以行使票据上权利义务为目的,假冒他人名义为票据行为的行为。它包括伪造票据上的签章和其他记载事项。

票据上有伪造的签章的,不影响票据上其他真实签章的效力。伪造票据的,应当承担法律责任。

(二)票据的变造

票据的变造,是指没有变更权限的人,以票据权利义务得以行使为目的,变更票据上记载的除签名以外的有关事项的行为。

票据上有变造签章的,不影响票据上其他真实签章的效力。变造票据的,应当承担法律责任。票据上其他记载事项被变造的,在变造之前签章的人,对原记载事项负责;在变造之后签章的人,对变造之后的记载事项负责;不能辨别是在票据被变造之前或者之后签章的,视同在变造之前签章。

第三节　汇　　票

一、汇票的概念与种类

(一)汇票的概念

汇票,是指出票人签发的,委托付款人在见票时或者在指定日期无条件支付确定的金额给收款人或者持票人的票据。

(二)汇票的种类

1. 银行汇票与商业汇票

银行汇票是指由银行签发给在本银行存有货币的收款人,收款人持往异地办理转账结算或支取现金的汇票。银行汇票的出票人是收款人所在地银行,付款人是收款人要到达的异地的银行,收款人则是前述在出票银行存有货币的人。商业汇票是指由付款人或存款人(或承兑申请人)签发的,由承兑人承兑,并于到期日向收款人或被背书人支付款项的汇票。商业汇票的出票人是交易中的卖方或买方，付款人是买方或买方的开户银行，收款人则是卖方。

2. 即期汇票、板期汇票、计期汇票、注期汇票

即期汇票，是载明“见票即付”，或未记载任何到期日的汇票；板期汇票，是载明具体的日期为到期日的汇票，如×年×月×日付款的汇票；计期汇票，是以载明的一段时间的末日为到期日的汇票，如于出票后×个月付款的汇票；注期汇票，是载明从承兑提示之日起，经过出票人规定的一段时间的末日为到期日，如于见票后×个月付款的汇票。

二、出票

（一）出票的概念

出票是指出票人签发票据，即按照法定要式作成票据，并将其交付给收款人的票据行为。汇票的出票人必须与付款人具有真实的委托付款关系，并且具有支付汇票金额的可靠的资金来源。不得签发无对价的汇票用以骗取银行或者其他票据当事人的资金。

（二）汇票的记载内容

1. 汇票绝对记载事项。表明“汇票”的字样；无条件支付的委托；确定的金额；付款人名称；收款人名称；出票日期；出票人签章。

2. 汇票相对记载事项。（1）付款日期即汇票到期日。如未载明，则为见票即付；如作记载，则须载明见票即付、定日付款、出票后定期付款或见票后定期付款。（2）付款地。如无记载，则为付款人的营业场所、住所或经常居住地；如作记载，则是任何的最小行政区。（3）出票地。如无记载，则为出票人的营业场所、住所或者经营居住地；如作记载，则为真实的出票地或载明的出票地。

3. 其他事项。汇票上可载其他出票事项，但不发生汇票上的法律效力。

（三）出票的法律效力

1. 对出票人的效力。出票后，出票人即须承担保证该汇票承兑和付款的责任。出票人在汇票得不到承兑或者付款时，应当向持票人清偿被拒付的汇票金额或已清偿的全部金额及有关利息和费用。

2. 对付款人的效力。出票后，付款人须承担承兑和付款义务。

3. 对收款人的效力。出票后，收款人取得付款请求权和追索权。

三、背书

（一）背书的概念及特征

背书是以转让票据权利或者将一定票据权利授予他人行使为目的的票据行为。背书具有以下特征。

1. 背书必须按照法定要式在票据背面或者粘单上记载有关事项并签章。汇票的转让一般须通过背书和交付完成；以背书转让的汇票，后手应对其直接前手背书的真实性负责。

2. 背书只需背书人单方意思表示即可生效，无须通知债务人。

3. 背书是要式行为。

4. 背书不得附条件。背书时附有条件的，所附条件不具有汇票上的效力；将汇票金额的一部分转让的背书或者将汇票金额分别转让给 2 人以上的背书无效。

5. 被背书人无限制，即使被背书人是前手，票据债权债务也不因混同而消灭。

(二)背书性与禁止背书

汇票的背书性是指一切票据,无论记名与否都可背书转让。禁止背书是指出票人、背书人记载“不得转让”或基于法律直接规定取消票据的背书性。出票人禁止背书后,票据不得转让。背书人禁止背书后票据仍可转让,背书人的后手再背书转让的,原背书人对后手的被背书人不承担保证责任。汇票被拒绝承兑、被拒绝付款或者超过付款提示期限的,不得背书转让;背书转让的,背书人应当承担汇票责任。

(三)一般转让背书

一般转让背书,是指以转让票据权利为目的,并具有完全的权利转移和权利担保效力的背书。它分为完全背书和空白背书。完全背书是指背书人记明自己和被背书人姓名的背书。我国只承认完全背书。空白背书是指背书人仅记明自己的姓名,而不记载被背书人姓名的背书。

除须由背书人签章外,完全背书还须记载被背书人姓名。此外,背书人可任意记载如下事项:背书的日期,如无记载则视为在汇票到期日前背书;禁止背书文句;预备付款人;免除担保承兑与付款文句,但我国票据法对此予以禁止;住所;免除追索通知的义务。依我国票据法,如下事项不得记载,否则票据无效:

(1)将汇票金额的一部分背书转让;

(2)将汇票金额分别转让给 2 人甚至多人。

此外,背书不得附条件,如附条件,则不发生票据法上的效力。

背书行为具有以下法律效力:(1)权利转移效力,汇票一经背书,汇票上的一切权利,包括付款请求权、对前手的追索权、对票据保证人的权利、转让票据的权利,都从背书人转移给被背书人;(2)担保付款效力,背书人以背书转让汇票后,即承担保证其后手所持汇票承兑和付款的责任,背书人在汇票得不到承兑或付款时,背书人应向持票人清偿被拒付的汇票金额或已清偿的全部金额及其他有关利息和费用;(3)权利证明效力,持票人以背书的连续证明其汇票权利。连续背书是指在票据转让中,转让汇票的背书人与受让汇票的被背书人在汇票上的签章依次前后衔接。非经背书转让,而以其他合法方式取得汇票的,依法举证,以证明其汇票权利。

(四)特殊转让背书

特殊转让背书是指该种背书的权利转移效力和担保付款效力受到一定限制的背书,包括以下几类。

1. 无担保背书。即背书人记载了免除担保承兑和付款责任的背书。我国票据法不承认此种背书。

2. 禁止转让背书。即背书人记载了“不得转让”字样的背书。

3. 回头背书。回头背书是指以汇票上已有的债务人,如出票人、背书人、保证人等,为被背书人的背书。被背书人只能在到期日前依背书转让汇票,而且其追索权受到限制。

4. 期后背书。期后背书是指在汇票上所载的到期日后所为的背书。它分为期日后背书和期限后背书。前者是指到期日后作成拒绝证书以前所为的背书。后者是指作成拒绝证书期限届满后所为的背书。期后背书仅具有权利转移、权利证明的效力。期后背书仅具一般债权转让效力,即持票人不受抗辩切断及善意取得的保护。所谓抗辩切断,也称抗辩排除,是指在就某一票据权利存在对人抗辩事由的场合,当该票据权利依票据法规定的转让方式进行转让时,该抗辩事由不随之转移,票据债务人不得以之对抗后手票据权利人。

(五)非转让背书

非转让背书是指不以转让汇票为目的的背书,包括以下几类。

1. 委任背书。委任背书即记载“委托收款”字样的背书,被背书人不得再以背书转让汇票权利。

2. 设质背书。设质背书即记载“质押”字样的背书,被背书人依法实现其质权时,可以行使汇票权利。

四、承兑

(一)承兑的概念及要求

承兑是指汇票付款人承诺在汇票到期日支付汇票金额的票据行为。

承兑不得附有条件,承兑附有条件的,视为拒绝承兑;付款人收到付款请求时可以承兑或不承兑;付款人承兑汇票后,应当承担到期付款的责任;只有事先得到付款人的承诺,收款人才能在到期日获得付款。

(二)提示承兑

提示承兑是指持票人向付款人出示汇票,并要求付款人承诺付款的行为。

汇票可以由持票人在汇票签发时或到期日前请求付款人承兑。定日付款或者出票后定期付款的汇票,持票人应在汇票到期日前提示。见票后定期付款的汇票,持票人应自出票日起1个月内提示。汇票未按照规定期限提示承兑的,持票人丧失对其前手的追索权。见票即付的汇票无须提示承兑。

(三)承兑成立的条件

付款人应自收到提示承兑的汇票之日起3日内决定承兑或拒绝承兑。付款人承兑汇票的,应在汇票正面记载“承兑”字样和承兑日期并签章。见票后定期付款的汇票,应当记载付款日期;汇票上未记载承兑日期的,以收到提示承兑的汇票之日起第3日为承兑日期。

五、保证

(一)保证的概念

保证是指票据债务人以外的人担保票据债务履行的票据行为。

票据保证必须记载下列事项:(1)表明“保证”的字样;(2)保证人的名称和住所;(3)被保证人的名称,如未记载,则已承兑的汇票以承兑人为被保证人,未承兑的汇票以出票人为被保证人;(4)保证日期,如未记载,则以出票日为保证日期;(5)保证人签章。

保证不得附条件,所附条件不影响保证责任。

(二)保证的法律效力

保证的法律效力体现在以下三个方面。

1. 保证人的责任。除被保证人的债务因汇票记载事项欠缺而无效外,保证人对合法持票人承担保证责任。而且,保证人和被保证人承担连带责任。

2. 2个以上保证人的责任。保证人为2人以上的,保证人之间承担连带责任。

3. 保证人的追索权。保证人清偿票据债务后,可以行使持票人对被保证人及其前手的追索权。

六、付款

(一)付款的概念

付款,是指汇票上的付款人,在持票人提示付款后,向持票人支付汇票金额,以终止票据法律关系为目的的事实行为。提示付款是指持票人向付款人出示汇票,请求其支付汇票金额的行为。只有在提示后不付款,付款人才构成债务不履行。

见票即付的汇票,自出票日起 1 个月内向付款人提示付款。见票即付汇票的提示日期为到期日;定日付款、出票后定期付款、见票后定期付款的汇票,自到期日起 10 日内向承兑人提示付款。持票人未在法定期限内提示付款的,在作出说明后,承兑人或付款人仍应继续承担付款责任。通过委托收款银行或者通过票据交换系统向付款人提示付款的,视同持票人提示付款。

(二)付款行为及其效力

付款行为是指付款人向按期提示的持票人支付票款的法律行为。付款人必须在持票人提示付款当日足额付款。

付款人付款时,应审查汇票背书的连续性和提示付款人的身份证明。如付款人恶意或重大过失而付款的,应自行承担责任。付款人依法足额付款后,全体债务人的责任解除。对定日付款、出票后定期付款、见票后定期付款的汇票,付款人在到期日前付款的,由付款人自行承担由此产生的责任。

七、追索

(一)追索权的概念

追索权是指不获承兑或付款的持票人向汇票上的担保人进行追索的权利。

追索权人可以是持票人、因清偿而取得汇票的人、背书人、保证人。但是,如持票人为出票人,对其前手无追索权;如持票人是背书人,对其后手无追索权。被追索人可以是背书人、出票人、承兑人和保证人等汇票债务人。被追索人清偿债务后,其责任解除。

(二)行使追索权的条件

1. 持票人依法提示承兑和提示付款。

2. 不获承兑或付款。它包括 4 种情况:(1)汇票到期被拒绝付款;(2)到期日前汇票被拒绝承兑;(3)承兑人或者付款人死亡、逃匿;(4)承兑人或者付款人依法被宣告破产或者因违法被责令终止业务活动。

3. 持票人提供有关证明。持票人未能依法提供拒绝证明、退票理由书、法院宣告破产的司法文书、行政机关的处罚决定或其他有关证明的,丧失对其前手的追索权。但是,承兑人或者付款人仍应对持票人承担责任。

(三)追索权的行使

持票人被拒绝后,应自收到有关拒绝证明之日起 3 日内通知其前手,其前手应依法通知其再前手。通知与否,不影响追索权的行使。但因迟延通知给前手或出票人造成损失的,由没有按照规定期限通知的汇票当事人,在汇票金额范围内承担赔偿责任。持票人行使追索权,可以请求被追索人支付被拒绝付款的汇票金额等,被追索人对持票人承担连带责任。被追索人收到通知后应当自动清偿债务；否则，持票人可对任何债务人行使追索权。

（四）再追索权的行使

被追索人清偿债务后，与持票人享有同一权利，可以向其他汇票债务人行使再追索权，请求支付已清偿的全部金额等。

第四节　本票和支票

一、本票

（一）本票的概念及特征

本票，是指出票人签发的，承诺自己在见票时无条件支付确定的金额给收款人或者持票人的票据。我国票据法所称本票为银行本票。

本票具有以下特征：（1）本票的付款人就是出票人；（2）本票没有承兑制度；（3）本票的出票行为、背书、保证、付款行为和追索权的行使，可以适用汇票的有关规定。

（二）本票的特别制度规定

1. 本票出票人的资格由中国人民银行审定；

2. 出票人必须具有支付本票金额的可靠资金来源，并保证支付；

3. 本票必须记载表明“本票”的字样、无条件支付的承诺、确定的金额、收款人的名称、出票日期、出票人签章、本票应当记载付款地和出票地，如未记载，则为出票人营业场所；

4. 本票可以记载其他事项；

5. 持票人提示见票时，出票人必须承担付款责任；

6. 本票的付款期限自出票之日起最长不超过 2 个月，本票的持票人未按照规定期限提示见票的，丧失对出票人以外的前手的追索权。

二、支票

（一）支票的概念及特征

支票，是指出票人签发的，委托办理支票存款业务的银行或者其他金融机构在见票时无条件支付确定金额给收款人或者持票人的票据。

支票具有以下特征：（1）支票可以用于支取现金，也可用于转账，用于转账时，应在支票正面注明；（2）专门的现金支票只能用于支取现金，不能用于转账；（3）专门的转账支票只能用于转账，不能用于支取现金；（4）支票出票、背书、付款行为和追索权的行使，可以适用汇票的有关规定。

（二）支票的特别制度规定

1. 出票人在出票前必须以其本名开立存款账户，并预留其本名的签名式样和印鉴；

2. 开立账户和领用支票，应有可靠的资信并存入一定的资金；

3. 禁止签发金额超过其付款时在付款人处实有的存款金额的支票即空头支票；

4. 不得签发与其预留本名的签名式样或者印鉴不符的支票；

5. 支票必须记载表明“支票”的字样、无条件支付的委托、确定的金额、付款人名称、出票日期、出票人签章;

6. 支票的金额可由出票人授权补记,补记之前的支票不得使用;

7. 出票人可将自己记载为收款人,支票上未记载收款人的,出票人可授权补记;

8. 支票上未记载付款地的,付款人的营业场所为付款地;

9. 支票上未记载出票地的,出票人的营业场所、住所或者经常居住地为出票地;

10. 支票限于见票即付,不得另行记载付款日期,否则记载无效。

支票的持票人应自出票日起10日内提示付款;异地使用的支票,提示期限另行规定。超过提示付款期限的,付款人可不付款,但出票人仍应对持票人承担票据责任。出票人必须按照签发的支票金额承担保证向该持票人付款的责任。如出票人在付款人处的存款足以支付的,付款人应于当日足额付款。付款人依法支付支票金额的,对出票人不再承担委托付款的责任,对持票人不再承担付款的责任。但是,付款人恶意或重大过失而付款的除外。

复习思考题

一、单项选择

1. 依我国《票据法》的规定,通过继承、赠予等无偿方式取得票据的持票人(　　)。

A. 不得享有票据权利　　B. 不得享有付款请求权

C. 不得享有追索权　　D. 不得享有优于前手的票据权利

2. 票据保证的保证人为2人以上的,保证人之间承担的责任是(　　)。

A. 连带责任　　B. 按份责任

C. 补充责任　　D. 共有责任

3. 根据我国《票据法》的规定,背书时附有条件的,所附条件(　　)。

A. 在条件成就时有票据上的效力

B. 不具有票据上的效力

C. 无论条件是否成就,均具有法律上的效力

D. 在承兑前有法律效力,在承兑后无法律效力

4. 下列关于本票付款的说法中,不正确的是(　　)。

A. 我国的本票为见票即付,而不存在远期本票

B. 持票人需要按照规定提示付款人承兑以后再提示付款

C. 一般情况下,本票的付款人即为本票的出票人

D. 在我国,本票上不会存在期前付款的情况

5. 季某将一张支票的收款人“李某”改为“季某”,此改动未在票据上显示痕迹。这种情况下(　　)。

A. 票据仍然有效　　B. 票据无效

C. 季某可以取得票据权利　　D. 变造事项无效

二、简答

1. 简述票据的概念及其特征。

2. 简述票据法律行为的特点。

3. 简述票据行为有效的条件。

三、案例分析

1. 甲公司向某工商银行申请一张银行承兑汇票,该银行作了必要的审查后受理了这份申请,并依法在票据上签章。甲公司得到这张票据后没有在票据上签章便将该票据直接交付给乙公司作为购货款。乙公司又将此票据背书转让给丙公司以偿债。到了票据上记载的付款日期,丙公司持票向承兑银行请求付款时,该银行以票据无效为由拒绝付款。

问题:

(1)从以上案情显示的情况看,这张汇票是否有效?为什么?

(2)根据我国《票据法》关于汇票出票行为的规定,记载了哪些事项的汇票才为有效票据?

(3)银行既然在票据上依法签章,它是否可以拒绝付款?为什么?

2. 甲打麻将输给乙2万元,为敷衍这笔“赌债”而签发了一张金额为2万元人民币的支票给乙。乙为偿还所欠丙之货款,又将该张支票背书给丙。丙在向银行提示付款时,却发现该支票是一张空头支票,遂转而向甲索要支票金额。甲辩称:赌博之债为非法之债,不受法律保护,这张支票为无效支票,因此甲拒绝承担追索责任。

问题:

(1)甲签发的这张支票是否有效?为什么?

(2)甲对丙的抗辩是否合法?为什么?

(3)甲是否应当对丙承担追索责任?

第四编　市场规制法律制度

第十章　反垄断法律制度

本章知识结构图

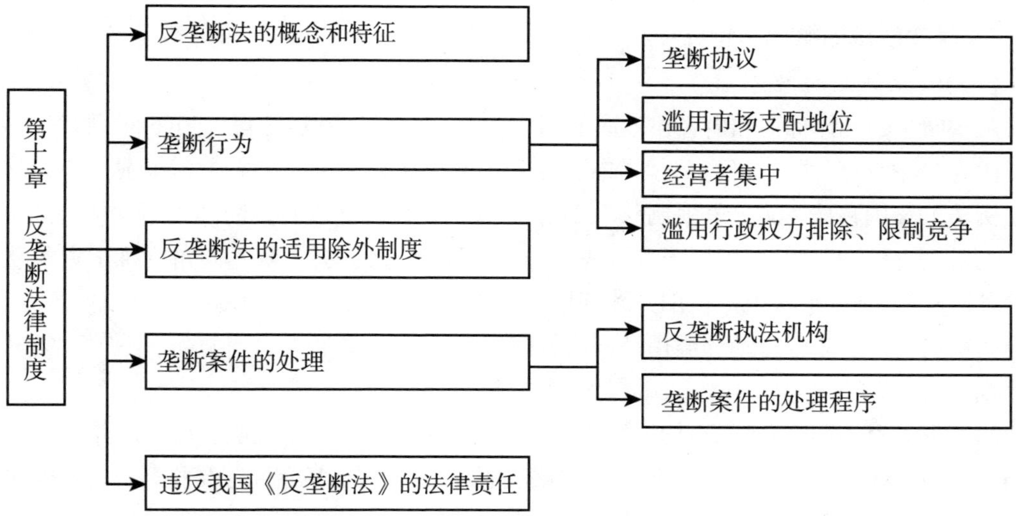

引导案例

辽宁省抚顺市某区民政局下属的结婚登记处，自2014年1月至2015年3月，在办理3687对新婚夫妇的结婚登记时，限定他们接受其指定的该区结婚服务中心提供的服务项目，包括收看婚前教育录像片（10元光碟）、拍摄结婚登记照（20元）、购买结婚纪念币（一套10元）等，每对夫妇共收取75元，先后获得违法所得112,817.55元。

问题：该婚姻登记处的行为如何定性？应该如何处理该违法行为？

第一节　反垄断法概述

一、垄断的概念

在经济学领域，垄断是指少数大公司、企业或者若干企业的联合独占生产和市场，控制一个甚至几个生产部门的生产和流通，在该部门的经济活动中取得控制地位，操纵这些部门产品的销售价格和某些生产资料的购买价格,以保证获取高额利润的行为。

法律意义上的垄断,是指违反法律或社会公共利益,通过合谋性协议,安排或协同行动,或者通过滥用经济优势地位,排斥或控制其他正当的经济活动,在一定的生产领域或流通领域内实质上限制竞争的经济行为。法律上的垄断概念,强调了垄断的违法性和社会危害性特征。法律未规定禁止的垄断不属于垄断行为。显然,法律上的垄断概念的外延要比经济学的垄断概念的外延小得多。

垄断除有损害竞争机制的一面外,也有其合理的一面,比如,对于自然垄断、规模经济和技术进步导致的垄断、特许行业的合法垄断、抵御经济不景气或者有利于民族利益的垄断协议等,反垄断法允许其适用除外或者豁免适用。

二、反垄断法的概念和特征

(一)反垄断法的概念

反垄断法的具体称谓和内容在不同的国家和不同的经济发展阶段有所不同,如美国称反垄断法为"反托拉斯法",英国称为"垄断企业和限制性贸易惯例(调查和控制)法""限制性贸易惯例法",德国称为"反竞争限制法",日本称为"关于禁止私人垄断和确保公共交易的法律"。我国将反垄断法与反不正当竞争法一起并列称为"竞争法",从不同角度维护竞争秩序。尽管各国立法不同,但规范的范围大致相同。反垄断法是指有关禁止阻碍、限制或妨害竞争的企业间协议、合谋、联合行动和滥用经济优势的行为,借以保护市场公平竞争,维护市场秩序的法律规范体系。

2007 年 8 月 30 日第十届全国人民代表大会常务委员会第二十九次会议通过并颁布了《反垄断法》,自 2008 年 8 月 1 日起施行。根据该法的规定,我国的反垄断法是指通过对垄断协议、滥用市场支配地位、经营者集中等垄断行为进行规制,进而预防和制止垄断行为,保护市场公平竞争,提高经济运行效率,维护消费者利益和社会公共利益,促进社会主义市场经济健康发展的法律规范体系。

(二)反垄断法的特征

1. 以捍卫整体利益为本位

行政法以权力为本位,民法以个人权利为本位,包括反垄断法在内的经济法则具有明显的社会性,以社会整体利益为本位。而经济法的社会本位,是指它对经济关系的调整立足于社会整体,在任何情况下都以大多数人的意志和利益为重。作为经济法的典型代表,反垄断法正是通过对垄断状态与垄断行为的规制来达到维护自由、公平、有序的竞争秩序的目的,进而保护了广大人民群众的整体利益,即社会公共利益。由此可见,反垄断法在调整竞争关系时,既不是直接出于对国家利益的维护,也不是出于对个体利益的维护,而是出于对社会整体利益的维护。当然,反垄断法在保护了整体利益的同时,通常也就保护了国家利益和大多数个体利益。

2. 具有明显的经济政策性

反垄断法的经济政策性主要体现在两个方面:一方面,反垄断法的制定和修改要充分体现国家的经济政策,尤其是竞争政策和产业政策;另一方面,反垄断的执法和司法活动通常也要反映一个国家在特定时期的经济政策,从而具有较大的灵活性,以至于同样的法条在不同的国家以及不同国家的不同时期的执行情况可能有很大的差异。

3. 是以综合性的调整方法来调整竞争关系的竞争政策法

首先,反垄断法在实现其对市场竞争关系的调整时,采用的是经济法所特有的综合性调整方法,即以解割处于垄断状态(主要是处于独占或准独占地位,同时又有垄断行为的大企业)的企业、发布禁令、批准、罚款等行政手段为主,同时附以民事调整方法。其次,由于反垄断法的制定、修改及执行都体现了国家在特定时期的经济政策,尤其是竞争政策,所以反垄断法可以说是竞争政策法的重要组成部分,而竞争政策法是经济法中的市场管理法或市场运行法的主体。因此,反垄断法是狭义的竞争政策法的两大支柱之一,是禁止排除或限制竞争的状态和行为的经济法。

4. 是实体法与程序法的统一体

反垄断法由反垄断实体法和反垄断程序法两部分组成。其中,反垄断实体法为反垄断法的主体内容,它是对排除或限制竞争的状态和行为的规制,主要包括禁止严重限制竞争的垄断协议即横向和纵向垄断协议、禁止具有市场支配地位的企业即经营者滥用垄断力、对大企业合并的监控以及反垄断法适用除外的领域等几部分。在我国,还应当包括禁止行政性垄断制度。而反垄断程序法从广义上来讲包括两部分:一部分是关于反垄断主管机构执行反垄断法的行政程序,如对大企业合并的监控程序、对企业之间横向垄断协议即卡特尔协议的登记或批准程序;另一部分是在适用反垄断法实体规范过程中产生的诉讼程序,如对反垄断主管机构的禁令不服向有关法院提起诉讼的程序、反垄断主管机构以政府及政府部门为被告提起的诉讼程序,以及反垄断主管机构用准司法程序审理案件的程序等。

第二节　垄断行为

一、垄断协议

我国《反垄断法》所禁止的垄断行为包括4种类型:一是经营者的垄断协议;二是经营者滥用市场支配地位;三是经营者集中;四是滥用行政权力排除、限制竞争。其中,前三类垄断行为的主体是经营者,即从事商品生产、经营或者提供服务的自然人、法人和其他组织。第四类垄断行为的主体是行政机关的法律、法规授权的具有管理公共事务职能的组织。

(一)垄断协议的概念

所谓垄断协议,就是通常所说的卡特尔,是指经营者之间通过合谋性协议安排或者协调行动,相互约束各自的经济活动,违反公共利益,在一定的交易领域内排除、限制竞争的行为。我国《反垄断法》第13条第2款将其界定为:“本法所称垄断协议,是指排除、限制竞争的协议、决定或者其他协同行为。”

经营者达成垄断协议是经济生活中一种最常见、最典型的垄断行为,往往造成固定价格、划分市场以及阻碍、限制其他经营者进入市场等排除、限制竞争的后果,对市场危害很大,为各国反垄断法所禁止。但同时,在实践中经营者达成的某些协议虽然具有限制竞争的后果,但整体上有利于技术进步、经济发展和社会公共利益。因此,各国反垄断法又大都规定在一定情况下,对经营者达成的这类协议予以豁免。

(二)垄断协议的要件

垄断协议必须具备以下条件:第一,经营者之间存在相互约束的共同行为或协调行动,即经营者都必须受共同行动或协商行动的约束,不许擅自行动;第二,经营者之间存在共谋,即经营者之间通过协商或默契,形成了共同的认识,其形式可能表现为协议,也可能通过当事人的共同行为或协商行动才能表现出来;第三,经营者的行为必须在客观上引起限制或妨害竞争的结果。也就是说,经营者之间通过共谋,采取共同行为或者协商行动,必然产生了当事人之间竞争的回避,或者限制了第三人在该市场中的竞争力量。

(三)垄断协议的分类

根据反垄断法的理论,垄断协议行为又可以分成横向限制竞争行为和纵向限制竞争行为。横向限制竞争行为,是指处于同一生产或流通环节的、经济水平相当的企业之间通过协议,以控制企业经济活动的某一特定方面。它的一个主要特征是当事人处于同一生产或流通环节,或同为生产者,或同为销售者,或同为购买者。另外,当事人之间的经济实力应当是相当接近的,只有实力相当才能达到平等的横向限制,否则将形成滥用经济优势地位,而非横向限制了。纵向限制竞争行为,是指处于不同流通环节的企业之间的垄断,它的主要特征是发生在不同流通环节的企业之间,如生产者与批发商、批发商与零售商之间等。

我国《反垄断法》根据垄断协议主体的不同,将其分为以下两类。

1. 具有竞争关系的经营者达成的垄断协议。主要包括:(1)固定或者变更商品价格;(2)限制商品的生产数量或者销售数量;(3)分割销售市场或者原材料采购市场;(4)限制购买新技术、新设备或者限制开发新技术、新产品;(5)联合抵制交易;(6)国务院反垄断执行机构认定的其他垄断协议。

2. 经营者与交易相对人达成的垄断协议。主要包括:(1)固定向第三人转售商品的价格;(2)限定向第三人转售商品的最低价格;(3)国务院反垄断执法机构认定的其他垄断协议。

此外,法律还特别强调,行业协会不得组织本行业的经营者从事我国《反垄断法》禁止的协议垄断行为。

二、滥用市场支配地位

(一)市场支配地位的概念和认定标准

1. 市场支配地位的概念

我国《反垄断法》第17条第2款明确规定:"本法所称市场支配地位,是指经营者在相关市场内具有能够控制商品价格、数量或者其他交易条件,或者能够阻碍、影响其他经营者进入相关市场能力的市场地位。"其中,"相关市场"是指"经营者在一定时期内就特定商品或者服务进行竞争的商品范围和地域范围"。

2. 市场支配地位认定标准

我国《反垄断法》对市场支配地位的认定标准作了具体的规定。该法第18条规定,认定经营者具有市场支配地位,应当依据下列因素:(1)该经营者在相关市场的市场份额,以及相关市场的竞争状态;(2)该经营者控制销售市场或者原材料采购市场的能力;(3)该经营者的财力和技术条件;(4)其他经营者对该经营者在交易上的依赖程度;(5)其他经营者进入相关市场的难易程度;(6)与认定该经营者市场支配地位有关的其他因素。

我国《反垄断法》第19条规定,有下列情形之一的,可以推定经营者具有市场支配地位:(1)一个经营者在相关市场的市场份额达到1/2的;(2)两个经营者在相关市场的市场份额合计达到2/3的;(3)3个经营者在相关市场的市场份额达到3/4的。有前述第2项、第3项规定的情形,其中有的经营者市场份额不足1/10的,不应当推定该经营者具有市场支配地位。被推定具有市场支配地位的经营者,有证据证明不具有市场支配地位的,不应当认定其具有市场支配地位。

(二)滥用市场支配地位的表现形式

从各国反垄断立法来看,滥用市场支配地位的行为可以分为两种类型:一是针对同业竞争者所实施的滥用行为;二是针对交易相对人所实施的滥用行为。

针对同业竞争者所实施的滥用行为包括掠夺定价或不当贱卖、垄断高价和不当低价收买、独家交易、搭售或附加不合理的交易条件、市场封锁、设施垄断、滥用知识产权和技术优势等,构成要件上强调无正当理由妨碍他人的公平竞争,并且产生了实质性影响;针对交易相对人所实施的滥用行为,包括价格歧视等差别待遇、强制交易、不当拒绝交易等,构成要件上强调"不正当或不公平"的因素。

我国《反垄断法》第17条规定,禁止具有市场支配地位的经营者从事下列滥用市场支配地位的行为:(1)以不公平的高价销售商品或者以不公平的低价购买商品;(2)没有正当理由,以低成本的价格销售商品;(3)没有正当理由,拒绝与交易人进行交易;(4)没有正当理由,限定交易相对人只能与其进行交易或者只能与其指定的经营者进行交易;(5)没有正当理由搭售商品,或者在交易时附加其他不合理的交易条件;(6)没有正当理由,对条件相同的交易相对人在交易价格等交易条件上实行差别待遇;(7)国务院反垄断法执行机构认定的其他滥用市场支配地位的行为。此外,该法第55条规定,"经营者滥用知识产权,排除、限制竞争的行为,适用本法"。

三、经营者集中

(一)经营者集中的概念

经营者集中是指经营者通过合并,获取其他经营者的股份、资产,以及合同等方式取得对其他经营者的控制权或者能够对其他经营者施加决定性影响的情形。

公司法中的"企业兼并""企业结合"等多种表述,是与经营者集中相类似的概念,但侧重点是不同的。反垄断法规范经营者集中,注重与经营者集中对市场竞争关系产生的影响,旨在维护一个均衡的和具有竞争性的市场结构,确保市场主体之间开展充分和有效的竞争。而公司法规范企业兼并或公司合并,主要是为了确立企业或公司在合并时应当遵循的行为准则、组织原则和程序,以维护公司或企业的债务人和股东的合法权益,确保市场交易的安全性和稳定性。此外,公司法上的兼并或合并强调参与合并的企业或公司的主体资格的消灭或变更,而反垄断法上的经营者集中除包括可能产生这些后果的行为外,还包括其他多种行为,其侧重点并非在于被合并的公司之法律人格的变化,而在于集中的经营者对被集中的经营者在经营管理即竞争决策方面的影响和制止上,即在于经营者集中对市场竞争可能产生的后果上。

(二)经营者集中形式

我国《反垄断法》对经营者集中规定下列3种情形:(1)经营者合并;(2)经营者通过取得股权或者资产的方式取得对其他经营者的控制权;(3)经营者通过合同等方式取得对其他经营者的控制权或者能够对其他经营者施加决定性影响。

(三)经营者集中的申报

1. 经营者集中的申报的概念

经营者集中的申报是指经营者在进行集中之前,为了使反垄断执法机关知悉和了解经营者的集中计划,并就该计划是否合法作出判断,而由经营者向有关机构提供必要的文件和资料的一项制度。申报制度是反垄断法对经营者集中进行监控的一项预防性措施,有利于国家全面了解经营者集中的现状和趋势,从而掌握采取行动的主动权。

2. 经营者集中的申报的标准

根据我国《反垄断法》的规定,经营者集中达到国务院规定的申报标准的,经营者应当事先向国务院反垄断执法机构申报,未申报的不得实施集中。经营者集中有下列情形之一的,可以不向国务院反垄断执法机构申报:(1)参与集中的一个经营者拥有其他每个经营者50%以上有表决权的股份或者资产的;(2)参与集中的每个经营者50%以上有表决权的股份或者资产被同一个未参与集中的经营者拥有的。

3. 经营者集中的申报的文件

经营者向国务院反垄断执法机构申报集中,应当提交下列文件、资料:(1)申报书;(2)集中对相关市场竞争状态影响的说明;(3)集中协议;(4)参与集中的经营者经会计师事务所审计的上一会计年度财务会计报告;(5)国务院反垄断执法机构规定的其他文件、资料。经营者提交的文件、资料不完备的,应当在国务院反垄断执法机构规定的期限内补交文件、资料。经营者预期未补交文件、资料的,视为未申报。

(四)经营者集中的审查

1. 初步审查。我国《反垄断法》规定,国务院反垄断执法机构应当自收到经营者提交的符合法律规定的文件、资料之日起30日内,对申报的经营者集中进行初步审查,作出是否实施进一步审查的决定,并书面通知经营者。国务院反垄断执法机构作出决定前,经营者不得实施集中。国务院反垄断执法机构作出不实施进一步审查的决定或者逾期未作出决定的,经营者可以实施集中。

2. 进一步审查。国务院反垄断执法机构决定实施进一步审查的,应当自决定之日起90日内审查完毕,作出是否禁止经营者集中的决定,并书面通知经营者。作出禁止经营者集中的决定的,应当说明理由。审查期间,经营者不得实施集中。有下列情形之一的,国务院反垄断执法机构经书面通知经营者,可以延长前述规定的审查期限,但最长不得超过60日:(1)经营者同意延长审查期限的;(2)经营者提交的文件、资料不准确,需要进一步核实的;(3)经营者申报后有关情况发生重大变化的。国务院反垄断执法机构预期未作出决定的,经营者可以实施集中。

3. 处理。经营者集中具有或者可能具有排除、限制竞争效果的,国务院反垄断执法机构应当作出禁止经营者集中的决定。但是,经营者能够证明该集中对竞争产生的有利影响明显大于不利影响,或者符合社会公共利益的,国务院反垄断执法机构可以作出对经营者集中不予禁止的决定。对于不予禁止的经营者集中，国务院反垄断执法机构可以决定附加降低集中对竞争产生不利影响的限制性条件。国务院反垄断执法机构应当将禁止经营者集中的决定或者对经营者集中附加限制性条件的决定，及时向社会公布。

四、滥用行政权力排除、限制竞争

（一）滥用行政权力排除、限制竞争的概念

滥用行政权力排除、限制竞争是指行政机关和法律、法规授权的具有管理公共事务职能的组织滥用行政权力实施的限定交易、地区封锁等排除、限制竞争行为。

滥用行政权力排除、限制竞争行为的主体是政府及其所属部门，以及法律、法规授权的具有管理公共事务职能的组织。此外，我国的一些事业单位也被赋予一定的行政管理权力，这些单位在行使行政权力时，其地位与一般的行政机关具有等同性。因此，“法律、法规授权的具有管理公共事务职能的组织”也可能成为滥用行政权力排除、限制竞争行为的主体。

政府部门之所以会出现滥用行政权力排除、限制竞争的可能性，其根源在于存在某些政府与企业之间在利益上的“一致性”。正是这种利益上的“一致性”，导致政府有可能会越过某权限范围，以不合理的方式影响市场竞争。因此，各国反垄断法都不同程度地含有禁止滥用行政权力排除、限制竞争的内容。与此同时，国家还应依法加强和完善对行政权力运行的规范和监督，并通过深化改革，转变政府职能，防止和消除滥用行政权力排除、限制竞争的行为。

（二）滥用行政权力排除、限制竞争的表现形式

我国《反垄断法》列举了禁止滥用行政权力排除、限制竞争的具体情形，主要包括以下几类。

1. 行政机关和法律、法规授权的具有管理公共事务职能的组织不得滥用行政权力，限定或者变相限定单位或者个人经营、购买、使用其指定的经营者提供的商品。

2. 行政机关和法律、法规授权的具有管理公共事务职能的组织不得滥用行政权力，实施下列行为，妨碍商品在地区之间的自由流通：(1)对外地商品设定歧视性收费项目，实行歧视性收费标准，或者规定歧视性价格；(2)对外地商品规定与本地同类商品不同的技术要求、检验标准，或者对外地商品采取重复检验、重复认证等歧视性技术措施，限制外地商品进入本地市场；(3)采取专门针对外地商品的行政许可，限制外地商品进入本地市场；(4)通过设置关卡或者其他手段，阻碍外地商品进入或者本地商品运出；(5)妨碍商品在地区之间自由流通的其他行为。

3. 行政机关和法律、法规授权的具有管理公共事务职能的组织不得滥用行政权力，以设定歧视性资质要求、审评标准或者不依法发布信息等方式，排斥或者限制外地经营者参加本地的招标投标活动。

4. 行政机关和法律、法规授权的具有管理公共事务职能的组织不得滥用行政权力，采取与本地经营者不平等待遇等方式，排除或者限制外地经营者在本地投资或者设立分支机构。

5. 行政机关和法律、法规授权的具有管理公共事务职能的组织不得滥用行政权力，强制经营者从事我国《反垄断法》规定的垄断行为。

6. 行政机关不得滥用行政权力，制定含有排除、限制竞争内容的规定。

第三节 反垄断法的适用除外制度

一、适用除外制度的概念和意义

(一)适用除外制度的概念

适用除外制度是指国家为了保护整体国民经济的健康发展,在反垄断法等有关规定中规定的对某些行业或企业垄断行为不适用垄断禁止政策的法律制度。反垄断法的目的是禁止垄断、保护自由竞争,而适用除外制度是对反垄断法适用范围的例外,是对某些竞争限制或垄断行为的保护。

适用除外制度是反垄断法的重要组成部分。从一定意义上来讲,适用除外制度限制了反垄断法的适用范围,是反垄断法的适用范围问题。

(二)适用除外制度的意义

对垄断行为的认识要辩证,不仅要看到垄断的弊病,而且要看到它存在的客观性和合理性。一定程度的垄断对经济发展具有积极意义。如垄断会产生更大的规模经济或经济效益;非过度的垄断没有完全消除竞争,还存在集团之间的竞争、垄断组织内部的竞争和参与国际市场的竞争等;垄断在一定程度上也有利于技术进步,垄断组织通过竞争对手的压力和垄断因素对技术创新收益的保护,促进生产者加速技术创新;垄断使集团与中小企业组成较稳固的协作网,可避免较小的企业在竞争中被淘汰的危险等。

适用除外制度就是基于适用垄断的积极意义而存在的。国家从整体社会利益出发,规定对某些行业、部门等的适用除外制度是必要的。只有在反垄断法中建立合理的禁止垄断制度和适用除外制度,二者相辅相成,共同作用于整个国民经济领域,才能保障国民经济的健康发展。

二、适用除外制度的范围

我国《反垄断法》在考虑我国特殊情况的前提下,借鉴国外的立法经验,对我国反垄断法的适用除外制度作了具体的规定,这主要表现在以下几个方面。

(一)对某些特定行业的国有经济予以保护

我国《反垄断法》第7条规定,国有经济占控制地位的关系国民经济命脉和国家安全的行业以及依法实行专营的行业,国家对经营者的合法经营活动予以保护,并对经营者的经营行为及其商品和服务的价格依法实施监管和调控,维护消费者利益,促进技术进步。上述行业的经营者应当依法经营、诚实守信、严格自律,接受社会公众的监督,不得利用其控制地位或者专营专卖地位损害消费者利益。

(二)对一些垄断协议的适用除外

我国《反垄断法》第15条规定,经营者能够证明所达成的协议属于下列情形之一的,不适用禁止垄断协议的规定:(1)为改进技术、研究开发新产品的;(2)为提高产品质量、降低成本、增进效率,统一产品规格、标准或者实行专业化分工的;(3)为提高中小经营者经营效率,增进中小经营者竞争力的;(4)为实现节约能源、保护环境、救灾救助等社会公共利益的;(5)因经济不景气,为缓解销售量严重下降或者生产明显过剩的;(6)为保障对外贸易和对外经济合作中的正当利益的;(7)法律和国务院规定的其他情形。

属于上述第(1)项至第(5)项情形,不适用禁止垄断协议规定的,经营者还应当证明所达成的协议不会严重限制相关市场的竞争,并且能够使消费者分享由此产生的利益。我国《反垄断法》第56条规定,农业生产者即农村经济组织在农产品生产、加工、销售、运输、储存等经营活动中实施的联合或者协同行为,不适用反垄断法。

(三)对合理使用知识产权行为的保护

我国《反垄断法》第55条规定,经营者依照有关知识产权的法律、行政法规规定行使知识产权的行为,不适用反垄断法;但是,经营者滥用知识产权,排除、限制竞争的行为,适用反垄断法。

(四)经营者集中控制的豁免规则

我国《反垄断法》第28条规定,经营者能够证明该集中对竞争产生的有利影响明显大于不利影响,或者符合社会公共利益的,国务院反垄断执法机构可以作出对经营者集中不予禁止的决定。

第四节　垄断案件的处理

一、反垄断执法机构

我国《反垄断法》的实施,必须依赖反垄断法执法机构及其相应组织和职权的合理设置。根据我国《反垄断法》的规定,国务院设立反垄断委员会,负责组织、协调、指导反垄断工作,履行下列职责:(1)研究拟定有关竞争政策;(2)组织调查、评估市场总体竞争状况,发布评估报告;(3)制定、发布反垄断指南;(4)协调反垄断行政执法工作;(5)国务院规定的其他职责。国务院反垄断委员会的组成和工作规则由国务院规定。

国务院规定的承担反垄断执法职责的机构(以下统称为国务院反垄断执法机构)依法负责反垄断执法工作。国务院反垄断执法机构根据工作需要,可以授权省、自治区、直辖市人民政府相应的机构,依法负责有关反垄断执法工作。

二、垄断案件的处理程序

我国《反垄断法》对垄断案件的处理作了明确的规定,分为调查程序、行政复议和行政诉讼程序以及利害关系人的民事诉讼程序。

(一)调查程序

1. 调查程序的启动

根据我国《反垄断法》第38条的规定,调查程序自动启动分为两种情形:一是依职权调查,即反垄断执法机构自行发现涉嫌垄断行为后依法进行调查;二是接受举报后展开调查。对于涉嫌垄断行为,任何单位和个人有权向反垄断执法机构举报。反垄断执法机构应当为举报人保密。举报采用书面形式并提供相关事实和证据的,反垄断执法机构应当进行必要的调查。

2. 调查程序的开展

反垄断执法机构调查涉嫌垄断行为,可以依法采取下列措施:(1)进入被调查的经营者的营业场所或者其他有关场所进行检查;(2)询问被调查的经营者、利害关系人或者其他有关单位或者个人,要求其说明有关情况;(3)查阅、复制被调查的经营者、利害关系人或者其他有关单位或者个人的有关单证、协议、会计账簿、业务函电、电子数据等文件、资料;(4)查封、扣押相关证据;(5)查询经营者的银行账户。

我国《反垄断法》对执法机构的调查作了程序规则规定:首先,采取上述规定的措施,应当向反垄断执法机构主要负责人书面报告,并经批准。其次,反垄断执法机构调查涉嫌垄断行为,执法人员不得少于2人,并应当出示执法证件。执法人员进行询问和调查,应当制作笔录,并由被询问人或者被调查人签字。最后,反垄断执法机构及其工作人员对于执法过程中知悉的商业秘密负有保密义务。

3. 经营者在调查程序中的权利和义务

我国《反垄断法》规定,被调查的经营者、利害关系人或者其他有关单位或者个人应当配合反垄断执法机构依法履行职责,不得拒绝、阻碍反垄断执法机构的调查。被调查的经营者、利害关系人有权陈述意见。反垄断执法机构应当对被调查的经营者、利害关系人提出的事实、理由和证据进行核实。

4. 处理决定

反垄断执法机构对涉嫌垄断行为调查核实后,认为构成垄断行为的,应当依法作出处理决定,并可以向社会公布。

5. 经营者承诺

为鼓励、促进涉嫌垄断的经营者主动认识自己行为的违法性,提高反垄断执法机构的审查效率,很多国家的反垄断法都有经营者和解制度的规定。在我国《反垄断法》中表现为“经营者承诺”的规定。我国《反垄断法》第45条规定,对于反垄断执法机构调查的涉嫌垄断行为,被调查的经营者承诺在反垄断执法机构认可的期限内采取具体措施消除该行为后果的,反垄断执法机构可以决定中止调查。中止调查的决定应当载明被调查的经营者承诺的具体内容。有下列情形之一的,反垄断执法机构应当恢复调查:(1)经营者未履行承诺的;(2)作出中止调查决定所依据的事实发生重大变化的;(3)中止调查的决定是基于经营者提供的不完整或者不正式的信息作出的。

(二)行政复议和行政诉讼程序

我国《反垄断法》第53条针对经营者对处理决定不服的情形,作了具体的规定。经营者对反垄断执法机构依据我国《反垄断法》第28条、第29条作出的决定不服的,可以先依法申请行政复议;对行政复议决定不服的,可以依法提起行政诉讼。也就是说,行政复议是前置条件。对反垄断执法机构作出的上述规定以外的决定不服的,可以依法申请行政复议或者提起行政诉讼。

(三)利害关系人的民事诉讼程序

我国《反垄断法》第50条规定:“经营者实施垄断行为,给他人造成损失的,依法承担民事责任。”这实际上赋予了利害关系人依法提起民事诉讼的权利。

第五节　违反我国《反垄断法》的法律责任

一、经营者的法律责任

经营者主动向反垄断执法机构报告达成垄断协议的有关情况并提供重要证据的,反垄断执法机构可以酌情减轻或者免除对该经营者的处罚。行业协会违反法律规定,组织本行业的经营者达成垄断协议的,反垄断执法机构可以处50万元以下的罚款;情节严重的,社会团体登记管理机关可以依法撤销登记。

经营者违反法律规定,滥用市场支配地位的,由反垄断执法机构责令停止违法行为,没收违法所得,并处上一年度销售额1%以上10%以下的罚款。

二、滥用市场支配地位的法律责任

经营者违反法律规定实施集中的,由国务院反垄断执法机构责令停止实施集中、限期处分股份或者资产、限制转让经营以及采取其他必要措施恢复到集中前的状态,可以处50万元的罚款。

行政机关和法律、法规授权的具有管理公共事务职能的组织滥用行政权力,实施排除、限制竞争行为的,由上级机关责令改正;对直接负责的主管人员和其他直接责任人员依法给予处分。反垄断执法机构可以向有关上级机关提出依法处理的建议。

法律、行政法规对行政机关和法律、法规授权的具有管理公共事务职能的组织滥用行政权力实施排除、限制竞争行为的处理另有规定的,依照其规定。

三、经营者实施垄断行为的民事责任

对于反垄断执法机构依法实施的审查和调查,拒绝提供有关材料、信息,或者提供虚假材料、信息,或者隐匿、销毁、转移证据,或者有其他拒绝阻碍调查行为的,由反垄断执法机构责令改正,对个人可以处2万元以下的罚款,对单位可以处20万元以下的罚款;情节严重的,对个人处2万元以上10万元以下的罚款,对单位处20万元以上100万元以下的罚款;构成犯罪的,依法追究刑事责任。

四、反垄断执法机构工作人员的法律责任

反垄断执法机构工作人员滥用职权、玩忽职守、徇私舞弊或者泄露执法过程中知悉的商业秘密,构成犯罪的,依法追究刑事责任;尚不构成犯罪的,依法给予处分。

复习思考题

一、名词解释

1. 垄断协议;2. 经营者集中;3. 反垄断法;4. 市场支配地位。

二、单项选择

1. 由政府行政机构设置的市场进入障碍而形成的垄断是(　　)。

A. 经济性垄断
B. 国家垄断
C. 行政性垄断
D. 自然垄断

2. 下列不是垄断协议的是(　　)。

A. 家乐福和沃尔玛约定,前者占北京市场,后者占天津市场

B. 因为价格问题,甲、乙两家汽车厂口头约定都不购买丙钢铁公司的钢材

C. 甲药厂和乙药店连锁超市约定,后者出售前者的某种专利药品只能按照某价格出售

D. 甲药厂和乙药店连锁超市约定,后者出售前者的某种专利药品最高按照某价格出售

3. 根据我国《反垄断法》的规定,依据其在相关市场的市场份额,可以推定(　　)不具有市场支配地位。

A. 合计份额达到 3/4 的 3 个经营者

B. 合计份额达到 2/3 的 2 个经营者

C. 在 B 选项情形下,其中份额不足 1/10 的经营者

D. 份额达到 1/2 的 1 个经营者

4. 根据我国《反垄断法》的规定,下列各项属于法律禁止的纵向垄断协议的是(　　)。

A. 限制开发新技术、新产品
B. 限制商品的生产数量或销售数量
C. 限制购买新技术、新设备
D. 限定向第三人转售商品的最低价格

三、简答

1. 垄断行为有哪些特征?

2. 滥用行政权力排除、限制竞争有哪些表现形式?

3. 简述反垄断法的适用除外制度。

四、案例分析

2014 年 2 月七大商场以甲公司售后服务质量不好为由,宣布拒售甲公司的彩电,采取联合行动,同时将各自商场内的甲公司彩电撤下专柜。而甲公司方面说,每天有 4 辆流动服务车在市内流动维修,本地区消费者协会也证实没有关于甲公司彩电的投诉。这些商场联手拒售甲公司彩电的真实原因是,甲公司采取现款现货经销制,在销售上实行台阶式返利的方式,而商场方面认为自己实力雄厚、商誉好,希望甲公司对他们实行不同于一般小经销商的销售方式,允许他们先拿一批货做铺底销售,即先给货后付款。而甲公司不愿意对任何商场作政策倾斜,导致了事件的发生。

问题:

1. 七大商场的行为构成什么性质的行为? 违反了什么法律?

2. 对这些商场的行为,由哪个部门进行监管? 如何处理?

第十一章　反不正当竞争法律制度

本章知识结构图

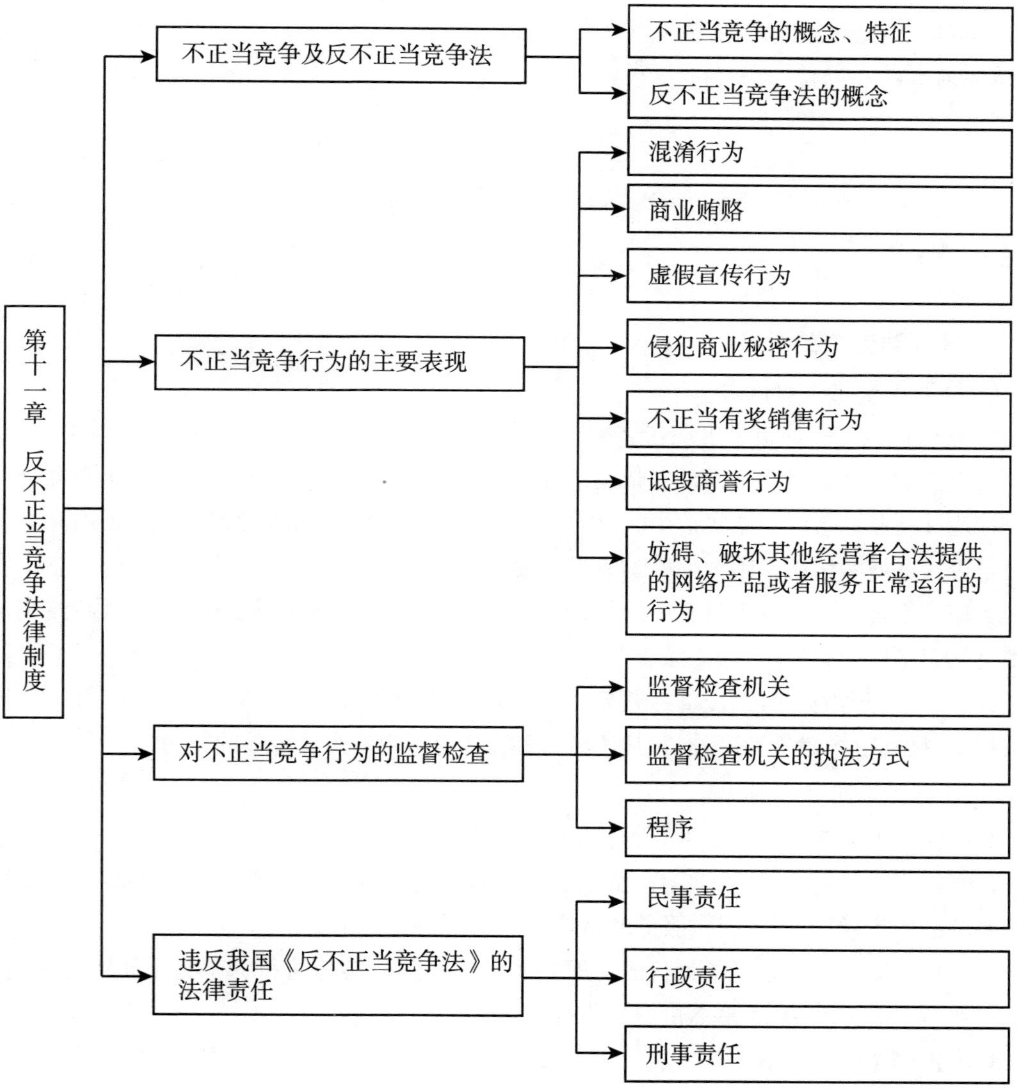

引导案例

2015年1月李某通过找“网络买家”进行刷单虚构交易。“网络买家”按照李某制订的“刷单”计划购买指定的商品,之后1个星期左右,“网络买家”确认收货并给予好评后,李某通过支付宝将货款和刷单费转账给对方,刷单费为虚假交易金额的1%。在交易过程中,李某通过快递公司发空包裹完成交易流程。据查,李某共虚构交易29笔,涉案金额21,636.65元。

问题:

1. 请分析李某行为的性质。

2. 李某的行为是否侵犯了其他经营者或消费者的合法权益?

3. 李某应承担何种法律责任?

4. “网络买家”的行为如何认定?

第一节 反不正当竞争法概述

一、不正当竞争的含义

(一)不正当竞争的概念

“不正当竞争”一词最早出现在1883年的《保护工业产权巴黎公约》中,该公约第10条规定:“凡在工业商业活动中违反诚实信用的竞争行为即构成不正当竞争行为。”不正当竞争行为是一种违反商业道德或者诚实信用的行为,从大多数国家来看,判断是否构成不正当竞争行为是以是否违反诚实信用原则为标准的。尤其是大陆法系国家,反不正当竞争立法往往明确地将诚实信用原则作为反不正当竞争的基础,不正当竞争行为是违反诚实信用的行为,诚实信用原则是认定不正当竞争的“帝王条款”。

我国《反不正当竞争法》第2条规定,不正当竞争行为是指经营者在生产经营活动中,违反本法规定,扰乱市场竞争秩序,损害其他经营者或者消费者的合法权益的行为。

(二)不正当竞争的特点

我国法律上所规定的不正当竞争,具有以下特点。

1. 实施不正当竞争行为的主体是经营者。依照我国《反不正当竞争法》的规定,经营者是指从事商品生产、经营或者提供服务的自然人、法人和非法人组织。

2. 不正当竞争行为以竞争为目的。即并非经营者的所有违法行为都是不正当竞争行为,只有与竞争有关的行为,才是不正当竞争行为。

3. 不正当竞争行为具有违法性。即违反了我国《反不正当竞争法》的规定:一是违反了该法第二章的规定,属于列举的七类不正当竞争的行为之一;二是违反了该法的基本原则,即违反自愿、平等、公平、诚实信用,以及公认的商业道德的行为。经营者的行为虽然不属于7类不正当竞争行为,但违反该法第2条的概括性规定的,也构成不正当竞争行为。

4. 不正当竞争行为在客观上损害了其他经营者或消费者的合法权益,扰乱了社会经济秩序。

二、反不正当竞争法的概念

保护公平竞争、鼓励正当竞争方能实现经营者自身利益和社会整体利益的统一，促进经济的可持续发展。反之，如果没有法律对经营者的市场竞争行为进行规范，可能会出现“劣币驱逐良币”的结果。反不正当竞争法是指调整在工商业领域中因保护公平竞争、制止不正当竞争而产生的社会关系的法律规范的总称。

1993 年 9 月第八届全国人大常委会第三次会议通过了《反不正当竞争法》，并于 1993 年 12 月 1 日起施行。基于对现实经济生活中的具有垄断性质的行为亟须规制的需要，该法规范的对象除不正当竞争行为外，还包括限制竞争行为。2007 年 8 月我国颁布了《反垄断法》，对《反不正当竞争法》的修订也提上议程，2017 年 11 月第十二届全国人大常委会第三十次会议通过了对《反不正当竞争法》的第一次修订，2019 年 4 月 23 日第十三届全国大会常务委员会第十次会议通过了对《反不正当竞争法》的第二次修订。

三、反不正当竞争法的立法目的和基本原则

（一）立法目的

1. 促进社会主义市场经济的健康发展。反不正当竞争法通过规定市场竞争规则，建立良好的市场竞争秩序，从而保障社会主义市场经济健康发展。

2. 鼓励和保护公平竞争，制止不正当竞争。制定和实施反不正当竞争法，目的在于规范市场竞争行为，对正当的竞争行为予以鼓励和保护，对不正当竞争的行为予以制止和惩罚。

3. 保护经营者和消费者的合法权益。不正当竞争行为不仅损害了其他正当经营者的合法权益，而且也危害了消费者的利益。反不正当竞争法通过规范市场竞争行为实现对其他经营者和消费者的合法权益的保护。

（二）基本原则

1. 自愿、平等、公平原则。自愿主要是指竞争者不得强迫、威胁或利诱交易对方同自己进行交易或不与竞争对手进行交易。平等是指竞争者应相互尊重对方的独立地位，不得为自己利益损害竞争对手的利益。公平原则，一方面，要求市场应当是自由开放的，竞争者参加竞争的机会应是均等的；另一方面，要求竞争者不得以大欺小、以强凌弱，不当利用自己的竞争优势。公平原则还要求竞争者只能以公开合法的手段进行竞争，不得进行幕后交易。

2. 诚实信用，遵守商业道德原则。此项原则要求经营者无论进行何种经济活动，均应出于正当的商业动机，以正当的、符合商业道德的手段实现其经济目的。

第二节　不正当竞争行为的主要表现形式

一、混淆行为

我国《反不正当竞争法》主要表现为禁止性规范，该法第 2 章第 6 条至第 12 条规定了 7 类不正当竞争行为。

混淆行为是指经营者采用的商业标识等与他人相同或相似，引人误认为是他人商品或者

与他人存在特定联系。实施混淆行为的经营者,意图借助他人的影响力,“搭便车”地获取市场竞争优势,应予以制止。

我国《反不正当竞争法》第6条规定,经营者不得实施下列混淆行为,引人误认为是他人商品或者与他人存在特定联系:(1)擅自使用与他人有一定影响的商品名称、包装、装潢等相同或者近似的标识;(2)擅自使用他人有一定影响的企业名称(包括简称、字号等)、社会组织名称(包括简称等)、姓名(包括笔名、艺名、译名等);(3)擅自使用他人有一定影响的域名主体部分、网站名称、网页等;(4)其他足以引人误认为是他人商品或者与他人存在特定联系的混淆行为。

二、商业贿赂

商业贿赂,是指经营者为了谋取交易机会或竞争优势,暗中给予交易对方的有关人员或其他能影响交易的第三人财物或者其他利益。商业贿赂由行贿和受贿两方面构成。

我国《反不正当竞争法》第7条规定,经营者不得采用财物或者其他手段贿赂下列单位或者个人,以谋取交易机会或者竞争优势:(1)交易相对方的工作人员;(2)受交易相对方委托办理相关事务的单位或者个人;(3)利用职权或者影响力影响交易的单位或者个人。

在实践中,应正确区分商业贿赂和折扣、佣金等合法的商业行为。所谓折扣,是指经营者销售商品时给予对方的一种价格优惠,即不按原价付款,而是按一定的比例付款。折扣发生在买卖双方之间,折扣必须如实入账。佣金是指在市场交易中为他人提供服务的中间人所取得的劳务报酬。佣金是中间人的劳务报酬,可以是买方给予的,也可以是卖方给予的,还可以是买卖双方给予的。但给予和收受必须如实入账。我国《反不正当竞争法》规定,经营者在交易活动中,可以明示方式向交易相对方支付折扣,或者向中间人支付佣金。经营者向交易相对方支付折扣、向中间人支付佣金的,应当如实入账。接受折扣、佣金的经营者也应当如实入账。

三、虚假宣传行为

虚假宣传是指经营者对其商品所作的不符合事实的或引人误解的商业宣传。我国《反不正当竞争法》第8条规定:“经营者不得对其商品的性能、功能、质量、销售状况、用户评价、曾获荣誉等作虚假或者引人误解的商业宣传,欺骗、误导消费者。经营者不得通过组织虚假交易等方式,帮助其他经营者进行虚假或者引人误解的商业宣传。”

经营者的虚假或引人误解的商业宣传如果以广告的方式作出,即发布虚假广告的,优先适用广告法,依照广告法的规定处罚。

四、侵犯商业秘密行为

(一)商业秘密的概念

商业秘密是指不为公众所知悉、具有商业价值并经权利人采取相应保密措施的技术信息、经营信息等商业信息。商业秘密具有以下特征。

1. 秘密性,即该信息不为公众所知悉;
2. 商业价值性,即该信息有商业价值,无论是已经带来的现实价值还是具有潜在的价值;
3. 保密性,即经权利人采取了保密措施;
4. 该商业信息不限于技术信息和经营信息。

需要指出的是,我国原《反不正当竞争法》要求商业秘密“能为权利人带来经济价值、具有实用性”,如何证明实用性,在司法实践中争议颇多,比如,经营信息中的客户名单是否具有实用性,技术研发过程中的实验数据是否具有实用性等,第一次修法将其修改为“具有商业价值”,体现了商业秘密的实质属性。此外,第一次修订的法律仍保留了商业秘密为“技术信息和经营信息”的规定,但在实务中有一些信息,如客户信息,记载企业研发活动、商业活动的各种文件,不具有技术属性,有时也未必能作为经营信息,虽然其符合上述商业秘密的前三个特征,却无法被界定为商业秘密,所以第二次修法将其改为“技术信息、经营信息等商业信息”,这在实质上扩大了商业秘密的界定范围。

(二)侵犯商业秘密行为的种类

我国《反不正当竞争法》第9条规定了侵犯商业秘密的4种类型。

1. 以盗窃、贿赂、欺诈、胁迫、电子侵入或者其他不正当手段获取权利人的商业秘密;

2. 披露、使用或者允许他人使用以前项手段获取的权利人的商业秘密;

3. 违反保密义务或者违反权利人有关保守商业秘密的要求,披露、使用或者允许他人使用其所掌握的商业秘密;

4. 教唆、引诱、帮助他人违反保密义务或者违反权利人有关保守商业秘密的要求,获取、披露、使用或者允许他人使用权利人的商业秘密。

修订以后的我国《反不正当竞争法》在侵犯商业秘密的主体范围方面有所扩大,如该法第9条规定,经营者以外的其他自然人、法人和非法人组织实施第1款所列违法行为的,视为侵犯商业秘密;第三人明知或者应知商业秘密权利人的员工、前员工或者其他单位、个人实施该条第1款所列违法行为,仍获取、披露、使用或者允许他人使用该商业秘密的,视为侵犯商业秘密;如果监督检查部门及其工作人员对调查过程中知悉了经营者的商业秘密,也负有保密义务。

五、不正当有奖销售行为

不正当有奖销售是指经营者违反法律的规定而进行的有奖销售行为。

有奖销售是经营者采用的一种促销手段,法律不予禁止。但有奖销售的方法必须正当,不允许经营者利用有奖销售损害同业竞争者的利益,损害消费者的合法权益。有奖销售有两种类型:一是附赠式有奖销售。附赠式有奖销售是指经营者对购买商品的所有购买者所给予的奖励。二是悬赏式有奖销售。悬赏式有奖销售即抽奖式有奖销售,是指以抽签、摇号等偶然性的方法决定购买者是否中奖的有奖销售。在我国,附赠是法律所允许的,而对抽奖式的有奖销售,由于在实践中存在一系列损害消费者合法权益的现象,因此要加以限制。

我国《反不正当竞争法》第10条规定,经营者进行有奖销售不得存在下列情形:(1)所设奖的种类、兑奖条件、奖金金额或者奖品等有奖销售信息不明确,影响兑奖;(2)采用谎称有奖或者故意让内定人员中奖的欺骗方式进行有奖销售;(3)抽奖式的有奖销售,最高奖的金额超过5万元。

六、诋毁商誉行为

诋毁商誉,是指经营者捏造、传播虚假信息或者误导性信息,损害竞争对手商业信誉和商品声誉的不正当竞争行为。我国《反不正当竞争法》第11条规定:“经营者不得编造、传播虚假信息或者误导性信息,损害竞争对手的商业信誉、商品声誉。”

诋毁他人商誉的目的是削弱竞争对手的竞争力,从而有利于自己占领市场。如果经营者传播的信息是客观事实,并非无中生有或故意歪曲,虽然对竞争对手不利,但不构成诋毁商誉。

七、妨碍、破坏其他经营者合法提供的网络产品或者服务正常运行的行为

互联网领域的不正当竞争行为,一部分属于传统不正当竞争行为在互联网领域的延伸,对此应适用我国《反不正当竞争法》的其他相关规定进行规制;一部分属于互联网领域特有的、利用技术手段进行的不正当竞争行为,修订后的法律将其作为一种新型的不正当竞争行为予以规制。我国《反不正当竞争法》第 12 条规定,经营者利用网络从事生产经营活动,不得利用技术手段,通过影响用户选择或者其他方式,实施下列妨碍、破坏其他经营者合法提供的网络产品或者服务正常运行的行为:

(1)未经其他经营者同意,在其合法提供的网络产品或者服务中,插入链接、强制进行目标跳转;

(2)误导、欺骗、强迫用户修改、关闭、卸载其他经营者合法提供的网络产品或者服务;

(3)恶意对其他经营者合法提供的网络产品或者服务实施不兼容;

(4)其他妨碍、破坏其他经营者合法提供的网络产品或者服务正常运行的行为。

第三节 对不正当竞争行为的监督检查

一、不正当竞争行为的监督检查机关

我国《反不正当竞争法》第 4 条规定:“县级以上人民政府履行工商行政管理职责的部门对不正当竞争行为进行查处;法律、行政法规规定由其他部门查处的,依照其规定。”据此,对不正当竞争行为进行监督检查的机关有以下两类。

1. 工商行政管理部门

工商行政管理部门是主要的监督检查机关。1994 年 8 月经国务院批准,国家工商行政管理局成立了公平交易局,具体承担监督检查市场主体的交易行为等职责。2018 年 3 月国务院机构改革将国家工商行政管理总局的职责、国家质量监督检验检疫总局的职责、国家食品药品监督管理总局的职责、国家发展和改革委员会的价格监督检查与反垄断执法职责、商务部的经营者集中反垄断执法以及国务院反垄断委员会办公室等职责整合,组建国家市场监督管理总局,作为国务院直属机构,负责市场综合监督管理,统一登记市场主体并建立信息公示和共享机制,组织市场监管综合执法工作,承担反垄断统一执法,规范和维护市场秩序,组织实施质量强国战略,负责工业产品质量安全、食品安全、特种设备安全监管,统一管理计量标准、检验检测、认证认可工作等。

2. 其他部门

如技术监督部门、专利局、出版署、物价局、文化局等,这些部门都在自己的职权范围内对不正当竞争行为实施监督。

二、监督检查机关的执法方式与程序

监督检查机关履行职责应遵守我国《反不正当竞争法》和有关行政法律、法规,依法行使监督检查权，并应当将查处结果及时向社会公开。

（一）监督检查可以采取的行政措施

监督检查机关调查涉嫌不正当竞争行为时，有权行使下列措施。

1. 检查。即进入涉嫌不正当竞争行为的经营场所进行检查。

2. 询问。即按照规定程序询问被检查的经营者、利害关系人及其他有关单位、个人，要求其说明有关情况或者提供与被调查行为有关的其他资料。

3. 查询、复制。即查询、复制与不正当竞争行为有关的协议、账簿、单据、文件、记录、业务函电和其他资料。

4. 查封、扣押。即查封、扣押与涉嫌不正当竞争行为有关的财物。

5. 查询银行账户。即查询涉嫌不正当竞争行为的经营者的银行账户。

（二）程序

监督检查机关在执法过程中，根据情况可以采取以上各种措施，但应当向监督检查部门主要负责人书面报告，并经批准。如果采取前述第4项、第5项的措施，应当向设区的市级以上人民政府监督检查部门主要负责人书面报告，并经批准。

社会监督对制止不正当竞争行为也发挥着重要的作用。法律规定，对涉嫌不正当竞争行为，任何单位和个人有权向监督检查部门举报，监督检查部门接到举报后应当依法及时处理。

监督检查部门应当向社会公开受理举报的电话、信箱或者电子邮件地址，并为举报人保密。对实名举报并提供相关事实和证据的，监督检查部门应当将处理结果告知举报人。

（三）执法人员的行政责任

监督检查部门的工作人员滥用职权、玩忽职守、徇私舞弊或者泄露调查过程中知悉的商业秘密的，依法给予处分。

第四节　违反我国《反不正当竞争法》的法律责任

一、民事责任

扰乱市场竞争秩序，损害其他经营者或者消费者的合法权益的经营者应当承担法律责任。不正当竞争行为一方面侵犯了其他经营者的合法权益，另一方面也损害了公平的竞争秩序，权益受损的经营者可以请求违法经营者承担民事责任，而损害市场竞争秩序则可能面临行政责任、刑事责任。实施不正当竞争的经营者对其他权益受损害的经营者承担民事责任，民事责任的承担方式主要有停止侵害、赔礼道歉、消除影响、恢复名誉、赔偿损失等。其中，赔偿损失是主要的责任方式。

（一）确定赔偿数额的一般原则

我国《反不正当竞争法》第17条规定，因不正当竞争行为受到损害的经营者的赔偿数额，按照其因被侵权所受到的实际损失确定；实际损失难以计算的，按照侵权人因侵权所获得的利益确定。赔偿数额还应当包括经营者为制止侵权行为所支付的合理开支。

经营者违反我国《反不正当竞争法》第6条、第9条的规定,即不正当竞争行为为市场混淆或侵犯商业秘密的,被混淆的权利人或商业秘密的权利人因被侵权所受到的实际损失、侵权人因侵权所获得的利益难以确定的,由人民法院根据侵权行为的情节判决给予权利人500万元以下的赔偿。

(二)惩罚性赔偿

经营者恶意实施侵犯商业秘密行为,情节严重的,可以在按照前述方法确定数额(按照其因被侵权所受到的实际损失确定,实际损失难以计算的,按照侵权人因侵权所获得的利益确定)的1倍以上5倍以下确定赔偿数额。

(三)商业秘密侵权民事诉讼中举证责任的特殊规定

依据一般的民事诉讼"谁主张,谁举证"的规则,商业秘密权利人作为原告,负有举证责任,但基于商业秘密的秘密性特征,窃取、泄露和非法使用商业秘密的侵权行为往往也是以秘密方式进行的,权利人诉讼中往往存在举证困难。最新修订的我国《反不正当竞争法》增加了1条,对商业秘密侵权举证责任予以调整,一定程度上降低了商业秘密权利人的举证难度,增加了涉嫌侵权人的举证义务,从而加大了对商业秘密及商业秘密权利人的保护力度。

1. 关于商业秘密的举证责任

在侵犯商业秘密的民事审判程序中,商业秘密权利人提供初步证据,证明其已经对所主张的商业秘密采取保密措施,且合理表明商业秘密被侵犯的,涉嫌侵权人应当证明权利人所主张的商业秘密不属于反不正当竞争法规定的商业秘密。

2. 关于商业秘密被侵犯的举证责任

商业秘密权利人提供初步证据合理表明商业秘密被侵犯,且提供以下证据之一的,涉嫌侵权人应当证明其不存在侵犯商业秘密的行为:

(1)有证据表明涉嫌侵权人有渠道或者有机会获取商业秘密,且其使用的信息与该商业秘密实质上相同;

(2)有证据表明商业秘密已经被涉嫌侵权人披露、使用或者有被披露、使用的风险;

(3)有其他证据表明商业秘密被涉嫌侵权人侵犯。

二、行政责任

对不正当竞争行为的行政处罚措施主要有责令停止违法行为、没收违法所得、罚款、吊销营业执照等。第二次修订的我国《反不正当竞争法》再次加重了对违法行为的处罚力度,最高可以罚款500万元。经营者实施不同类型的不正当竞争行为的,分别承担以下行政责任。

1. 实施混淆行为。监督检查部门责令停止违法行为,没收违法商品。违法经营额5万元以上的,可以并处违法经营额5倍以下的罚款;没有违法经营额或者违法经营额不足5万元的,可以并处25万元以下的罚款;情节严重的,吊销营业执照。

2. 实施商业贿赂行为。监督检查部门没收违法所得,处10万元以上300万元以下的罚款;情节严重的,吊销营业执照。

3. 实施虚假宣传行为。监督检查部门责令停止违法行为,处20万元以上100万元以下的罚款;情节严重的,处100万元以上200万元以下的罚款,可以吊销营业执照。

4. 实施侵犯商业秘密行为。监督检查部门责令停止违法行为,处10万元以上50万元以下的罚款;情节严重的,处50万元以上500万元以下的罚款。

根据修订后的法律,经营者以外的其他自然人、法人和非法人组织也可以成为侵犯商业秘密的主体,所以以上行政责任对其也适用。

5. 实施不正当有奖销售行为。由监督检查部门责令停止违法行为,并处5万元以上50万元以下的罚款。

6. 实施商业诋毁行为。监督检查部门责令停止违法行为、消除影响,处10万元以上50万元以下的罚款;情节严重的,处50万元以上300万元以下的罚款。

7. 实施妨碍、破坏其他经营者合法提供的网络产品或者服务正常运行行为。监督检查部门责令停止违法行为,处10万元以上50万元以下的罚款;情节严重的,处50万元以上300万元以下的罚款。

经营者违反法律规定从事不正当竞争,有主动消除或者减轻违法行为危害后果等法定情形的,依法从轻或者减轻行政处罚;违法行为轻微并及时纠正,没有造成危害后果的,不予行政处罚。经营者违反我国《反不正当竞争法》从事不正当竞争,受到行政处罚的,由监督检查部门记入信用记录,并依照有关法律、行政法规的规定予以公示。

当事人对监督检查部门作出的决定不服的,可以依法申请行政复议或者提起行政诉讼。

三、刑事责任

违反我国《反不正当竞争法》的规定,构成犯罪的,应依法追究刑事责任。

如果经营者承担民事责任、行政责任和刑事责任时,其财产不足以支付的,应当优先用于承担民事责任。

复习思考题

一、名词解释

1. 不正当竞争;2. 混淆行为;3. 商业秘密;4. 商业贿赂;5. 商业诋毁。

二、单项选择

1. 某蛋糕店开业之初,为扩大影响、增加销售,出钱雇人排队抢购。不久,该店门口便时常排起长队,销售盛况的照片也频频出现于网络等媒体,附近同类店家生意随之清淡。对此行为,下列哪一说法是正确的?(　　)

A. 属于正当的营销行为　　B. 构成混淆行为

C. 构成虚假宣传行为　　D. 构成商业贿赂行为

2. D市甲不锈钢公司委托网络公司设计制作了一个企业网站,网页上有“资信等级三A级”“D市守合同重信用企业”两张照片,而事实上该公司并未取得这两项荣誉称号。甲公司的行为应认定为(　　)。

A. 虚假宣传行为　　B. 虚假广告行为

C. 混淆行为　　D. 违反商业道德,但不违反法律

3. 甲开发商就其开发的某别墅房产项目进行抽奖式有奖销售,每售出10套房产(以购房者

缴纳20万元定金为准)就进行一次抽奖,最高奖为一辆奔驰S系汽车。2018年4月15日当事人组织前10套别墅认购者进了抽奖,现场由一名别墅认购者抽取了价值为928,000元的奔驰牌S320L汽车。下列选项正确的是(　　)。

A. 该有奖销售不存在欺骗,故合法

B. 该有奖销售没有损害其他经营者的合法权益,属于正当竞争行为

C. 该有奖销售属于不正当有奖销售

D. 监督检查部门执法仅限于责令其停止违法行为

三、多项选择

1. 乙公司为开发一新产品收集了大量技术情报,请指出该公司下列行为中构成侵犯他人商业秘密的为(　　)。

A. 出高价向竞争对手的关键技术人员获取

B. 假扮成客户和竞争对手洽谈业务获取

C. 从市场上购买同类产品,经反向研究取得

D. 使用明知他人以盗窃手段获取的商业秘密

2. 甲饭店为了打败竞争对手乙餐馆,在论坛上发帖称乙餐馆使用蔬菜农药残余量严重超标,乙餐馆因此声誉严重受损,经营惨淡,根据我国《反不正当竞争法》的规定,下列表述正确的是(　　)。

A. 如果甲发帖的内容属实,则不构成诋毁商誉行为

B. 如果甲故意捏造虚假信息,监督检查部门可以对其处以罚款乃至责令停止营业

C. 如果甲的行为构成诋毁商誉,乙可以请求甲消除影响、恢复名誉

D. 如果甲的行为构成诋毁商誉,乙可以请求甲赔偿因其侵权所受到的损失

四、案例分析

1. 欧珀公司为OPPO手机生产商,使用该品牌的手机用户在通过腾讯官网下载的“腾讯手机管家”以及安装程序的过程中,会遇到强制用户注册OPPO账号、输入密码验证身份等反复弹窗,登录账号后,用户点击“继续安装”按钮,会延迟3~5秒才能点击。即便未检测出安全风险,仍会被提示“建议去OPPO软件商店可快速安全安装应用”“系统软件商店有经过人工亲测的版本”等提示用语,阻碍已下载的腾讯软件正常安装。

问题:

(1)请分析该行为是否构成不正当竞争行为?

(2)腾讯公司的合法权益是否被侵犯?能否请求欧珀公司承担民事责任?

2. 某县的M电子商务公司经营外卖配送业务,2018年4月以来,M公司为排挤其他外卖平台,多次要求已入网商户和新入网商户签订独家协议,协议内容包括:……入网商户不得同与M公司经营的网络服务平台存在竞争关系的其他第三方平台或集团公司等,进行相同或类似业务合作等内容。否则商户将会被M公司采取一系列限制措施,如上调服务费,缩小或扩大配送范围等。导致多家入网商户被迫放弃使用其他外卖平台。

问题:M公司的行为构成何种不正当竞争行为?

第十二章　产品质量法律制度

本章知识结构图

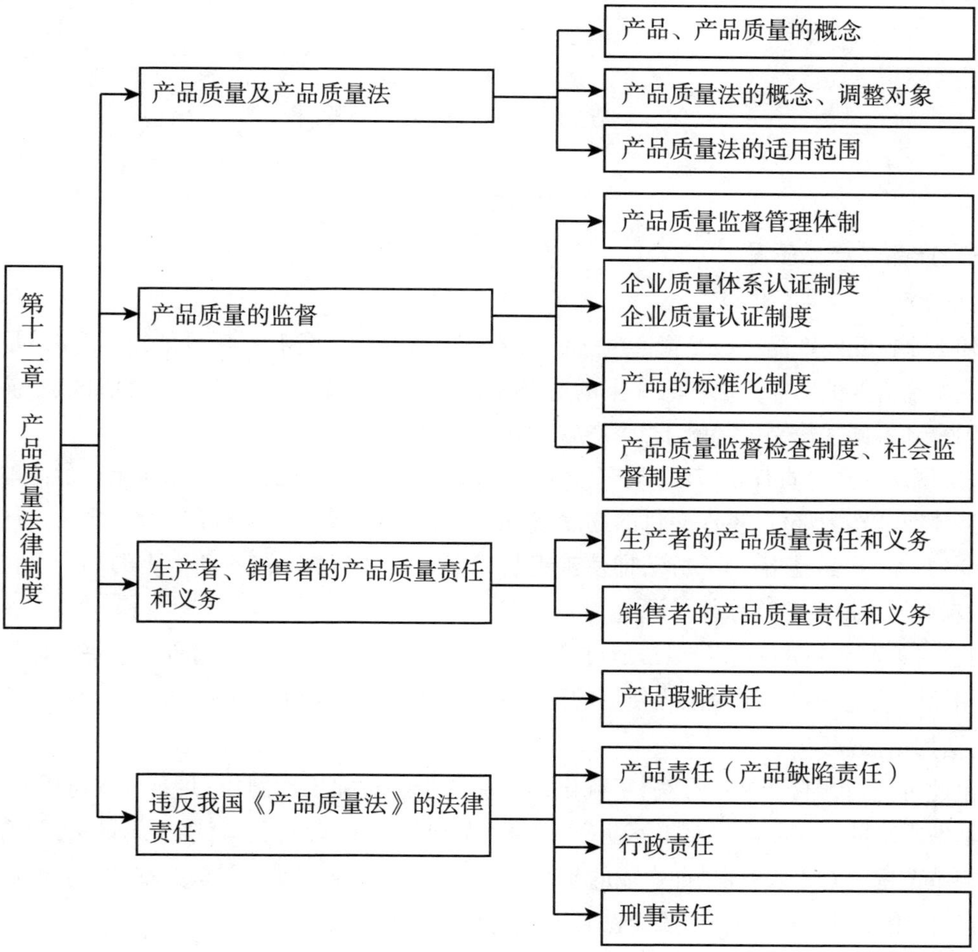

引导案例

李某用100元从甲商场购买一只电热壶,使用时因漏电致李某手臂灼伤,花去医药费500元。经查该电热壶是乙厂生产的。

问题:

1. 结合案例思考何为产品?
2. 李某应向甲商场还是乙厂主张损害赔偿?
3. 李某可以就哪些损失主张赔偿?
4. 李某可否请求精神损害赔偿?

第一节 产品质量法概述

一、产品与产品质量

(一)产品

什么是产品?产品一般是指通过人们的劳动创造出来的具有使用价值,且能够满足人们生产或生活需要的物品。法律意义上的产品概念和一般意义上产品的概念有所区别,而且不同的国家和不同法律制度都赋予了"产品"不同的内涵。

《美国统一产品责任示范法》规定,产品是指真正有价值的,为进入市场而生产的能够作为组装整体或者作为部件、零件交付的物品,包括工业产品以及农业初级产品。欧盟的《产品责任指令》规定,产品是指一切动产,即使被组装或安装在另一动产或不动产中的动产也包括在内,但农业原产品和猎物除外。

我国《产品质量法》规定,该法所称产品是指经过加工、制作,用于销售的产品。建设工程不适用该法规定;但是,建设工程使用的建筑材料、建筑构配件和设备,属于上述规定的产品范围的,适用该法规定。

由此可见,我国《产品质量法》所确定的产品是指经过加工和制作,并通过流通环节,满足生产消费需求的一切物品。对于不动产、初级产品以及军工产品,我国《产品质量法》没有将其纳入规范范围。对于农产品,即农业的初级产品,包括在农业活动中获得的植物、动物、微生物及其产品,由我国《农产品质量安全法》进行规范。

(二)产品质量

产品质量,是指有关法律、行政法规、质量标准以及合同条款对产品的适用、安全和其他特性的要求,是产品符合人们需要的内在素质与外观形态的各种特性的综合状态。国家标准化组织颁布的ISO 8402—86标准将产品质量定义为"产品或服务满足规定或潜在需要的特征和特性的总和"。

总体而言,评判产品质量的因素主要有适用性、安全性、耐用性、可靠性、经济性、卫生性等。我国《产品质量法》明确规定了产品质量应当具备的要求:第一,不存在危及人身、财产安全的不合理危险，有保障人体健康和人身、财产安全的国家标准、行业标准的，应当符合该标准；第二，具备产品应当具备的使用性能，但对产品存在使用性能的瑕疵作出说明的除外；第三，符合在产品或者其包装上注明采用的产品标准，符合以说明、实物样品等方式表明的质量状况。

二、产品质量法

（一）产品质量法的概念和调整对象

1. 产品质量法的概念

产品质量法是指为了调整产品生产与销售以及对产品质量进行监督管理过程中所形成的社会关系而由国家制定的法律规范的总称。

1993 年 2 月 22 日第七届全国人民代表大会常务委员会第三十次会议通过了《产品质量法》，此后分别于 2000 年 7 月 8 日第九届全国人民代表大会常务委员会第十六次会议、2009 年 8 月 27 日第十一届全国人民代表大会常务委员会第十次会议、2018 年 12 月 29 日第十三届全国人民代表大会常务委员会第七次会议通过了《产品质量法》修正案。

2. 产品质量法的调整对象

我国《产品质量法》为产品质量的基本法，结合了一切有关产品质量的法律、法规、规章、标准，形成了产品质量法体系。我国产品质量法是产品质量管理法和产品责任法的统一体，其调整对象是产品质量监督管理部门、生产者、销售者、服务业和修理业的经营者、用户、消费者在产品生产、流通和消费过程中发生的产品质量监督管理关系和产品责任关系。我国《产品质量法》主要调整以下两种社会关系。

（1）产品质量监督管理关系。包括两个方面内容：一是作为监管者的国家行政管理机关与作为被监管者的生产者、销售者以及相关中介机构之间的产品质量行政监管关系；二是社会公众对产品质量，包括生产者、销售者进行监督所形成的社会监督关系。

（2）产品质量责任关系。主要是指生产者、销售者、消费者或其他民事主体因产品质量纠纷而产生的民事法律关系，是与产品质量有关的人身关系或者财产关系。与产品责任相关的民事主体不仅是生产者和销售者，在产品流通过程中的其他民事主体，如社会团体、相关中介组织都可以成为产品质量责任关系的主体。

（二）产品质量法的适用范围

法律的适用范围就是法律的调整范围，一般包括空间、时间、主体等方面。

就适用空间而言，在中华人民共和国境内从事产品生产、销售活动（含销售进口商品）都必须受到产品质量法的规范。就适用主体而言，从事产品生产或销售活动的企业法人、其他经济组织、个人、消费者、用户，相关社会中介组织，国家质量监督管理机关都应遵守我国《产品质量法》。另外，如前所述，我国《产品质量法》只适用于限定的产品范围，即经过加工和制作，并用于销售的产品。但存在以下例外：建设工程不适用该法规定；军工产品质量监督管理办法，由国务院、中央军事委员会另行制定；因核设施、核产品造成损害的赔偿责任，法律、行政法规另有规定的，依照其规定。

第二节 产品质量监督

一、产品质量监督管理体制

产品质量监督管理体制是指国家通过立法所确定的产品质量监督与管理的制度、方法以及机构职能划分的总称。广义的理解包括行政性监督与管理、企业自身的监督与管理以及社会监督三个方面;狭义的理解单指行政性监督与管理。本节的产品质量监督与管理体制是指狭义的理解。

目前,我国实行的是“统一领导、分工负责、分级管理”的机制。根据最新修订的我国《产品质量法》的规定,国务院市场监督管理部门主管全国产品质量监督工作。国务院有关部门在各自的职责范围内负责产品质量监督工作。县级以上地方市场监督管理部门主管本行政区域内的产品质量监督工作。县级以上地方人民政府有关部门在各自的职责范围内负责产品质量监督工作。法律对产品质量的监督部门另有规定的,依照有关法律的规定执行。

二、产品质量监督的主要制度

(一)企业质量体系认证制度

企业质量体系认证制度,是指企业向具有认证资质的机构提出申请,对企业的质量体系进行审核,如符合确定的标准,由认证机构颁发证书,以证明企业质量管理体系和质量保障能力符合国际通行质量管理标准的一项制度。

我国《产品质量法》规定,国家根据国际通用的质量管理标准,推行企业质量体系认证制度。企业根据自愿原则可以向国务院市场监督管理部门认可的或者国务院市场监督管理部门授权的部门认可的认证机构申请企业质量体系认证。经认证合格的,由认证机构颁发企业质量体系认证证书。

(二)产品质量认证制度

产品质量认证制度,是指依据产品标准和相应技术要求,经认证机构确认并通过颁发认证证书和认证标志来证明某一产品符合相应标准和相应技术要求的活动。

国家参照国际先进的产品标准和技术要求,推行产品质量认证制度。产品质量认证分为安全认证和合格认证两类。企业根据自愿原则可以向国务院市场监督管理部门认可的或者国务院市场监督管理部门授权的部门认可的认证机构申请产品质量认证。经认证合格的,由认证机构颁发产品质量认证证书,准许企业在产品或者其包装上使用产品质量认证标志。

企业质量体系认证制度与产品质量认证制度的区别在于:前者是以企业质量体系作为认证对象,后者以企业的产品作为认证目标;前者依据的标准是整个企业质量管理的标准,而后者依据的标准则是产品的质量标准;前者是为了证明整个企业的质量体系能否符合标准,而后者是为了证明产品是否符合相应标准。

(三)产品的标准化制度

根据我国《标准化法》的规定,标准是指农业、工业、服务业以及社会事业等领域需要统一的技术要求。国家标准分为强制性标准、推荐性标准,行业标准、地方标准是推荐性标准。强制性标准必须执行。国家鼓励采用推荐性标准。对保障人身健康和生命财产安全、国家安全、生态环境安全以及满足经济社会管理基本需要的技术要求,应当制定强制性国家标准。我国《产品质量法》规定,可能危及人体健康和人身、财产安全的工业产品,必须符合保障人体健康,人身、财产安全的国家标准、行业标准;未制定国家标准、行业标准的,必须符合保障人体健康,人身、财产安全的要求。

(四)产品质量监督检查制度

1. 对产品质量的监督检查以抽查为主要方式

国家对产品质量实行以抽查为主要方式的监督检查制度,对可能危及人体健康和人身、财产安全的产品,影响国计民生的重要工业产品以及用户、消费者、有关组织反映有质量问题的产品进行抽查。

抽查的样品应当在市场上或者企业成品仓库内的待销产品中随机抽取。

2. 监督检查主体

监督抽查工作由国务院市场监督管理部门规划和组织。县级以上地方市场监督管理部门在本行政区域内也可以组织监督抽查。法律对产品质量的监督检查另有规定的,依照有关法律的规定执行。

国家监督抽查的产品,地方不得另行重复抽查;上级监督抽查的产品,下级不得另行重复抽查。根据监督抽查的需要,可以对产品进行检验。检验抽取样品的数量不得超过检验的合理需要,并不得向被检查人收取检验费用。监督抽查所需检验费用按照国务院规定列支。

国务院和省、自治区、直辖市人民政府的市场监督管理部门应当定期发布其监督抽查的产品的质量状况公告。

(五)产品质量社会监督制度

产品质量的社会监督是指用户、消费者、保护消费者权益的社会组织以及新闻媒介等对产品质量实施的监督。我国《产品质量法》既规定了产品质量监督管理部门的职责,同时也规定了产品质量社会监督问题。消费者有权就产品质量问题,向产品的生产者、销售者查询;向市场监督管理部门及有关部门申诉,接受申诉的部门应当负责处理。

保护消费者权益的社会组织可以就消费者反映的产品质量问题建议有关部门负责处理,支持消费者对因产品质量造成的损害向人民法院起诉。

第三节　生产者、销售者的产品质量责任和义务

一、生产者的产品质量责任和义务

1. 对其生产的产品质量负责

根据我国《产品质量法》的规定,产品质量应当符合下列要求:

(1)不存在危及人身、财产安全的不合理危险,有保障人体健康,人身、财产安全的国家标

准、行业标准的,应当符合该标准;

(2)具备产品应当具备的使用性能,但是对产品存在使用性能的瑕疵作出说明的除外;

(3)符合在产品或者其包装上注明采用的产品标准,符合以产品说明、实物样品等方式表明的质量状况。

2. 标识符合法定要求

产品或者其包装上的标识应当符合下列要求:

(1)有产品质量检验合格证明;

(2)有中文标明的产品名称、生产厂厂名和厂址;

(3)根据产品的特点和使用要求,需要标明产品规格、等级、所含主要成分的名称和含量的,相应予以标明;需要事先让消费者知晓的,应当在外包装上标明,或者预先向消费者提供有关资料;

(4)限期使用的产品,标明生产日期和安全使用期或者失效日期;

(5)使用不当,容易造成产品本身损坏或者可能危及人身、财产安全的产品,有警示标志或者中文警示说明;裸装的食品和其他根据产品的特点难以附加标识的裸装产品,可以不附加产品标识。

3. 特殊产品包装符合法定要求

剧毒、危险、易碎、储运中不能倒置以及有其他特殊要求的产品,其包装必须符合相应要求,有警示标志或者中文警示说明标明储运注意事项。

4. 不得违反有关禁止性规定

(1)生产者不得生产国家明令淘汰的产品;

(2)生产者不得伪造产地,不得伪造或冒用他人厂名、厂址;

(3)生产者不得伪造或冒用认证标志、名优标志等质量标志;

(4)生产者生产产品,不得掺杂、掺假,不得以假充真、以次充好,不得以不合格产品冒充合格产品。

二、销售者的产品质量责任和义务

1. 销售者应当建立并执行进货检查验收制度,验明产品合格证明和其他标识;

2. 销售者应当采取措施,保持销售产品的质量;

3. 销售者销售的产品的标识应当符合法律规定;

4. 销售者不得违反我国《产品质量法》针对销售者制定的禁止性规定。

这些禁止性规定包括:不得销售国家明令淘汰并停止销售的产品和失效、变质的产品;不得伪造产地,不得伪造或者冒用他人的厂名、厂址;不得伪造或者冒用认证标志等质量标志;销售产品时,不得掺杂、掺假,不得以假成真、以次充好,不得以不合格产品冒充合格产品。

第四节　违反我国《产品质量法》的法律责任

一、违反我国《产品质量法》的法律责任概述

产品质量法是规范市场秩序以及保护用户和消费者权益的重要市场经济法律规范之一,违反产品质量法,有关违法主体必然承担相应的法律后果。产品质量的法律责任是指产品的生产者、销售者以及对产品质量负有直接责任的责任者,因违反产品质量法所规定的产品质量义务所应承担的法律责任。

违反产品质量法的法律责任是一种综合性的法律责任:一方面,违法主体多元化,既可以是生产者和销售者,也可以是其他经营主体、社会中介组织以及社会团体,还可以是行政监管机关的工作人员;另一方面,违法责任类型多样化,包括民事责任、行政责任以及刑事责任。

二、民事责任

违反我国《产品质量法》的民事责任即通常所说的产品质量责任,可分为产品瑕疵责任和产品缺陷责任。

(一)产品瑕疵责任

所谓产品瑕疵,是指产品质量不符合法律规定或者当事人之间约定的质量标准。瑕疵实际上是指产品存在细小的缺点或一般性的质量问题,如外观、使用性能等方面。产品瑕疵责任是指因产品存在瑕疵,给消费者或者用户造成损失,销售者应当承担的责任。

根据我国《产品质量法》的规定,售出的产品有下列情形之一的,销售者应当负责修理、更换、退货;给购买产品的用户、消费者造成损失的,销售者应当赔偿损失:(1)不具备产品应当具备的使用性能而事先未作说明的;(2)不符合在产品或者其包装上注明采用的产品标准的;(3)不符合以产品说明、实物样品等方式表明的质量状况的。

销售者依照规定负责修理、更换、退货、赔偿损失后,属于生产者的责任或者属于向销售者提供产品的其他销售者(以下简称供货者)的责任的,销售者有权向生产者、供货者追偿。销售者未按照规定给予修理、更换、退货或者赔偿损失的,由管理产品质量监督工作的部门或者工商行政管理部门责令改正。生产者之间、销售者之间、生产者与销售者之间订立的产品购销、加工承揽合同有不同约定的,合同当事人按照合同约定执行。

(二)产品责任(产品缺陷责任)

1. 产品责任的概念、归责原则

产品责任是指因产品存在缺陷造成他人损害时,所应承担的损害赔偿责任,产品责任是一种侵权责任。

所谓产品缺陷,是指产品存在危及人身、他人财产安全的不合理危险;产品有保障人体健康,人身、财产安全的国家标准、行业标准的,是指不符合该标准。关于产品责任的归责原则,学界通说认为应当适用无过错责任原则。无过错责任原则是指不考虑行为人的过错而依法律的特别规定承担的责任。在一般的侵权责任中,受害人要求赔偿的,应当对责任人的过错承担

举证责任。由于产品缺陷责任实行无过错责任,因此,受害人要求生产者赔偿时,无须证明生产者存在过错。

2. 产品责任的构成要件

根据我国《侵权责任法》以及《产品质量法》的相关规定,以无过错责任为归责原则的产品责任的构成要件有3个:

(1)必须有缺陷产品的存在,这是承担产品缺陷责任的前提;

(2)存在损害的事实;

(3)产品缺陷与损害事实之间存在因果关系。

3. 不承担产品责任的法定抗辩事由

我国《产品质量法》规定,生产者能够证明有下列情形之一的,不承担赔偿责任:(1)未将产品投入流通的;(2)产品投入流通时,引起损害的缺陷尚不存在的;(3)将产品投入流通时的科学技术水平尚不能发现缺陷的存在的。

4. 产品责任的承担

(1)承担主体

根据我国《侵权责任法》的规定,因产品存在缺陷造成损害的,被侵权人既可以向产品的生产者请求赔偿,也可以向产品的销售者请求赔偿。产品缺陷由生产者造成的,销售者赔偿后,有权向生产者追偿。因销售者的过错使产品存在缺陷的,生产者赔偿后,有权向销售者追偿。

(2)损害赔偿

根据我国《产品质量法》和《侵权责任法》的规定,因产品缺陷责任产生的赔偿包括以下几个方面。

第一,因产品存在缺陷造成受害人人身伤害的,侵害人应当赔偿医疗费、治疗期间的护理费、因误工减少的收入等费用;造成残疾的,还应当支付残疾者生活自助具费、生活补助费、残疾赔偿金以及由其扶养的人所必需的生活费等费用;造成受害人死亡的,并应当支付丧葬费、死亡赔偿金以及由死者生前扶养的人所必需的生活费等费用。

第二,因产品缺陷造成受害人财产损失的,侵害人应当恢复原状或者折价赔偿。受害人遭受其他重大损失的,侵害人应当赔偿损失。

第三,明知产品存在缺陷仍然生产、销售,造成他人死亡或者健康严重损害的,被侵权人有权请求相应的惩罚性赔偿。

5. 警示、召回

产品投入流通后发现存在缺陷的,生产者、销售者应当及时采取警示、召回等补救措施。未及时采取补救措施或者补救措施不力造成损害的,应当承担侵权责任。

6. 诉讼时效

我国《产品质量法》规定,因产品存在缺陷造成损害要求赔偿的诉讼时效期间为2年,自当事人知道或者应当知道其权益受到损害时起计算。但我国《民法总则》规定的一般诉讼时效期间为3年。这里涉及一般法和特别法、旧法和新法的适用问题。

另外,因产品存在缺陷造成损害要求赔偿的请求权,在造成损害的缺陷产品交付最初消费者满10年丧失;但是,尚未超过明示的安全使用期的除外。

三、行政责任

产品质量法规定的行政处罚措施主要有罚款、吊销营业执照、没收违法所得等。产品质量法针对不同的违法行为规定了具体的责任。

我国《产品质量法》对生产者、销售者违反该法的行政责任分别作了规定，主要有以下几个方面。

1. 生产、销售不符合保障人体健康和人身、财产安全标准、行业标准的产品的，责令停止生产、销售，没收违法生产、销售的产品，并处违法生产、销售产品货值金额等值以上 3 倍以下的罚款；有违法所得的，并处没收违法所得；生产者专门用于生产上述产品的原辅材料、包装物、生产工具，应当予以没收；情节严重的，吊销营业执照。

2. 在产品中掺杂、掺假，以假充真，以次充好，或者以不合格产品冒充合格产品的，责令停止生产、销售，没收违法生产、销售的产品，并处违法生产、销售产品货值总额 50% 以上 3 倍以下的罚款；有违法所得的，并处没收违法所得；情节严重的，吊销营业执照。

3. 生产国家明令淘汰的产品的，销售国家明令淘汰并停止销售的产品的，责令停止生产、销售，没收违法生产、销售的产品，并处违法生产、销售产品货值总额等值以下的罚款；有违法所得的，并处没收违法所得；情节严重的，吊销营业执照。

4. 销售失效、变质的产品的，责令停止销售，没收违法销售的产品，并处违法销售产品货值金额 2 倍以下的罚款；有违法所得的，并处违法所得；情节严重的，吊销营业执照。

5. 伪造产品产地的，伪造或者冒用他人厂名、厂址的，伪造或者冒用认证标志等质量标志的，责令改正，没收违法生产、销售的产品，并处违法生产、销售产品货值金额等值以下的罚款；有违法所得的，并处没收违法所得；情节严重的，吊销营业执照。

6. 产品标识不符合产品质量法的规定的，责令改正；有包装的产品标识的，限期使用的产品，未在显著位置清晰地标明生产日期和安全使用期或者失效日期；使用不当，容易造成产品本身损害或者可能危及人身、财产安全的产品，应有而未有警示标志或者中文警示说明的，责令停止生产、销售，并处违法销售产品货值金额 30% 以下的罚款；有违法所得的，并处没收违法所得。

7. 拒绝接受依法进行的产品质量监督检查的，给予警告，责令改正；拒不改正的，责令停业整顿；情节特别严重的，吊销营业执照。

此外，我国《产品质量法》还对产品质量认证机构、检验机构以及其他责任者违反产品质量法的法律责任作了具体规定。

四、刑事责任

产品生产者、销售者违反产品质量法的规定，构成犯罪的，依法承担刑事责任。主要是生产销售伪劣商品罪等。

复习思考题

一、名词解释

1. 产品；2. 产品质量认证；3. 产品瑕疵责任；4. 产品缺陷；5. 产品责任。

二、单项选择

1. 下列属于产品质量法适用范围的是(　　)。

A. 药品质量　　B. 建筑工程

C. 食品质量　　D. 军工产品质量监督

2. 国家对产品质量实行监督检查的主要方式是(　　)。

A. 抽查　　B. 自查

C. 调查　　D. 普查

3. 甲公司售与乙商场一批玻璃花瓶,称花瓶上有不规则的抽象花纹为新产品,乙商场接货后即行销售,后受到很多消费者投诉,消费者说花瓶上的花纹实际上裂缝,花瓶漏水,要求乙商场退货并赔偿损失,乙商场与甲公司交涉,甲公司称此类花瓶是用于插装塑料花的,裂缝不影响使用,且有特殊的美学效果,拒绝承担责任。经查,消费者所述属实,下列答案中不正确的是(　　)。

A. 乙商场应予退换并赔偿损失

B. 乙商场退换并赔偿损失后可向甲公司追偿

C. 消费者丙被花瓶裂缝划伤,可向甲公司直接索赔

D. 乙商场无过错,不应当对此负责

4. 下列产品中可以不加产品标识的为(　　)。

A. 瓶装白酒　　B. 罐装饮料

C. 散装月饼　　D. 西服

5. 某厂发运一批玻璃器皿,以印有"龙丰牌方便面"的纸箱包装,在运输过程中,由于装卸工未能轻拿轻放而损坏若干件,应该承担该损失的是(　　)。

A. 装卸工　　B. 装卸工的雇主

C. 运输部门　　D. 某厂

三、多项选择

1. 某家具店出售的衣柜,如未被恰当地固定到墙上,可能发生因柜子倾倒致人伤亡的危险。关于此事,下列哪些说法是正确的?(　　)

A. 该柜质量应符合产品安全性的要求

B. 该柜本身或其包装上应有警示标志或者中文警示说明

C. 质检部门对这种柜子进行抽查,可向该店收取检验费

D. 如该柜被召回,该店应承担购买者因召回支出的全部费用

2. 下列产品中应有警示标志或中文警示说明的有(　　)。

A. 有副作用的药品　　B. 需稀释方可使用的农药

C. 易燃易爆品　　D. 书籍

3. 销售者不得销售下列产品(　　)。

A. 国家明令淘汰的产品　　B. 变质的产品

C. 失效产品　　D. 不合格产品

4. 甲系某品牌汽车制造商,发现已投入流通的某款车型刹车系统存在技术缺陷,即通过媒体和销售商发布召回该款车进行技术处理的通知。乙购买该车,看到通知后立即驱车前往丙销售

公司,途中因刹车系统失灵撞上大树,造成伤害。下列哪些说法中正确的是(　　)。

A. 乙有权请求甲承担赔偿责任　　B. 乙有权请求丙承担赔偿责任

C. 乙有权请求惩罚性赔偿　　D. 甲的责任是无过错责任

四、案例分析

1. 甲从A超市购买B公司生产的果冻一包,回家后拿出一小包给正在玩耍的3岁半的女儿乙,乙随即撕开小包装进食,不久甲发现女儿吃果冻卡住已发生窒息,立即送往医院救治,经抢救无效死亡。经查,该果冻每包重120克,8粒装,每粒重15克,直径4.6厘米,其包装背面左下侧印制有黄底红字的警示标志,内容为"注意勿一口吞食,3岁以下儿童不宜食用,老人儿童须监护下食用",字体高度约为3毫米。

问题:

(1)B生产商的包装说明是否符合法律要求?

(2)该果冻是否存在缺陷?甲能否请求A超市、B公司承担损害赔偿责任?

2. 某甲在乙公司购得一辆丙公司生产的某品牌汽车,使用半年后前去乙公司维护保养。工作人员告诉某甲该车气囊电脑存在故障,需要更换。某甲认为此为产品质量问题,要求乙公司免费更换,乙公司认为是某甲使用不当所致,要求其承担更换费用。经查,该车气囊电脑不符合产品说明所述质量。

问题:

(1)请分析该质量问题是产品瑕疵担保责任还是产品责任?

(2)乙公司对该产品质量问题是否承担民事责任?

第十三章　消费者权益保护法律制度

本章知识结构图

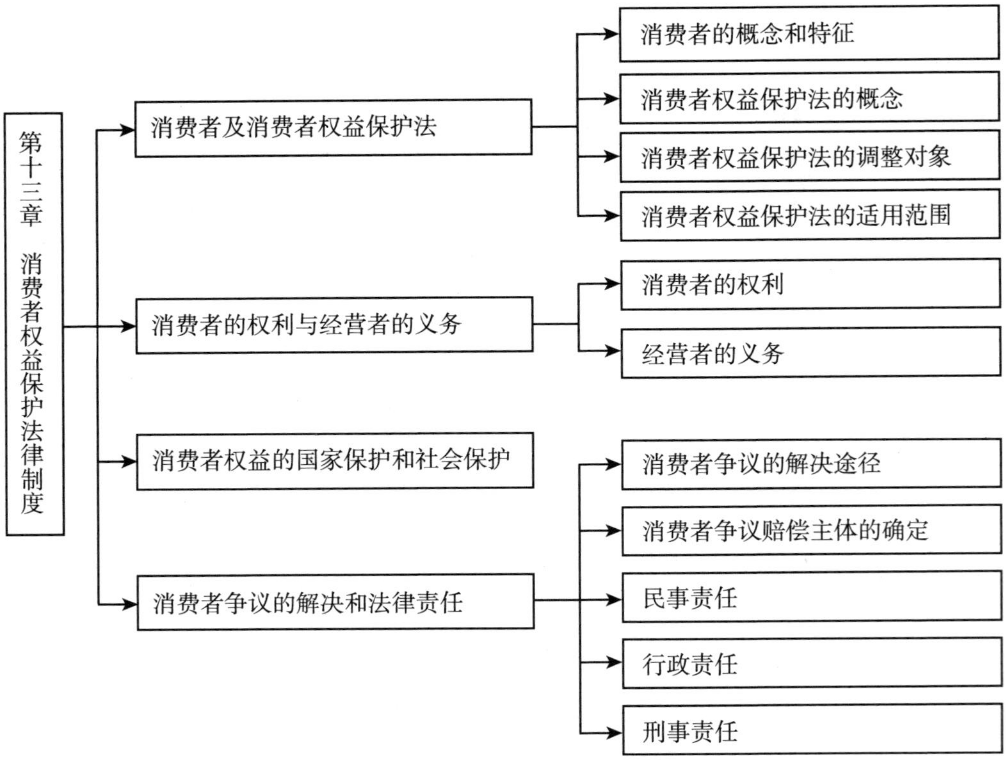

引导案例

2015年6月20日刘某(女,20岁)在某市大型购物广场购物。下午2时,刘某从该购物广场里面的甲玉器店出来时,被甲玉器店的工作人员(女)拦住。工作人员怀疑刘某拿了甲玉器店的一件玉器,要求搜查刘某的大衣口袋和手提包。刘某当即断然拒绝。该工作人员遂叫来保安人员,强行将刘某带到保安室,该工作人员检查刘某的大衣口袋和手提包,但没有发现该玉器店的玉器,便让刘某离开。刘某于2015年6月28日向某市人民法院提起诉讼,要求甲玉器店公开赔礼道歉,并赔偿其精神损失费1万元。

问题:甲玉器店是否侵犯了刘某的权利?刘某可以诉请甲玉器店赔偿精神损失费吗?为什么?

第一节　消费者权益保护法概述

一、消费者的概念

消费是社会再生产的一个重要环节，是生产、交换、分配的目的和归宿，同时也为社会生产提供了动力。广义的消费既包括人们在生产过程中对各种生产资料的消耗（生产消费），也包括人们为满足个人需要对各种生活资料的消耗以及接受他人所提供的服务（生活消费）。狭义的消费仅指生活消费。生活消费是人类的基本需要，也是消费者权益保护法加以规制的重要领域。

所谓消费者，是指为了满足个人生活消费的需要而购买、使用商品或接受服务的自然人。在我国，消费者是经营者的对称，而经营者就是向消费者出售商品或提供服务的市场主体。法律意义上的消费者具有以下特征。

（一）消费者是自然人

相对于经营者来说，消费者是个体社会成员，包括本国人、外国人和无国籍人在内的一切自然人。凡购买、使用商品或接受服务的消费者个人，都是法律认可的消费者。这就将法人和其他社会组织排除在消费者之外。

（二）消费者的消费方式表现为购买、使用商品或者接受服务

消费者的范围不限于直接有偿购买、使用商品或接受服务的人，还包括使用别人购买的商品或接受别人付费的服务的人。

（三）消费者购买、使用商品或者接受服务的目的是满足其生活消费需要

消费者购买、使用商品或者接受服务的目的是满足其生活消费需要，而非生产消费需要。在实践中，满足生活消费需要还是满足生产消费需要，没有绝对的划分，区分时还必须与行为、目的联系起来。

（四）消费者所购买、使用的商品或者接受的服务必须是经营者提供的

经营者是指专门从事生产、销售商品活动或者提供服务的生产者、销售者和服务者。消费者是相对经营者来说的，没有经营者就没有所谓的消费者；反之亦然，二者共生共存，不可或缺。如果是非经营者与个人之间提供、使用商品或者提供、接受服务，则不受消费者权益保护法的调整。

二、消费者权益保护问题

消费者权益保护问题是人类社会发展到商品经济阶段产生的，是市场经济的必然产物。消费者权益保护最早可追溯至消费者运动，它是消费者权益保护组织的先驱，产生于发达资本主义垄断阶段，而后波及世界各国成为全球性运动。1881 年人类历史上第一个消费者协会在美国纽约州成立。1898 年美国成立了世界上第一个全国性的消费者组织——“全国消费者同盟”。1890 年的美国《谢尔曼法》明确要保护消费者。第二次世界大战后日本也开始进行消费者保护运动，致力于抵制并驱逐劣质、有毒商品。其他国家也先后产生和发展了消费者保护运

动,并纷纷制定保护消费者权益的法律。1960 年国际消费者组织联盟(International Organization of Consumers Union,IOCU)成立,它是由世界各国、各地区消费者组织参加的国际消费者问题议事中心成立的,其宗旨是在全世界范围内做好消费者权益的一系列保护工作,在国际机构代表消费者说话。消费者保护运动从世界范围来看,一般经过了由消费者个人自发地自我保护到由一定的组织自觉地保护,到由国家进行更有组织、更有力的多手段、全方位保护。即经历了一个从自发性群众运动到有组织的群众性运动,从靠政府的行政干预到以法律形式保护消费者利益,从经营者对保护消费者利益的漠视到积极参与的历史进程。

我国在计划经济体制时期,消费者运动没有展开。改革开放以后,随着市场经济的发展,消费者权益保护问题大量发生,消费者权益保护运动兴起并发展迅速。其特点是从一开始即在政府的自觉引导和全力支持下进行。1984 年 4 月全国性消费者组织——“中国消费者协会”诞生。我国消费者协会于 1987 年 9 月被国际消费者组织联盟接纳为正式会员。从 1987 年开始,每年 3 月 15 日中国消费者协会及地方举办大规模宣传活动。随着消费者权益保护组织的发展和“3·15”宣传活动的深入,消费者权益保护意识和能力日益增强。

三、消费者权益保护法

(一)消费者权益保护法的概念

消费者权益保护法有广义和狭义之分,广义的消费者权益保护法是调整在保护消费者权益过程中产生的社会关系的法律规范的总称。它涉及消费者权益保护的各种法律规范,如我国《反不正当竞争法》《产品质量法》《食品卫生法》《药品管理法》《计量法》《广告法》等。狭义的消费者权益保护法,则是专指 1993 年 10 月 31 日第八届全国人大常委会第四次会议通过,自 1994 年 1 月 1 日起施行的《消费者权益保护法》。该法经过 2009 年、2013 年两次修订,于 2014 年 3 月 15 日起实施,共计八章 63 条,它是我国首次以全面确认和保护消费者权益为内容和宗旨的法律。本章着重阐述狭义的消费者权益保护法。

(二)消费者权益保护法的调整对象

消费者权益保护法调整的是以保护消费者为中心所发生的一切社会关系,主要包括以下几类。

1. 消费者与经营者之间的关系,这是一种在自愿、平等、公平、诚实信用原则基础上的等价有偿的商品交换关系。主要是指经营者应遵循的有关保护消费者权益的法定义务,消费者在消费过程中依法应享有的有关权利,并就经营者违反有关法定义务、损害消费者的合法权益而进行赔偿过程中产生的法律关系。

2. 国家机关与经营者之间的关系,这是一种纵向的管理关系和监督关系,包括国家专业职能部门、行业管理部门与经营者之间因产品质量管理而在生产经营过程中所发生的管理关系和监督关系;也包括司法机关对经营者损害消费者权益的制裁关系。

3. 国家与消费者之间的关系,主要是指国家管理机关为保护消费者合法权益,为消费者提供引导、服务和保护等活动中产生的法律关系。

(三)消费者权益保护法的适用范围

我国《消费者权益保护法》第 2 条规定了其调整范围,即“消费者为生活消费需要购买、使用商品或者接受服务,其权益受本法保护;本法未作规定的,受其他有关法律、法规保护”。由此可见,该法的适用范围主要包括以下几个方面。

1. 对人的适用范围。我国《消费者权益保护法》适用的主体主要是消费者和经营者。首先,消费者必须是自然人,即法人和其他社会组织不能成为该法保护的消费者。但消费者不限于直接购买、使用商品和接受服务的人,还包括该商品的其他使用者。其次,消费者必须是进行生活消费的人,而不是进行生产性消费的人。与消费者相对应的另一类主体是经营者,凡是为消费者提供商品的生产者、销售者或提供服务的服务者,都是经营者。

2. 对行为的适用范围。根据我国《消费者权益保护法》的规定,能适用该法的消费行为必须是生活消费,生产消费行为不能适用该法。同时,经营者的经营行为同样受到该法的调整。

3. 农民购买、使用直接用于农业生产的生产资料,参照执行。这里的农民的消费行为从本质上来说是生产消费,但由于农民是个体小生产者,其生产经营能力和经济实力无法和其他生产经营者相比,所以对农民的特定生产消费行为给予特别的保护,适用该法。

第二节　消费者的权利与经营者的义务

一、消费者的权利与经营者的义务概述

有关消费者的权利与经营者的义务的内容,历来是消费者权益保护法的核心内容。消费者的权利是指消费者为了满足生活消费需要,依法为一定行为或不为一定行为,以及要求经营者和其他有关主体为或不为一定行为的法律许可。消费者权利的基本性质是生存权、发展权和其他基本人权,是包含财产权、人身权等多种民事、经济权利在内的综合权利。

从历史来看,一般认为,在世界上最早明确提出消费者权利的是美国总统约翰·肯尼迪。他在 1962 年 3 月 15 日向国会提出的"关于保护消费者利益的特别国情咨文"中,提出了消费者应享有的 4 项权利,即获得商品的安全保障的权利;获得正确的商品信息资料的权利;对商品的自由选择的权利;提出消费者意见的权利。肯尼迪的"四权论"提出以后,渐为各国所广泛认同并在实践中得到发展。1984 年 4 月联合国大会通过的《保护消费者准则》提出了消费者享有 6 项权利,包括健康、生命安全;经济利益;充分的信息和选择;消费教育;损害赔偿;组织团体和表达意见。国际消费者组织联盟提出 8 项权利,包括有权得到必要的物品和服务借以生存;有权得到公平的价格和选择;有得到安全的权利;有获得充足资料的权利;有权寻求咨询;有得到公平赔偿和法律援助的权利;有权得到消费者教育;有权享受一个健康的环境。

二、消费者的具体权利

我国《消费者权利保护法》在广泛借鉴各国及国际组织经验的基础上,经过两次修订,规定了消费者应享有的 11 项权利。

(一)保障安全权

保障安全权,又称安全权,是指消费者在购买、使用商品和接受服务时,享有人身、财产安全不受损害的权利。安全权是消费者权益中最重要的一项权利。安全权包括人身安全权和财产安全权。而人身安全权又包括生命安全权和健康安全权。财产安全不仅是指交易标的的财产

的安全,也包括消费者其他财产安全。基于安全权,消费者有权要求经营者提供的商品和服务,符合保障人身、财产安全的要求。即消费者在购买、使用商品时,有权要求其符合国家的安全、卫生标准,不会因此受到伤害;在有偿获得服务时,有权要求其设施、用品、用料等安全卫生,并有相应保护措施,不危及人身、财产安全。经营者不得以任何理由提供可能会损害消费者人身和财产安全的商品和服务。

(二)知悉真情权

知悉真情权,或称获取信息权、知情权、了解权,是指消费者享有的知悉其购买、使用的商品,或者接受的服务的真实情况的权利。知情,是消费决策的前提。消费者有权对商品和服务的真实情况进行了解,以使自己购买商品或服务的意思表示真实。知悉真情权是消费者决定是否购买某一商品、接受某项服务的前提和条件。消费者有权根据商品或者服务的不同情况,要求经营者提供商品的价格、产地、生产者、用途、性能、规格、等级、主要成分、生产日期、有效期限、检验合格证明、使用说明书、售后服务或者服务的内容、规格、费用等有关情况。只有在了解上述情况的基础上,消费者才能作出准确合理的判断,才能真实地表达自己的意愿,最终体现出交易的公平性。

(三)自主选择权

市场经济是一种由独立的市场主体自主决策、自主选择的经济,消费者作为与经营者相对立的市场主体,同样是独立的、自主的。作为生活消费的主体,消费者最清楚自己的生活中是否需要购进商品和服务,以及需要什么、需要多少,对于商品和服务的品质、数量、价格等,消费者都应当有权根据自己的需求、爱好、经验和判断,自主选择商品和服务。消费者的自主决定不受任何人的强制。消费者的自主权是消费者权利的核心,自主选择权便是消费者自主权的直接、具体的体现。

自主选择权是指消费者享有的自主选择商品或者服务的权利,该权利包括以下几个方面的内容:(1)自主选择提供商品或者服务的经营者;(2)自主选择商品品种或者服务方式;(3)自主决定购买或者不购买任何一种商品、接受或者不接受任何一项服务;(4)在自主选择商品或者服务时有权进行比较、鉴别和挑选。

(四)公平交易权

交易是市场经济的核心,公平交易是市场经济持续发展的保障。在消费者与经营者之间的关系中,交易是否公平,直接影响消费者的得失,也会影响市场的秩序和效率。

公平交易权是指消费者在购买商品或者接受服务时所享有的获得质量保障和价格合理、计量正确等公平交易条件,拒绝经营者强制交易的权利。公平交易权主要体现在两个方面:(1)交易条件公平。交易条件公平要求质量有保障、价格合理、计量正确等。(2)不得强制交易。强制交易违背了消费者的真实意愿,也是一种不正当竞争行为。公平交易是市场经济的一项基本准则,但在消费活动中,消费者往往处于弱者地位,被迫接受不公平的交易条件。因此,法律确认消费者这一权利是非常必要的。为了保障消费者公平交易权的实现,必须依照我国《产品质量法》和《反不正当竞争法》等法律对劣质销售、价格不公、计量失度等不公平交易行为加以禁止。

(五)获得赔偿权

消费者在购买商品或接受服务,从事其生活消费时,可能会由于质量、价格、计量等方面的原因,从而受到人身或财产方面的损害。对于这些损害,从损害赔偿的一般法理来说,当然要予以赔偿,以补偿受损者、惩戒致害者、维护市场秩序。

获得赔偿权也称求偿权,是指消费者在购买、使用商品或者接受服务过程中受到人身、财产损害的时候,享有依法获得赔偿的权利。这是民法规定的请求损害赔偿民事权利在消费者权益保护法中的具体体现,是保护消费者合法权益的一项非常重要的权利。人身权受到损害,包括生命健康权、姓名权、名誉权等受到损害;财产权损害包括财物灭失、破损等,以及因伤、残、死亡所支付的费用等。享有求偿权的主体不限于直接与经营者发生交易行为的消费者,也包括通过其他合法途径使用商品或接受服务的第三人。

(六)结社权

虽然消费者和经营者在法律地位上是平等的,但双方的经济地位不平等。结社权有助于单个、分散、弱小的消费者组织起来,形成能与处于优势地位的经营者相抗衡的社会团体,以维护弱者的合法权益。

结社权是指消费者享有的依法成立维护自身合法权益的社会团体的权利。它是我国《宪法》规定的结社权在消费领域的具体体现,是随着消费者运动的兴起而在法律上的必然表现。消费者有权在法律许可范围内,成立消费者协会和其他消费者组织。中国消费者协会和地方各级消费者协会在消费领域发挥着越来越重要的作用,起到了沟通消费者与政府的纽带作用,协助行政部门完成社会管理工作,帮助消费者维权、获得相关知识,缓解消费者与经营者之间的利益冲突,为相关立法提供参考意见,保证政府决策的民主化、科学化,维护社会主义市场经济健康发展。

(七)接受教育权

接受教育权,也称获取知识权,是从知情权中引申出来的一项消费者权利,它是消费者所享有的获得有关消费、消费者权益保护方面的知识的权利。只有保障消费者的接受教育权,才能使消费者更好地掌握所需商品或者服务的知识和使用技能,以使其正确使用商品、提高自我保护意识。由于厂商与消费者在信息、实力等方面的差距越来越大,因此,强调消费者要接受教育、获取相关知识,以提高自我保护的能力,变得越来越重要。这一权利的内容包括两个方面:(1)获得消费方面的知识,如有关科学消费的知识、有关商品和服务的知识、有关市场的知识等;(2)获得消费者权益保护方面的知识,如有关消费者权益保护的法律和政策知识等。国家有关部门、大众传播媒介、教育机构以及经营者,都有宣传相关知识的义务。

(八)维护尊严权

在激烈的生产竞争中,许多厂商为了提高自己的竞争力,在经营方式、竞争手段等方面不断花样翻新,有时可能会忽视对消费者的人格尊严或民族风俗习惯的尊重,使消费者的身心受到伤害。因此,强调交易平等、彼此尊重,确立消费者的维护尊严权是非常重要的。

维护尊严权是指消费者在购买、使用商品或者接受服务时,其人格尊严、民族风俗习惯得到尊重的权利。人格尊严权是人身权的重要内容。根据我国《宪法》和民法的规定,它包括姓名权、肖像权、名誉权、荣誉权等方面的权利。另外,消费者的维护尊严权还包括民族风俗习惯得到尊重的权利。维护尊严权是社会文明进步的表现,也是尊重和保护人权的重要内容。

(九)监督权

监督权是指消费者享有对商品和服务进行监督以及对保护消费者权益工作进行监督的权利。消费者的监督权是社会监督的重要组成部分,它包括两方面内容:第一,消费者对商品和服务的质量享有监督权,这既能促进经营者提高产品质量、改进经营和服务方式,也能维护消费者的自身利益。第二,消费者有权对保护消费者权益工作进行监督,具体体现为:(1)消费者对侵害消费者权益的行为人(主要是经营者)有检举、控告的权利;(2)对国家机关及其工作人员在保护消费者权益工作中的违法失职行为有检举、控告的权利;(3)对保护消费者权益工作有提出批评建议的权利。

(十)个人信息受保护权

个人信息受保护权是我国新修订的《消费者权益保护法》赋予消费者的一项新的权利。个人信息是指一切可以识别特定个人的信息,包括个人身体信息、财产状况、家庭情况、档案资料以及计算机储存的个人资料等。个人信息受保护权是指个人对个人信息所享有的支配、控制和排除他人侵害的权利。这是我国修订后的《消费者权益保护法》赋予消费者的一项新的权利。我国2017年实施的《民法总则》规定,自然人的个人信息受法律保护。任何组织和个人需要获取他人个人信息的,应当依法取得并确保信息安全,不得非法收集、使用、加工、传输他人个人信息,不得非法买卖、提供或者公开他人个人信息。根据相关法律的规定,一切不正当的收集、利用、买卖、泄露个人信息的行为,都属于侵害消费者个人信息受保护权的违法行为。

(十一)反悔权

反悔权是我国新修订的《消费者权益保护法》赋予消费者的一项新的权利。赋予消费者反悔权对于消费者的消费活动和权益保护,顺应市场经济发展的目标和要求,规范经营者的经营行为,倡导诚信经营和消费,适应消费和消费者权利保护立法的国际性潮流都具有十分重要的意义。

消费者反悔权,又称无因退货权或无条件退货权,是指非现场式购物的消费者在收到商品之日起7日内可以无条件解除合同、退回商品并不承担违约责任的权利。我国《消费者权益保护法》规定,经营者采用网络、电视、电话、邮购等方式销售商品,消费者有权自收到商品之日起7日内退货,且无须说明理由,但下列商品除外:(1)消费者定做的;(2)鲜活易腐的;(3)在线下载或者消费者拆封的音像制品、计算机软件等数字化商品;(4)交付的报纸、期刊。除上述所列商品外,其他根据商品性质并经消费者在购买时确认不宜退货的商品,不适用无理由退货。消费者退货的商品应当完好。经营者应当自收到退回商品之日起7日内返还消费者支付的商品价款。退回商品的运费由消费者承担;经营者和消费者另有约定的,按照约定。

三、经营者的义务

权利和义务是相对应的,如果只规定消费者的权利而不对经营者的义务作出相应的规定,那么权利就会缺少行使对象而落空。因此,我国《消费者权益保护法》既规定了消费者的权利,也规定了经营者的义务。对消费者合法权益的保护,最主要的是约束经营者的行为,因此,我国《消费者权益保护法》只规定了经营者的义务,而未规定经营者的权利。当然,在消费关系中,经营者也享有法定的权利。经营者的义务是指经营者依法必须为一定行为或不为一定行为,以满足和实现消费者的生活消费需要的责任。根据我国《消费者权益保护法》的规定,经营者要履行 13 项义务。

(一)依法定或约定履行义务

这是一项总括性的义务。经营者的义务可划分为法律规定的义务和当事人双方约定的义务两类。经营者向消费者提供商品或服务,应当依照我国《产品质量法》和其他有关法律、法规的规定履行义务,即经营者必须依法履行其法定义务。履行法定义务是对经营者履行各项具体义务的概括性、原则性的规定,起着统率各项具体义务的作用。此外,经营者和消费者有约定的,应当按照约定履行义务,但双方的约定不得违背法律、法规的规定。由此可见,在不与强行法规发生抵触的情况下,经营者应依约定履行义务。

经营者向消费者提供商品或者服务,应当恪守社会公德、诚信经营、保障消费者的合法权益;不得设定不公平、不合理的交易条件,不得强制交易。

(二)听取意见和接受监督

经营者应当听取消费者对其提供的商品或者服务的意见,接受消费者的监督。这项义务和消费者的监督权是相对应的,它对于加强经营者与消费者的沟通,提高消费者的地位具有积极作用。这就要求经营者应当允许消费者对其商品和服务提出不同的看法。经营者应当为消费者反映自己的要求提供便利的渠道,以便消费者的要求能够顺利达到经营者的决策层,对经营者的行为发生影响,例如,设立消费者投诉机构,处理消费者投诉;设置消费者投诉箱,收集消费者意见;设立市场机构或消费者服务机构,主动征询消费者意见。经营者应当正确对待消费者的意见和建议,对消费者在产品、服务质量等方面的合理意见亦应认真听取并采取措施予以整改。

(三)保障人身和财产安全

这是与消费者的保障安全权相对应的经营者的义务。经营者应当保证其提供的商品或服务符合保障人身、财产安全的要求。对可能危及人身、财产安全的商品或服务,应当向消费者作出真实的说明和明确的警示,并说明和标明正确使用商品和接受服务的方法以及防止危害发生的方法。宾馆、商场、餐馆、银行、机场、车站、港口、影剧院等经营场所的经营者,应当对消费者尽到安全保障义务。

经营者一旦发现其提供的商品或服务存在严重缺陷,即使正确使用商品或接受服务仍然可能对人身、财产安全造成危害的,应当立即向有关行政部门报告和告知消费者,并采取防止危害发生的措施,如停止销售、警示、召回、无害化处理、销毁、停止生产或服务等。采取召回措施的,经营者应当承担消费者因商品被召回支出的必要费用。

(四)提供真实信息

这是与消费者的知悉真情权相对应的经营者的义务。经营者向消费者提供有关商品或者服务的质量、性能、用途、有效期限等信息,应当真实、全面,不得作虚假或者引人误解的宣传。经营者对消费者就其提供的商品或者服务的质量和使用方法等问题提出的询问,应当作出真实、明确的答复。经营者提供商品或者服务应当明码标价。

(五)标明真实名称和标记

经营者在进行经营活动的过程中,应当如实标明自己的身份,即必须标明所提供商品或服务的自身真实名称和标记,不得假冒或仿冒其他企业的名称和商业标记。租赁他人柜台或场地的经营者,应当标明自己的真实名称和标记,以自己的名义从事活动,不得以出租者的名称或标记从事经营活动,以防止消费者发生误解或误认。

(六)出具相应的凭证和单据

经营者提供商品或者服务,应当按照国家有关规定或者商业惯例向消费者出具购货凭证或者服务单据;消费者索要购货凭证或者服务单据的,经营者必须出具。购货凭证或者服务单据实质上是证明经营者与消费者之间合同履行的书面凭证。这种书面凭证具有重要的证据价值,对于界定消费者与经营者的权利义务关系、保护消费者的合法权益具有重要作用。

(七)提供符合要求的商品或服务

经营者应当保证在正常使用商品或接受服务的情况下其提供的商品或者服务所应当具有的质量、性能、用途和有效期限;但消费者在购买商品或者接受服务时已经知道其存在瑕疵,且存在该瑕疵不违反法律强制性规定的除外。

经营者以广告、产品说明、实物样品或者其他方式表明商品或者服务的质量状况,应当保证其提供的商品或者服务的实际质量和表明的质量相符。

经营者提供的机动车、计算机、电视机、电冰箱、空调器、洗衣机等耐用商品或者装饰装修等服务,消费者自接受商品或者服务之日起6个月内发现瑕疵,发生争议的,由经营者承担有关瑕疵的举证责任。

(八)履行“三包”等售后服务的义务

“三包”义务是指经营者对其售出的商品包修、包换、包退,即承担修理、更换、退货的义务。经营者提供商品或者服务,按照国家规定或者与消费者的约定,承担包修、包换、包退或者其他责任的,应当按照国家有关规定或者约定履行,不得故意拖延或者无理拒绝。没有国家规定和当事人约定的,消费者可以自收到商品之日起7日内退货;7日后符合法定解除合同条件的,消费者可以及时退货,不符合法定解除合同条件的,可以要求经营者履行更换、修理等义务。进行退货、更换、修理的,经营者应当承担运输等必要费用。

(九)商品无理由退货的义务

商品无理由退货的义务是指经营者采用网络、电视、电话、邮购等方式销售商品,消费者有权自收到商品之日起7日内退货,且无须说明理由。消费者退货的商品应当完好。经营者应当自收到退回商品之日起7日内返还消费者支付的商品价款。退回商品的运费由消费者承担;经营者和消费者另有约定的,从其约定。

该义务并不适用于所有商品,下列商品不适用无理由退货:消费者定做的;鲜活易腐的;在线下载或者消费者拆封的音像制品、计算机软件等数字化商品;交付的报纸、期刊。此外,其他根据商品性质并经消费者在购买时确认不宜退货的商品,不适用无理由退货。

(十)不得从事不公平、不合理的交易

这是与消费者的公平交易权相对应的义务。经营者在经营活动中使用格式条款的,应当以显著方式提请消费者注意商品或者服务的数量和质量、价款或者费用、履行期限和方式、安全注意事项和风险警示、售后服务、民事责任等与消费者有重大利害关系的内容,并按照消费者的要求予以说明。

经营者不得以格式条款、通知、声明、店堂告示等方式，作出排除或者限制消费者权利、减轻或者免除经营者责任、加重消费者责任等对消费者不公平、不合理的规定，不得利用格式条款并借助技术手段强制交易。格式条款、通知、声明、店堂告示等含有前款所列内容的，其内容无效。

(十一)不得侵犯消费者的人格权

这是与消费者的维护尊严权相对应的经营者的义务。经营者不得对消费者进行侮辱、诽谤，不得搜查消费者的身体及其携带的物品，不得侵犯消费者的人身自由。

(十二)特殊经营者的信息提供义务

采用网络、电视、电话、邮购等方式提供商品或者服务的经营者，以及提供证券、保险、银行等金融服务的经营者，应当向消费者提供经营地址、联系方式、商品或者服务的数量和质量、价款或者费用、履行期限和方式、安全注意事项和风险警示、售后服务、民事责任等信息。

(十三)保护消费者个人信息的义务

经营者收集、使用消费者个人信息，应当遵循合法、正当、必要的原则，明示收集、使用信息的目的、方式和范围，并经消费者同意。经营者收集、使用消费者个人信息的，应当公开其收集、使用规则，不得违反法律、法规的规定和双方的约定收集、使用信息。

经营者及其工作人员对收集的消费者个人信息必须严格保密，不得泄露、出售或者非法向他人提供。经营者应当采取技术措施和其他必要措施，确保信息安全，防止消费者个人信息泄露、丢失。在发生或者可能发生信息泄露、丢失的情况时，应当立即采取补救措施。

经营者未经消费者同意或者请求，或者消费者明确表示拒绝的，不得向其发送商业性信息。

第三节　消费者权益的国家保护和社会保护

一、消费者权益的国家保护

根据我国《消费者要求保护法》的规定，国家对消费者合法权益的保护主要体现在立法保护和执法保护两个方面。

(一)立法保护

保护消费者合法权益，立法是基础。《消费者权益保护法》是我国专门的、系统的保护消费者权益的法律。此外，我国制定颁布的《反不正当竞争法》《产品质量法》《广告法》《食品卫生法》以及有关的法规和规章等，都体现了对消费者合法权益的保护，已基本形成保护消费者合法权益的法律体系。在立法方面，为充分体现和保护消费者合法权益，国家应进一步制定和完善有关消费者权益的法律和法规，并且应当在制定有关法律、法规和政策时，听取消费者和消费者协会等组织的意见。

(二)执法保护

各级人民政府应当加强领导，组织、协调、督促有关行政部门做好保护消费者合法权益的工作，落实保护消费者合法权益的职责。各级人民政府应当加强监督，预防危害消费者人身、财产安全的行为发生,及时制止危害消费者人身、财产安全的行为。

各级人民政府工商行政管理部门以及物价、技术监督、卫生、食品检验、商检等行政部门应当依照法律、法规的规定,在各自的职责范围内,采取措施保护消费者的合法权益。有关行政部门包括商品和服务行业的主管行政部门应当听取消费者和消费者协会等组织对经营者交易行为、商品和服务质量问题的意见,并及时调查处理。

有关行政部门在各自的职责范围内,应当定期或者不定期对经营者提供的商品和服务进行抽查检验,并及时向社会公布抽查检验结果。有关行政部门发现并认定经营者提供的商品或者服务存在缺陷,有危及人身、财产安全危险的,应当立即责令经营者采取停止销售、警示、召回、无害化处理、销毁、停止生产或者服务等措施。

(三)司法保护

有关国家机关应当依照法律、法规的规定,惩处经营者在提供商品和服务中侵害消费者合法权益的违法犯罪行为。人民法院应当采取措施,方便消费者提起诉讼。对符合我国《民事诉讼法》起诉条件的消费者权益争议,必须受理,并及时审理。

二、消费者权益的社会保护

(一)消费者组织对消费者合法权益的保护

保护消费者合法权益是全社会的共同责任,国家鼓励、支持一切组织和个人对损害消费者合法权益的行为进行社会监督。为了更好地保护消费者权益,大众传媒尤其应当做好维护消费者合法权益的宣传,对损害消费者合法权益的行为进行有效的舆论监督。

在保护消费者合法权益方面,各种消费者组织起到了非常重要的作用,依据我国《消费者权益保护法》的明确规定,消费者组织是指依法成立的对商品和服务进行社会监督的保护消费者合法权益的社会组织。消费者组织是消费者行使结社权的结果,包括消费者协会和其他消费者组织。消费者协会履行下列公益性职能。

1. 向消费者提供消费信息和咨询服务,提高消费者维护自身合法权益的能力,引导文明、健康、节约资源和保护环境的消费方式;

2. 参与制定有关消费者权益的法律、法规、规章和强制性标准;

3. 参与有关行政部门对商品和服务的监督、检查;

4. 就有关消费者合法权益的问题,向有关部门反映、查询,提出建议;

5. 受理消费者的投诉,并对投诉事项进行调查、调解;

6. 投诉事项涉及商品和服务质量问题的,可以委托具备资格的鉴定人鉴定,鉴定人应当告知鉴定意见;

7. 就损害消费者合法权益的行为,支持受损害的消费者提起诉讼或者依照消费者权益保护法提起诉讼;

8. 对损害消费者合法权益的行为,通过大众传播媒介予以揭露、批评。

各级人民政府对消费者协会履行职责应当予以必要的经费等支持。消费者协会应当认真履行保护消费者合法权益的职责,听取消费者的意见和建议,接受社会监督。依法成立的其他消费者组织依照法律、法规及其章程的规定,开展保护消费者合法权益的活动。消费者组织不得从事商品经营和营利性服务,不得以收取费用或者其他谋取利益的方式向消费者推荐商品和服务。

(二)社会监督和舆论监督

保护消费者的合法权益是全社会的共同责任,除国家和消费者组织外,还应当通过社会和舆论的力量来保护消费者合法权益。国家鼓励、支持一切组织和个人对损害消费者合法权益的行为进行社会监督。消费者也应当监督经营行为,尤其要敢于拿起法律武器向违法行为说"不"。因此,个人、企业、事业单位或其他社会组织都应当发挥各自的力量,形成社会监督的网络。大众传播媒介应当做好维护消费者合法权益的宣传和教育,对损害消费者合法权益的行为进行舆论监督,发挥广播、新闻、电台等媒介的特殊力量,对损害消费者权益的行为进行举报、批评、监督和曝光。

第四节　消费者争议的解决和法律责任

一、消费者争议的解决

(一)消费者争议的解决途径

消费者争议是指消费者与经营者之间因提供的商品或服务的质量造成消费者人身、财产损失而引发的纠纷。根据我国《消费者权益保护法》的规定,消费者与经营者发生争议,可以通过下列途径解决:(1)与经营者协商;(2)请求消费者协会或者依法成立的其他调解组织调解;(3)向有关行政部门投诉;(4)根据与经营者达成的仲裁协议提请仲裁机关仲裁;(5)向人民法院提起诉讼。

在一般情况下,当消费者认为其合法权益受到损害时,通常先同经营者进行交涉,通过协商和解这条最直接、最简便的途径来解决与经营者的争议。在不能协商和解的情况下,消费者常常会选择向消费者协会投诉,或者向有关工商行政、物价、卫生、技术监督、商品检验等行政管理部门申诉的途径。最后才会选择仲裁或者诉讼的方式,但这并不是解决争议的法定步骤。事实上,消费者认为合法权益受到损害时,完全有权自主选择5项解决争议途径中的任何一项对自己最有利的途径。

(二)消费者争议赔偿主体的确定

根据我国《消费者权益保护法》的规定,消费者在其合法权益受到侵害时,可以根据不同情况,确定损害赔偿责任的主体。

1.由生产者、销售者、服务者承担

(1)消费者在购买、使用商品时,其合法权益受到损害的,可以向销售者要求赔偿。销售者赔偿后,属于生产者的责任或者属于向销售者提供商品的其他销售者的责任的,销售者有权向生产者或者其他销售者追偿。

(2)消费者或者其他受害人因商品缺陷造成人身、财产损害的,可以向销售者要求赔偿,也可以向生产者要求赔偿。属于生产者责任的,销售者赔偿后有权向生产者追偿。属于销售者责任的,生产者赔偿后有权向销售者追偿。

(3)消费者在接受服务时,其合法权益受到损害的,可以向服务者要求赔偿。

2. 由变更后的企业承担

消费者在购买、使用商品或者接受服务时,其合法权益受到损害,因原企业分立、合并的,可以向变更后承受其权利义务的企业要求赔偿。

3. 由营业执照的使用人或者持有人承担

使用他人营业执照的违法经营者提供商品或者服务,损害消费者合法权益的,消费者可以向其要求赔偿,也可以向营业执照的持有人要求赔偿。

4. 由展销会举办者和柜台出租者承担

消费者在展销会、租赁柜台购买商品或者接受服务,其合法权益受到损害的,可以向销售者或者服务者要求赔偿。展销会结束或者柜台租赁期满后,也可以向展销会的举办者、柜台的出租者要求赔偿。展销会的举办者、柜台的出租者赔偿后,有权向销售者或者服务者追偿。

5. 由网络交易平台提供者承担

消费者通过网络交易平台购买商品或者接受服务,其合法权益受到损害的,可以向销售者或者服务者要求赔偿。网络交易平台提供者不能提供销售者或者服务者的真实名称、地址和有效联系方式的,消费者也可以向网络交易平台提供者要求赔偿;网络交易平台提供者作出更有利于消费者的承诺的,应当履行承诺。网络交易平台提供者赔偿后有权向销售者或者服务者追偿。

网络交易平台提供者明知或者应知销售者或者服务者利用其平台侵害消费者合法权益,未采取必要措施的,依法与该销售者或者服务者承担连带责任。

6. 由虚假广告的广告经营者、发布者承担

消费者因经营者利用虚假广告或者其他虚假宣传方式提供商品或者服务,其合法权益受到损害的,可以向经营者要求赔偿。广告经营者、发布者发布虚假广告的,消费者可以请求行政主管部门予以惩处。广告经营者、发布者不能提供经营者的真实名称、地址和有效联系方式的,应当承担赔偿责任。广告经营者、发布者设计、制作、发布关系消费者生命健康的商品或者服务的虚假广告,造成消费者损害的,应当与提供该商品或者服务的经营者承担连带责任。社会团体或者其他组织、个人在关系消费者生命健康的商品或者服务的虚假广告或者其他虚假宣传中向消费者推荐商品或者服务,造成消费者损害的,应当与提供该商品或者服务的经营者承担连带责任。

二、侵害消费者合法权益的法律责任

对于侵害消费者权益的行为,应当依法追究违法者的法律责任。一般而言,违法者需要承担的法律责任主要有民事责任、行政责任和刑事责任三类。

(一)民事责任

民事责任是经营者侵害消费者合法权益应承担的最常见、最普遍的一种责任形式。

1. 经营者承担民事责任的情形

经营者提供商品或者服务有下列情形之一的,应当依照我国《产品质量法》和其他有关法律、法规的规定,承担民事责任:(1)商品或者服务存在缺陷的;(2)不具备商品应当具备的使用性能而出售时未作说明的;(3)不符合在商品或者其包装上注明采用的商品标准的;(4)不符合

商品说明、实物样品等方式表明的质量状况的;(5)生产国家明令淘汰的商品或者销售无效、变质的商品的;(6)销售的商品数量不足的;(7)服务的内容和费用违反约定的;(8)对消费者提出的修理、重做、更换、退货、补足商品数量、退还货款和服务费用或者赔偿损失的要求,故意拖延或者无理拒绝的;(9)法律、法规规定的其他损害消费者权益的情形。经营者对消费者未尽到安全保障义务,造成消费者损害的,应当承担侵权责任。

2. 侵犯消费者人身权的民事责任

(1)侵犯消费者生命健康权的民事责任。经营者提供商品或者服务,造成消费者或者其他受害人人身伤害的,应当赔偿医疗费、护理费、交通费等为治疗和康复支出的合理费用,以及因误工减少的收入。造成残疾的,还应当赔偿残疾生活辅助具费和残疾赔偿金。造成死亡的,还应当赔偿丧葬费和死亡赔偿金。

(2)侵犯其他人身权的民事责任。经营者侵害消费者的人格尊严、侵犯消费者人身自由或者侵害消费者个人信息依法得到保护的权利的,应当停止侵害、恢复名誉、消除影响、赔礼道歉,并赔偿损失。

(3)经营者有侮辱诽谤、搜查身体、侵犯人身自由等侵害消费者或者其他受害人人身权益的行为,造成严重精神损害的,受害人可以要求精神损害赔偿。

3. 侵犯财产权的民事责任

(1)承担侵犯财产权的民事责任的方式。经营者提供商品或者服务,造成消费者财产损害的,应当依照法律规定或者当事人约定承担修理、重作、更换、退货、补足商品数量、退还货款和服务费用或者赔偿损失等民事责任。

(2)违反预收款约定的民事责任。经营者以预收款方式提供商品或者服务的,应当按照约定提供。未按照约定提供的,应当按照消费者的要求履行约定或者退回预付款;并应当承担预付款的利息、消费者必须支付的合理费用。

(3)不合格商品的民事责任。依法经有关行政部门认定为不合格的商品,消费者要求退货的,经营者应当负责退货。

4. 欺诈行为的民事责任

经营者提供商品或者服务有欺诈行为的,应当按照消费者的要求增加赔偿其受到的损失,增加赔偿的金额为消费者购买商品的价款或者接受服务的费用的 3 倍;增加赔偿的金额不足 500 元的,为 500 元;法律另有规定的,依照其规定。

经营者明知商品或者服务存在缺陷,仍然向消费者提供,造成消费者或者其他受害人死亡或者健康严重损害的,受害人有权要求经营者依照我国《消费者权益保护法》关于人身损害的民事责任等法律规定赔偿损失,并有权要求所受损失 2 倍以下的惩罚性赔偿。

(二)行政责任

经营者有下列情形之一,除承担相应的民事责任外,其他有关法律、法规对处罚机关和处罚方式有规定的,依照法律、法规的规定执行;法律、法规未作规定的,由工商行政管理部门或者其他有关行政部门责令改正,可以根据情节单处或者并处警告、没收违法所得、处以违法所得 1 倍以上 10 倍以下的罚款,没有违法所得的,处 50 万元以下的罚款;情节严重的,责令停业整顿、吊销营业执照。

1. 提供的商品或者服务不符合保障人身、财产安全要求的;

2. 在商品中掺杂、掺假,以假充真、以次充好,或者以不合格商品冒充合格商品的;

3. 生产国家明令淘汰的商品或者销售失效、变质的商品的;

4. 伪造商品的产地,伪造或者冒用他人的厂名、厂址,篡改生产日期,伪造或者冒用认证标志等质量标志的;

5. 销售的商品应当检验、检疫而未检验、检疫或者伪造检验、检疫结果的;

6. 对商品或者服务作虚假或者引人误解的宣传的;

7. 拒绝或者拖延有关行政部门责令对缺陷商品或者服务采取停止销售、警示、召回、无害化处理、销毁、停止生产或者服务等措施的;

8. 对消费者提出的修理、重做、更换、退货、补足商品数量、退还货款和服务费用或者赔偿损失的要求,故意拖延或者无理拒绝的;

9. 侵害消费者人格尊严、侵犯消费者人身自由或者侵害消费者个人信息依法得到保护的权利的;

10. 法律、法规规定的对损害消费者权益应当予以处罚的其他情形。

经营者有前款规定情形的,除依照法律、法规规定予以处罚外,处罚机关应当记入信用档案,并向社会公布。

经营者对行政处罚决定不服的,可以依法申请行政复议或者提起行政诉讼。

(三)刑事责任

经营者侵犯消费者合法权益的刑事责任,有以下3种情形。

1. 经营者违反我国《消费者权益保护法》的规定提供商品或者服务,侵害消费者合法权益,构成犯罪的,依法追究刑事责任。

2. 以暴力、威胁等方法阻碍有关行政部门工作人员依法执行职务的,依法追究刑事责任;拒绝、阻碍有关行政部门工作人员依法执行职务,未使用暴力、威胁方法的,由公安机关依照我国《治安管理处罚法》的规定予以处罚。

3. 国家机关工作人员玩忽职守或者包庇经营者侵害消费者合法权益的行为的,由其所在单位或者上级机关给予行政处分;情节严重构成犯罪的,依法追究刑事责任。

4. 经营者违反我国《消费者权益保护法》的规定,应当承担民事赔偿责任和缴纳罚款、罚金,其财产不足以同时支付的,先承担民事赔偿责任。

复习思考题

一、名词解释

1. 消费者;2. 安全保障权;3. 知情权。

二、单项选择

1. 消费者为(　　)消费需要购买、使用商品或接受服务,其权益受我国《消费者权益保护法》的保护。

A. 生活　　B. 生产

C. 生产和生活　　D. 公共

2. 经营者提供商品或服务有(　　)行为的,应当按照消费者的要求增加赔偿其收到的损失。

A. 胁迫　　B. 侵犯人身自由

C. 欺诈　　D. 显失公平

3. 经营者应当保证其提供的商品或者服务符合保障人身、财产安全的要求,对(　　)的商品,应当向消费者作出真实的说明和明确的警示,并说明和标明正确使用商品的方法以及防止危害发生的方法。

A. 未经检验　　B. 有瑕疵

C. 不合格　　D. 可能危及人身、财产安全

4. 消费者协会和其他消费者组织是依法成立的对商品和服务进行社会监督的保护消费者合法权益的(　　)。

A. 行政机关　　B. 社会团体

C. 行业协会　　D. 社会组织

三、简答

1. 我国《消费者权益保护法》中的消费者如何界定?

2. 简述消费者的基本权利。

3. 消费者的维权途径有哪些?

四、案例分析

李某晚上到饭店用餐,由于服务员不慎将菜汤洒到他身上,因此去洗手间清洗。在去洗手间的通道上李某突然滑倒,造成大腿骨折,门牙折断。经查:滑倒是由于通道的照明不足,地面光滑有水,清洁人员没有及时清洁所致。李某要求饭店赔偿医疗费、护理费、营养费、交通费、耽误学习费、今后生活补助费、精神损害赔偿金。

问题:

1. 侵犯消费者合法权益的法律责任有哪些? 本案可以适用何种责任?

2. 对李某的诉讼请求应如何判决?

第十四章　价格法律制度

本章知识结构图

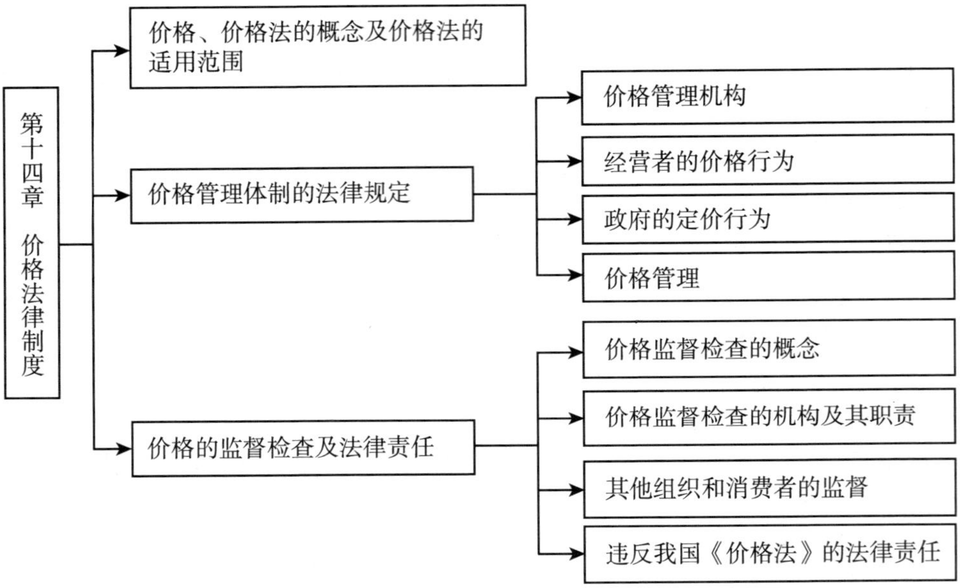

引导案例

青岛市物价部门于2015年10月17日收到消费者投诉，称本市大渔港饭店存在乱收费问题，遂对该饭店依法进行检查。经查，发现该饭店销售的小鲳鱼标价为58元/斤，6条小鲳鱼称重为1.3斤，应收价款75.4元；消费者结账时，结账单据却显示“家烧小昌鱼、3斤、单价58元、金额174元”等字样，存在多收消费者价款98.6元的问题。

问题：该饭店的行为属于什么性质的违法行为？应如何处理？

第一节　价格法概述

一、价格的概念及其种类

价格是商品价值的货币表现。价格是“一只看不见的手”,在微观经济中自发地调节市场;价格是“一只看得见的手”,在宏观经济中通过政府职能实现有效调控。政府的价格行为包括政府定价行为和政府对价格总水平的调控;前者属于微观价格行为,后者属于宏观价格行为。

目前,我国的价格形式有市场调节价、政府指导价、政府定价 3 种。市场调节价是指由经营者自主制定,通过市场竞争形成的价格。除实行政府指导价和政府定价的商品和服务外,实行市场调节价。政府指导价是指依法由政府价格主管部门或者其他有关部门,按照定价权限和范围规定基准价及其浮动幅度,指导经营者制定的价格。政府定价是指依照价格法规定,由政府价格主管部门或者其他有关部门,按照定价权限和范围制定的价格。我国只保留少部分商品和服务实行政府指导价或政府定价,其余大多数的商品和服务实行市场调节价。

二、价格法的概念

价格法是指国家调整价格行为和价格关系的法律关系的总称。是国家运用法律手段进行宏观经济调控,发挥价格合理配置资源的作用,稳定市场价格总水平,保护消费者和经营者的合法权益,促进社会主义市场经济健康发展的重要手段。

改革开放以来,为适应经济发展的需要,我国打破了过去主要由政府定价的“大一统”局面,逐步放开价格,实行市场调节价、政府定价和政府指导价的价格形式。在不同的时期,国家制定了若干规范价格的法律和政策,包括:1987 年国务院发布的《价格管理条例》,1997 年 12 月 29 日第八届全国人民代表大会常务委员会第 29 次会议通过了《价格法》,作为调整价格关系的基本法,共计七章 48 条,并于 1998 年 5 月 1 日起施行。此外,1999 年国务院批准国家计委发布《价格违法行为行政处罚规定》,并于 2006 年、2008 年和 2010 年进行了 3 次修订;1995 年发布《制止牟取暴利的暂行规定》,于 2011 年修订;2006 年 1 月 17 日国家发展和改革委员会发布《政府制定价格成本监审办法》;2006 年 3 月 17 日发布《政府制定价格行为规则》;2008 年发布《政府制定价格听证办法》;2010 年发布《反价格垄断规定》;2013 年发布《价格行政处罚程序规定》;2014 年发布《价格违法行为举报处理规定》;2015 年发布《中央定价目录》等,构成了我国价格法律体系制度。

三、价格法的适用范围

我国《价格法》第 2 条规定:“在中华人民共和国境内发生的价格行为,适用本法。”价格法所调整的“价格”包括商品价格和服务价格。“商品价格”是指各类有形产品和无形资产的价格;“服务价格”是指各类有偿服务的收费。

根据我国《价格法》第 47 条的规定,国家行政机关的收费,应当依法进行,严格控制收费项目,限定收费范围、标准。收费的具体管理办法由国务院另行制定。利率、汇率、保险费率、证券及期货价格,适用有关法律、行政法规的规定,不适用我国《价格法》的规定。

第二节 价格管理体制的法律规定

一、我国的价格管理机构

国家支持和促进公平、公开、合法的市场竞争,维护正常的价格秩序,对价格活动实行管理、监督和必要的调控。根据我国《价格法》的规定,我国的价格管理机构是政府各级物价主管部门和其他有关部门,并对其分工作出了明确的规定。

(一)国务院价格主管部门和其他有关部门

国务院价格主管部门统一负责全国的价格工作。国务院其他有关部门在各自的职责范围内,负责有关的价格工作。

(二)地方人民政府价格管理部门和其他有关部门

县级以上地方各级人民政府价格主管部门负责本行政区域内的价格工作。县级以上地方各级人民政府其他有关部门在各自的职责范围内,负责有关的价格工作。

二、经营者的价格行为

经营者的价格行为主要是指由经营者直接制定商品或服务的市场调节价格。经营者是指从事生产、经营商品或者提供有偿服务的法人、其他组织和个人。

市场调节价格随着市场的变化而具有不稳定性和灵活性、多样性的特点。除生产经营成本外,市场供求关系是影响价格的一个重要因素,因此,市场调节价会随着市场供求关系的变化而进行调整。为规范经营者的价格行为,我国《价格法》对经营者制定市场调节价格进行了规定。

(一)市场调节价的范围

根据我国《价格法》第6条的规定,商品价格和服务价格,除依照该法第18条规定适用政府指导价或者政府定价外,实行市场调节价,由经营者依照本法自主制定。即未列入政府指导价和政府定价目录的商品或服务,均由经营者自主制定价格。

(二)确定市场调节价的依据

经营者定价,应当遵循公平、合法和诚实信用的原则。经营者定价的基本依据是生产经营成本和市场供求状况。经营者应当努力改进生产经营管理,降低生产经营成本,为消费者提供价格合理的商品和服务,并在市场竞争中获取合法利润。经营者应当根据其经营条件,建立健全内部价格管理制度,准确记录与核定商品和服务的生产经营成本,不得弄虚作假。

(三)经营者的权利和义务

根据我国《价格法》第11条的规定,经营者自主制定市场调节价格,享有下列权利:

(1)自主制定属于市场调节的价格;

(2)在政府指导价规定的幅度内制定价格;

(3)制定属于政府指导价、政府定价产品范围内的新产品的试销价格,特定产品除外;

(4)检举、控告侵犯其依法自主定价权利的行为。

根据我国《价格法》第12条、第13条的规定，经营者在制定市场调节价格时，应履行下列义务：

(1)经营者进行价格活动，应当遵守法律、法规，执行依法制定的政府指导价、政府定价和法定的价格干预措施、紧急措施；

(2)经营者销售、收购商品和提供服务，应当按照政府价格主管部门的规定明码标价，注明商品的品名、产地、规格、等级、计价单位、价格或者服务的项目、收费标准等有关情况。经营者不得在标价之外加价出售商品，不得收取任何未予标明的费用。

(四)经营者禁止的行为

根据我国《价格法》第14条的规定，经营者不得有下列不正当价格行为：(1)相互串通，操纵市场价格，损害其他经营者或者消费者的合法权益；(2)在依法降价处理鲜活商品、季节性商品、积压商品等商品外，为了排挤竞争对手或者独占市场，以低于成本的价格倾销，扰乱正常的生产经营秩序，损害国家利益或者其他经营者的合法权益；(3)捏造、散布涨价信息，哄抬价格，推动商品价格过高上涨的；(4)利用虚假的或者使人误解的价格手段，诱骗消费者或者其他经营者与其进行交易；(5)提供相同商品或者服务，对具有同等交易条件的其他经营者实行价格歧视；(6)采取抬高等级或者压低等级等手段收购、销售商品或者提供服务，变相提高或者压低价格；(7)违反法律、法规的规定牟取暴利；(8)法律、行政法规禁止的其他不正当价格行为。

经营者销售进口商品、收购出口商品，应当遵守上述关于经营者价格行为的有关规定，维护国内市场秩序。

我国《价格法》除对经营者的价格行为进行规范外，还对中介机构和行业组织的相关行为进行了规范，各类中介机构提供有偿服务、收取费用，应当遵守价格法的规定。法律另有规定的，按照有关规定执行。行业组织应当遵守价格法律、法规，加强价格自律，接受政府价格主管部门的工作指导。

三、政府的定价行为

(一)政府定价的概念及形式

根据我国《价格法》的规定，政府的定价行为是政府价格主管部门或者其他有关部门，依照定价权限和范围制定政府指导价和政府定价。政府指导价往往规定基准价及其浮动幅度，以指导经营者定价。政府指导价的主要形式有以下几类。

1.浮动价格。即规定基准价格和浮动幅度，允许经营者根据市场供求情况，在一定范围内自主制定和调整价格。

2.最高限价。即由政府对经营者出售的商品规定最高限价，经营者不能超过限价，通过这种方式达到制止哄抬物价，保持市场价格基本稳定的目的。

3.最低保护价。即由政府对价格规定最低限度，经营者制定价格只能高于这一价格，通过这种方式调动生产经营者的积极性，一般适用于需要扶持行业的产品价格。

(二)政府定价的范围

在我国，政府在必要时对商品和服务，可以实行政府指导价格和政府定价。主要有以下几类。

1.与国民经济发展和人民生活关系重大的极少数商品价格；

2. 资源稀缺的少数商品价格;

3. 自然垄断经营的商品价格;

4. 重要的公用事业价格;

5. 重要的公益性服务价格。

政府指导价、政府定价的定价权限和具体适用范围,以中央的和地方的定价目录为依据。

(三)政府定价依据

制定政府指导价、政府定价,应当依据有关商品或者服务的社会平均成本和市场供求状况、国民经济与社会发展要求以及社会承受能力,实行合理的购销差价、批零差价、地区差价和季节差价。

政府价格主管部门和其他有关部门制定政府指导价、政府定价,应当开展价格、成本调查,听取消费者、经营者和有关方面的意见。

政府价格主管部门开展对政府指导价、政府定价的价格、成本调查时,有关单位应当如实反映情况,提供必需的账簿、文件以及其他资料。

制定关系群众切身利益的公用事业价格、公益性服务价格、自然垄断经营的商品价格等政府指导价、政府定价,应当建立听证会制度,由政府价格主管部门主持,征求消费者、经营者和有关方面的意见,论证其必要性、可行性。听证会是价格决策民主化和科学化的体现,是消费者直接参与定价的重要形式。

政府指导价、政府定价制定后,由制定价格的部门向消费者、经营者公布。

政府指导价、政府定价的具体适用范围、价格水平,应当根据经济运行情况,按照规定的定价权限和程序适时调整。消费者、经营者可以对政府指导价、政府定价提出调整建议。

四、价格管理

价格管理是指政府对价格的宏观管理和微观管理。

(一)宏观管理

价格宏观管理的基本政策目标是稳定市场价格总水平。价格宏观管理即价格宏观调控,主要采用间接管理方式。首先,国家应根据国民经济发展的需要和社会承受能力,确定市场价格总水平调控目标,列入国民经济和社会发展计划;其次,综合运用货币、财政、投资、进出口等方面的政策和措施,予以实现。为保证实现价格总水平调控目标,国家必须建立和实现一系列价格调控制度。

1. 计划调控目标制度

为实行价格宏观调控,国务院有权制定全国年度商品零售价格总水平的控制目标和价格结构调整计划,纳入同年度的国家计划;并可据此向各省、自治区、直辖市下达年度的商品零售价格总水平控制目标,向各部门下达调整价格的具体要求。为实现全国零售价格总水平调控目标,各部门可采取一切手段,包括税率、利率、汇率、折旧率、价格贴现,以及调减、调增商品比重结构等。通过这些手段调节市场供求关系,稳定价格总水平。如对长期供不应求、价格过高的产品,可通过税收、信贷优惠,鼓励企业生产;对长期供大于求,大量消耗能源、资源,价格偏低的商品,可通过经济手段及必要的行政手段,控制其生产,使市场供求趋于平衡,以稳定价格。

2. 价格监测制度

为适应价格调控和管理的需要，政府价格主管部门应当建立价格监测制度，对重要商品、服务价格的变动进行监测。通过科学的监测，获取准确的价格信息和数据，以便于政府及时采用必要的调控措施。

3. 价格调节储备制度

政府可以建立重要商品储备制度，设立价格调节基金，以调控价格、稳定市场。主要是针对一些关系国计民生的重要产品，通过储备商品的存入与调出来调节供求关系，目的在于平抑市场价格，避免出现较大波动。

（二）微观管理

微观管理主要是指国家针对具体的价格和价格问题实施直接的、具体的管理。

1. 对重要农产品的价格保护制度

政府在粮食等重要农产品的市场购买价格过低时，可以在收购中实行保护价格，并采取相应的经济措施保证其实现。

2. 限价制度

当重要商品和服务价格显著上涨或者有可能显著上涨，国务院和省、自治区、直辖市人民政府可以对部分价格采取限定差价率或者利润率、规定限价、实行提价申报制度和调价备案制度等干预措施。省、自治区、直辖市人民政府采取前款规定的干预措施，应当报国务院备案。

3. 紧急干预制度

当市场价格总水平出现剧烈波动等异常状态时，国务院可以在全国范围内或者在部分区域内采取临时集中定价权限、部分或者全面冻结价格的紧急措施。实行干预措施、紧急措施的情形消除后，应当及时解除干预措施、紧急措施。

第三节 价格的监督检查及法律责任

一、价格监督检查的概念

价格监督检查是指价格主管部门、有关部门等对违反价格政策、法律的行为所进行的监督和检查等活动。

价格监督检查是价格监督管理的一项重要内容，是保证国家价格政策、法律法规贯彻执行的重要措施。

二、价格监督检查的机构及其职责

县级以上各级人民政府价格主管部门，依法对价格活动进行监督检查，并依照我国《价格法》的规定对价格违法行为实施行政处罚。政府价格主管部门进行价格监督检查时，可以行使下列职权。

1. 询问当事人或者有关人员，并要求其提供证明材料和与价格违法行为有关的其他资料；

2. 查询、复制与价格违法行为有关的账簿、单据、凭证、文件及其他资料，核对与价格违法

行为有关的银行资料;

3. 检查与价格违法行为有关的财物,必要时可以责令当事人暂停相关营业;

4. 在证据可能灭失或者以后难以取得的情况下,可以依法先行登记保存,当事人或者有关人员不得转移、隐匿或者销毁。

经营者接受政府价格主管部门的监督检查时,应当如实提供价格监督检查所必需的账簿、单据、凭证、文件以及其他资料。同时,价格监督检查部门应履行相应的义务,即政府部门价格工作人员不得将依法取得的资料或者了解的情况用于依法进行价格管理以外的任何其他目的,不得泄露当事人的商业秘密。

三、其他组织和消费者的监督

依据我国《价格法》的规定,消费者组织、职工价格监督组织、居民委员会、村民委员会等组织以及消费者,有权对价格行为进行社会监督。政府价格主管部门应当充分发挥群众的价格监督作用。

新闻单位有权进行价格舆论监督。政府价格主管部门应当建立对价格违法行为的举报制度。任何单位和个人均有权对价格违法行为进行举报。政府价格主管部门应当对举报者给予鼓励,并为举报者保密。

四、违反我国《价格法》的法律责任

(一)经营者的法律责任

1. 经营者不执行政府指导价、政府定价以及法定的价格干预措施、紧急措施的,责令改正,没收违法所得,可以并处违法所得5倍以下的罚款;没有违法所得的,可以处以罚款;情节严重的,责令停业整顿。

2. 经营者有违反前述我国《价格法》第14条所列禁止行为之一的,责令改正,没收违法所得,可以并处违法所得5倍以下的罚款;没有违法所得的,予以警告,可以并处罚款;情节严重的,责令停业整顿,或者由工商行政管理机关吊销营业执照。有关法律对我国《价格法》第14条所列禁止行为的处罚及处罚机关另有规定的,可以依照有关法律的规定执行。

有我国《价格法》第14条第1项、第2项所列行为,属于全国性的,由国务院价格主管部门认定;属于省及省以下区域性的,由省、自治区、直辖市人民政府价格主管部门认定。

3. 经营者因价格违法行为致使消费者或者其他经营者多付价款的,应当退还多付部分;造成损害的,应当依法承担赔偿责任。

4. 经营者违反明码标价规定的,责令改正,没收违法所得,可以并处5000元以下的罚款。

5. 经营者被责令暂停相关营业而不停止的,或者转移、隐匿、销毁依法登记保存的财物的,处相关营业所得或者转移、隐匿、销毁的财物价值1倍以上3倍以下的罚款。

6. 拒绝按照规定提供监督检查所需资料或者提供虚假资料的,责令改正,予以警告;逾期不改正的,可以处以罚款。

(二)政府部门及其工作人员的法律责任

1. 地方各级人民政府或者各级人民政府有关部门违反价格法规定,超越定价权限和范围擅自制定、调整价格或者不执行法定的价格干预措施、紧急措施的,责令改正,并可以通报批评;对直接负责的主管人员和其他直接责任人员,依法给予行政处分。

2. 价格工作人员泄露国家秘密、商业秘密以及滥用职权、徇私舞弊、玩忽职守、索贿受贿，构成犯罪的，依法追究刑事责任；尚不构成犯罪的，依法给予处分。

复习思考题

一、名词解释

1. 政府指导价；2. 政府定价；3. 市场调节价。

二、单项选择

1. 我国《价格法》明确规定，我国大多数商品和服务价格实行（　　）。

A. 政府定价　　B. 政府指导价

C. 市场调节价　　D. 中央指导下的地方政府定价

2. 当重要商品和服务价格显著上涨或者市场价格总水平出现剧烈波动，政府必须及时（　　）。

A. 寻求国际援助　　B. 发放价格补贴

C. 采取紧急干预措施　　D. 召开价格听证会

3. 我国《价格法》所称价格，包括（　　）。

A. 国家行政机关收费　　B. 商品价格和服务价格

C. 期货价格　　D. 能源价格

4. 政府价格主管部门设立的举报电话是（　　）。

A. 12315　　B. 12333

C. 12358　　D. 12345

三、简答

1. 实行政府指导价和政府定价的范围有哪些？

2. 经营者定价有哪些权利和义务？

四、案例分析

某摄影彩扩有限公司打出“××数码冲印大减价，0.58 元每张”“××数码冲印送数码相机包摄像机包（办会员卡）”的广告。之后，相关单位的经营者及摄影行业协会人员等 11 人，以摄影行业协会的名义召开会议，针对上述广告及数码冲印的价格进行协调。会议最后形成了“门市价要求基本统一，每张价格不得低于 0.70 元”等 6 条“彩扩经营制度”。其中，6 家单位的经营者在该制度上签了名。之后“××数码冲印大减价，0.58 元每张”的广告被换掉。

问题：分析上述人员协调数码冲印价格的行为是否合法，并说出理由。

第十五章　广告法律制度

本章知识结构图

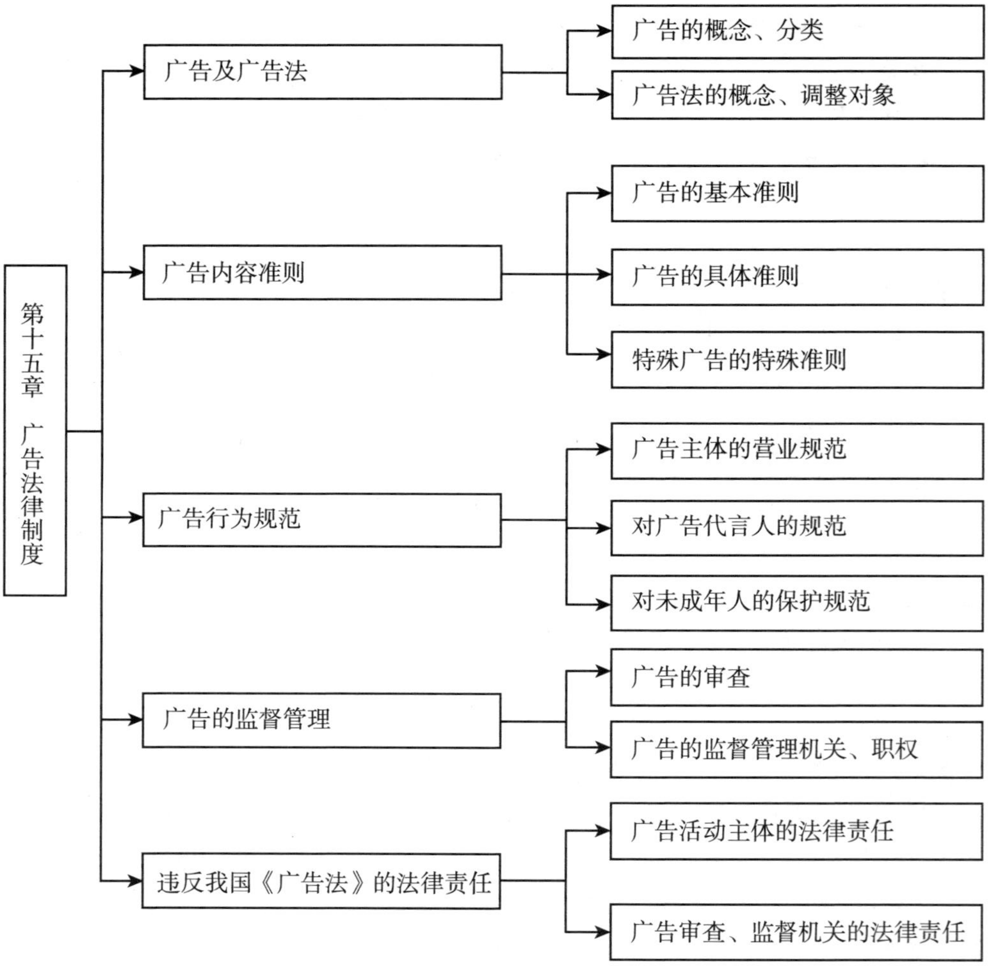

引导案例

北京某投资管理有限公司温州分公司自2015年11月2日起，通过投入他人邮箱等方式发放印刷品广告，将其经营的洽谈借贷撮合活动宣传成“年年宝”“月鑫宝”“单季红”等产品，与其实际从事的网络借贷信息中介机构业务活动不符。同时，该分公司在上述广告中宣传其“随心宝”产品的特征为可以“随进随出”“随存随取”,实际上无法实现;印刷品广告均含有“单季红到期返息 9%”等有投资回报预期的文字,但没有注明可能存在的风险以及风险责任承担有合理提示或警示的内容。至 2016 年 5 月 13 日被查。

问题:

1. 该广告中存在哪些问题?

2. 广告监督管理机关应对其施以何种处罚?

3. 请分析承担法律责任的主体?

第一节 广告法概述

一、广告的概念、分类

(一)广告的概念

广告,从字面上理解就是“广而告之”,泛指一定的主体为了特定的目的通过媒介向社会公众传达某种信息。广告可以出于商业目的,也可以为了公益,根据我国《广告法》第 2 条第 1 款“在中华人民共和国境内,商品经营者或者服务提供者通过一定媒介和形式直接或者间接地介绍自己所推销的商品或者服务的商业广告活动,适用本法”的规定,本章如无特别说明,所指广告为商业广告,即商品经营者或者服务提供者通过一定媒介和形式直接或者间接地介绍自己所推销的商品或者服务的宣传方式。

(二)广告的分类

广告的形式多种多样,按不同的标准有不同的分类:按传播媒介不同,可分为报纸广告、杂志广告、电视广告、广播广告、电影广告、户外广告、户内广告等;按传播范围不同,可分为全国性广告、地方性广告;按广告内容不同,可分为商品广告、服务广告。

在互联网和大数据的时代背景下,广告的类型和表现方式更加丰富和复杂,已不能为上述传统的分类涵盖。

二、广告法的概念、调整对象

现代社会广告可谓无孔不入,无形地影响着社会大众。广告是连接经营者和消费者的重要途径,通过广告经营者可以使大众了解、认同其商品、服务,并在市场竞争中获得优势,所以广告也是重要的竞争手段,但广告行为也需要遵循一定的规则,否则,经营者为了吸引消费者、争夺市场,进行广告活动时不免会采用种种有损消费者和其他经营者合法权益的方式,更何况广告对受众潜移默化的力量,甚至会影响社会的价值观。

广告法是指调整广告活动中所发生的各种社会关系的法律规范的总称。它是国家广告监督管理机关对广告实施监督管理的依据,也是广告主、广告经营者、广告发布者进行广告活动的准则。广告法调整的对象是广告活动中发生的各种社会关系,包括广告主、广告经营者、广告发布者之间的社会关系;广告行政主管部门与广告主、广告经营者、广告发布者之间发生的社会关系等。

广告活动中的主体包括以下几类。

(1)广告主

广告主是指为推销商品或者服务,自行或者委托他人设计、制作、发布广告的自然人、法人或者其他组织。

(2)广告经营者

广告经营者是指接受委托提供广告设计、制作、代理服务的自然人、法人或者其他组织。

(3)广告发布者

广告发布者是指为广告主或者广告主委托的广告经营者发布广告的自然人、法人或者其他组织。

(4)广告代言人

广告代言人是指广告主以外的,在广告中以自己的名义或者形象对商品、服务作推荐、证明的自然人、法人或者其他组织。

三、我国广告立法沿革

改革开放之初,随着经济的发展,我国广告业也在发展、壮大的同时面临一系列问题:一方面,企业利用广告推销假冒伪劣产品、夸大宣传,误导、欺骗广大消费者;在广告中贬低竞争对手;广告内容不健康,违反善良风俗,损害社会公德。另一方面,广告主、广告经营者、广告发布者权利责任不明确,广告行为不规范,也严重影响了广告业的健康发展。为进一步规范广告活动,促进广告业的健康发展,1982 年国务院颁布了《广告管理暂行条例》,1987 年国务院颁布了《广告管理条例》,1988 年国家工商行政管理局颁布了《广告管理条例实施细则》。1994 年 10 月 27 日第八届全国人大常委会第 10 次会议通过了《广告法》,并于 1995 年 2 月 1 日起施行;其对广告法的调整范围、广告准则、广告活动、特殊商品广告的审查、法律责任等作了规定。2015 年 4 月 24 日第十二届全国人民代表大会常务委员会第十四次会议通过了《广告法》的修订案,并自 2015 年 9 月 1 日起施行。

第二节 广告内容准则

一、广告的基本准则

我国《广告法》第 3 条至第 5 条规定了广告应遵循的基本准则,概括起来主要有以下几项。

(一)广告应当真实

广告内容应当真实,这是最基本的要求。广告的真实性是指广告应当客观、准确地介绍商品、服务的情况,不能含有虚假或引人误解的内容。从正面角度来讲,即言之有据、言而有信,广告主在广告中提出的任何主张和陈述都是客观真实的;从反面角度来讲,就是不得含有虚假内容,不得欺骗和误导消费者,任何广告不得通过直接或者间接说明的方法,或者通过省略、含糊或夸大的方法误导消费者,也不得利用过时的研究成果或者滥用科技资料,让广告受众误认为其广告的主张或者说明是真实的。

（二）广告应当合法

广告主体从事广告活动，应当遵守法律和行政法规和规定，不得损害国家、民族利益和尊严，不得损害社会公共利益，有悖公序良俗。广告的合法性，又可分为广告内容的合法性和广告形式的合法性。

（三）广告活动应当遵循诚实信用、公平竞争的原则

广告主体在广告活动中应保持诚实、恪守信用，遵守商业道德。广告主体要善意履行自己的义务，对消费者不应使用任何形式的误导和欺骗，更不得利用广告这种具有广泛影响力和说服力的宣传形式，诋毁、贬损其他经营者。

二、广告的具体准则

基于广告内容和形式的丰富性，我国《广告法》第二章规定了各种广告应遵循的具体标准。

（一）广告中禁止使用的情形

我国《广告法》第9条规定了广告不得有下列内容。

1. 使用或者变相使用中华人民共和国的国旗、国歌、国徽，军旗、军歌、军徽；

2. 使用或者变相使用国家机关、国家机关工作人员的名义或者形象；

3. 使用“国家级”“最高级”“最佳”等用语；

4. 损害国家的尊严或者利益，泄露国家秘密；

5. 妨碍社会安定，损害社会公共利益；

6. 危害人身、财产安全，泄露个人隐私；

7. 妨碍社会公共秩序或者违背社会良好风尚；

8. 含有淫秽、色情、赌博、迷信、恐怖、暴力的内容；

9. 含有民族、种族、宗教、性别歧视的内容；

10. 妨碍环境、自然资源或者文化遗产保护；

11. 法律、行政法规规定禁止的其他情形。

此外，我国《广告法》第10条规定，广告不得损害未成年人和残疾人的身心健康。

（二）广告必须遵守的具体规则

1. 广告内容真实准确性的规则

我国《广告法》总则规定广告应当真实，其后在该法第8条、第11条、第12条、第13条则分别从广告中商品的具体信息的表示、赠送应明示的内容、数据等引证内容的使用方法、用专利宣传、比较广告等方面予以了具体的规范。我国《广告法》第28条规定，广告以虚假或者引人误解的内容欺骗、误导消费者的，构成虚假广告。广告有下列情形之一的，为虚假广告。

（1）商品或者服务不存在的；

（2）商品的性能、功能、产地、用途、质量、规格、成分、价格、生产者、有效期限、销售状况、曾获荣誉等信息，或者服务的内容、提供者、形式、质量、价格、销售状况、曾获荣誉等信息，以及与商品或者服务有关的允诺等信息与实际情况不符，对购买行为有实质性影响的；

（3）使用虚构、伪造或者无法验证的科研成果、统计资料、调查结果、文摘、引用语等信息作为证明材料的；

（4）虚构使用商品或者接受服务的效果的；

(5)以虚假或者引人误解的内容欺骗、误导消费者的其他情形。

2. 广告形式的可识别性规则

首先,广告应当具有可识别性,能够使消费者辨明其为广告;其次,大众传播媒介不得以新闻报道形式变相发布广告。通过大众传播媒介发布的广告应当显著标明“广告”,与其他非广告信息相区别,不得使消费者产生误解。

3. 广播电台、电视台发布广告的规则

广播电台、电视台发布广告,应当遵守国务院有关部门关于时长、方式的规定,并应当对广告时长作出明显提示。

三、特殊广告的特殊准则

(一)医疗、药品、医疗器械广告

1. 禁止作广告的医疗、药品、医疗器械

麻醉药品、精神药品、医疗用毒性药品、放射性药品等特殊药品,药品类易制毒化学品,以及戒毒治疗的药品、医疗器械和治疗方法,不得作广告。上述以外的处方药,只能在国务院卫生行政部门和国务院药品监督管理部门共同指定的医学、药学专业刊物上作广告。

2. 医疗、药品、医疗器械广告不得含有的内容

(1)表示功效、安全性的断言或者保证;

(2)说明治愈率或者有效率;

(3)与其他药品、医疗器械的功效和安全性或者其他医疗机构比较;

(4)利用广告代言人作推荐、证明;

(5)法律、行政法规规定禁止的其他内容。

3. 应当显著标明的内容

(1)药品广告的内容不得与国务院药品监督管理部门批准的说明书不一致,并应当显著标明禁忌、不良反应。处方药广告应当显著标明“本广告仅供医学药学专业人士阅读”,非处方药广告应当显著标明“请按药品说明书或者在药师指导下购买和使用”。

(2)推荐给个人自用的医疗器械的广告,应当显著标明“请仔细阅读产品说明书或者在医务人员的指导下购买和使用”。医疗器械产品注册证明文件中有禁忌内容、注意事项的,广告中应当显著标明“禁忌内容或者注意事项详见说明书”。

(3)除医疗、药品、医疗器械广告外,禁止其他任何广告涉及疾病治疗功能,并不得使用医疗用语或者易使推销的商品与药品、医疗器械相混淆的用语。

(二)保健食品广告

1. 保健食品广告不得含有下列内容。

(1)表示功效、安全性的断言或者保证;

(2)涉及疾病预防、治疗功能;

(3)声称或者暗示广告商品为保障健康所必需;

(4)与药品、其他保健食品进行比较;

(5)利用广告代言人作推荐、证明;

(6)法律、行政法规规定禁止的其他内容。

2. 保健食品广告应当显著标明“本品不能代替药物”。

3. 广播电台、电视台、报刊音像出版单位、互联网信息服务提供者不得以介绍健康、养生知识等形式变相发布医疗、药品、医疗器械、保健食品广告。

4. 禁止在大众传播媒介或者公共场所发布声称全部或者部分替代母乳的婴儿乳制品、饮料和其他食品广告。

（三）涉农广告

1. 农药、兽药、饲料和饲料添加剂广告不得含有下列内容：表示功效、安全性的断言或者保证；利用科研单位、学术机构、技术推广机构、行业协会或者专业人士、用户的名义或者形象作推荐、证明；说明有效率；违反安全使用规程的文字、语言或者画面；法律、行政法规规定禁止的其他内容。

2. 农作物种子、林木种子、草种子、种畜禽、水产苗种和种植、养殖广告关于品种名称、生产性能、生长量或者产量、品质、抗性、特殊使用价值、经济价值、适宜种植或者养殖的范围和条件等方面的表述应当真实、清楚、明白，不得含有下列内容：作科学上无法验证的断言；表示功效的断言或者保证；对经济效益进行分析、预测或者作保证性承诺；利用科研单位、学术机构、技术推广机构、行业协会或者专业人士、用户的名义或者形象作推荐、证明。

（四）烟草广告

禁止在大众传播媒介或者公共场所、公共交通工具、户外发布烟草广告。禁止向未成年人发送任何形式的烟草广告。禁止利用其他商品或者服务的广告、公益广告，宣传烟草制品名称、商标、包装、装潢以及类似内容。烟草制品生产者或者销售者发布的迁址、更名、招聘等启事中，不得含有烟草制品的名称、商标、包装、装潢以及类似内容。

（五）酒类广告

酒类广告不得含有下列内容：诱导、怂恿饮酒或者宣传无节制饮酒；出现饮酒的动作；表现驾驶车、船、飞机等活动；明示或者暗示饮酒有消除紧张和焦虑、增加体力等功效。

（六）教育、培训广告

教育、培训广告不得含有下列内容：对升学、通过考试、获得学位学历或者合格证书，或者对教育、培训的效果作出明示或者暗示的保证性承诺；明示或者暗示有相关考试机构或者其工作人员、考试命题人员参与教育、培训；利用科研单位、学术机构、教育机构、行业协会、专业人士、受益者的名义或者形象作推荐、证明。

（七）投资理财类广告

招商等有投资回报预期的商品或者服务广告，应当对可能存在的风险以及风险责任承担有合理提示或者警示，不得含有下列内容：对未来效果、收益或者与其相关的情况作出保证性承诺，明示或者暗示保本、无风险或者保收益等，国家另有规定的除外；利用学术机构、行业协会、专业人士、受益者的名义或者形象作推荐、证明。

（八）房地产广告

房地产广告，房源信息应当真实，面积应当表明为建筑面积或者套内建筑面积，不得含有下列内容：升值或者投资回报的承诺；以项目到达某一具体参照物的所需时间表示项目位置；违反国家有关价格管理的规定；对规划或者建设中的交通、商业、文化教育设施以及其他市政条件作误导宣传。

第三节 广告行为规范

广告活动是一种民事活动,是指广告主、广告经营者、广告发布者之间在广告的设计、制作、发布过程中的一系列活动的总称,包括广告设计、制作、代理、发布4个环节,涉及广告主、广告经营者、广告发布者3类主体。我国《广告法》第三章作了专门规定,目的在于使广告活动规范化。

一、广告主体的营业规范

广告主、广告经营者、广告发布者之间在广告活动中应当依法订立书面合同。

(一)关于广告主体资格

1. 广告主委托设计、制作、发布广告,应当委托具有合法经营资格的广告经营者、广告发布者。

2. 广播电台、电视台、报刊出版单位从事广告发布业务的,应当设有专门从事广告业务的机构,配备必要的人员,具有与发布广告相适应的场所、设备,并向县级以上地方工商行政管理部门办理广告发布登记。

(二)广告经营者、广告发布者的营业行为

1. 承接业务登记

广告经营者、广告发布者应当按照国家有关规定,建立健全广告业务的承接登记、审核、档案管理制度。法律、行政法规规定禁止生产、销售的产品或者提供的服务,以及禁止发布广告的商品或者服务,任何单位或者个人不得设计、制作、代理、发布广告。

2. 核对广告内容

广告经营者、广告发布者依据法律、行政法规查验有关证明文件,核对广告内容。对内容不符或者证明文件不全的广告,广告经营者不得提供设计、制作、代理服务,广告发布者不得发布。

3. 广告收费公开

广告经营者、广告发布者应当公布其收费标准和收费办法。

二、对广告代言人的规范

1. 广告代言人在广告中对商品、服务作推荐、证明,应当依据事实,符合广告法和有关法律、行政法规规定,并不得为其未使用过的商品或者未接受过的服务作推荐、证明。

2. 对在虚假广告中作推荐、证明,受到行政处罚未满3年的自然人、法人或者其他组织,不得利用其作为广告代言人。

三、对未成年人的保护规范

未成年人身心尚不成熟,立法应该考虑广告对未成年的影响,对未成年人予以保护。我国《广告法》规定了以下几点。

1. 不得利用不满10周岁的未成年人作为广告代言人。

2. 不得在中小学校、幼儿园内开展广告活动，不得利用中小学生和幼儿的教材、教辅材料、练习册、文具、教具、校服、校车等发布或者变相发布广告，但公益广告除外。

3. 在针对未成年人的大众传播媒介上不得发布医疗、药品、保健食品、医疗器械、化妆品、酒类、美容广告，以及不利于未成年人身心健康的网络游戏广告。

4. 针对不满14周岁的未成年人的商品或者服务的广告不得含有下列内容：劝诱其要求家长购买广告商品或者服务；可能引发其模仿不安全行为。

四、其他广告活动的规范

我国《广告法》第41条至第45条对户外广告、以电子信息方式发送广告、利用互联网从事广告活动进行了特别规范。

第四节　广告的监督管理

一、广告的审查

广告审查是指在广告发布前对广告的内容依照法律、行政法规的规定进行审核的活动。通过对广告内容的审查，以确保广告的内容真实、合法。

（一）审查对象

发布医疗、药品、医疗器械、农药、兽药和保健食品广告，以及法律、行政法规规定应当进行审查的其他广告，应当在发布前由有关广告审查机关对广告内容进行审查；未经审查，不得发布。

（二）审查程序

1. 申请

广告主申请广告审查，应当依照法律、行政法规向广告审查机关提交有关证明文件。

2. 审查

广告审查机关应当依照法律、行政法规规定作出审查决定，并应当将审查批准文件抄送同级工商行政管理部门。

3. 公布

广告审查机关应当及时向社会公布批准的广告。任何单位或者个人不得伪造、变造或者转让广告审查批准文件。

二、广告的监督管理

（一）监管机关

国务院市场监督管理部门主管全国的广告监督管理工作，国务院有关部门在各自的职责范围内负责广告管理的相关工作。县级以上地方市场监督管理部门主管本行政区域的广告监督管理工作，县级以上地方人民政府有关部门在各自的职责范围内负责与广告管理相关的工作。

（二）监管中行使的职权

我国《广告法》规定，市场监督管理部门履行广告监督管理职责，可以行使下列职权。

1. 对涉嫌从事违法广告活动的场所实施现场检查;

2. 询问涉嫌违法当事人或者其法定代表人、主要负责人和其他有关人员,对有关单位或者个人进行调查;

3. 要求涉嫌违法当事人限期提供有关证明文件;

4. 查阅、复制与涉嫌违法广告有关的合同、票据、账簿、广告作品和其他有关资料;

5. 查封、扣押与涉嫌违法广告直接相关的广告物品、经营工具、设备等财物;

6. 责令暂停发布可能造成严重后果的涉嫌违法广告;

7. 法律、行政法规规定的其他职权。

市场监督管理部门和有关部门及其工作人员对其在广告监督管理活动中知悉的商业秘密负有保密义务。

(三)对监管机关的监督

任何单位或者个人有权向市场监督管理部门和有关部门投诉、举报违反广告法的行为。市场监督管理部门和有关部门应当向社会公开受理投诉、举报的电话、信箱或者电子邮件地址,接到投诉、举报的部门应当自收到投诉之日起 7 个工作日内,予以处理并告知投诉、举报人。市场监督管理部门和有关部门不依法履行职责的,任何单位或者个人有权向其上级机关或者监察机关举报。接到举报的机关应当依法作出处理,并将处理结果及时告知举报人。有关部门应当为投诉、举报人保密。

第五节 违反我国《广告法》的法律责任

一、广告主、广告经营者、广告发布者的法律责任

(一)民事责任

1. 发布虚假广告、损害消费者权益承担的民事责任

我国《广告法》第 56 条规定,违反该法规定,发布虚假广告,欺骗、误导消费者,使购买商品或者接受服务的消费者的合法权益受到损害的,由广告主依法承担民事责任。广告经营者、广告发布者不能提供广告主的真实名称、地址和有效联系方式的,消费者可以要求广告经营者、广告发布者先行赔偿。

关系消费者生命健康的商品或者服务的虚假广告,造成消费者损害的,其广告经营者、广告发布者、广告代言人应当与广告主承担连带责任。

前款规定以外的商品或者服务的虚假广告,造成消费者损害的,其广告经营者、广告发布者、广告代言人,明知或者应知广告虚假仍设计、制作、代理、发布或者作推荐、证明的,应当与广告主承担连带责任。

2. 其他侵权责任

我国《广告法》第 69 条规定,广告主、广告经营者、广告发布者违反该法规定,有下列侵权行为之一的,依法承担民事责任。

(1)在广告中损害未成年人或者残疾人身心健康的;

(2)假冒他人专利的;

(3)贬低其他生产经营者的商品、服务的;

(4)在广告中未经同意使用他人名义或者形象的;

(5)其他侵犯他人合法民事权益的。

(二)行政责任

市场监督管理部门根据不同的广告违法活动采取不同的行政处罚,包括责令停止发布广告、责令改正、责令广告主在相应范围内消除影响、罚款、暂停媒体的广告发布业务、吊销营业执照等。

有我国《广告法》规定的违法行为的,由市场监督管理部门记入信用档案,并依照有关法律、行政法规规定予以公示。

(三)刑事责任

我国《广告法》第55条第4款规定:"广告主、广告经营者、广告发布者有本条第一款、第三款规定行为,构成犯罪的,依法追究刑事责任。"

二、广告审查机关和监督机关的法律责任

(一)广告审查机关

广告审查机关对违法的广告内容作出审查批准决定的,对负有责任的主管人员和直接责任人员,由任免机关或者监察机关依法给予处分;构成犯罪的,依法追究刑事责任。

(二)广告监督机关

市场监督管理部门对在履行广告监测职责中发现的违法广告行为或者对经投诉、举报的违法广告行为,不依法予以查处的,对负有责任的主管人员和直接责任人员,依法给予处分。

市场监督管理部门和负责广告管理相关工作的有关部门的工作人员玩忽职守、滥用职权、徇私舞弊的,依法给予处分。

复习思考题

一、名词解释

1. 广告主;2. 广告经营者;3. 广告发布者;4. 广告代言人;5. 广告。

二、单项选择

1. 广告应当具有(　　),能够使消费者辨明其为广告。

A. 实用性　　B. 可识别性

C. 独特性　　D. 真实性

2. 广告不得含有虚假或者引人误解的内容,不得欺骗、误导消费者。(　　)应当对广告内容的真实性负责。

A. 广告发布者　　B. 广告主

C. 广告经营者　　D. 广告代言人

3. 在针对未成年人的大众传播媒介上可以发布的广告为(　　)。

A. 化妆品广告　　B. 教育培训广告

C. 不利于未成年人身心健康的网络游戏广告　　D. 保健食品广告

4. 以下关于广告的判断错误的是(　　)。

A. 不得在中小学校、幼儿园内开展一切广告活动,不得利用中小学生和幼儿的教材、教辅材料、练习册、文具、教具、校服、校车等发布或者变相发布广告

B. 利用互联网发布、发送广告,不得影响用户正常使用网络。在互联网页面以弹出等形式发布的广告,应当显著标明关闭标志,确保一键关闭

C. 酒类广告不得含有明示或者暗示饮酒有消除紧张和焦虑、增加体力等功效

D. 招商等有投资回报预期的商品或者服务广告,应当对可能存在的风险以及风险责任承担有合理提示或者警示

三、多项选择

1. 广告中涉及专利产品或者专利方法的,应当标明(　　)。

A. 专利号　　B. 专利种类

C. 专利名称　　D. 专利日期

2. 下列哪一种行为,广告主、广告经营者、广告发布者依法承担民事责任的是(　　)。

A. 某手机广告中出现歧视残疾人的镜头

B. 某凉茶广告中提及"××品牌凉茶中含有不安全成分"

C. 某电动车厂商未经××明星允许,将其形象植入广告中

D. 某保健产品假冒他人专利

3. 下列传播行为违反了我国《广告法》的规定是(　　)。

A. 广播电台深夜时段邀请某医院医师为患者答疑解惑,并推荐就医医院

B. 电视台邀请某健康专家针对某品牌养生产品进行推介

C. 某新闻网站将某品牌医疗器械植入新闻报道中

D. 某品牌产品邀请8岁的小童星为其产品代言

4. 某房地产公司在其广告宣传页中说明"距离某某地铁站5分钟,保证至少升值30%、每平方米均价7000元"等字样,以下说法正确的是(　　)。

A. 该广告内容违反了国家有关价格管理的规定

B. 广告宣传页中以项目到达地铁×××站的所需时间来表示项目位置,违反了我国《广告法》的相关规定

C. 该广告中含有对升值或者投资回报的承诺,违反了我国《广告法》的相关规定

D. 如果该广告中涉及的建筑面积不真实,违反了我国《广告法》的相关规定

5. 教育、培训广告不能用(　　)的名义或形象作推荐、证明。

A. 科研单位、学术机构　　B. 受益者

C. 行业协会　　D. 专业人士

四、案例分析

甲公司在其品牌官方旗舰店页面发布的广告,含有"专注口腔护理66年""送孩子一个无蛀

牙的欢乐童年”“快速洁净,5600次/分钟转速”等内容。

问题:

1. 请分析该公司的宣传是否违反了我国《广告法》的规定?是否构成虚假广告?

2. 假设网民乙看到其广告,为孩子购买了该广告产品,能否主张甲公司欺诈?如果乙向其所在地市场监督管理部门投诉,该市场监督管理部门是否应受理?

第十六章　会计和审计法律制度

本章知识结构图

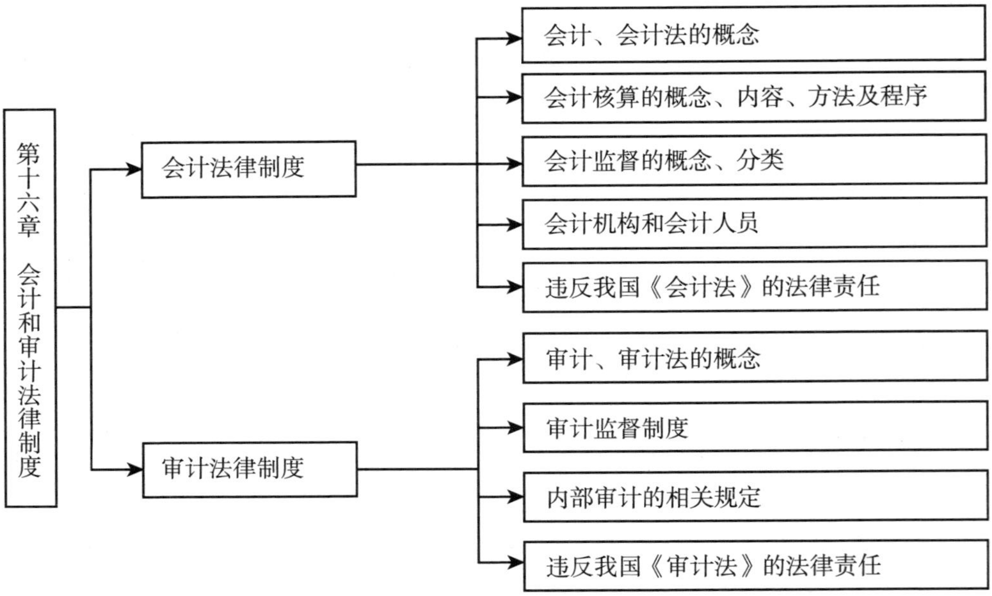

引导案例

某公司会计小李在办理报销工作中,发现采购科送来报销的3张由购货方开具的发票有更改现象:其中2张发票分别更改了数量和用途,另外1张发票更改了金额。该3张发票的更改处均盖有公司采购科的业务印章。小李犹豫了一下,但考虑到3张发票都已经过了公司总经理、财务科长签字同意,最后均予以报销。

问题:小李对3张更改的发票予以报销的做法是否符合规定?应如何处理?

第一节　会计法律制度

一、会计法概述

(一)会计、会计法的概念

会计是指以货币为主要计量单位,对经济活动真实地、准确地、全面地进行记录、计算、分析、检查和监督的一种管理活动。

会计法是指调整会计关系的法律规范的总称。会计关系是会计机构和会计人员在办理会计事务过程中以及国家在管理会计工作过程中发生的经济关系。

1985年1月21日由第六届全国人大常委会第九次会议通过了《会计法》。该法分别于1993年、1999年、2017年经历了3次修订,修订以后的《会计法》自2017年11月5日起施行。在会计立法方面,除我国《会计法》以外,还包括一系列有关会计关系的法律、法规和行政规章:包括1993年通过、2014年修订的《注册会计师法》;1990年发布、2011年修订的《总会计师条例》;2006年经国务院批准、财政部发布的《企业财务通则》《企业会计准则——基本准则》;2015年发布、2017年施行的《政府会计准则——基本准则》等。

(二)会计法的原则

1. 真实、完整性原则

真实性是会计工作的"灵魂"。准确、完整则是保证实现其真实性的基本手段。我国《会计法》规定,各单位必须依法设置会计账簿,并保证其真实、完整。单位负责人对本单位的会计工作和会计资料的真实性、完整性负责。任何单位或者个人不得以任何方式授意、指使、强令会计机构、会计人员伪造、变造会计凭证、会计账簿和其他会计资料,提供虚假财务会计报告。这是会计法的首要原则,它是其他原则确立和实现的前提与基础。

2. 合法原则

国家机关、社会团体、公司、企业、事业单位和其他组织必须依照我国《会计法》的规定办理会计事务。会计机构、会计人员依照我国《会计法》的规定进行会计核算,实行会计监督。

3. 统一领导、分级管理原则

我国《会计法》规定,国务院财政部门主管全国的会计工作。县级以上地方各级人民政府财政部门管理本行政区域内的会计工作。会计工作室财政工作的一项基础性工作,关系国家财政收支和经济运行,必须与全国的财政经济管理体制相适应,实行统一领导、分级管理。

4. 制度统一性原则

我国《会计法》第8条规定了会计制度统一性原则。国家实行统一的会计制度,由国务院财政部门根据该法制定并公布;国务院有关部门对会计核算和会计制度有特殊要求的行业,可制定实施统一会计制度的具体办法或者补充规定,报国务院财政部门审核批准。中国人民解放军总后勤部可以依照该法和国家统一的会计制度制定军队实施国家统一的会计制度的具体办法,报国务院财政部门备案。

二、会计核算

(一)会计核算的概念

会计核算是指以货币为主要计量单位,通过专门的程序和方法,对国家机关、社会团体、企业、事业单位、个体工商户和其他组织已经发生的经济业务进行连续、系统、全面、综合的记录、计算、分析,为经济管理提供数据资料的工作。它是会计工作的一种基本职能。各单位必须根据实际发生的经济业务事项进行会计核算、填制会计凭证、登记会计账簿、编制财务会计报告。任何单位不得以虚假的经济业务事项或者资料进行会计核算。

(二)会计核算的内容

我国《会计法》第10条规定,下列经济业务事项,应当办理会计手续,进行会计核算:(1)款项和有价证券的收付;(2)财物的收发、增减和使用;(3)债权债务的发生和结算;(4)资本、基金的增减;(5)收入、支出、费用、成本的计算;(6)财务成果的计算和处理;(7)需要办理会计手续、进行会计核算的其他事项。

(三)会计年度和记账单位

我国会计年度采用公历制,自公历1月1日起至12月31日止。它与我国的计划年度或预算年度(财政年度)是一致的。会计年度要求在以1年为单位的会计期限内定期总结各个单位的经济活动和财务收支的结果,并在会计制度上必须将生产经营和业务活动按时间划分期限(年、季、月),从而便于加强管理。

会计核算以人民币为记账本位币。业务收支以人民币以外的货币为主的单位,可以选定其中一种货币作为记账本位币,但是编报的财务会计报告应当折算为人民币。

(四)会计核算的方法和程序

我国《会计法》原则上规定了会计方法和程序。根据该法的规定,各单位必须按照国家统一的会计制度的规定设置会计科目和会计账簿,并应建立财产清查制度,保证账簿记录与实物、款项相符。会计核算应按下列程序进行。

1. 凡应当办理会计手续、进行会计核算的事项,必须填制或者取得原始凭证,并及时送交会计机构。会计机构、会计人员必须对原始凭证进行审核,对不真实、不合法的原始凭证有权不予接受,并向单位负责人报告;对记载不准确、不完整的原始凭证予以退回,并要求更正、补充。

2. 会计机构根据经过审核的原始凭证和记账凭证,按照会计制度关于记账规则的规定记账。

3. 各单位应当建立财产清查制度,保证账簿记录与实物、款项相符。

4. 各单位按照国家统一的会计制度的规定,根据账簿记录编制会计报表,报送财政部门和有关部门。会计报表必须及时准确。各单位应当按照国家规定,按季、按月编制和报送会计报表。年终或工程竣工以及单位合并、撤销、关闭应进行清理的,都应办理决算,并编制或报送会计报表。

5. 会计报表由单位领导人和会计机构负责人、会计主管人员签名或者盖章。设置总会计师的单位,还需由总会计师签名或者盖章。

(五)公司、企业会计核算的特别规定

公司、企业必须根据实际发生的经济业务事项,按照国家统一的会计制度的规定确认、计量和记录资产、负债、所有者权益、收入、费用、成本和利润。

公司、企业进行会计核算不得有下列行为:随意改变资产、负债、所有者权益的确认标准或者计量方法,虚列、多列、不列或者少列资产、负债、所有者权益;虚列或者隐瞒收入,推迟或者提前确认收入;随意改变费用、成本的确认标准或者计量方法,虚列、多列、不列或者少列费用、成本;随意调整利润的计算、分配方法,编造虚假利润或者隐瞒利润;违反国家统一的会计制度规定的其他行为。

三、会计监督

会计监督,是指会计机构和会计人员依照法律规定,通过会计手续对经济活动的合法性、合理性和有效性进行的一种监督。通过会计监督可以防止和消除会计核算中的差错、遗漏,保证会计数字的真实、准确和完整;可以随时发现财务收支和资金运用中的问题、经验,保证合理、有效地运用资金;可以防止各种违反制度规定的财务收支,避免损失浪费。会计监督是会计的基本职能之一,是我国经济监督体系的重要组成部分。

(一)内部会计监督

各单位应当建立健全本单位内部会计监督制度。单位内部会计监督制度应当符合下列要求:记账人员与经济业务事项和会计事项的审批人员、经办人员、财物保管人员的职责权限应当明确,并相互分离、相互制约;重大对外投资、资产处置、资金调度和其他重要经济业务事项的决策和执行的相互监督、相互制约程序应当明确;财产清查的范围、期限和组织程序应当明确;对会计资料定期进行内部审计的办法和程序应当明确。

单位负责人应当保证会计机构、会计人员依法履行职责,不得授意、指使、强令会计机构、会计人员违法办理会计事项。会计机构、会计人员对违反我国《会计法》和国家统一的会计制度规定的会计事项,有权拒绝办理或者按照职权予以纠正。

会计机构、会计人员发现会计账簿记录与实物、款项及有关资料不相符的,按照国家统一的会计制度的规定有权自行处理的,应当及时处理;无权处理的,应当立即向单位负责人报告,请求查明原因,并作出处理。

(二)国家会计监督

财政部门对各单位的下列情况实施监督:是否依法设置会计账簿;会计凭证、会计账簿、财务会计报告和其他会计资料是否真实、完整;会计核算是否符合我国《会计法》和国家统一的会计制度的规定;从事会计工作的人员是否具备专业能力、遵守职业道德。

财政、审计、税务、人民银行、证券监管、保险监管等部门应当依照有关法律、行政法规规定的职责,对有关单位的会计资料实施监督检查。

依法对有关单位的会计资料实施监督检查的部门及其工作人员,对在监督检查中知悉的国家秘密和商业秘密负有保密义务。各单位必须依照有关法律、行政法规的规定,接受有关监督检查部门依法实施的监督检查,如实提供会计凭证、会计账簿、财务会计报告和其他会计资料以及有关情况,不得拒绝、隐匿、谎报。

(三)社会会计监督

有关法律、行政法规规定须经注册会计师进行审计的单位,应当向受委托的会计师事务所如实提供会计凭证、会计账簿、财务会计报告和其他会计资料以及有关情况。任何单位或者个人不得以任何方式要求或者示意注册会计师及其所在的会计师事务所出具不实或者不当的审计报告。财政部门有权对会计师事务所出具审计报告的程序和内容进行监督。

任何单位和个人对违反我国《会计法》和国家统一的会计制度规定的行为,有权检举。收到检举的部门有权处理的,应当依法按照职责分工及时处理;无权处理的,应当及时移送有权处理的部门予以处理。收到检举的部门、负责处理的部门应当为检举人保密,不得将检举人姓名和检举材料转给被检举单位和被检举人个人。

四、会计机构和会计人员

(一)会计机构和会计人员的设置

各单位应当根据会计业务的需要,设置会计机构,或者在有关机构中设置会计人员并指定会计主管人员;不具备设置条件的,应当委托经批准设立从事会计代理记账业务的中介机构代理记账。国有的和国有资产占控股地位或者主导地位的大、中型企业必须设置总会计师。

(二)稽核制度的建立

会计机构内部应当建立稽核制度。出纳人员不得兼任稽核、会计档案保管和收入、支出、费用、债权债务账目的登记工作。

(三)会计人员

会计人员应当具备从事会计工作所需要的专业能力。担任单位会计机构负责人(会计主管人员)的,应当具备会计师以上专业技术职务资格或者从事会计工作3年以上经历。

会计人员应当遵守职业道德、提高业务素质。对会计人员的教育和培训工作应当加强。因有提供虚假财务会计报告,做假账,隐匿或者故意销毁会计凭证、会计账簿、财务会计报告,贪污,挪用公款,职务侵占等与会计职务的有关违法行为被依法追究刑事责任的人员,不得再从事会计工作。

会计人员调动工作或者离职,必须与接管人员办清交接手续。一般会计人员办理交接手续,由会计机构负责人(会计主管人员)监交;会计机构负责人(会计主管人员)办理交接手续,由单位负责人监交,必要时主管单位可以派人会同监交。

五、违反我国《会计法》的法律责任

(一)不依法进行会计管理、核算和监督的法律责任

违反我国《会计法》的规定,有下列行为之一的,由县级以上人民政财政部门责令限期改正,可以对单位并处3000元以上50,000元以下的罚款;对其直接负责的主管人员和其他直接责任人员,可以处2000元以上20,000元以下的罚款;属于国家工作人员的,还应当由其所在单位或者有关单位依法给予行政处分。

1. 不依法设置会计账簿的;
2. 私设会计账簿的;
3. 未按照规定填制、取得原始凭证或者填制、取得的原始凭证不符合规定的;
4. 以未经审核的会计凭证为依据,登记会计账簿或者登记会计账簿不符合规定的;

5. 随意变更会计处理方法的；

6. 向不同的会计资料使用者提供的财务会计报告编制依据不一致的；

7. 未按照规定使用会计记录文字或者记账本位币的；

8. 未按照规定保管会计资料，致使会计资料毁损、灭失的；

9. 未按照规定建立并实施单位内部会计监督制度或者拒绝依法实施的监督或者不如实提供有关会计资料及有关情况的；

10. 任用会计人员不符合我国《会计法》规定的。

有上述所列行为之一，构成犯罪的，依法追究刑事责任。会计人员有上述所列行为之一，情节严重的，5 年内不得从事会计工作。有关法律对上述所列行为的处罚另有规定的，依照有关法律的规定办理。

（二）伪造、变造、编制虚假会计资料的法律责任

伪造、变造会计凭证、会计账簿，编制虚假财务会计报告，构成犯罪的，依法追究刑事责任。尚不构成犯罪的，由县级以上人民政府财政部门予以通报，可以对单位并处 5000 元以上 100,000 元以下的罚款；对其直接负责的主管人员和其他直接责任人员，可以处 3000 元以上 50,000 元以下的罚款；属于国家工作人员的，还应当由其所在单位或者有关单位依法给予撤职直至开除的行政处分；其中的会计人员，5 年内不得从事会计工作。

（三）隐匿或者故意销毁会计资料的法律责任

隐匿或者故意销毁依法应当保存的会计凭证、会计账簿、财务会计报告，构成犯罪的，依法追究刑事责任。尚不构成犯罪的，由县级以上人民政府财政部门予以通报，可以对单位并处 5000 元以上 100,000 元以下的罚款；对其直接负责的主管人员和其他直接责任人员，可以处 3000 元以上 50,000 元以下的罚款；属于国家工作人员的，还应当由其所在单位或者有关单位依法给予撤职直至开除的行政处分；其中的会计人员，5 年内不得从事会计工作。

（四）授意、指使、强令会计机构、会计人员及其他人员伪造、变造、编制、故意销毁会计资料的法律责任

授意、指使、强令会计机构、会计人员及其他人员伪造、变造会计凭证、会计账簿，编制虚假财务会计报告或者隐匿、故意销毁依法应当保存的会计凭证、会计账簿、财务会计报告，构成犯罪的，依法追究刑事责任；尚不构成犯罪的，可以处 5000 元以上 50,000 元以下的罚款；属于国家工作人员的，还应当由其所在单位或者有关单位依法给予降级、撤职、开除的行政处分。

（五）单位负责人对会计人员实行打击报复的法律责任

单位负责人对依法履行职责、抵制违反我国《会计法》规定的行为的会计人员以降级、撤职、调离工作岗位、解聘或者开除等方式实行打击报复，构成犯罪的，依法追究刑事责任；尚不构成犯罪的，由其所在单位或者有关单位依法给予行政处分。对受打击报复的会计人员，应当恢复其名誉和原有职务、级别。

（六）其他违反我国《会计法》的法律责任

财政部门及有关行政部门的工作人员在实施监督管理中滥用职权、玩忽职守、徇私舞弊或者泄露国家秘密、商业秘密，构成犯罪的，依法追究刑事责任；尚不构成犯罪的，依法给予行政处分。收到检举的部门、负责处理的部门违反规定，将检举人姓名和检举材料转给被检举单位

和被检举人个人的,由所在单位或者有关单位依法给予行政处分。

第二节 审计法律制度

一、审计法概述

(一)审计法的概念

审计是指审计机关依法独立检查被审计的会计凭证、会计账簿、财务会计报告以及其他与财政收支、财务收支有关的资料和资产,监督财政收支、财务收支真实、合法和效益的行为。审计的主体是独立的国家审计机关或与被审计单位无直接利益关系的独立的第三方;审计的对象是反映被审计单位各项经济活动的会计资料,包括会计凭证、账簿、报告及财政收支、财务收支的资料和资产;审计的目的是确认有关会计资料的真实性、合法性。

按照不同的标准,可以对审计进行多种不同的划分。按审计主体的不同,可以划分为审计机关审计、内部审计和社会审计;按审计内容的不同,可以划分为财政收支审计、财务收支审计、财经法纪审计和经济效益审计;按审计时间的不同,可以划分为事前审计、事中审计和事后审计等。

狭义的审计法是指1994年8月31日第八届全国人民代表大会常务委员会第九次会议通过的《审计法》,该法于2006年2月28日第十届全国人民代表大会常务委员会第二十次会议进行了第一次修订。广义的审计法是指调整审计关系的法律规范的总称。所谓审计关系是从事审计工作的专职机构和专业人员在审计过程中以及国家在管理审计工作过程中发生的经济关系。

(二)审计法的原则

1. 依法审计原则。审计机关依照法律规定的职权和程序,进行审计监督。审计机关依据有关财政收支、财务收支的法律、法规和国家其他有关规定进行审计评价,在法定职权范围内作出审计决定。

2. 独立审计原则。我国《宪法》规定,审计机关依照法律规定独立行使审计监督权,不受其他行政机关、社会团体和个人的干涉。我国《审计法》第5条作出了和上述内容相同的规定。

3. 客观公正原则。我国《审计法》规定,审计机关和审计人员办理审计事项,应当客观公正、实事求是。体现客观公正原则的有关规定,例如,审计人员办理审计事项的回避制度;审计人员进行审计应当通过调查,以取得证明材料;审计组对审计事项实施审计后,向审计机关报送审计报告前,应当征求被审计单位的意见等。

4. 强制性原则。我国《审计法》规定,对审计机关的审计监督,被审计单位和有关人员必须予以配合,不得隐瞒事实真相、不得设置障碍、不得进行破坏。审计机关作出的审计结论和决定,被审计单位和有关人员必须执行。对被审计单位正在进行的违反国家规定的财政收支行为、财务收支行为,审计机关有权予以制止。对被审计单位违反国家规定的财政收支行为、财务收支行为,审计机关或有关国家机关有权在其职权范围内依法作出处理。

5. 保守秘密原则。我国《审计法》规定,审计机关和审计人员办理审计事项,应当保守秘密。为了贯彻保密原则,审计机关通报或者公布审计结果,应当依法保守国家秘密和被审计单位的商业秘密。审计人员负有保密的义务,不得泄露秘密。

6. 实行审计工作报告制度的原则。国务院和县级以上地方人民政府应当每年向本级人民代表大会常务委员会提出审计机关对预算执行和其他财政收支的审计工作报告。审计工作报告应当重点报告对预算执行的审计情况。必要时,人民代表大会常务委员会可以对审计工作报告作出决议。国务院和县级以上地方人民政府应当将审计工作报告中指出的问题的纠正情况和处理结果向本级人民代表大会常务委员会报告。

二、审计监督制度

我国实行审计监督制度。审计监督制度是指审计机关和审计人员依照法律规定的职权和程序对被审计单位进行审计监督的一种制度。

(一)审计机关和审计人员

1. 审计机关的设立和领导体制

国务院和县级以上地方人民政府设立审计机关,国务院设立审计署,在国务院总理领导下,主管全国的审计工作。审计长是审计署的行政首长。省、自治区、直辖市、设区的市、自治州、县、自治县、不设区的市、市辖区的人民政府的审计机关,分别在省长、自治区主席、市长、州长、县长、区长和上一级审计机关的领导下,负责本行政区域内的审计工作。地方各级审计机关对本级人民政府和上一级审计机关负责并报告工作,审计业务以上级审计机关领导为主。审计机关根据工作需要,经本级人民政府批准,可以在其审计管辖范围内设立派出机构。派出机构根据审计机关的授权,依法进行审计工作。审计机关履行职责所必需的经费,应当列入财政预算,由本级人民政府予以保证。

2. 审计人员的有关规定

审计人员应当具备与其从事的审计工作相适应的专业知识和业务能力;审计人员办理审计事项,与被审计单位或者审计事项有利害关系的,应当回避。

审计人员对其在执行职务中知悉的国家秘密和被审计单位的商业秘密,负有保密义务。为保障审计监督的独立性和真实性,我国《审计法》规定:(1)审计人员依法执行职务,受法律保护。(2)任何组织和个人不得拒绝、阻碍审计人员依法执行职务,不得打击报复审计人员。(3)审计机关负责人依照法定程序任免。审计机关负责人没有违法失职或者其他不符合任职条件的情况的,不得随意撤换。(4)地方各级审计机关负责人的任免,应当事先征求上一级审计机关的意见。

(二)审计机关的职责

1. 对有关单位的规定事项进行审计监督

(1)审计机关对本级各部门(含直属单位)和下级政府预算的执行情况和决算以及其他财政收支情况,进行审计监督。审计署在国务院总理领导下,对中央预算执行情况和其他财政收支情况进行审计监督,向国务院总理提出审计结果报告。地方各级审计机关分别在省长、自治区主席、市长、州长、县长、区长和上一级审计机关的领导下,对本级预算执行情况和其他财政收支情况进行审计监督,向本级人民政府和上一级审计机关提出审计结果报告。

(2)审计署对中央银行的财务收支,进行审计监督。审计机关对国有金融机构的资产、负债、损益,进行审计监督。

(3)审计机关对国家的事业组织和使用财政资金的其他事业组织的财务收支,进行审计监督。

(4)审计机关对国有企业的资产、负债、损益,进行审计监督。

(5)对国有资本占控股地位或者主导地位的企业、金融机构的审计监督,由国务院规定。

(6)审计机关对政府投资和以政府投资为主的建设项目的预算执行情况和决算,进行审计监督。

(7)审计机关对政府部门管理的和其他单位受政府委托管理的社会保障基金、社会捐赠资金以及其他有关基金、资金的财务收支,进行审计监督。

(8)审计机关对国际组织和外国政府援助、贷款项目的财务收支,进行审计监督。

(9)审计机关按照国家有关规定,对国家机关和依法属于审计机关审计监督对象的其他单位的主要负责人,在任职期间对本地区、本部门或者本单位的财政收支、财务收支以及有关经济活动应负经济责任的履行情况,进行审计监督。

(10)除我国《审计法》规定的审计事项外,审计机关对其他法律、行政法规规定应当由审计机关进行审计的事项,依照我国《审计法》和有关法律、行政法规的规定进行审计监督。

审计机关有权对与国家财政收支有关的特定事项,向有关地方、部门、单位进行专项审计调查,并向本级人民政府和上一级审计机关报告审计调查结果。

2. 审计管辖的范围

审计机关根据被审计单位的财政、财务隶属关系或者国有资产监督管理关系,确定审计管辖范围。审计机关之间对审计管辖范围有争议的,由其共同的上级审计机关确定。上级审计机关可以将其审计管辖范围内的、我国《审计法》规定的审计事项,授权下级审计机关进行审计;上级审计机关对下级审计机关审计管辖范围内的重大审计事项,可以直接进行审计,但是应当防止不必要的重复审计。

3. 对内部审计的业务指导、监督,以及对社会审计机构出具的审计报告的审核

依法属于审计机关审计监督对象的单位,应当按照国家有关规定建立健全内部审计制度;其内部审计工作应当接受审计机关的业务指导和监督;社会审计机构审计的单位依法属于审计机关审计监督对象的,审计机关按照国务院的规定,有权对该社会审计机构出具的相关审计报告进行核查。

(三)审计机关的权限

1. 有权要求被审计单位提供有关资料

审计机关有权要求被审计单位按照审计机关的规定提供预算或者财务收支计划、预算执行情况、决算、财务会计报告,运用电子计算机储存、处理的财政收支、财务收支电子数据和必要的电子计算机技术文档,在金融机构开立账户的情况,社会审计机构出具的审计报告,以及其他与财政收支或者财务收支有关的资料,被审计单位不得拒绝、拖延、谎报。被审计单位负责人对本单位提供的财务会计资料的真实性和完整性负责。

2. 有权检查被审计单位有关的资料和资产

审计机关进行审计时,有权检查被审计单位的会计凭证、会计账簿、财务会计报告和运用

电子计算机管理财政收支、财务收支电子数据的系统,以及其他与财政收支、财务收支有关的资料和资产,被审计单位不得拒绝。

3. 有权就被审计事项进行调查、查询

审计机关进行审计时,有权就审计事项的有关问题向有关单位和个人进行调查,并取得有关证明材料。有关单位和个人应当支持、协助审计机关工作,如实向审计机关反映情况,提供有关证明材料。审计机关经县级以上人民政府审计机关负责人批准,有权查询被审计单位在金融机构的账户。审计机关有证据证明被审计单位以个人名义存储公款的,经县级以上人民政府审计机关主要负责人批准,有权查询被审计单位以个人名义在金融机构的存款。

4. 有权对被审计单位采取规定的措施

审计机关对被审计单位违反规定的行为,有权予以制止。必要时,经县级以上人民政府审计机关负责人批准,有权封存有关资料和违反国家规定取得的资产;对其中在金融机构的有关存款需要予以冻结的,应当向人民法院提出申请。审计机关对被审计单位正在进行的违反国家规定的财政收支、财务收支行为,有权予以制止;制止无效的,经县级以上人民政府审计机关负责人批准,通知财政部门和有关主管部门暂停拨付与违反国家规定的财政收支、财务收支行为直接有关的款项,已经拨付的,暂停使用。但是,审计机关采取上述规定的措施不得影响被审计单位合法的业务活动和生产经营活动。

5. 有权建议有关主管部门纠正其有关规定

审计机关认为被审计单位所执行的上级主管部门有关财政收支、财务收支的规定与法律、行政法规相抵触的,应当建议有关主管部门纠正;有关主管部门不予纠正的,审计机关应当提请有关部门有权处理的机关依法处理。

6. 有权通报或者向社会公布审计结果

审计机关可以向政府有关部门通报或者向社会公布审计结果。审计机关通报或者公布审计结果,应当依法保守国家秘密和被审计单位的商业秘密,遵守国务院的有关规定。

7. 可以提请有关机关协助

审计机关履行审计监督职责,可以提请公安、监察、财政、税务、海关、价格、工商行政管理等机关予以协助。

(四)审计机关的审计程序

1. 组成审计组,送达审计通知书

审计机关根据审计项目计划确定的审计事项组成审计组,并应当在实施审计 3 日前,向被审计单位送达审计通知书;遇有特殊情况,经本级人民政府批准,审计机关可以直接持审计通知书实施审计。被审计单位应当配合审计机关的工作,并提供必要的工作条件。

2. 审计人员进行审计,并取得证明材料

审计人员通过审查会计凭证、会计账簿、财务会计报告,查阅与审计事项有关的文件、资料,检查现金、实物、有价证券,向有关单位和个人调查等方式进行审计,并取得证明材料。审计人员向有关单位和个人进行调查时,应当出示审计人员的工作证件和审计通知书副本。

3. 审计组提出审计报告

审计组对审计事项实施审计后,应当向审计机关提出审计组的审计报告。审计组的审计报告报送审计机关前,应当征求被审计对象的意见。被审计对象应当自接到审计组的审计报告之日起10日内,将其书面意见送交审计组。审计组应当将被审计对象的书面意见一并报送审计机关。

4. 审计机关审议审计组的审计报告,提出自己的审计报告,依法作出审计决定或者提出处理、处罚的意见,送达审计报告和审计决定

审计机关按照审计署规定的程序对审计组的审计报告进行审议,并对被审计对象对审计组的审计报告提出的意见一并研究后,提出审计机关的审计报告。对违反国家规定的财政收支、财务收支行为,依法应当给予处理、处罚的,在法定职权范围内作出审计决定或者向有关主管机关提出处理、处罚的意见。审计机关应当将审计机关的审计报告和审计决定送达被审计单位和有关主管机关、单位。审计决定自送达之日起生效。

5. 审计决定的变更或者撤销

上级审计机关认为下级审计机关作出的审计决定违反国家有关规定的,可以责成下级审计机关予以变更或者撤销,必要时也可以直接作出变更或者撤销的决定。

三、内部审计的相关规定

审计署《关于内部审计工作的规定》自2018年3月1日起施行。根据该规定,内部审计是指对本单位及所属单位财政财务收支、经济活动、内部控制、风险管理实施独立、客观的监督、评价和建议,以促进单位完善治理、实现目标的活动。

(一)内部审计机构的设立

单位应当依照有关法律法规、审计署上述规定和内部审计职业规范,结合本单位实际情况,建立健全内部审计制度,明确内部审计工作的领导体制、职责权限、人员配备、经费保障、审计结果运用和责任追究等。

国家机关、事业单位、社会团体等单位的内部审计机构或者履行内部审计职责的内设机构,应当在本单位党组织、主要负责人的直接领导下开展内部审计工作,向其负责并报告工作。国有企业内部审计机构或者履行内部审计职责的内设机构应当在企业党组织、董事会(或者主要负责人)直接领导下开展内部审计工作,向其负责并报告工作。国有企业应当按照有关规定建立总审计师制度;总审计师协助党组织、董事会(或者主要负责人)管理内部审计工作。

(二)内部审计机构的职责

内部审计机构或者履行内部审计职责的内设机构应当按照国家有关规定和本单位的要求,履行下列职责。

1. 对本单位及所属单位贯彻落实国家重大政策措施情况进行审计;

2. 对本单位及所属单位发展规划、战略决策、重大措施以及年度业务计划执行情况进行审计;

3. 对本单位及所属单位财政财务收支进行审计;

4. 对本单位及所属单位固定资产投资项目进行审计;

5. 对本单位及所属单位的自然资源资产管理和生态环境保护责任的履行情况进行审计;

6. 对本单位及所属单位的境外机构、境外资产和境外经济活动进行审计;

7. 对本单位及所属单位经济管理和效益情况进行审计;

8. 对本单位及所属单位内部控制及风险管理情况进行审计；

9. 对本单位内部管理的领导人员履行经济责任情况进行审计；

10. 协助本单位主要负责人督促落实审计发现问题的整改工作；

11. 对本单位所属单位的内部审计工作进行指导、监督和管理；

12. 国家有关规定和本单位要求办理的其他事项。

(三) 内部审计机构的权限

1. 要求被审计单位按时报送发展规划、战略决策、重大措施、内部控制、风险管理、财政财务收支等有关资料(含相关电子数据,下同),以及必要的计算机技术文档；

2. 参加单位有关会议,召开与审计事项有关的会议；

3. 参与研究制定有关的规章制度,提出制定内部审计规章制度的建议；

4. 检查有关财政财务收支、经济活动、内部控制、风险管理的资料、文件和现场勘察实物；

5. 检查有关计算机系统及其电子数据和资料；

6. 就审计事项中的有关问题,向有关单位和个人开展调查和询问,取得相关证明材料；

7. 对正在进行的严重违法违规、严重损失浪费行为及时向单位主要负责人报告,经同意作出临时制止决定；

8. 对可能转移、隐匿、篡改、毁弃会计凭证、会计账簿、会计报表以及与经济活动有关的资料,经批准,有权予以暂时封存；

9. 提出纠正、处理违法违规行为的意见和改进管理、提高绩效的建议；

10. 对违法违规和造成损失浪费的被审计单位和人员,给予通报批评或者提出追究责任的建议；

11. 对严格遵守财经法规、经济效益显著、贡献突出的被审计单位和个人,可以向单位党组织、董事会(或者主要负责人)提出表彰建议。

四、违反我国《审计法》的法律责任

我国《审计法》对被审计单位负有直接责任的主管人员、直接责任人员以及其他有关人员,根据不同情况给予下列处分。

1. 被审计单位违反我国《审计法》规定,拒绝或者拖延提供与审计事项有关的资料的,或者提供的资料不真实、不完整的,或者拒绝、阻碍检查的,由审计机关责令改正,可以通报批评,给予警告;拒不改正的,依法追究责任。

2. 被审计单位违反我国《审计法》规定,转移、隐匿、篡改、毁弃会计凭证、会计账簿、财务会计报告以及其他与财政收支、财务收支有关的资料,或者转移、隐匿所持有的违反国家规定取得的资产,审计机关认为对直接负责的主管人员和其他直接责任人员依法应当给予处分的,应当提出给予处分的建议,被审计单位或者其上级机关、监察机关应当依法及时作出决定,并将结果书面通知审计机关;构成犯罪的,依法追究刑事责任。

3. 对本级各部门(含直属单位)和下级政府违反预算的行为或者其他违反国家规定的财政收支行为,审计机关、人民政府或者有关主管部门在法定职权范围内,依照法律、行政法规的规定,区别情况采取下列处理措施:(1)责令限期缴纳应当上缴的款项;(2)责令限期退还被侵占的国有资产;(3)责令限期退还违法所得;(4)责令按照国家统一的会计制度的有关规定进行处理;(5)其他处理措施。

4. 对被审计单位违反国家规定的财务收支行为,审计机关、人民政府或者有关主管部门在法定职权范围内,依照法律、行政法规的规定,区别情况采取前述规定的处理措施,并可以依法给予处罚。

5. 审计机关在法定职权范围内作出的审计决定,被审计单位应当执行。审计机关依法责令被审计单位上缴应当上缴的款项,被审计单位拒不执行的,审计机关应当通报有关主管部门,有关主管部门应当依照有关法律、行政法规的规定予以扣缴或者采取其他处理措施,并将结果书面通知审计机关。

6. 被审计单位的财政收支、财务收支违反国家规定,审计机关认为对直接负责的主管人员和其他直接责任人员依法应当给予处分的,应当提出给予处分的建议,被审计单位或者其上级机关、监察机关应当依法及时作出决定,并将结果书面通知审计机关。

7. 被审计单位的财政收支、财务收支违反法律、行政法规的规定,构成犯罪的,依法追究刑事责任。

8. 报复陷害审计人员的,依法给予处分;构成犯罪的,依法追究刑事责任。

9. 审计人员滥用职权、徇私舞弊、玩忽职守或者泄露所知悉的国家秘密、商业秘密的,依法给予处分;构成犯罪的,依法追究刑事责任。

复习思考题

一、名词解释

1. 会计监督;2. 内部审计;3. 会计年度。

二、单项选择

1. 在中国境内的企业,会计记录必须使用的一种文字是(　　)。

A. 外文　　B. 中文

C. 少数民族文字　　D. 盲文

2. 一般会计人员办理会计工作交接手续时,负责监交的人员应当是(　　)。

A. 其他会计人员　　B. 会计机构负责人、会计主管人员

C. 单位负责人　　D. 主管单位有关人员

3. 审计机关之间对审计管辖范围有争议的,有权确定的机关是(　　)。

A. 国家审计署　　B. 其共同的行政首长

C. 其共同的上级人民政府　　D. 其共同的上级审计机关

4. 审计机关根据审计项目计划确定的审计事项组成审计组,并应当在实施审计(　　)日前,向被审计单位送达审计通知书。

A. 10　　B. 7

C. 5　　D. 3

三、简答

1. 简述我国会计的管理体制。

2. 简述审计法的基本原则。

四、案例分析

审计机关对某股份有限公司的财务情况进行审计时,发现有下列行为:(1)公司作为一般纳税人,在未发生存货购入业务的情况下,从其他企业买入空白增值税发票,并在发票上注明购入商品,买价2000万元,增值税额340万元。财务部门以该发票为依据,编制购入商品的记账凭证;纳税申报时作为增值税进项税额抵扣税款。(2)会计人员有充分证据证明以上行为属公司总经理强令会计人员所为。(3)公司销售商品开出发票时,"发票联"内容真实,但本单位"记账联"和"存根联"的金额比真实金额小,会计以"记账联"编制记账凭证,登记账簿,导致少记销售收入900万元,少记增值税153万元。

问题:上述3种行为属于什么性质的行为?应如何处理?

第五编　财富管理法律制度

第十七章　银行法律制度

本章知识结构图

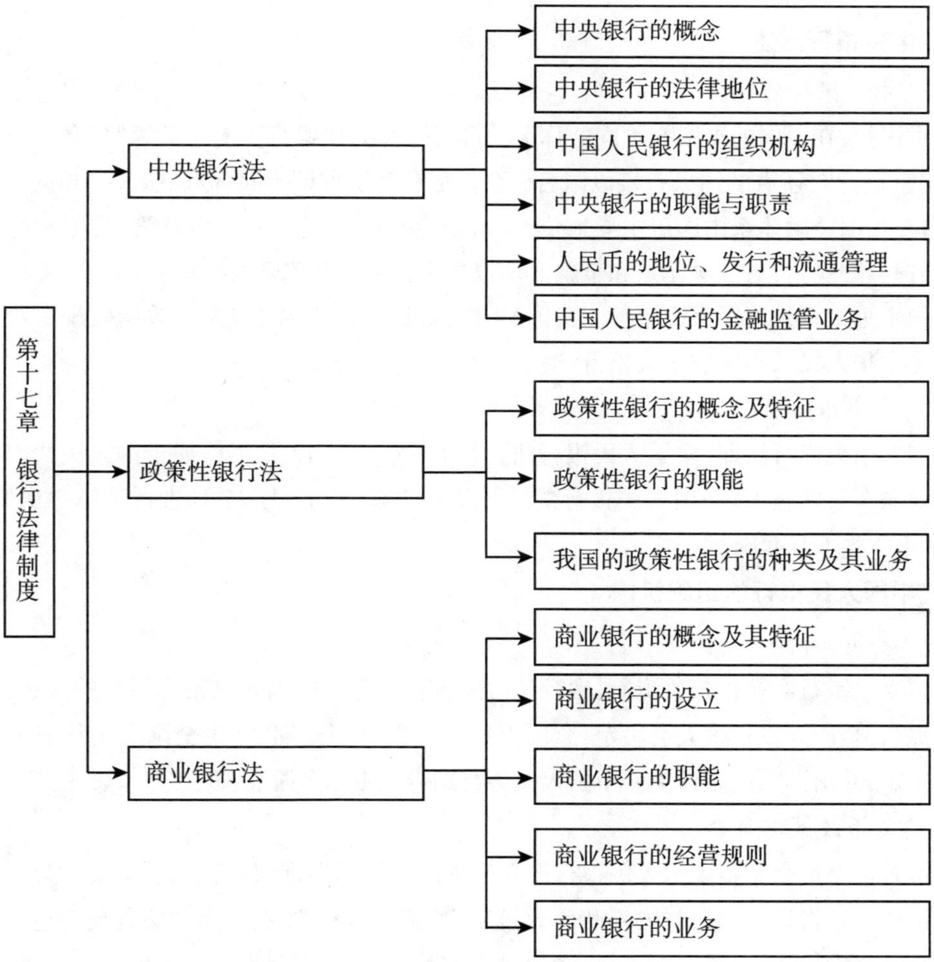

引导案例

2019 年 5 月某商业银行由于流动性不足，出现信用风险，中国人民银行发布公告，委托另一家银行对其进行接管，接管期为 1 年。

问题：

1. 接管银行是否对被接管银行的债务承担责任?
2. 接管期满,被接管银行如何处置?
3. 如果商业银行破产,清偿顺序如何确定? 个人储蓄存款的本金、利息如何获得优先保护?
4. 如果商业银行破产,存款保险制度是否适用? 如何适用?

第一节　中央银行法

一、中央银行概述

(一) 中央银行的概念

中央银行,在不同的国家有不同的称谓,有称其为"人民银行",有称其为"储备银行",有称其为"国家银行",还有的国家直接以国名命名。尽管各国称谓不同,但职能大致相同。中央银行,是指在一国金融体系中居于主导地位,负责制定和执行国家的货币政策,防范和化解金融风险,维护金融稳定,对金融体系和金融活动依法实行调控和监管的机构。

我国中央银行是中国人民银行。我国《中国人民银行法》第 2 条第 1 款明确规定:"中国人民银行是中华人民共和国的中央银行。"

(二) 中央银行法

我国的中央银行法即《中国人民银行法》。1995 年 3 月 18 日第八届全国人民代表大会第三次会议颁布并实施了《中国人民银行法》,该法于 2003 年 12 月 27 日进行了第一次修改,并于 2004 年 2 月 1 日起施行。

二、中国人民银行的组织机构

(一) 领导机构

中国人民银行实行行长负责制,副行长协助行长工作。中国人民银行行长的人选,由国务院总理提名,全国人民代表大会决定;全国人民代表大会闭会期间,由全国人民代表大会常务委员会决定,并由国家主席任免。中国人民银行副行长由国务院总理任免。

(二) 货币政策委员会

货币政策委员会是指中国人民银行设立的货币政策的咨询议事机构。货币政策委员会不是决策机构而是咨询、议事机构,对货币政策制定、调整有建议权;货币政策委员会也不是中国人民银行的内设机构,而是根据法律、法规设立的特别机构,其职责、组成和工作程序,由国务院规定,报全国人民代表大会常务委员会备案。

中国人民银行货币政策委员会在国家宏观调控、货币政策制定和调整中发挥重要作用。在综合分析国家宏观经济形势的基础上,依据国家的宏观经济调控目标,讨论货币政策事项,并提出建议。货币政策委员会讨论的主要事项有:货币政策的制定、调整;一定时期内的货币政策目标;货币政策工具的运用;有关货币政策的重要措施,以及货币政策与其他宏观经济政策的协调等。

(三)分支机构

中国人民银行根据履行职责的需要设立分支机构,作为中国人民银行的派出机构。各分支机构不具有独立的法人资格,受中国人民银行的统一领导和管理,并在总行授权范围内维护本辖区内的金融稳定,承办有关业务。

目前,中国人民银行设立的分支机构由中国人民银行营业管理部、重庆营业管理部、天津分行、沈阳分行、上海分行、南京分行、济南分行、武汉分行、广州分行、成都分行、西安分行组成。

三、中央银行的职能与职责

(一)中央银行的职能

1. 传统表述

根据传统的表述方法,中央银行具有以下职能。

(1)发行的银行。即中央银行垄断货币的发行权。发行货币是中央银行的特权,但在有些国家,硬币和辅币是由财政部发行的,如美国、日本和德国。

(2)银行的银行。即中央银行只与商业银行等金融机构发生业务往来,不直接面对企业单位和个人经办金融业务。

(3)政府的银行。中央银行受托办理财政部的任务,直接服务于政府。

2. 现代表述

根据现代表述方法,中央银行既是一国金融体系的核心,又是调节宏观经济的特殊政府机构。因此,现代市场经济国家的中央银行具有服务、监管和调控的三大职能。

(1)服务职能。中央银行作为金融体系中的银行,对政府、商业银行和非银行金融机构及社会公众提供金融服务。为政府代理国库、代理发行和兑付政府债券;为商业银行等金融机构收受存款准备金、办理结算、提供最后贷款;为社会公众服务,主要体现为依法发行货币并维护币值稳定、维护银行客户存款安全等。

(2)监管职能。中央银行作为国家金融行政管理机关,目前的监管职能主要包括:一是监督管理银行间同业拆借市场和银行间债券市场;二是指导、部署金融业反洗钱工作,负责反洗钱的资金监测;三是实施外汇管理,监督管理银行间外汇市场;四是监督管理黄金市场。

2003 年 3 月 10 日第十届全国人民代表大会第一次会议审议批准了国务院机构改革方案,决定成立中国银行业监督管理委员会,履行对除证券、保险外的银行与其他金融机构的监管职能,分离了中国人民银行的部分监管职能,使中国人民银行成为执掌货币政策、专司金融调控职能的中央银行。2018 年 3 月第十三届全国人民代表大会第一次会议表决通过《关于国务院机构改革方案的决定》,整合中国银行业监督管理委员会和中国保险监督管理委员会的职责,成立中国银行保险监督管理委员会。2018 年 4 月 8 日中国银行保险监督管理委员会正式挂牌,依法对全国的银行业和保险业实行统一监督管理,维护银行业和保险业合法、稳健运行。

(3)调控职能。中央银行作为国家宏观经济调控体系的重要组成部分,制定和执行货币政策,促进整个国民经济健康发展。

(二)中央银行的职责

根据我国《中国人民银行法》第 4 条的规定,中国人民银行的职责主要包括:(1)发布与履行与其职责有关的命令和规章;(2)依法制定和执行货币政策;(3)发行人民币,管理人民币流通;(4)监督管理银行间同业拆借市场和银行间债券市场;(5)实施外汇管理,监督管理银行间外汇市场;(6)监督管理黄金市场;(7)持有、管理、经营国家外汇储备、黄金储备;(8)经理国库;(9)维护支付、清算系统的正常运行;(10)指导、部署金融业反洗钱工作,负责反洗钱的资金监测;(11)负责金融业的统计、调查、分析和预测;(12)作为国家的中央银行,从事有关的国际金融活动;(13)国务院规定的其他职责。中国人民银行为执行货币金融政策,可以依照该法第四章的有关规定从事金融业务活动。

四、人民币的地位、发行和流通管理

(一)人民币的地位

人民币是我国的法定货币,具有法定性,即以人民币支付我国境内的一切公共和私人的债务,任何单位和个人不得拒收。人民币由中国人民银行负责统一印制、发行和流通管理。

(二)人民币的发行

1. 发行库管理

发行库是中国人民银行为国家保管发行基金的金库,而发行基金是调节市场货币流通的准备金。中国人民银行设有人民币发行库,在其分支机构设立分支库。分支库调拨人民币发行基金,应当按照上级库的调拨命令办理。任何单位和个人不得违反规定,动用发行基金。

中国人民银行还设有业务库,业务库是各商业银行为了办理日常现金收付,在各个对外经营场所设置的现金库存,其库存现金处于经常周转形态,是流通中货币的一部分。

发行库和业务库共同组织人民币发行业务。发行库根据调拨命令和出库限额,将发行基金调入业务库,再通过业务库现金支付,将现金投入市场,增加市场货币流通量,称为货币投放或者货币发行。现金从市场流回银行业务库,业务库现金超过库存限额,缴回发行库,称为货币回笼。

2. 人民币发行原则

人民币发行必须坚持高度集中统一发行和经济发行的原则。人民币发行集中于中国人民银行,发行人民币必须适应商品流通的需要,按计划发行,不得对政府财政透支。

另外,中国人民银行发行新版人民币,应当将发行时间、面额、图案、式样、规格予以公告。残缺、污损的人民币,按照中国人民银行的规定兑换,并由中国人民银行负责收回、销毁。

(三)现金管理

为有效控制货币流通量,我国中国人民银行一直对现金实行严格的管理。

1. 监督开户单位在现金使用的规定范围内使用现金。各单位使用现金的范围是:(1)职工工资、津贴、个人劳务报酬;(2)根据国家规定发给个人的科技、文艺、体育等资金;(3)各种劳保、福利费用,以及国家规定对个人的其他支出;(4)向个人收购农副产品和其他物资的价款;(5)出差人员必须随身携带的差旅费;(6)结算起点(1000 元)以下的零星开支;(7)中国人民银行确定需要支付现金的其他支出。

2. 核定开户单位库存现金限额。各单位自行保留用于日常零星开支的现金库存限额,由各单位根据实际需要提出计划报开户银行审核,一般以本单位 3 ~ 5 日的日常零星开支所需为限,边远地区和交通不便的单位可适当放宽,但最高不超过 15 日的日常零星开支所需为限。

现金库存所需一经核定,各单位应严格遵守,不准突破。

3. 监督按规定收支现金,严格控制坐支。各开户单位现金收入应及时送存开户银行,支付现金可从本单位库存现金中支付,或从开户银行提取,不得从本单位的现金收入直接坐支。某些特殊情况需要坐支的单位,应向银行申请并按核定限额执行。

(四)保护人民币的法定货币地位

禁止伪造、变造人民币;禁止出售、购买伪造、变造的人民币;禁止运输、持有、使用伪造、变造的人民币;禁止故意毁损人民币;禁止在宣传品、出版物或者其他商品上非法使用人民币图样。任何单位和个人不得印制、发售代币票券,以代替人民币在市场上流通。

五、中央银行的宏观调控业务

(一)中央银行的货币政策

制定和执行货币政策是中央银行的主要职能之一,与金融监管职能共同构成现代中央银行的主要职能。货币政策是国家为了实现特定目标而采用的各种调控货币供应量或者信用量的金融措施。

1. 货币政策目标

货币政策目标是指一国中央银行根据制定和实施货币政策的目的。货币政策目标包括终极目标(最终目标)和中间目标(操作目标)。一般所称的货币政策目标仅指货币政策的终极目标。

各国中央银行的货币政策目标不尽相同,同一国家在不同时期货币政策目标的侧重点也有所不同。有时明确突出一个目标,有时则明确追求几个目标。美国联邦储备系统将经济增长、充分就业、稳定币值和平衡国际收支等经济目标作为货币政策目标,核心是就业和稳定两项。我国《中国人民银行法》第3条规定:“货币政策目标是保持货币币值的稳定,并以此促进经济增长。”

2. 货币政策工具

货币政策工具是指中央银行实现其货币政策目标而采取的手段、方法。各国中央银行为实现其货币政策目标所采用的工具、手段有多种,分为一般性货币政策工具和选择性货币政策工具。

一般性货币政策工具是指中央银行经常大量使用的工具,它主要由法定存款准备金政策、再贴现政策和公开市场业务政策组成。

(1)法定存款准备金政策是指中央银行依据法律赋予的权力,要求商业银行和其他金融机构按照规定的比率在其吸收的存款总额中提取一定的金额交存中央银行专门账户的制度。提取的资金被称为存款准备金,准备金与存款总额的比率被称为存款准备金率或存款准备率。存款准备金制度可以控制商业银行创造信用的能力,以间接控制货币供应量。

(2)再贴现政策是指中央银行通过制定和调整再贴现利率来决定金融机构的融资成本,干预和影响市场利率及货币市场的供求,从而调节货币供应量的一种金融政策。

(3)公开市场业务政策是指中央银行在金融市场上公开买卖有价证券(主要是政府公债券、国库券和银行承兑票据等)影响金融机构的头寸,吞吐货币,从而起到调节信用与货币供给作用的一种业务活动。

选择性货币政策工具是指针对某些银行或某些业务活动进行调控的工具。主要包括直接信用控制和间接信用控制等工具。

(1)直接信用控制工具是指中央银行对商业银行体系创造信用活动进行直接干预的手段的总称,包括信用分配、最高利率限制、流动性比率、消费信贷控制、不动产控制和证券信用控制等。

(2)间接信用控制工具是指中央银行以其在金融体制中的领导和核心地位及其威望,通过对金融机构之间的磋商、宣传等,指导和影响其信用活动,包括道义劝告(窗口指导)、公开宣传等。

(二)中国人民银行的货币政策工具

我国《中国人民银行法》第23条规定,中国人民银行为执行货币政策,可以运用下列货币政策工具。

1. 存款准备金制度。我国的存款准备金制度是在1984年建立起来的,至今,存款准备金率经历了多次调整。存款准备金制度有助于增强商业银行的支付能力,保护客户资金安全;同时,通过提高或降低准备金率,达到缩小和扩大商业银行的贷款能力,从而调控货币供应量。

2. 中央银行基准利率政策。利率是利息率的简称,是指一定时期内利息的金额与存入或贷出金额的比率,由资金的供求关系决定。我国的利率分为3种:第一种,中国人民银行对商业银行及其他金融机构的存、贷款利率,即基准利率,又称法定利率;第二种,商业银行对企业和个人的存、贷款利率,称为商业银行利率;第三种,金融市场的利率,称为市场利率。其中,基准利率是核心,它在整个金融市场和利率体系中处于关键地位,它的变化决定了其他各种利率的变化。

基准利率政策是中央银行的一项重要货币政策工具。当中央银行提高基准利率时,商业银行等金融机构筹措资金的成本增加,对中央银行的贷款需求降低,商业银行等就会到资金市场去寻求贷款。由于商业银行等筹措资金成本加大,它对外贷款的利率必然提高;相应地,其客户的贷款数额就会减少。因此,社会的货币供应量就会减少。反之,当中央银行降低基准利率时,社会的货币供应量就会相应增加。中央银行通过提高或降低基准利率,可起到限制或扩张社会信贷规模的作用。

3. 再贴现政策。贴现是指票据持有人在票据到期日前,为融通资金而向银行或其他金融机构贴付一定利息的票据转让行为。再贴现是指商业银行及其他金融机构以买入的未到期的贴现票据向中央银行办理的再次贴现。再贴现是指商业银行及其他金融机构与中央银行之间的票据买卖和资金让渡的过程,是商业银行和其他金融机构向中央银行融通资金的重要方式。

再贴现政策为中央银行执行货币政策的工具之一,可以起到扩张或收缩社会信用的作用。当中央银行需要收缩银根、抑制经济过快扩张时,就可提高再贴现率,使商业银行和其他金融机构向中央银行融资的成本提高,从而抑制信贷需求、减少货币供给;当中央银行需要放松银根、刺激经济发展时,就降低再贴现率,从而增加货币供给。另外,再贴现率还可以影响市场利率,从而影响人们的投资、消费行为。

4. 再贷款政策。再贷款是指中央银行向商业银行的贷款。中国人民银行根据经济发展需要和货币供应量的状况,掌握、控制对商业银行的贷款额,就可以达到控制和调节货币供应量和信贷规模的目的。

5. 公开市场业务。在公开市场上买卖国债、其他政府债券和金融债券及外汇等的活动。作为中央银行的一项主要业务，也是执行货币政策的一种基本工具。中央银行买进或卖出有价证券或外汇意味着进行基础货币的吞吐，可以达到增加或减少货币供应量的目的。

6. 其他货币政策工具。包括特种存款、证券市场信用控制、消费信用控制、不动产信用控制及窗口指导、道义劝告等。

六、中国人民银行的金融监管业务

2003年3月中国银行业监督管理委员会（银监会）[1]的成立，分离了中国人民银行的部分监管职能。将原由中国人民银行履行的审批、监督管理银行、金融资产管理公司、信托投资公司及其他存款类金融机构等相关职责交由银监会行使，中国人民银行只保留了为履行稳定金融职能所必需的部分金融监管职能，更多的是履行对整个金融体系的宏观调控、对货币政策的应用、对金融机构反洗钱工作的管理，以及对跨业金融创新与金融工具的运用和管理，极大地提高了监管效率。

（一）中国人民银行金融监管的内容

1. 对银行业间同业拆借市场和银行间债券市场的监管

中国人民银行对同业拆借市场的监督管理内容主要包括四个方面：一是依法制定同业拆借管理的规章制度；二是审核、批准有关金融机构成为同业拆借市场交易成员；三是对交易成员的行为进行监督、检查；四是授权中介机构发布市场信息等。

中国人民银行对银行间债券市场的监管主要包括两个方面：一是对银行间债券市场发行债券的管理，包括审查货币市场债券发行的方式和工具（债券）的利率水平等；二是对银行间债券市场交易行为的管理。

2. 对外汇的管理和对银行间外汇市场的监管

中国人民银行实施外汇管理，监督、管理银行间外汇市场。我国外汇管理的实施部门是国家外汇管理局，中国人民银行通过国家外汇管理局来行使外汇管理职责。

3. 对黄金市场的监管

中国人民银行对黄金市场的监管主要包括两个方面：一是监督管理黄金交易市场；二是监督管理黄金进出口业务。

4. 管理支付结算、清算

中国人民银行对银行间支付结算、清算的管理职责主要体现为：中国人民银行维护支付、清算系统的正常运行；组织清算系统、协调清算事项和提供清算服务；会同银监会制定支付结算规则；对清算行为的检查监督和违反清算管理的处罚。

（二）中国人民银行的监管权力

1. 检查监督权

为切实履行其金融监督管理职责，我国《中国人民银行法》赋予中国人民银行三个层面的

---

[1] 2018年4月8日中国银行业监督管理委员会与中国保险业监督管理委员会合并，成立中国银行保险监督管理委员会，依法对全国的银行业和保险业实行统一监督管理，维护银行业和保险业合法、稳健运行。

检查监督权:直接监督检查权、建议检查监督权和必要时经国务院批准的全面检查监督权。其中,对金融机构存款准备金的执行、特种存款行为、有关人民币使用、银行间同业拆借、债券市场、黄金市场、外汇市场等方面的行为,中国人民人民银行有权直接予以检查监督。必要时可以建议银监会对银行业金融机构进行检查监督。为了维护金融稳定,中国人民银行经国务院批准,仍有权对银行业金融机构进行全面的检查监督。

2. 要求银行业金融机构报送有关报表资料权

中国人民银行和银监会均有权要求银行业金融机构报送必要的资产负债表、利润表以及其他财务会计、统计报表和资料。中国人民银行负责统一编制全国金融统计数据、报表并予以公布;银监会负责统一编制全国银行业金融机构统计数据、报表并予以公布。为减轻银行业金融机构重复报送金融财务会计及统计信息的成本,法律要求中国人民银行与银监会建立监督管理信息共享机制。

(三)与其他监管机构建立监管信息共享机制

监管信息共享机制是指中央银行与其他金融监督管理机构之间将各自在依法履行职责过程中掌握的金融机构、金融市场和金融管理信息互相进行交流的一种制度。我国《中国人民银行法》第35条第2款对金融监管信息共享机制作了规定。其中,共享的信息主要包括:金融财务会计及统计信息,支付结算管理信息,金融机构反洗钱信息,商业银行及城乡信用社代理国库业务及人民币保护信息,货币市场、外汇市场和黄金市场管理信息,利率管理信息,维护金融稳定的信息,金融业和金融市场运行情况的信息等。

七、中央银行的中间业务

中央银行的中间业务是指中央银行的金融服务业务,主要是办理资金清算。清算业务是中央银行的一项传统业务,是指商业银行每天彼此应收应付的票据,由票据交换所清理轧差后,其应收应付的差额通过中央银行汇兑转账结清。由于商业银行都在中央银行开立存款准备金账户,因此,银行间的清算业务能非常及时而且方便地在中央银行的账户上完成。中央银行从事的清算业务主要有以下三类。

(一)直接办理票据交换

在商业银行代客收付资金是具有相互收付特征的基础上,产生了由中央银行主持办理商业银行之间票据交换的工作。

(二)结清交换差额

各清算银行均在中央银行设立存款账户,票据交换后的最后差额即由该账户上资金的增减来结清。票据清算所总清算员将应收行和应付行的明细表提交给中央银行会计后,会计人员便开始会计处理了。当某家清算银行为应付行时,则借记往来存款账户(资金减少);而对于应收行,则贷记往来存款账户(资金增加)。

(三)办理异地资金汇兑业务

票据交换所的业务是中央银行通过其分支机构组织同城票据交换与清算。而各银行之间的异地汇兑形成的异地银行间的债权债务则是依靠全国性的清算中心提供服务,在全国范围内办理异地资金汇兑,这是中央银行资金清算业务的主要部分。通过在全国范围内办理异地资金清算,中央银行不仅为全国各地的众多银行提供清算服务,而且通过资金清算对全国的资金供求状况加以了解,从而对货币资金供求状况和市场货币流通量进行合理的控制与调节。此外,我国《中国人民银行法》为了规范中央银行的行为,保障货币政策独立的执行,规定了中国人民银行开展业务活动的以下禁止事项。

1. 不得对政府财政透支,不得直接认购、包销国债和其他政府债券。否则极易引发通货膨胀,进而影响币值的稳定。

2. 不得对金融机构账户透支。我国金融机构在中央银行开立存款准备金账户、财政性存款账户、支付准备金账户。中国人民银行不得对以上账户透支,否则容易导致金融机构扩大信贷规模。

3. 不得向地方政府、各级政府部门和非银行金融机构提供贷款。

4. 不得向任何单位和个人提供担保。

第二节　政策性银行法

一、政策性银行法概述

(一)政策性银行的概念

政策性银行是指由政府创立的,专门为实施国家产业政策、实现政府社会经济发展目标服务,经营政策性信贷业务活动的银行机构。

政策性银行是一国银行体系中与商业银行并存,互为补充,具有同等地位的特殊的金融机构,是现代金融体系不可缺少的组成机构之一。从法律的角度来看,政策性银行是一个独立的法人,自主经营、自负盈亏、自担风险、自我约束,但它作为实现政府特定政策目标而设立的金融机构,其经营受到政府部门宏观决策与管理行为的影响,其自主经营权不可能完全实现,只能是为政府特定经济政策、产业政策服务的特殊金融机构。

(二)政策性银行的特征

1. 不以营利为经营目标

政策性银行信用业务活动不以营利为目标,而是专为贯彻、执行政府的社会经济政策意图,实现经济资源配置的合理化,以促进经济的均衡发展、提高社会宏观经济效益为目标。

2. 特殊的运行机制和经营原则

政策性银行的信用业务活动基本上实行计划管理,要按照国家宏观经济发展战略和调整产业结构的政策要求安排资金营运,政府直接干预的色彩较浓厚。因此,政策性银行强调社会效益性原则。同时,为了自身的生存和发展,政策性银行也坚持安全性原则。

3. 具有特定的融资对象、范围和明确的专业分工

政策性银行的融资对象和范围,必须是国家产业政策要求重点扶持发展、具有社会宏观经济效益,而由于经济、社会的原因造成本身收益较低、难以依靠市场机制获得资金的产业部门和企业。

4. 资金筹措渠道的特定性

政策性银行由于其融资用途,决定了其在中长期贷款中占资产业务的最大比重。这客观上要求其资金来源必须具有较大的稳定性,长期性资金来源应占绝大比重,表明政策性银行的资产负债具有较小的流动性。由此决定政策性银行的资金主要源于财政拨给的资本金和其他专项资金,向社会发行的由国家担保的债券和对商业银行等金融机构发行的金融债券。

5. 具有独特的资产运作方式和管理方法

政策性银行的资产业务主要是政策性贷款。政策性贷款实行限额管理和低息政策。我国政策性银行的融资总量,由中国人民银行和国家计委根据国家信贷计划和投资计划予以确定。政策性贷款利率根据不同时期国家产业政策的需要予以确定。利率管理权限实行集中的计划管理。

(三)政策性银行法

1993 年 12 月 25 日国务院发布了《关于金融体制改革的决定》,1994 年相继组建了国家开发银行、中国进出口银行、中国农业发展银行 3 家政策性银行,这些政策性银行的资本金由国家财政拨给,其负债业务主要是发行金融债券,开展相应的政策性银行业务。目前,我国关于政策性银行的专门立法工作尚未完成,政策性银行业务需进一步探索,其业务开展还主要依据各自的银行章程和有关法律、法规、规章的相关规定进行。

二、政策性银行的职能

政策性银行既有商业银行的一般职能,也有商业银行所不具有的职能,即特殊职能。一般职能使政策性银行具备了银行的性质,而特殊职能则使政策性银行具备了贯彻、配合政府政策或意图的前提条件。

(一)政策性银行的一般职能

在一般职能方面,政策性银行与商业银行一样,也具有金融中介职能。政策性银行通过其负债业务,吸收资金,再通过资产业务将资金投入到所需单位或项目,从而担负起金融中介的职能,实现资金从贷出者到借入者之间的融通。但是,政策性银行一般不吸收社会的活期存款,资金来源多为国家财政资金或在金融市场上筹集而得。资金运用多为中长期放款或长期投资,极少发放短期信用贷款。因此,在一般职能方面,政策性银行与商业银行相比,一般不具备信用创造职能。也正因如此,政策性银行被视为“特殊银行”,一般不在中央银行的货币政策和金融管制制约之列,不必由中央银行进行直接的管制。

(二)政策性银行的特殊职能

在特殊职能方面,政策性银行主动、积极地贯彻实施政府的宏观经济政策,尤其是产业政策。其特殊职能可以概括为倡导性职能、选择性职能、补充性职能和服务性职能。

1. 倡导性职能

倡导性职能是指政策性银行以直接的资金投放或间接地吸引民间或私人金融机构从事符合政府政策意图的放款,以发挥其首倡、引导功能,进而引导资金的流向。因为,政策性银行一旦决定对某些产业提供贷款,则反映了经济发展的长远目标,表明政府对这些部门的扶持意愿,从而增强了其他金融机构的投资信心,降低了这些部门的投资风险。其他金融机构就会放宽对这些部门的投资审查,进而纷纷协同投资。而一旦某一产业的投资热情高涨,政策性银行就可以减少对该行业的投资份额，转而扶持其他行业的发展，从而体现了它的政策意图的倡导性，形成了对民间资金运用方向的诱导机制，促使政府政策目标的实现。

2. 补充性职能

补充性职能又称弥补性职能，是指政策性银行的金融活动补充和完善以商业银行为主体的金融体系的职能，弥补商业银行金融活动的不足。主要表现在：对技术、市场风险较高的领域进行倡导性投资，对投资回收期限过长、投资回报率低的项目进行融资补充，对于成长中的扶持性产业给予优惠利率以放宽投资。此外，以间接的融资活动或提供担保来引导商业银行的资金流向，并针对商业银行主要以提供短期资金融通而长期资金不足的缺点，主要以提供长期资金为主，有时甚至发放超长期的贷款。如美国联邦土地银行的贷款期限最长可达 40 年，法国农业信贷银行贷款期限最长可达 50 年，远远超过了一般商业银行的放款期限。

3. 选择性职能

选择性职能是指政策性银行对其融资领域或部门是有选择的，不是不加分别地任意融资。从表象上来看，其服务对象、服务领域是由政府选定的，但就实质而言，却是市场机制选择的结果，而不是任意的选择。如对某些重要的基础产业，如果市场机制能够选择它，那么依靠市场机制的作用，它就会得到相应的资源配置，任何形式的政府干预都是多余的、不必要的。只有在市场机制不予选择，在市场机制下它得不到应有的发展时，才由政府以行政机制予以选择。因此，尊重市场机制的选择是前提，对市场机制不予选择的领域（商业银行不愿融资的领域）才由政府选择。世界各国政策性银行的活动领域，如中小企业、住房、农业、落后地区的开发等，正是商业银行不予选择或不愿意选择的领域。政策性银行对这些“被遗忘了的角落”予以选择，正体现了政策性银行的特殊性。

4. 服务性职能

政策性银行一般是指专业性银行，在其服务的领域内积累了丰富的实践经验和专业技能，聚集了一大批精通业务的专业技术人才，可以为企业提供各方面的金融和非金融服务，也可以充当政府经济政策或产业政策的参谋，从而显示其服务性职能。如农业发展银行收购农副产品，并为农业提供技术服务；进出口银行为进出口信用提供偿付保证，提供国际商情，分析汇率风险；开发银行充当国有企业投资计划的金融经纪人，并为各种重大投资项目提供经济及社会效益评估等。同时，政策性银行因长期在某一领域从事活动，成为政府在该领域事务的“助手”或“顾问”，它参与政府有关计划的制订，甚至代表政府组织实施该方面的政策计划或产业计划。

三、我国的政策性银行及其业务

1994 年我国相继组建了国家开发银行、中国进出口银行、中国农业发展银行 3 家政策性银行，开展相应的政策性银行业务。政策性银行的资产业务主体是贷款，这是发挥政策性金融杠杆作用的主要手段。同时，有的政策性银行还办理担保、保险、咨询、结算等相关的政策性金融业务。

（一）国家开发银行的业务

国家开发银行是发放长期贷款、支持基础设施、基础产业和支柱产业的政策性银行，它对由其安排投资的国家重点建设项目，在资金总量和资金结构配置上负有宏观调控职责。国家开发银行承担国家批准立项的基础设施、基础产业和支柱产业的大中型基本建设、技术改造等政策性项目及其配套工程发放贷款的任务,其贷款种类主要有基本建设贷款和技术改造贷款。

(二)中国进出口银行的业务

中国进出口银行的主要任务是执行国家政策和外贸政策,为机电产品和成套设备等资本性货物进出口提供进出口信贷(卖方信贷、买方信贷);办理与机电产品出口信贷有关的外国政府贷款等;办理经国家批准和委托的其他业务;还经营在境内发行金融债券和在境外发行有价证券的业务。

(三)中国农业发展银行的业务

中国农业发展银行的主要任务是筹集农业政策性信贷资金,承担国家规定的农业政策性金融业务、代理财政性支农资金的拨付、为农业和农村经济发展服务的任务。它所经营的业务主要有:办理由国务院确定、中国人民银行安排资金并由财政部和地方政府予以贴息的各项贷款,还办理业务范围内开户企事业单位的存款以及发行金融债券和境外筹资业务。

第三节 商业银行法

一、商业银行法概述

(一)商业银行的概念及其特征

商业银行是指依照我国《商业银行法》和《公司法》设立的吸收公众存款、发放贷款、办理结算等业务的企业法人。商业银行的组织形式包括有限责任公司和股份有限公司两种形式。商业银行具有企业法人资格,但不同于普通的工商企业。银行业的高负债、高风险决定了其经营和对其监管的特殊性。

1. 银行业经营的高负债率和银行出资人的有限责任性

银行业是一种高负债产业,来自社会公众的储蓄存款是其经营过程中的主要资金来源,《巴塞尔协议》要求银行业在经营过程中保持不低于8%的资本充足率,达到8%以上资本充足率的银行的负债率可能远远高于50%,而普通的工商业企业,其负债率很少达到50%以上。同时,银行经营的是信用,一旦信用发生危机,就会遭遇客户挤兑而发生经营风险,银行业以“救急不救穷”为行业惯例,信用危机一旦发生,就很难逆转,银行进而面临被宣告破产的厄运。银行出资人一般只承担有限责任,即以出资额为限承担责任,而银行破产程序中的债权人大多数是储蓄客户,他们的债权如果不能获得有效保障,那么这个问题涉及面广,社会影响大。尽管我国已经实施存款保险制度,但存款保险制度并不能防范银行破产所带来的所有损失,银行经营过程中的审慎性经营仍然十分重要。

2. 存款人资金的安全性和银行追求利益最大化的风险性

银行业大多数是企业,企业化经营的基本原则是“自主经营、自负盈亏、自担风险、自我约束”,追求利益最大化是企业的主要目标之一。但银行业经营的资金大多又源于存款人,法律要求银行经营过程中贯彻“安全性、流动性和效益性”,就是要求银行在经营过程中要兼顾各种风险。

3. 银行和客户信息及风险的不对称性

银行与存款客户、贷款客户之间存在明显的信息上的不对称。在存款过程中，信息偏在一方是银行，存款人不知道银行的经营状况，也不知道银行将其款项贷给谁、安全性如何保障。在贷款过程中，信息偏在一方是借款人，在很多时候尽管银行实行严格的贷前审查制度，但银行不知道客户的真实情况，更不知道客户会不会有效使用贷款、是否有风险、客户有无道德风险等。因为信息的不对称，风险也不对称：当银行将款项贷给借款人时，借款人能否还款和是否还款的风险由银行承担；而当存款人在银行存入款项变成银行的债权人后，银行的经营风险由客户承担。

（二）商业银行法

商业银行法是指调整商业银行组织关系和经营业务关系的法律规范的总称。1995 年 5 月 10 日第八届全国人大常委会第十三次会议通过并于同年 7 月 1 日起施行的《商业银行法》，是商业银行的基本法。该法于 2003 年 12 月 27 日经第十届全国人民代表大会常务委员会第六次会议进行第一次修正，2015 年 8 月 29 日经第十二届全国人民代表大会常务委员会第十六次会议进行第二次修正，于 2015 年 10 月 1 日正式实施。

二、商业银行的设立

（一）设立条件

1. 符合我国《商业银行法》和《公司法》相关规定；

2. 符合注册资本最低限额要求，其中，商业银行为 10 亿元人民币、城市商业银行为 1 亿元人民币、农村商业银行为 5 千万元人民币；

3. 有具备任职专业知识和业务工作经验的董事、高级管理人员；

4. 有健全的组织机构和管理制度；

5. 有符合要求的营业场所、安全防范措施和与业务有关的其他设施。

设立商业银行，还应当符合其他审慎性条件。

（二）设立程序

设立商业银行，申请人应当经国务院银行保险业监督管理机构审查批准。经审查符合条件的，申请人应填写正式申请表，并提交法律规定的文件、资料。对正式批准设立的商业银行，由中国银行保险监督管理委员会颁发经营许可证。申请人凭该经营许可证，向工商行政管理机关办理注册登记，领取企业法人营业执照。经批准设立的商业银行分支机构，也应由中国银行保险监督管理委员会颁发经营许可证，并凭该许可证向工商行政管理部门办理登记，领取营业执照。

三、商业银行的职能

（一）信用中介职能

信用中介职能是指商业银行通过各种方式和借助各种金融工具吸收存款，将社会上闲散的资金集中到银行，再通过放款业务借贷给社会各经济实体和消费者。商业银行吸收存款是对存款人承担还款的义务，这是一种受信业务，将款项借贷给他人，由他人承担在借款期满偿还贷款的本金和利息的义务，这是一种授信业务，商业银行在这两种业务中扮演一个中介的角色,既为自己赚到了存款和贷款的利息差收入,又为社会提供了自己的融通服务,并从吸收资金的成本和发放贷款的利息收入、投资收益的差额中获取收入,形成银行利润。通过信用中介,可以使资金从盈余单位转向赤字单位,在不改变社会资本总量的条件下,通过改变资本的使用量,提供了扩大再生产所需的资金。

(二)支付中介职能

即货币经营的职能,主要表现在其中间业务上,包括汇兑业务、代收业务和代理融洽业务等,这是商业银行吸引客户和提供社会财务服务最主要的方式。

(三)信用创造职能

这是商业银行区别于其他金融机构最显著的特征。商业银行在吸收存款的基础上发放贷款,在票据流通和转账结算的基础上,贷款又转化为存款,在这种存款不提取的情况下,就增加了商业银行的资金来源。最终,整个银行体系形成了超过原始存款的派生存款,这就是信用创造功能。

(四)金融服务职能

商业银行除资产负债业务和汇兑、结算业务外,还有些不影响银行资产与负债总额的经营活动,这些业务不列入资产负债表内,所以被称为表外业务。其主要的特征是银行只提供金融服务,而不承担资金损失的风险,并以收取手续费为目的。这些业务种类包括现金管理、代理保管、代理租赁、代客资信调查、信息咨询业务;还有提供商业信用证、银行承兑汇票、备用信用证、贷款承诺、贷款销售与资产证券化等。

四、商业银行的经营规则

(一)商业银行的经营原则

商业银行在经营过程中应当坚持以下原则。

1. 安全性、流动性、效益性原则(三性原则)

所谓安全性原则,是指商业银行应本着稳健经营和发展的目的,努力采取各种技术和手段防范、化解和规避经营过程中的各种风险。商业银行面临的主要金融风险,按照巴塞尔银行监管委员会的规定可分为以下几大类,即信用风险、市场风险和操作风险。商业银行一旦遭遇危机,轻则影响银行清偿能力,重则导致银行倒闭甚至引起体系性金融危机。安全性原则历来是银行等金融机构经营的首要原则。

流动性原则,是指商业银行及时变现和支付的能力。流动性通常包括两方面的含义,即资产流动性和负债流动性。资产的流动性是指在资产不发生损失的条件下,银行及时变现资产进行支付的能力。为了保持流动性以应付客户提现以及其他贷款需求,银行必须掌握一定数额的现金资产和流动性较强的其他资产。负债的流动性是指银行及时获取所需资金的负债能力。如果商业银行在需要资金的时候能够以合理成本通过新的负债及时获取所需资金,那么就具有较好的负债流动性,否则就缺乏负债的流动性。

效益性原则,是指商业银行在正常经营状态下的获利能力。商业银行在开展放款业务和投资业务时须仔细核算银行利润,利高的资产项目多做快做,利薄或者无利的项目少做或者不做,以保证银行资产收益和市场竞争能力。最大限度地追求盈利是包括商业银行在内的所有企业经营活动的内在动力。

然而,根据风险与收益相平衡的原则,高收益必然伴有高风险,因此,这三性原则既是统一的也是矛盾的。商业银行应根据自身的经营状况和风险承受能力进行有效协调,以保证商业银行的经营原则的顺利实施。

2. 自主经营、自担风险、自负盈亏、自我约束原则(四自原则)

"自主经营"是指商业银行拥有自己的、全部的、独立的业务经营自主权,根据国家产业政策和发展政策,实现自己的经营目标,不受其他单位和个人的干涉。"自担风险"是指商业银行独自承担经营信用风险、利率风险、汇率风险、流动性风险等各种风险。"自负盈亏"是指商业银行作为自主经营者,既享有通过自主经营所取得的利润,也应承担自主经营所造成的损失,以自己的全部资产承担民事责任。"自我约束"是指商业银行建立自我约束机制,建立健全业务管理、内部稽核、检查制度。

3. 保护存款人利益原则

存款是商业银行的主要资金来源,存款人是商业银行的基本客户。商业银行作为债务人,是否充分尊重存款人的利益,严格履行自己的债务,切实承担保护存款人利益的责任,直接关系银行自身的经营。如果存款人的合法权益得不到有效的尊重和保护,他们就会选择其他银行或退出市场。

4. 自愿、平等,公平和诚实信用原则

商业银行与客户之间是平等主体之间的民事法律关系。因此,商业银行与客户之间的业务往来,应以平等自愿为基础,公平交易,不得强迫,不得附加不合理的条件,双方均应善意、全面地履行各自的义务。

5. 公平竞争原则

我国《商业银行法》第 9 条规定:"商业银行开展业务,应当遵守公平竞争的原则,不得从事不正当竞争。"该法第 47 条规定:"商业银行不得违反规定提高或者降低利率以及采用其他不正当手段,吸收存款,发放贷款。"

6. 守法经营原则

商业银行开展业务,应当遵守法律、行政法规的有关规定,不得损害国家利益、社会公共利益。

7. 接受监督管理原则

商业银行依法接受国务院银行业监督管理机构和其他有关国家机构的监督管理。

(二)商业银行的经营规则

1. 营业时间规则

我国《商业银行法》第 49 条规定:"商业银行的营业时间应当方便客户,并予以公告。商业银行应当在公告的营业时间内营业,不得擅自停止营业或者缩短营业时间。"由此可见,银行业作为社会服务机构,保障营业时间,为客户提供优质服务,不仅是商业银行的社会责任,也是其法定义务。

自动柜员机或者自动取款机等金融电子技术的使用,在一定程度上缓解了客户对银行柜台业务的需求,但是节假日银行服务供求矛盾仍然比较突出。2007 年银行业监督管理委员会办公厅发出《关于加强国庆节期间银行业金融机构金融服务的通知》,要求各银行业金融机构依法妥善处理维护员工合法权益与满足社会公众节假日期间金融服务需求的关系,尽可能保证合理数量的银行网点开门营业。

2. 服务收费规则

我国《商业银行法》第 50 条规定:“商业银行办理业务,提供服务,按照规定收取手续费。收费项目和标准由国务院银行业监督管理机构、中国人民银行根据职责分工,分别会同国务院价格主管部门制定。”未经批准,商业银行不得私设收费项目或擅自提高收费标准。《商业银行服务价格管理暂行办法》根据服务的性质、特点和市场竞争状况,将商业银行服务价格分为政府指导价和市场调节价;其中,人民币基本结算类业务,如银行汇票、银行承兑汇票、本票、支票、汇兑、委托收款、托收承付及银行业监督管理委员会、国家发展和改革委员会根据对个人、企事业的影响程度以及市场竞争状况确定的商业银行服务项目,实行政府指导价,其他服务实行市场调节价。

3. 资料保存规则

我国《商业银行法》第 51 条规定:“商业银行应当按照国家有关规定保存财务会计报表、业务合同以及其他资料。”

4. 商业银行工作人员的行为准则

商业银行工作人员应当遵守法律、行政法规和其他各项业务规定,不得有以下行为:(1)利用职务上的便利,索取、收受贿赂或者违反国家规定收受各种名义的回扣、手续费;(2)利用职务上的便利,贪污、挪用、侵占商业银行或客户的资金;(3)违反规定徇私向亲属、朋友发放贷款或者提供担保;(4)在其他经济组织兼职;(5)违反法律、行政法规和业务管理规定的其他行为。

五、商业银行的业务

(一)存款业务

存款是指商业银行和具有经营存款业务资格的金融机构接收客户存入的资金,客户可以随时或按约定支取本金和利息的一种业务活动。存款业务是商业银行的主要负债业务,也是商业银行资金的主要来源,分为单位存款和个人存款。

商业银行办理个人储蓄存款业务,应当遵循存款自愿、取款自由、存款有息、为存款人保密的原则。商业银行应当按照中国人民银行规定的存款利率的上下限,确定存款利率,并予以公告。应当保证存款本金和利息的支付,不得拖延、拒绝支付存款本金和利息。2000 年国务院颁布《个人存款账户实名制规定》,开始实行存款实名制规则。

单位存款也称机构存款,或称对公存款。执行强制存入、限制现金支取、监督使用等法律规则。

(二)贷款业务

贷款是指商业银行依法将货币资金按一定的利率贷放给客户,并约定到期后由客户还本付息的一种信用业务。贷款业务是商业银行最主要的资产业务,也是商业银行利润的主要来源。

商业银行发放贷款,应当进行严格审查,不得向关系人发放信用贷款,向关系人发放担保贷款的条件不得优于其他借款人同类贷款的条件。

对客户的贷款申请,商业银行应当实行“三查”制度,即贷前调查、贷款审查、贷后检查。在贷款审查过程中，执行“审贷分离、分级审批”制度和行长负责制，严格落实岗位责任。

商业银行对贷款按照五级考核标准进行动态质量管理，对不良贷款及时登记、考核、催收、冲销。

(三) 中间业务

中间业务也称为中介业务、代理业务，是指商业银行不运用或较少运用自有资金，以中间人身份替客户办理收付和其他委托事项，提供各类金融服务，收取手续费的业务。中间业务不构成商业银行表内资产、表内负债，形成银行非利息收入的业务，通常也被称为“表外业务”。

商业银行的中间业务包括银行卡业务、支付结算类、代理类、担保类、承诺类、交易类、咨询顾问类等业务以及提供保管箱服务业务。

复习思考题

一、名词解释

1. 中央银行；2. 货币政策工具；3. 存款准备金；4. 基准利率；5. 商业银行；6. 政策性银行。

二、单项选择

1. 中央银行作为最后贷款人，其资金主要贷给(　　)。

A. 个人　　B. 企业

C. 商业银行　　D. 政府

2. 我国的中央银行是(　　)。

A. 国家开发银行　　B. 中国人民银行

C. 中国进出口银行　　D. 中国农业发展银行

3. 商业银行的资本充足率不得低于(　　)。

A. 10%　　B. 15%

C. 50%　　D. 8%

4. 商业银行经营与管理三大原则的首要原则是(　　)。

A. 安全性原则　　B. 营利性原则

C. 流动性原则　　D. 效益性原则

5. 商业银行负债业务中最重要的是(　　)。

A. 同业拆借　　B. 向中央银行的贷款

C. 存款　　D. 发行债券

6. 商业银行在贷款审查过程中，应当执行(　　)制度。

A. 审贷合一　　B. 审贷分离、分级审批

C. 分级授权制度　　D. 企业化经营

7. 城市商业银行的注册资本最低限额是(　　)。

A. 人民币 10 亿元　　B. 人民币 1 亿元

C. 人民币 5 亿元　　D. 人民币 0.5 亿元

8. 商业银行的营业时间(　　)。

A. 应当方便客户　　B. 不应当进行公告

C. 可以擅自停止营业　　D. 可以缩短营业时间

三、多项选择

1. 中央银行的货币政策工具包括(　　)。

A. 公开市场业务　　B. 同业拆借

C. 再贷款　　D. 存款准备金

2. 商业银行流动性风险预警信号有(　　)。

A. 存款大量流失　　B. 被迫从市场上回购已发行的债券

C. 客户办理业务等候时间较长　　D. 债权人提前要求兑付

3. 我国商业银行的“三性原则”包括(　　)。

A. 风险性原则　　B. 流动性原则

C. 安全性原则　　D. 稳定性原则

E. 效益性原则

4. 我国的政策性银行有(　　)。

A. 国家开发银行　　B. 中国人民银行

C. 中国进出口银行　　D. 中国农业发展银行

5. 商业银行的组织形式有(　　)。

A. 有限责任公司　　B. 特殊的普通合伙企业

C. 有限合伙企业　　D. 股份有限公司

四、简答

1. 我国中央银行的货币政策目标是什么?

2. 中央银行有哪些货币政策工具?

3. 中央银行的职能有哪些?

4. 我国商业银行的设立条件有哪些?

5. 我国商业银行的经营原则有哪些?

6. 商业银行的业务分为哪几类?

第十八章　证券法律制度

本章知识结构图

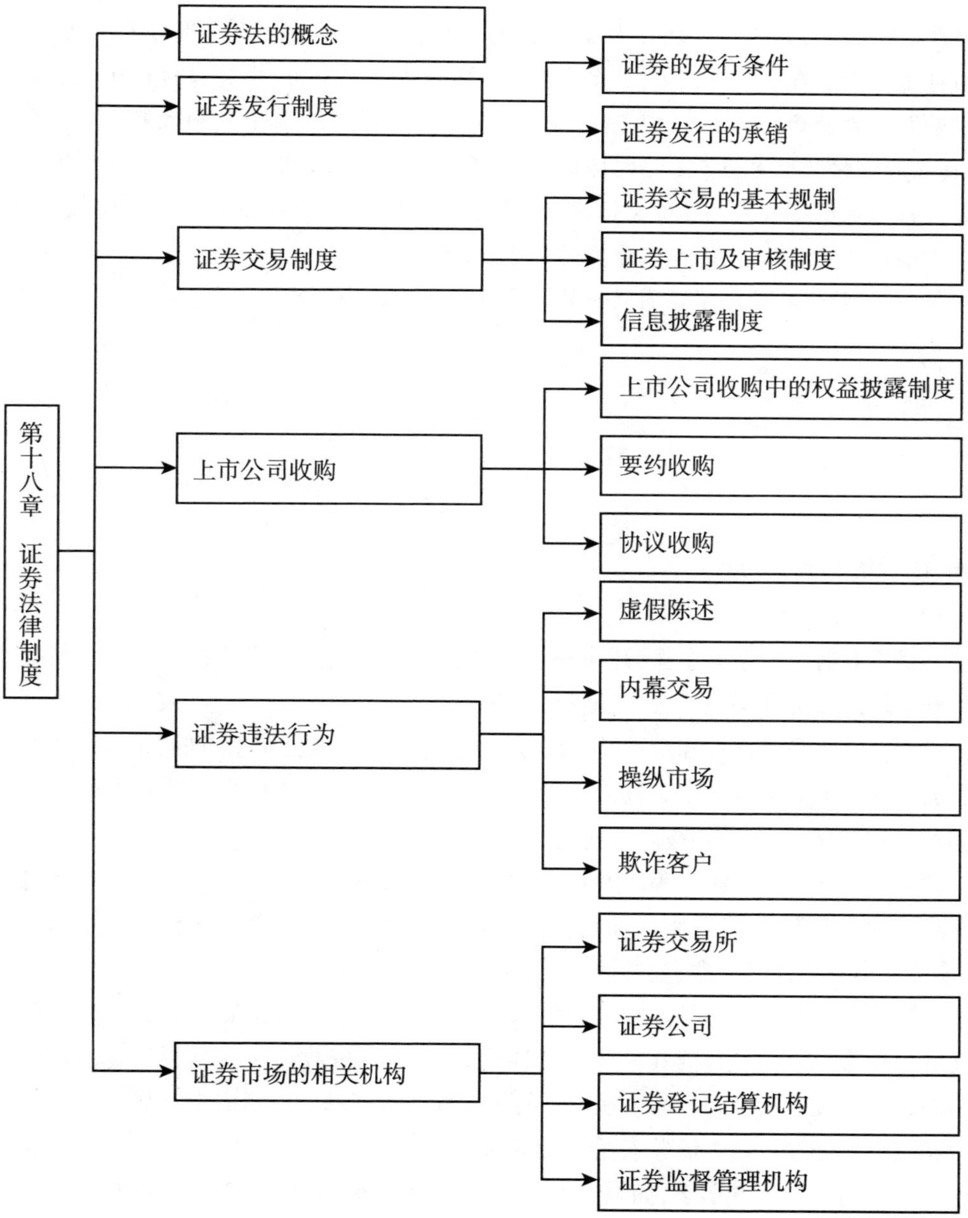

引导案例

2016年12月26日万家文化作出公告,龙薇传媒宣布将以30.6亿元买下大股东万家集团的1.8亿股份,持股比例占29.13%,成为万家文化的实际控股人。龙薇传媒设立于2016年11月2日,注册资本金只有200万元,而且注册资金200万元尚未缴纳到位,并且该公司并未开展实际经营活动,总资产、净资产、营业收入、净利润为零。龙薇传媒的法人代表为赵薇,实际控制人及大股东也是赵薇。2016年12月29日上海证券交易所发出问询函,要求赵薇回答:30.6亿元巨额资金的来源是哪里?2017年1月11日谜底揭晓,本次收购,龙薇传媒除6000万元的自有资金外,剩余资金均为借入,杠杆比例高达51倍。2017年2月27日万家文化收到证监会的一纸《调查通知书》,调查发现在本次控股权转让过程中,龙薇传媒未进行资金的充分筹备,在境内可支付资金有限的情况下,运用高杠杆收购境内上市公司,在股权转让协议签署后才着手寻求金融机构融资。2016年12月23日至2017年4月1日,短时间内控股权转让事项不断变更,由控股权转让变更为5%股权转让,后又完全终止股权转让,且双方不追究任何违约责任。上述行为造成万家文化股价大幅波动,引起市场和媒体高度关注,严重影响了市场秩序,损害了中小投资者的信心,影响了市场的公平、公正、公开。

问题:龙薇传媒收购万家集团股份的行为存在哪些违法之处?

第一节　证券法概述

一、证券的概念和特点

(一)证券的概念

证券是指具有一定票面金额,证明持有人享有一定权利的法定凭证。我国目前证券市场上发行和流通的证券种类包括股票、债券、投资基金及其他证券。

1. 股票。股票是最基本和最重要的证券形式,是股份有限公司签发的,用以表彰股东投资并享有股东权利的凭证。股东有权依法参与发行公司的事务,并依发行公司的经营状况获得收益,股东也有权依法向其他投资者转让股票以获得收益。

2. 债券。债券是指依法定程序发行,约定在一定期限内还本付息的债权债务凭证。债券的本质是债的证明书,债券购买者和发行人之间是一种债权债务关系。根据发行债券的主体不同,债券又可分为政府债券、金融债券、企业债券。

3. 投资基金。投资基金是指通过发售基金份额,集中投资者的资金,由基金管理人管理、基金托管人托管,从事股票、债券等金融工具投资,并将投资收益按基金投资者的投资比例进行分配的一种间接投资方式。向公众发行的凭证称为投资基金份额或投资基金单位。

4. 其他衍生证券。衍生证券依托于股票、债券和投资基金凭证等基本证券,是以基本证券为基础而创设的新的证券形态,如果失去基本证券,衍生证券将不复存在。按照衍生证券的交易方式,可将衍生证券分为远期合约、期货合约、期权和其他衍生证券。

（二）证券的特点

1. 直接投资凭证。在经济学中，直接投资与间接投资相对应，是指资金供应者直接将资金交付给资金需求者，并根据资金经营状况获得利润和承担风险的行为。基于直接投资形成的民事权利凭证，都有可能纳入证券法上证券的范畴。

2. 流通性权利凭证。证券都有自由流转的特性，但证券法上的证券具有高度流通性，证券的发行和交易往往形成大规模的专门市场，交易规模巨大、交易主体众多，且证券转让多采取“多对多”的交易方式。

3. 标准化权利凭证。证券法上的证券具有标准性，不仅证券上记载事项的范围和格式标准化，而且所载的权利内容及其价值大小也有标准性，因而每份同种证券彼此间可相互替代，如同次发行的同种公司债券上记载的债权数额一致。证券标准化简化了证券交易过程，提高了证券交易的效率；可以说，证券标准化是证券市场存在的条件之一。

二、证券法的概念和基本原则

（一）证券法的概念

证券法有广义和狭义之分，广义的证券法是指调整和规范因证券发行、交易和监管而产生的各种社会关系的法律规范的总称。证券法调整的社会关系既有证券发行人、证券投资人和证券商之间的平等的证券发行、交易和服务关系，又有证券监督管理机构对证券市场参与者进行领导、组织、协调、监管等过程中发生的纵向监管关系。

狭义的证券法是指1998年12月29日第九届全国人民代表大会常务委员会第六次会议通过并颁布的《证券法》，该法自1999年7月1日起实施。2004年8月28日根据第十届全国人民代表大会常务委员会第十一次会议《关于修改〈中华人民共和国证券法〉的决定》，对《证券法》作了个别条款的修正。2005年10月27日第十届全国人民代表大会常务委员会第十八次会议对《证券法》作了大幅修订后重新颁布，自2006年1月1日起实行。除我国《证券法》外，其他法律中有关证券发行、交易、监管的规定，以及相关行政法规、部门规章、自律规范、司法解释，亦是我国证券法律体系的重要组成部分，在实践中不可或缺。

（二）证券法的基本原则

证券法的基本原则是证券发行、交易及监管活动必须遵循的最基本准则。它贯穿于证券立法、执法和司法活动过程的始终。

1. 公开、公平、公正原则

公开原则是证券发行和交易制度的核心，它要求证券发行者必须依法将与证券有关的一切真实情况予以公开，以供投资者决策时参考。公平原则是指在证券发行和交易过程中，发行人、投资人、券商和证券服务机构的法律地位平等，其合法权益受到同等保护。公正原则是指证券监管机构和司法机构在履行职责时，对一切主体给予公正的待遇。

2. 自愿有偿、诚实信用原则

自愿有偿、诚实信用原则是指证券发行与交易活动的当事人应当遵循市场活动规则，诚实守信，认真履行自己承担的义务，不得有任何证券欺诈行为。

3. 合法原则

我国《证券法》第5条规定，“证券发行、交易活动，必须遵守法律、行政法规；禁止欺诈、内幕交易和操纵证券交易市场的行为”,这体现了证券发行、交易活动必须依法进行的原则。

4. 分业经营、分业管理的原则

我国《证券法》第 6 条明确规定,“证券业和银行业、信托业、保险业实行分业经营、分业管理,证券公司与银行、信托、保险业务机构分别设立。国家另有规定的除外”。

5. 保护投资者权益原则

我国《证券法》将保护投资者权益作为立法宗旨,充分说明投资者保护的重要性。在整部法律中规定的信息披露、禁止欺诈等制度都体现了这一原则。

6. 国家监管和行业自律原则

国务院证券监督管理机构依法对全国证券市场实行集中统一监督管理,并可以根据需要设立派出机构,履行监管职责。在此前提下,依法设立证券业协会,实行自律性管理。

第二节 证券发行制度

一、证券发行

证券发行是指具备发行条件的商业组织或政府组织,以募集资金为目的,依法定条件和程序向投资者销售证券的直接融资行为。根据发行对象的不同,证券发行可以分为公开发行和非公开发行。公开发行是指发行人向不特定的公众投资者发售证券。根据我国《证券法》的规定,有下列情形之一的,为公开发行:(1)向不特定对象发行证券的;(2)向特定对象发行证券累计超过 200 人的;(3)法律、行政法规规定的其他发行行为。公开发行证券必须符合法律、行政法规规定的条件,并依法报经国务院证券监督管理机构或者国务院授权的部门核准。未经依法核准,任何单位和个人不得公开发行证券。非公开发行是指发行人将证券发售给少数特定投资人。非公开发行证券,不得采用广告、公开劝诱和变相公开方式。

二、证券的发行条件

(一)股票的发行条件

发行股票是发行人募集资金的最主要形式,发行股票可以是为设立公司募集资金而发行,也可以是为扩大公司资本而发行。我国证券法不仅强调股票在诸多证券形式中的优越地位,更强调对公开发行股票的规范。

1. 公开发行股票的条件

根据我国《证券法》的规定,设立股份有限公司公开发行股票,应当符合《公司法》规定的条件和经国务院批准的国务院证券监督管理机构规定的其他条件。公司公开发行新股,应当符合下列条件:(1)具备健全且运行良好的组织机构;(2)具有持续营利能力,财务状况良好;(3)最近 3 年财务会计文件无虚假记载,无其他重大违法行为;(4)经国务院批准的国务院证券监督管理机构规定的其他条件。公司对公开发行股票所募集到的资金,必须按照招股说明书所列资金用途使用。改变招股说明书所列资金用途,必须经股东大会作出决议;擅自改变用途而未作纠正的,或者未经股东大会认可的,不得公开发行新股。

2. 公开发行股票的核准

国务院证券监督管理机构设发行审核委员会,依法审核股票发行申请。发行审核委员会由国务院证券监督管理机构的专业人员和所聘请的该机构外的有关专家组成,以投票方式对股票发行申请进行表决,并提出审核意见。

国务院证券监督管理机构依照法定条件负责核准股票发行申请。核准程序应当公开,依法接受监督。参与审核和核准股票发行申请的人员,不得与发行申请人有利害关系,不得直接或者间接接受发行申请人的馈赠,不得持有所核准的发行申请的股票,不得私下与发行申请人进行接触。

国务院证券监督管理机构应当自受理发行申请文件之日起 3 个月内,依照法定条件和法定程序作出予以核准或者不予核准的决定,发行人根据要求补充、修改发行申请文件的时间不计算在内;不予核准的,应当说明理由。

国务院证券监督管理机构对已作出的核准发行的决定,发现不符合法定条件或者法定程序,尚未发行证券的,应当予以撤销,停止发行。已经发行尚未上市的,撤销发行核准决定,发行人应当按照发行价并加算银行同期存款利息返还证券持有人;保荐人应当与发行人承担连带责任,但是能够证明自己没有过错的除外;发行人的控股股东、实际控制人有过错的,应当与发行人承担连带责任。

(二)公司债券的发行

公司可以通过发行公司债券筹集资金,这是债权融资的一种形式。与股权融资相比,公司债券的发行程序相对简单,不稀释公司股权(可转换公司债券除外),但在一定期限内要还本付息,对公司现金流的要求较高,发行人存在一定的现金支付风险。公司债券分为一般公司债券和可转换公司债券。一般公司债券是指公司依法定程序向投资者发行的约定在一定期限内还本付息的有价证券;可转换公司债券是指发行人依法定程序向投资者发行的,在一定期间内依据约定的条件可以转换成股份的公司债券。我国《证券法》规定公开发行公司债券,应当符合下列条件。

(1)股份有限公司的净资产不低于人民币 3000 万元,有限责任公司的净资产不低于人民币 6000 万元;

(2)累计债券余额不超过公司净资产的 40%;

(3)最近 3 年平均可分配利润足以支付公司债券 1 年的利息;

(4)筹集的资金投向符合国家产业政策;

(5)债券的利率不超过国务院限定的利率水平;

(6)国务院规定的其他条件。

公开发行公司债券筹集的资金,必须用于核准的用途,不得用于弥补亏损和非生产性支出。如果公司有下列情形之一,不得再次公开发行公司债券。

(1)前一次公开发行的公司债券尚未募足;

(2)对已公开发行的公司债券或者其他债务有违约或者延迟支付本息的事实,仍处于继续状态;

(3)违反证券法规定,改变公开发行公司债券所募资金的用途。

三、证券发行的承销

(一)证券承销的概念

在证券监管机构核准证券发行申请后,按发行人是否自己直接向投资者发行证券,有直接发行和间接发行两种发行方式。直接发行是指发行人自己直接向投资者发行证券;间接发行是指发行人委托证券公司代其向投资者发行证券,即证券承销。

我国《证券法》规定,发行人向不特定对象发行的证券,法律、行政法规规定应当由证券公司承销的,发行人应当同证券公司签订承销协议。证券公司承销证券,应当对公开发行募集文件的真实性、准确性、完整性进行核查;发现有虚假记载、误导性陈述或者重大遗漏的,不得进行销售活动;已经销售的,必须立即停止销售活动,并采取纠正措施。

(二)证券承销的方式

证券承销分为代销和包销两种方式。证券代销是指证券公司代发行人发售证券,在承销期结束时,将未售出的证券全部退还给发行人的承销方式。代销中发行风险由发行人自己承担,代销费用相对较低。证券包销是指证券公司将发行人的证券按照协议全部购入或者在承销期结束时将售后剩余证券全部自行购入的承销方式。包销分为全额包销和余额包销两种。全额包销是指承销商以自己资金一次性买进发行人拟发行全部证券,然后再向投资者销售的承销方式。余额包销是指承销商在承销期限届满时将售后剩余证券全部自行购入的承销方式。包销的发行风险由承销商承担。

向不特定对象发行的证券票面总值超过人民币5000万元的,应当由承销团承销。承销团应当由主承销和参与承销的证券公司组成。

股票发行采用代销方式。代销期限届满,向投资者出售的股票数量未达到拟公开发行股票数量70%的,为发行失败。发行人应当按照发行价并加算银行同期存款利息返还股票认购人。

证券的代销、包销期限最长不得超过90日。证券公司在代销、包销期内,对所代销、包销的证券应当保证先行出售给认购人,证券公司不得为本公司预留所代销的证券和预先购入并留存所包销的证券。

第三节　证券交易制度

一、证券交易的基本规制

证券交易是指证券依法发行后,证券持有人将其持有的证券再转让给受让人。证券交易与证券发行相对,通过证券交易而形成的证券市场称为证券交易市场或二级市场。证券交易虽属于买卖行为,但因证券的投资属性、价格形成机制和交易的技术性和专业性使证券法必须对其加以特别规范。

(一)对交易标的规制

首先,证券交易当事人依法买卖的证券,必须是依法发行并交付的证券。非依法发行的证券,不得买卖。其次,依法发行的股票、公司债券及其他证券,法律对其转让期限有限制性规定的,在限定的期限内不得买卖。最后,证券形式符合法律规定。证券交易当事人买卖的证券可以采用纸面形式或者国务院证券监督管理机构规定的其他形式。

（二）对交易主体的规制

证券交易所、证券公司和证券登记结算机构的从业人员、证券监督管理机构的工作人员以及法律、行政法规禁止参与股票交易的其他人员,在任期或者法定限期内,不得直接或者以化名、借他人名义持有、买卖股票,也不得收受他人赠送的股票。任何人在成为前述所列人员时,其原已持有的股票,必须依法转让。

为股票发行出具审计报告、资产评估报告或者法律意见书等文件的证券服务机构和人员,在该股票承销期内和期满后6个月内,不得买卖该种股票。除前款规定外,为上市公司出具审计报告、资产评估报告或者法律意见书等文件的证券服务机构和人员,自接受上市公司委托之日起至上述文件公开后5日内,不得买卖该种股票。

（三）对交易场所和交易方式的规制

依法公开发行的股票、公司债券及其他证券,应当在依法设立的证券交易所上市交易或者在国务院批准的其他证券交易场所转让。证券在证券交易所上市交易,应当采用公开的集中交易方式或者国务院证券监督管理机构批准的其他方式。证券交易以现货和国务院规定的其他方式进行交易。

（四）对交易过程的规制

证券交易所的证券交易一般是集中交易。进入证券交易所参与集中交易的,必须是证券交易所的会员,投资者则只能委托作为证券交易所会员的证券公司代其买卖上市证券。所以,我国《证券法》对交易过程规制的主要范围是证券委托买卖过程。

1. 开立账户

我国《证券法》规定,投资者应当与证券公司签订证券交易委托协议,并在证券公司开立证券交易账户,委托证券公司代其买卖证券。证券公司接受投资者委托,代其在证券交易所买卖证券,即证券公司的经纪业务。

投资者欲买卖上市证券,要选择一家证券公司,与其签订证券委托买卖协议,协议一经签订,投资者既成为该证券公司的客户。委托协议中规定了双方在经纪业务中一般性权利、义务;同时,投资者在该证券公司开立证券账户和资金账户。证券公司则负有管理客户账户并如实进行交易记录的义务。证券公司的个人客户名册登记应载明登记日期和委托人的姓名、性别、身份证号码、家庭地址、职业、联系电话,并留存印签或签名样卡;法人客户名册登记时,应要求客户提供法人注册登记证明,并载明其法定代表人及授权证券交易执行人的姓名、性别,留存法定代表人授权证券交易执行人的书面授权。

2. 接受委托

客户委托证券公司买卖证券,可以采用多种委托方式,如柜台委托、电话自助委托、自助终端委托、互联网自助委托等。柜台委托应填写委托单,自助委托应当与证券公司签订自助委托协议。我国《证券法》规定,证券公司办理经纪业务应当置备统一制订的证券买卖委托书,供委托人使用。采取其他委托方式的,必须作出委托记录。客户的证券买卖委托,无论是否成交,其委托记录应当按照规定的期限,保存于证券公司。

证券公司接受证券买卖的委托,应当根据委托书载明的证券名称、买卖数量、出价方式、价格幅度等,按照交易规则代理买卖证券,如实进行交易记录。

我国《证券法》规定,证券公司办理经纪业务,不得接受客户的全权委托而决定证券买卖、选择证券种类、决定买卖数量或者买卖价格。证券公司不得以任何方式对客户证券买卖的收益或者赔偿证券买卖的损失作出承诺。证券公司及其从业人员不得未经过其依法设立的营业场所私下接受客户委托买卖证券。

3. 成交

买卖申报经交易主机撮合成交后,交易即告成立。符合交易规则达成的交易于成立时生效,买卖双方必须承认交易结果,履行清算交收义务。

在买卖成交后,证券公司应当按照规定制作买卖成交报告单并交付客户。证券交易中确认交易行为及其交易结果的对账单必须真实,并由交易经办人员以外的审核人员逐笔审核,以保证账面证券余额与实际持有的证券相一致。

证券公司及其从业人员在证券经纪活动中如违反了相关规则,则可能构成欺诈客户的违法行为。

二、证券上市及审核制度

证券上市是指发行在外的证券成为证券交易所交易对象的过程。某种证券一旦获准在证券交易所上市或者挂牌买卖,该种证券就称为上市证券或挂牌证券。证券上市交易需要符合上市条件。我国《证券法》规定了股票、公司债券的上市条件,同时允许证券交易所制定高于法定股票上市条件的其他条件,并报国务院证券监督管理机构批准。

(一)股票的上市、暂停上市和终止上市

申请股票上市交易,应当向证券交易所提出申请,由证券交易所依法审核同意,并由双方签订上市协议。申请股票上市交易,应当聘请具有保荐资格的机构担任保荐人。

1. 股票上市的条件

根据我国《证券法》的规定,股份有限公司申请股票上市,应当符合下列条件。

(1)股票经国务院证券监督管理机构核准已公开发行。(2)公司股本总额不少于人民币3000万元。(3)公开发行的股份达到公司股份总数的25%以上。公司股本总额超过人民币4亿元的,公开发行股份的比例为10%以上。(4)公司最近3年无重大违法行为,财务会计报告无虚假记载。证券交易所可以规定高于前述规定的上市条件,并报国务院证券监督管理机构批准。

2. 股票的暂停上市和终止上市

暂停上市是指上市证券的发行人存在法定暂停上市事由时,证券交易所暂时停止该上市证券的交易,在暂停事由排除后再恢复该证券的交易。终止上市是指上市证券的发行人存在法定终止上市事由时,证券交易所终止该上市证券的交易。暂停上市和终止上市制度构成上市证券的市场退出机制。

我国《证券法》规定,上市公司有下列情形之一的,由证券交易所决定暂停其股票上市交易:(1)公司股本总额、股权分布等发生变化不再具备上市条件;(2)公司不按照规定公开其财务状况,或者对财务会计报告作虚假记载,可能误导投资者;(3)公司有重大违法行为;(4)公司最近3年连续亏损;(5)证券交易所上市规则规定的其他情形。

我国《证券法》规定,上市公司有下列情形之一的,由证券交易所决定终止其股票上市交易:(1)公司股本总额、股权分布等发生变化不再具备上市条件,在证券交易所规定的期限内仍不能达到上市条件;(2)公司不按照规定公开其财务状况,或者对财务会计报告作虚假记载,且拒绝纠正;(3)公司最近3年连续亏损,在其后1个年度内未能恢复盈利;(4)公司解散或者被宣告破产;(5)证券交易所上市规则规定的其他情形。

(二)公司债券的上市、暂停上市和终止上市

1. 公司债券的上市

公司申请公司债券上市交易,应当符合下列条件:(1)公司债券的期限为1年以上;(2)公司债券实际发行额不少于人民币5000万元;(3)公司申请债券上市时仍符合法定的公司债券发行条件。

2. 公司债券的暂停上市

公司债券上市交易后,公司有下列情形之一的,由证券交易所决定暂停其公司债券上市交易:(1)公司有重大违法行为;(2)公司情况发生重大变化,不符合公司债券上市条件;(3)发行公司债券所募集的资金不按照核准的用途使用;(4)未按照公司债券募集办法履行义务;(5)公司最近2年连续亏损。

3. 公司债券的终止上市

公司有前述公司债券暂停上市第(1)项、第(4)项所列情形之一经查实后果严重的,或者有前述公司债券暂停上市第(2)项、第(3)项、第(5)项所列情形之一,在限期内未能消除的,由证券交易所决定终止其公司债券上市交易。公司解散或者被宣告破产的,由证券交易所终止其公司债券上市交易。

证券交易所依法作出对证券不予上市、暂停上市、终止上市的决定。对证券交易所作出的决定不服的,可以向证券交易所设立的复核机构申请复核。

三、信息披露制度

信息披露制度也称信息公开制度,是指证券发行人和其他证券法所定主体,在证券发行、上市、交易过程中,依照证券法规定的方式,将与证券有关的一切重大信息予以公开的法律制度。信息披露制度是证券法的核心制度,是证券法赖以实现其宗旨、确保证券市场公平而有效运作的最重要的制度。为了保护投资者的权益,维护证券市场的健康发展,证券法强制要求信息公开义务人披露可能影响证券价格的各种因素。

(一)信息披露的基本原则

1. 真实原则

真实原则要求信息披露义务人必须披露客观真实的信息,披露的信息必须与客观事实相一致。信息披露的目的在于使投资者能根据发行人或上市公司披露的信息作出合理的投资判断,如果披露的信息与事实不符,投资者就失去了作出投资决定的客观基础。

2. 准确原则

准确原则是指信息披露义务人在信息披露时必须确切表明其含义,其内容和表达方式不

得使人误解。准确性强调信息发布者和信息接受者之间,以及各个信息接受者之间对同一信息在理解上的一致性。

3. 完整原则

完整性强调应当披露所有应当披露的信息,不能有重大遗漏。完整性并不要求公司将有关经营状况的信息事无巨细全部公开,这不仅无助于投资者作投资判断,反而增加了投资者信息选择的难度。公司应当完整披露对证券交易价格产生较大影响的重大事件。

4. 及时原则

证券发行人的经营状况是不断变化的,投资者要作出适当的投资判断,必须随时掌握证券发行人的最新状况,因此要保证信息公开的现时性,即信息披露义务人应当及时履行信息披露义务。对于定期报告,应在法律规定的期限内制作并予以公告;对发生的可能对证券交易价格产生重大影响,而投资者尚未得知的重大事件时,应当立即履行公告义务。

(二)首次信息披露和持续性信息披露

信息披露可以分为首次信息披露和持续性信息披露。

1. 首次信息披露

首次信息披露也称发行信息披露,主要有招股说明书、债券募集说明书和上市公告书等。

招股说明书是公开发行股票最基本的法律文件,是由发行人按有关规定编制,经证监会核准,向社会公众公开披露公司主要事项以及招股情况的文件。在股票发行申请文件受理后、发行审核委员会审核前,发行人应当将招股说明书(申报稿)在中国证监会的网站上预先披露。预先披露的招股说明书不是发行人发行股票的正式文件,不能含有价格信息,发行人不得据此发行股票。公开发行证券的申请经中国证监会核准后,发行人应当在证券发行前公告招股说明书。招股说明书的内容应当真实、准确、完整。

公司债券募集说明书也称债券募集办法,是公司债券的发行人依法编制,经中国证监会核准,记载公司债券发行相关的重要信息的法律文件。上述有关招股说明书的规定,适用于公司债券募集办法。

上市公告书发行人发行证券后,申请证券上市交易,应当按照证券交易所的规定编制上市报告书,并经证券交易所审核同意后公告。发行人的董事、监事、高级管理人员应当对上市公告书签署书面确认意见,保证所披露的信息真实、准确、完整。

2. 持续性信息披露

持续性信息披露一般是指证券上市后,信息披露义务人承担的持续披露义务。

(1)定期报告

定期报告是上市公司和公司债券上市交易的公司进行持续信息披露的主要形式之一,包括年度报告、中期报告和季度报告。

上市公司和公司债券上市交易的公司,应当在每一会计年度结束之日起4个月内,向国务院证券监督管理机构和证券交易所报送记载以下内容的年度报告,并予公告:公司概况;公司财务会计报告和经营情况;董事、监事、高级管理人员简介及其持股情况;已发行的股票、公司债券情况,包括持有公司股份最多的前10名股东的名单和持股数额;公司的实际控制人;国务院证券监督管理机构规定的其他事项。

上市公司和公司债券上市交易的公司，应当在每一会计年度的上半年结束之日起 2 个月内，向国务院证券监督管理机构和证券交易所报送记载以下内容的中期报告，并予公告：公司财务会计报告和经营情况；涉及公司的重大诉讼事项；已发行的股票、公司债券变动情况；提交股东大会审议的重要事项；国务院证券监督管理机构规定的其他事项。

季度报告应当在每个会计年度的第 3 个月、第 9 个月结束后的 1 个月内编制完成并披露。

(2)临时报告

发生可能对上市公司股票交易价格产生较大影响的重大事件，投资者尚未得知时，上市公司应当立即将有关该重大事件的情况向国务院证券监督管理机构和证券交易所报送临时报告，并予公告，说明事件的起因、目前的状态和可能产生的法律后果。

上市公司的董事、监事、高级管理人员应当保证上市公司所披露的信息真实、准确、完整。发行人、上市公司披露的信息有虚假记载、误导性陈述或者重大遗漏，致使投资者在证券交易中遭受损失的，发行人、上市公司应当承担赔偿责任；发行人、上市公司的董事、监事、高级管理人员和其他直接责任人员以及保荐人、承销的证券公司，应当与发行人、上市公司承担连带赔偿责任，但是能证明自己没有过错的除外；发行人、上市公司的控股股东、实际控制人有过错的，应当与发行人、上市公司承担连带赔偿责任。

第四节　上市公司收购

一、上市公司收购的概念及分类

(一)上市公司收购的概念

上市公司收购，是指收购人通过在证券交易所的股份转让活动，持有一个上市公司的股份达到一定比例或通过证券交易所股份转让活动以外的其他合法方式，控制一个上市公司的股份达到一定程度，导致其获得或者可能获得对该公司的实际控制权的行为。

(二)上市公司收购的分类

1. 按照上市公司管理层与收购者的合作态度的差异，可将上市公司收购分为友好收购和敌意收购。友好收购是指取得目标公司管理层合作的收购；敌意收购是指目标公司管理层不知情甚至反对的收购。如果是敌意收购，目标公司可能采取各种反收购措施抵制收购。

2. 依照收购的股份数量，上市公司收购分为部分收购和全面收购。部分收购是指收购人计划收购目标公司一定比例或数量的股份；全面收购是指收购上市公司发行在外的全部股票。

3. 依照收购行为采取的形式，上市公司收购分为要约收购、协议收购和其他方式收购。要约收购是指收购人以公开方式向目标公司的所有股东发出购买其所持股票的要约，在受要约股东承诺后进行股份转让以获得目标公司控制权的收购方式；协议收购是指收购人与目标公司的个别股东(通常是大股东)订立股份转让协议，以约定价格购买目标公司股东持有的股份以获得控制权的收购方式。要约收购的实质是公开，包括收购人身份公开、收购行为公开、收购条件公开、收购对象和收购程序公开。而协议收购又称不公开收购，是收购人和目标公司特定的股东通过协商达成收购协议,在协议达成之前,收购协议的协商过程、收购协议的内容等通常不需要公开。

其他方式的收购包括通过竞争竞价交易、法院裁判、继承、赠与等方式获得上市公司控制权的行为。

二、上市公司收购中的权益披露制度

根据我国《证券法》和《上市公司管理办法》的规定,投资者通过证券交易行为或协议及其他行为,使其在上市公司中的权益发生变化,并达到一定限度时,应当及时对其拥有上市公司的权益进行报告与披露。这里的权益包括登记在投资者名下的股份和虽未登记在其名下但该投资者可以实际支配表决权的股份。

(一)通过证券交易所的交易使权益发生变化的披露

1. 通过证券交易所的证券交易,投资者及其一致行动人拥有权益的股份达到一个上市公司已发行股份的5%时,应当在该事实发生之日起3日内编制权益变动报告书,向中国证监会、证券交易所提交书面报告,抄报该上市公司所在地的中国证监会派出机构(以下简称派出机构),通知该上市公司,并予公告。在上述期限内,不得再行买卖该上市公司的股票。

2. 投资者及其一致行动人拥有权益的股份达到一个上市公司已发行股份的5%后,通过证券交易所的证券交易,其拥有权益的股份占该上市公司已发行股份的比例每增加或者减少5%,应当依照前述规定进行报告和公告。在报告期限内和作出报告、公告后2日内,不得再行买卖该上市公司的股票。

(二)通过协议转让使权益发生变化的披露

1. 通过协议转让方式,投资者及其一致行动人在一个上市公司中拥有权益的股份拟达到或者超过一个上市公司已发行股份的5%时,应当在该事实发生之日起3日内编制权益变动报告书,向中国证监会、证券交易所提交书面报告,抄报派出机构,通知该上市公司,并予公告。

2. 投资者及其一致行动人拥有权益的股份达到一个上市公司已发行股份的5%后,通过协议转让转让,其拥有权益的股份占该上市公司已发行股份的比例每增加或者减少达到或者超过5%的,应当依照前述规定履行报告、公告义务。

3. 投资者及其一致行动人在作出报告、公告前,不得再行买卖该上市公司的股票。

4. 如果投资者及其一致行动人通过行政划转或者变更、执行法院裁定、继承、赠与等方式拥有权益的股份变动达到前述规定比例的,应当按照前述规定履行报告、公告义务。

不同的上市公司的股权结构不同,实际持有的股份达到5%或持股比例变化达到5%,并不必然影响上市公司控制权的态势,但持股达到5%或增减变化大于5%,毕竟是上市公司股份结构的较大变化,因此将此信息披露,可以提示投资者和证券监管机构,注意可能发生的上市公司收购。

三、要约收购

要约收购是一种公开收购行为,收购人向被收购公司的全体股东发出公开要约,由被收购公司股东自己决定是否出售所持股票。我国有关收购的法律对于要约收购规定了两类:一类是当收购人不能通过其他方式获得上市公司控制权或成本太高时,采用公开要约的方式进行收购,即所谓自愿要约收购。投资者自愿选择以要约方式收购上市公司股份的,可以向被收购公司所有股东发出收购其所持有的全部股份的要约,也可以向被收购公司所有股东发出收购其所持有的部分股份的要约。另一类则是当收购人持有的股份达一定比例时,强制要求其必须向被收购公司的全体股东发出公开要约收购,除非得到豁免,即强制要约收购。

根据我国《证券法》和《上市公司收购管理办法》的规定,持股比例到30%并继续增持股份的,触发依法向上市公司所有股东发出收购上市公司全部或部分股份要约的义务,但收购人依法取得中国证监会豁免的,可以免除以要约方式增持股份。以要约方式收购一个上市公司股份的,其预定收购的股份比例均不得低于该上市公司已发行股份的5%。要约收购涉及目标公司人数众多的股东,而这些股东处于接受信息的弱势地位,因此,法律对要约收购方式规定了较详尽的程序和信息披露要求。

(一)监管机构对要约收购的监管

1.以要约方式收购上市公司股份的,收购人应当编制要约收购报告书,并应当聘请财务顾问向中国证监会、证券交易所提交书面报告,抄报派出机构,通知被收购公司,同时对要约收购报告书摘要作出提示性公告。

2.中国证监会收到要约收购报告书及相关文件之日起15日内,发现要约收购报告书不符合法律、行政法规及相关规定的,及时告知收购人,收购人不得公告其收购要约;如果中国证监会对要约收购报告书披露的内容表示无异议的,收购人依照规定报送符合相关文件之日起15日后,公告其要约收购报告书、财务顾问专业意见和律师出具的法律意见书。

3.收购人向中国证监会报送要约收购报告书后,在公告要约收购报告书之前,拟自行取消收购计划的,应当向中国证监会提出取消收购计划的申请及原因说明,并予公告;自公告之日起12个月内,该收购人不得再次对同一上市公司进行收购。

4.收购期限届满后15日内,收购人应当向中国证监会报送关于收购情况的书面报告,同时抄报派出机构,抄送证券交易所,通知被收购公司。

(二)要约价格与价款支付方式

在收购要约中,收购价格是最重要的收购条件。一般而言,上市公司收购是市场行为,收购人需要给出能为市场所接受的合理价格以顺利实现收购,但《上市公司收购管理办法》规定了要约价格确定标准,以防止收购人利用不被市场接受的收购价格来规避公开收购义务。收购人可以采用现金、证券、现金与证券相结合等合法方式支付收购上市公司的价款。

(三)要约收购期限与效力

要约收购期限是指要约发生法律效力的期间,在此期间内,收购人须受收购要约的约束。被收购公司的股东欲接受要约,必须在此期限内向收购人承诺。证券法规定在收购要约确定的承诺期限内,收购人不得撤销其收购要约。收购人需要变更收购要约的,必须事先向国务院证券监督管理机构及证券交易所提出报告,经批准后予以公告。

上市公司收购是一个明显影响投资判断的证券市场信息。收购人发出公开收购要约将引起被收购公司股票市场价格的波动,并影响被收购公司和其他投资者的投资判断,如果允许已公开的收购要约撤销,就会导致利用收购要约的发出与撤销的手段操纵证券市场价格。但在收购期限内,可能因市场行情的变化或这反收购行为的出现,使收购要约中的条件不能为被收购公司股东所接受,收购人为实现收购目的,只有变更收购条件才能继续进行收购。所以证券法不允许收购人撤销要约,但允许其变更要约内容。而且基于以上原因,对要约的变更应该理解为只能以更优的收购条件取代原收购条件,而不能以较劣的条件替代原收购条件。

收购要约约定的收购期限不得少于 30 日,但不得超过 60 日。

(四)收购条件的适用

要约收购是指收购人同时与被收购公司的众多股东进行交易,证券法规定以要约方式进行上市公司收购的,收购人应当公平对待被收购公司的所有股东。持有同一种类股份的股东应当得到同等对待。收购要约提出的各项收购条件,适用于被收购公司的所有股东。采取要约收购方式的,收购人在收购期限内,不得采取要约规定以外的形式和超出要约的条件买入被收购公司的股票。收购期限届满,被收购公司股权分布不符合上市条件的,该上市公司的股票由证券交易所依法终止上市交易。在收购行为完成前,其余仍持有被收购公司股票的股东,有权在收购报告书规定的合理期限内向收购人以收购要约的同等条件出售其股票,收购人应当收购。

(五)要约的预售与撤回

要约预售是指受要约人同意要约的初步意思表示。证券法规定,在要约收购期限届满 3 个交易日前,股东可以委托证券公司办理撤回预受要约的手续。其目的在于给中小股东后悔的机会,这样当收购期间出现反收购或竞争性收购等行为,导致被收购公司股票价格上涨时,预售股东也不用担心失去以更高价格出售其股票的机会或承担违约责任了。在要约收购期限届满前 3 个交易日内,预受股东不得撤回其对要约的接受。收购期限届满,发出部分要约的收购人应当按照收购要约约定的条件购买被收购公司股东预受的股份,预受要约股份的数量超过预定收购数量时,收购人应当按照同等比例收购预受要约的股份。在要约收购期限内,收购人应当每日在证券交易所网站上公告已预受收购要约的股份数量。

四、协议收购

协议收购是指收购人与被收购公司的特定股东达成股份转让协议,受让其持有的上市公司股份而进行的收购。协议收购是一种成本较低的上市公司收购方式,目前,上市公司法人股的转让基本采取协议收购方式。协议收购虽然是收购人和转让人私下协商受让股权的行为,但也是对证券市场有较大影响的交易行为,对被收购公司股票价格和股东权益有较大影响,所以理应受到监管并进行信息披露。

采取协议方式收购上市公司的,收购人可以依照法律、行政法规的规定同被收购公司的股东就收购的系列问题进行磋商,达成一致意见,并签订收购协议。收购协议达成后,收购人必须在 3 日内将该收购协议向国务院证券监管机构及证券交易所作出书面报告,并予公告,在公告前不得履行收购协议。

在上市公司收购中,收购人持有的被收购上市公司的股票,在收购行为完成后的 12 个月内不得转让。

第五节　证券违法行为

一、虚假陈述

（一）概念及其种类

所谓虚假陈述，根据2002年最高人民法院《关于审理证券市场因虚假陈述引发的民事赔偿案件的若干规定》的解释，是指“信息披露义务人违反证券法律规定，在证券发行或者交易过程中，对重大事件作出违背事实真相的虚假记载、误导性陈述，或者在披露信息时发生重大遗漏、不正当披露信息的行为”。按照我国《证券法》和最高人民法院的司法解释，证券市场虚假陈述分为虚假记载、误导性陈述、重大遗漏和不正当披露4种具体形态。

1. 虚假记载是指信息披露义务人在披露信息时，将不存在的事实在信息披露文件中予以记载的行为。即信息披露文件中披露的信息与事实真相不符，如虚构营业收入。

2. 误导性陈述是指虚假陈述行为人在信息披露文件中或者通过媒体，作出使投资人对其投资行为发生错误判断并产生重大影响的陈述。误导性陈述因表述的缺陷，致使投资者无法获得清晰、正确的认识。误导性陈述既可能源于披露人的过失，也可能是披露人故意为之。

3. 重大遗漏是指信息披露义务人在信息披露文件中，未将应当记载的事项完全或者部分予以记载。信息披露的完整性要求披露文件中记载应当记载的全部内容，如果披露人没有披露重大事项或只是部分披露，则构成重大遗漏。例如，上市公司公告中没有披露自己为某项巨额债务担保，又如仅披露公司新的生产线投产而不说明有较高的废品率。

4. 不正当披露是指信息披露义务人未在适当期限内或者未以法定方式公开披露应当披露的信息。此泛指披露义务人在信息披露时间、方式、地点等方面不符合法律规定。

（二）虚假陈述的法律责任

行为人如果从事了虚假陈述的证券违法行为，应承担的法律责任包括民事责任、行政责任和刑事责任。按照证券法的规定，信息披露由多个主体协作实施，因此，虚假陈述的民事责任通常亦由多个主体共同承担，但不同的主体在信息披露中的地位和作用不同，承担责任的归责原则也有所不同。

1. 发行人和上市公司。证券发行人和上市公司是主要的信息披露义务人，以自己的名义向投资者披露其自身经营状况的信息，自应对信息披露的真实性、准确性、完整性负责。如其有虚假陈述，应依法承担无过错责任。我国《证券法》规定，发行人、上市公司公告的招股说明书、公司债券募集办法、财务会计报告、上市报告文件、年度报告、中期报告、临时报告以及其他信息披露资料，有虚假记载、误导性陈述或者重大遗漏，致使投资者在证券交易中遭受损失的，发行人、上市公司应当承担赔偿责任。

2. 发行人、上市公司的董事、监事、高级管理人员和其他直接责任人员。在信息披露活动中，公司的董事、监事、高级管理人员的行为是职务行为，依民法一般原理，后果由公司承担，其并不对投资者负直接责任。但此类主体在公司信息披露文件的制作、公开中往往起支配、决定作用,其依法履行职务有助于提高信息披露的质量。所以我国《证券法》规定其承担民事责任的归责原则是过错推定原则,即发行人、上市公司虚假陈述给投资者造成损害时,董事、监事、高级管理人员和其他直接责任人员与发行人、上市公司承担连带赔偿责任,但是能够证明自己没有过错的除外。

3. 保荐人、承销的证券公司。我国《证券法》规定,保荐人、承销证券的证券公司承担虚假陈述民事责任的归责原则为过错推定原则。一方面,保荐人、承销商对发行人申请文件的真实性、准确性、完整性负有法定的核查义务;另一方面,其毕竟不是信息的直接所有者,发行人的虚假陈述并非审慎核查就能发现。因此要求保荐人、承销的证券公司与发行人、上市公司承担连带赔偿责任,但是能够证明自己没有过错的除外甚为合理,可督促保荐人、承销商依法尽职履行义务。

4. 证券服务机构。证券服务机构包括为证券的发行、上市、交易等证券业务活动制作、出具审计报告、资产评估报告、财务顾问报告、资信评级报告或者法律意见书等文件的机构。其对所制作、出具文件的内容的真实性、准确性、完整性应进行核查和验证。其制作、出具的文件有虚假记载、误导性陈述或者重大遗漏,给他人造成损失的,应当与发行人、上市公司承担连带赔偿责任,但是能够证明自己没有过错的除外。

5. 发行人、上市公司的控股股东、实际控制人。对发行人、上市公司的控股股东、实际控制人采取的是过错原则,即发行人、上市公司的控股股东、实际控制人有过错的,与发行人、上市公司承担连带赔偿责任。公司和公司股东彼此独立是公司法的一般原则,如果发行人、上市公司的控股股东、实际控制人并没有实际参与、控制发行人、上市公司的虚假陈述,不能要求其承担连带赔偿责任。

二、内幕交易

内幕交易是指证券交易内幕信息的知情人和非法获取内幕信息的人利用内幕信息从事证券交易活动。内幕交易有悖公平交易的市场准则,损害了广大投资者的合法利益,我国《证券法》禁止从事内幕交易行为。

(一)内幕信息

内幕交易的核心要素是内幕信息,内幕信息又称内部消息或内幕消息。在证券交易活动中,涉及公司的经营、财务或者对该公司证券的市场价格有重大影响的尚未公开的信息,为内幕信息。

(二)内幕信息的知情人员

在实践中,进行内幕交易的主体多涉及内幕信息的知情人员,即那些因特殊的职业地位可以正当获取公司内幕信息的人员,其属于内幕交易行为易发人群,应对其证券交易行为重点监控。我国《证券法》界定了内幕信息知情人员的范围。

1. 发行人的董事、监事、高级管理人员;

2. 持有公司5%以上股份的股东及其董事、监事、高级管理人员,公司的实际控制人及其董事、监事、高级管理人员;

3. 发行人控股的公司及其董事、监事、高级管理人员;

4. 由于所任公司职务可以获取公司有关内幕信息的人员;

5. 证券监督管理机构工作人员以及由于法定职责对证券的发行、交易进行管理的其他人员；

6. 保荐人、承销的证券公司、证券交易所、证券登记结算机构、证券服务机构的有关人员；国务院证券监督管理机构规定的其他人。

证券交易内幕信息的知情人和非法获取内幕信息的人，在内幕信息公开前，不得买卖该公司的证券，或者泄露该信息，或者建议他人买卖该证券。内幕交易行为给投资者造成损失的，行为人应当依法承担赔偿责任。

（三）短线交易和公司归入权

短线交易是指公司内部人买入本公司证券后在短期内再行卖出，或卖出所持本公司证券后短期内再行买入的行为。内幕交易虽然被规定为违法行为，但其较为隐蔽，不易被发现，特别是要证明公司内部人利用内幕信息买卖了股票很困难。我国《证券法》规定，上市公司董事、监事、高级管理人员、持有上市公司股份5%以上的股东，将其持有的该公司的股票在买入后6个月内卖出，或者在卖出后6个月内又买入，由此所得收益归该公司所有，公司董事会应当收回其所得收益。但是，证券公司因包销购入售后剩余股票而持有5%以上股份的，卖出该股票不受6个月时间的限制。

三、操纵市场

操纵市场是指以获取利益或减少损失为目的，利用资金、信息等优势或滥用职权影响证券市场价格，制造证券市场假象，诱导投资者在不了解事实真相的情况下作出买卖证券决定的行为。操纵市场行为人为扭曲了证券价格的形成机制，使被操纵证券的价格完全脱离了其内在价值。如果存在大量的操纵市场行为，证券市场就无法发挥优化资源配置的功能，同时也严重损害了投资者对证券市场的信心。我国证券法禁止利用各种手段操纵证券市场。操纵市场行为的情形如下所示。

（一）连续买卖

连续买卖是指行为人为抬高、压低或维持集中交易之证券的价格，对该证券连续高价买入或低价卖出的行为。行为人通过制造虚假的交易信号，诱使投资者跟进，进而做相反买卖以获取暴利。少量资金的连续买卖，往往达不到操纵市场行情的目的，因此，操纵者通常需要事先积聚大量资金，往往采取联合操纵的方式。我国《证券法》第77条第1项规定的“单独或者通过合谋，集中资金优势、持股优势或者利用信息优势联合或者连续买卖，操纵证券交易价格或者证券交易量”，即为连续买卖的操纵行为。

（二）串通买卖

串通买卖在实践中又称相对委托、互相委托或合谋买卖，是指行为人合谋，以事先约定的时间、价格和方式互相进行证券交易。串通买卖也是为了制造虚假的证券成交价格和交易量，以诱惑其他投资者盲目跟进。我国《证券法》第77条第2项规定，禁止“与他人串通，以事先约定的时间、价格和方式相互进行证券交易，影响证券交易价格或者证券交易”。

（三）冲洗买卖

冲洗买卖又称自我买卖、洗售，是指以自己为交易对象，进行所有权不发生实质性转移的自买自卖，影响证券交易价格和交易量。简而言之，就是操纵者自己同时充当买卖双方，人为地创造证券交易的虚假繁荣,以影响证券市场行情。我国《证券法》第77条第3项规定禁止“在自己实际控制的账户之间进行证券交易,影响证券交易价格或者证券交易量”。我国证券交易采取实名制,即投资者买卖证券必须以真实姓名或名称开立证券账户,以该账户从事证券交易。在实践中,操纵者往往利用他人名义开立多个账户,在这些账户之间进行交易,这些账户虽名义上由不同人所有,但实际上为操纵者所控制。所以认定冲洗买卖的核心是证券账户的实际控制权。

(四)其他操纵行为

市场操纵手段千变万化且不断创新,难以穷尽其类,我国《证券法》第77条第4项规定,禁止“以其他手段操纵证券市场”。操纵证券市场行为给投资者造成损失的,行为人应当依法承担赔偿责任。

四、欺诈客户

欺诈客户是指证券公司及其从业人员在办理证券经纪业务过程中,违背客户真实意思,损害客户利益的行为。欺诈客户行为只发生在证券公司和其客户之间,行为人主观上具有故意的特征。证券公司对客户负有诚信义务,如果证券公司违背诚信义务,实施损害客户利益的行为,即构成欺诈客户。我国《证券法》第79条对证券公司及其从业人员损害客户利益的欺诈行为,归纳为以下7项:(1)违背客户的委托为其买卖证券;(2)不在规定时间内向客户提供交易的书面确认文件;(3)挪用客户所委托买卖的证券或者客户账户上的资金;(4)未经客户的委托,擅自为客户买卖证券,或者假借客户的名义买卖证券;(5)为谋取佣金收入,诱使客户进行不必要的证券买卖;(6)利用传播媒介或者通过其他方式提供、传播虚假或者误导投资者的信息;(7)其他违背客户真实意思表示,损害客户利益的行为。欺诈客户行为给客户造成损失的,行为人应当依法承担赔偿责任。

第六节 证券市场的相关机构

一、证券交易所

(一)证券交易所的概念和职能

证券交易所是为证券集中交易提供场所和设施,组织和监督证券交易,实行自律管理的法人。证券交易所的设立和解散,由国务院决定。我国目前的上海证券交易所、深圳证券交易所为国有性质的事业单位法人。

(二)证券交易所的机构设置

证券交易所设理事会,设总经理一人,由国务院证券监督管理机构任免,为证券交易所的法定代表人。有我国《公司法》第146条规定的情形或者下列情形之一的,不得担任证券交易所的负责人。

1. 因违法行为或者违纪行为被解除职务的证券交易所、证券登记结算机构的负责人或者证券公司的董事、监事、高级管理人员,自被解除职务之日起未逾5年。

2. 因违法行为或者违纪行为被撤销资格的律师、注册会计师或者投资咨询机构、财务顾问机构、资信评级机构、资产评估机构、验证机构的专业人员，自被撤销资格之日起未逾 5 年。

此外，因违法行为或者违纪行为被开除的证券交易所、证券登记结算机构、证券服务机构、证券公司的从业人员和被开除的国家机关工作人员，不得招聘为证券交易所的从业人员。证券交易所的负责人和其他从业人员在执行与证券交易有关的职务时，与其本人或者其亲属有利害关系的应当回避。

(三)证券交易所的竞价交易规则

1. 进入证券交易所参与集中竞价交易的，必须是具有证券交易所会员资格的证券公司。

2. 投资者应当在证券公司开立证券交易账户，以书面、电话及其他方式，委托为其开户的证券公司代其买卖证券。

3. 证券公司根据投资者的委托，按照时间优先的规则提出交易申报，参与证券交易所场内的集中竞价交易。

4. 证券登记结算机构根据成交结果，按照清算交割规则，进行证券和资金的清算交割，办理证券的登记过户手续。

二、证券公司

证券公司是指依照公司法和证券法规定的设立条件，经证券监管机构批准设立并从事证券经营业务的有限公司或者股份公司。

(一)证券公司的设立条件

1. 有符合法律、行政法规规定的公司章程；

2. 主要股东具有持续营利能力，信誉良好，最近 3 年无重大违法违规记录，净资产不低于人民币 2 亿元；

3. 有符合法律规定的注册资本；

4. 董事、监事、高级管理人员具备任职资格，从业人员具有证券从业资格；

5. 有完善的风险管理与内部控制制度；

6. 有合格的经营场所和业务设施；

7. 法律、行政法规规定的和经国务院批准的国务院证券监督管理机构规定的其他条件。

国务院证券监督管理机构应当自受理证券公司设立申请之日起 6 个月内，依照法定条件和法定程序并根据审慎监管原则进行审查，作出批准或者不予批准的决定，并通知申请人；不予批准的，应当说明理由。证券公司设立申请获得批准的，申请人应当在规定的期限内向公司登记机关申请设立登记，领取营业执照。证券公司应当自领取营业执照之日起 15 日内，向国务院证券监督管理机构申请经营证券业务许可证；未取得经营证券业务许可证，证券公司不得经营证券业务。

(二)证券公司的业务范围

经国务院证券监督管理机构批准，证券公司可以经营下列部分或者全部业务：(1)证券经纪；(2)证券投资咨询；(3)与证券交易、证券投资活动有关的财务顾问；(4)证券承销与保荐；(5)证券自营；(6)证券资产管理；(7)其他证券业务。

(三)证券公司的经营义务

1. 证券公司应当建立健全内部控制制度，采取有效隔离措施，防范公司与客户之间、不同客户之间的利益冲突。证券公司必须将其证券经纪业务、证券承销业务、证券自营业务和证券资产管理业务分开办理,不得混合操作。

2. 证券公司的自营业务必须以自己的名义进行,不得假借他人名义或者以个人名义进行。证券公司的自营业务必须使用自有资金和依法筹集的资金。

3. 证券公司为客户买卖证券提供融资融券服务,应当按照国务院的规定并经国务院证券监督管理机构批准。

4. 证券公司办理经纪业务,不得接受客户的全权委托而决定证券买卖、选择证券种类、决定买卖数量或者买卖价格。证券公司不得以任何方式对客户证券买卖的收益或者赔偿证券买卖的损失作出承诺。证券公司及其从业人员不得未经过其依法设立的营业场所私下接受客户委托买卖证券。证券公司的从业人员在证券交易活动中,执行所属的证券公司的指令或者利用职务违反交易规则的,由所属的证券公司承担全部责任。

三、证券登记结算机构

证券登记结算机构是为证券交易提供集中登记、存管与结算服务,不以营利为目的的法人。设立证券登记结算机构必须经国务院证券监督管理机构批准。

设立证券登记结算机构,应当具备下列条件:(1)自有资金不少于人民币2亿元;(2)具有证券登记、存管和结算服务所必需的场所和设施;(3)主要管理人员和从业人员必须具有证券从业资格;(4)国务院证券监督管理机构规定的其他条件。

证券登记结算机构履行下列职能:(1)证券账户、结算账户的设立;(2)证券的存管和过户;(3)证券持有人名册登记;(4)证券交易所上市证券交易的清算和交收;(5)受发行人的委托派发证券权益;(6)办理与上述业务有关的查询;(7)国务院证券监督管理机构批准的其他业务。

四、证券监督管理机构

在我国,由国务院证券监督管理机构即中国证券监督管理委员会及其派出机构,依法对全国证券市场实行集中统一监督管理。国务院证券监督管理机构在对证券市场实施监督管理中履行下列职责:(1)依法制定有关证券市场监督管理的规章、规则,并依法行使审批或者核准权;(2)依法对证券的发行、上市、交易、登记、存管、结算,进行监督管理;(3)依法对证券发行人、上市公司、证券公司、证券投资基金管理公司、证券服务机构、证券交易所、证券登记结算机构的证券业务活动,进行监督管理;(4)依法制定从事证券业务人员的资格标准和行为准则,并监督实施;(5)依法监督检查证券发行、上市和交易的信息公开情况;(6)依法对证券业协会的活动进行指导和监督;(7)依法对违反证券市场监督管理法律、行政法规的行为进行查处;(8)法律、行政法规规定的其他职责。

复习思考题

一、名词解释

1. 内幕信息;2. 要约收购。

二、单项选择

1. 我国目前证券市场上发行和流通的证券种类不包括(　　)。

A. 股票　　B. 债券

C. 投资基金　　D. 支票

2. 公司股票溢价发行的发行价格由发行人与(　　)协商确定。

A. 承销的证券公司　　B. 国务院证券监督管理部门

C. 公司股东　　D. 认股人

3. 下列不属于证券发行原则的有(　　)。

A. 公开　　B. 公平

C. 合法　　D. 分业经营

4. 发行公司债券,应当符合下列条件(　　)。

A. 有限责任公司的净资产不低于人民币3000万元

B. 累计债券余额不超过公司净资产的40%

C. 最近3年平均利润足以支付公司债券1年的利息

D. 筹集的资金投向符合国家产业政策

三、多项选择

1. 证券市场虚假陈述行为包括(　　)。

A. 虚假记载　　B. 误导性陈述

C. 重大遗漏　　D. 不正当披露信息

2. 证券交易所暂停其股票上市交易的情形有(　　)。

A. 公司股权分布发生变化不再具备上市条件

B. 公司不按照规定公开其财务状况

C. 公司有重大违法行为

D. 公司最近3年连续亏损,在其后1个年度内未能恢复盈利

3. 下列属于证券违法行为的有(　　)。

A. 虚假陈述　　B. 内幕交易

C. 操纵市场　　D. 欺诈客户

4. 证券公司可以经营下列部分或者全部业务(　　)。

A. 证券经纪　　B. 证券结算

C. 证券承销　　D. 证券自营

四、案例分析

振兴生化股份有限公司原名“三九宜工生化股份有限公司”,1996年在深圳证券交易所上市,股票代码000403。2006年6月20日其子公司振兴电业有限公司形成股东会决议,该决议决定为关联公司山西振兴集团有限公司在中国银行股份有限公司运城市分行所办理授信进行担保,同日,振兴电业有限公司与中国银行股份有限公司运城市分行签订了《最高额抵押担保合同》,振兴电业有限公司自愿以其建筑物和机器设备作为抵押财产,担保金额不超过人民币2亿元。振兴生化股份有限公司未按临时报告与定期报告要求将此事项在证券市场上及时披露。

2012年5月29日山西省高级人民法院受理了“中银投资有限公司诉被告山西振兴集团有限公司、振兴电业有限公司、史某某、振兴集团借款合同纠纷案”。振兴生化股份有限公司又未按临时报告与定期报告要求将此事项在证券市场上及时披露。2013年4月23日振兴生化股份有限公司发布重大诉讼提示性公告,披露以上贷款担保及涉诉情况,该日为虚假证券陈述行为揭露日。

请根据以上事实,分析振兴生化股份有限公司出现的证券违法行为以及可能承担的法律责任。

第十九章　保险法律制度

本章知识结构图

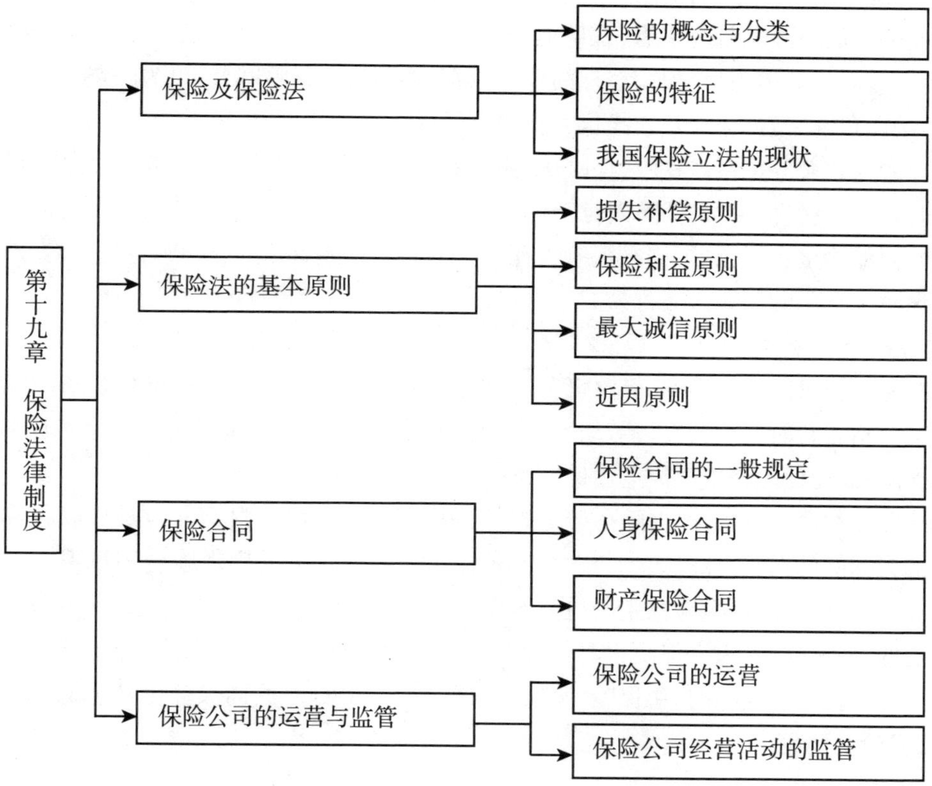

引导案例

2017 年 5 月 10 日甲公司向某保险公司投保企业财产损失险(含附加盗窃险),投保单上记载:保险标的为甲公司库存的一批木耳,保险金额 30 万元,保险费 4000 元,责任期限自 2017 年 5 月 11 日至 2018 年 5 月 10 日。收到甲公司投保要求后,保险公司经审核同意承保,并在投保单上加盖同意承保印章。其后,甲公司并未按约定交纳保险费,保险公司也未出具保险单。2017 年 10 月 26 日甲公司仓库被盗,损失价值 8 万元的木耳,公安机关出具了立案证明。甲公司向保险公司索赔,保险公司以甲公司未交纳保险费及自己未出具保险单为由拒赔。

问题:保险公司是否需要承担保险责任?

第一节 保险法概述

一、保险的概念与分类

(一)保险的概念

保险既是一种经济制度,同时也是一种法律制度。作为经济制度,保险属于保险学研究的范围;作为法律制度,保险则是保险法学研究的范围。因此,保险的概念可以从经济和法律两个方面理解。从经济学角度来看,保险是指为了确保经济生活的安定,对于危险所导致的损失,运用多数人的集体力量,根据合理的计算原则,共同建立保险基金,以为补偿或给付的经济制度;从法律角度来看,保险是指投保人根据合同规定,向保险人支付保险费,而保险人承担保险金责任的权利义务关系。我国《保险法》第 2 条规定:"本法所称保险,是指投保人根据合同规定,向保险人支付保险费,保险人对于合同约定的可能发生的事故因其发生所造成的财产损失承担赔偿保险金责任,或者当被保险人死亡、伤残、疾病或者达到合同约定的年龄、期限时承担给付保险金责任的商业保险行为。"

(二)保险的分类

1. 按照是否以营利为目的,保险可分为社会保险和商业保险。社会保险是指国家通过立法对社会劳动者暂时或永久丧失劳动能力或失业时提供一定的物质帮助以保障其基本生活而建立的保险;商业保险是指由商业性保险组织经营的以营利为目的的保险。

2. 按照保险标的的不同,保险可分为财产保险和人身保险。财产保险是指以各种财产及相关利益为标的的保险,保险人承担对各种保险财产及相关利益因保险合同承保责任范围内的自然灾害、意外事故等风险发生所遭受的损失负赔偿责任;人身保险是指以人的身体或寿命作为标的的一种保险。人身保险主要包括人寿保险、健康保险和人身意外伤害保险。

此外,还有强制保险和自愿保险,原保险和再保险,单保险、共同保险和重复保险等。

二、保险的特征

(一)保险的经济性

保险是一种经济保障活动,是整个国民经济活动的有机组成部分。保险人出于营利目的按商业经营原则经营保险,与投保人之间存在风险这一特殊商品的买卖关系,这一过程要遵循商品经济的等价交换原则,投保人缴付的保险费即是保险人负担风险、支付保险金的对价。

(二)保险的法律性

保险是投保人与保险人基于合同产生的法律关系,是当事人意思表示一致的结果,双方互享权利、互负义务。投保人向保险人缴付保险费,保险人则依合同于约定风险发生时向被保险人支付保险金。

(三)保险的互助性

投保人基于化解风险的需要和"我为人人,人人为我"的思想参加保险,保险人则通过科学的方法将处于相同风险威胁的众人财产集中起来以分担实际遭受风险损害者的特定经济需求。因此,便在社会成员之间构建起一种独特的互助关系。

(四)保险的射幸性与科学性

保险合同是一种机会性合同,投保人购买保险后能否获得保险金的赔付取决于在保险合同有效期内保险事故是否发生,因而保险金的支付具有不确定性与偶然性。同时,保险借助于统计中的大数法则,以某一时间内事故发生的概率为依据计算保险费,具有较强的科学性。

(五)保险的损益性

对于保险关系当事人来说,利润与亏损是并存的。未发生保险事故或约定情形时,保险公司可获得平稳的利润,投保人缴付的保险费则不能收回;而一旦发生保险事故或约定情形出现,保险人支付的保险金将大大高于投保人所缴付的保险费。此时,投保人则以较少的支出换取较大的经济上的保障。

三、我国保险立法的现状

1995 年 6 月 30 日我国第八届全国人民代表大会常务委员会第十四次会议通过并颁布了《保险法》,并于 1995 年 10 月 1 日起实施。该法分别于 2002 年、2009 年、2014 年、2015 年经过了多次修订。同时,最高人民法院自 2009 年起启动《保险法》系列司法解释的起草工作,分别于 2009 年 10 月、2013 年 6 月、2015 年 11 月、2018 年 8 月 4 次出台司法解释,这些司法解释也是解决保险法律纠纷、保护保险消费者合法权益、促进保险行业健康发展的重要依据。

第二节　保险法的基本原则

一、损失补偿原则

保险法的基本原则是保险法中的一个十分重要的问题,对于保险立法、司法、守法等都具有指导意义。保险法的基本原则应当包括 4 项:损失补偿原则、保险利益原则、最大诚信原则、近因原则。补偿是保险的构成要素之一,也是保险的基本职能。没有补偿,也就无所谓保险。因此,损失补偿原则是保险法的首要原则,是保险法其他原则的基础;保险法中的许多制度,如代位求偿权、委付等,都是由补偿原则派生出来的。

(一)损失补偿的范围

根据各国保险法的规定,损失补偿的范围主要包括以下两项。

1. 实际损失。在财产保险中,实际损失是保险事故发生时,保险财产的现有价值的减少。在保险实务中,通常以损失发生时,受损财产的实际现金价值为准计算实际损失;在人身保险中,补偿的最高限额为双方约定的保险金额。

2. 必要的合理费用。必要的合理费用是指被保险人所支出的施救费用和诉讼、仲裁费用等。我国《保险法》第 57 条第 2 款规定:“保险事故发生后,被保险人为防止或者减少保险标的的损失所支出的必要的、合理的费用,由保险人承担;保险人所承担的费用数额在保险标的的损失赔偿金额以外另行计算的,最高不得超过保险金额的数额。”该法第 64 条规定:“保险人、被保险人为查明和确定保险事故的性质、原因和保险标的的损失程度所支付的必要的、合理的费用,由保险人承担。”该法第66条规定:“责任保险的被保险人因给第三者造成损害的保险事故而被提起仲裁或者诉讼的,被保险人支付的仲裁或者诉讼费用以及其他必要的、合理的费用,除合同另有约定外,由保险人承担。”

(二)损失补偿的限制

损失补偿的适用范围,应当受到以下条件的限制。

1.以实际损失为限。损失补偿以实际损失为限,非实际损失不属于损失补偿的范围。

2.以保险金额为限。保险金额是保险人补偿的最高限额,无论是财产保险还是人身保险,最高补偿额以合同约定的保险金额为限。超过保险金额的损失,不属于损失补偿的范围。

3.以保险利益为限。损失补偿原则适用的根据在于保险利益,因此损失补偿应受保险利益的限制,保险利益是保险人补偿损失的最高限额。

4.以保险责任为限。保险人只能对保险责任范围的损失给予补偿,非保险责任范围的损失,不属于损失补偿的范围。

5.被保险人不能因保险而额外获利。损失补偿原则的意义在于保障被保险人的损失得以恢复,而不能使被保险人因保险事故而获得额外利益。在保险法中,为防止被保险人获得额外利益,规定了许多措施,如保险财产余损处理、代位求偿权、重复保险、超额保险的规定等。

(三)损失补偿的适用方法

在保险实践中,损失补偿原则的适用方法主要有以下3种。

1.现金赔付。现金赔付是保险人利用现金或支票给予被保险人应得的保险金。现金赔付是损失补偿的最基本方法,适用于财产保险和人身保险。有的保险,如责任保险,只能采取现金赔付方法。现金赔付方法简便易行,是损失补偿首选的方法。

2.修理。修理是维修保险财产的受损部分,使之恢复原状。修理是适用于财产保险的损失补偿方法,不适用于人身保险。

3.更换。更换是对保险财产的受损部分予以换置,使之恢复原有的功能。更换也是适用于财产保险的损失补偿方法,不适用于人身保险。如在玻璃保险中,更换破碎的玻璃;在汽车保险中,更换零部件等。

二、保险利益原则

(一)保险利益的概念和特征

1.保险利益的概念

根据我国《保险法》第12条第6款的规定,保险利益是指投保人或被保险人对保险标的所具有的法律上承认的利益。这种法律上承认的利益具体表现为投保人或者被保险人对于保险标的所具有的一种利害关系,即投保人或被保险人因保险事故的发生而受损,或因保险事故的不发生而收益的损益关系。

2.保险利益的特征

(1)保险利益应当具有适法性。所谓适法性,是指保险利益应当是符合法律要求的,并为法律所承认和保护的利益。我国《保险法》明确指出,保险利益是投保人对保险标的具有的法律上承认的利益。法律上承认的利益即具有适法性,法律上不承认的利益则不具有适法性,不成为保险利益。

(2)保险利益应当具有确定性。所谓确定性,是指保险利益是确定的或可以确定的利益。确定的利益为现有利益,可以确定的利益是期待利益。如果投保人或被保险人对保险标的所具有的利害关系是不确定或无法确定的,则不能成为保险利益。

(3)保险利益应当具有效力性。所谓效力性,是指保险利益为保险合同成立的效力要件。任何保险合同都必须有保险利益的存在。投保人或被保险人对保险标的没有保险利益的,保险合同无效;保险合同成立后,失去保险利益的,保险合同失去效力。

(二)保险利益的种类

保险利益主要包括财产保险利益和人身保险利益。

1. 财产保险利益。财产保险利益是指投保人或被保险人对保险标的所具有的某种经济上的利益。具有财产保险利益的人很广,既可以是财产的所有人或管理人,也可以是对某项财产享有其他利害关系的人,如财产的保管人、抵押权人、质押权人、承运人等。根据我国《保险法》第12条第2款的规定:"财产保险的被保险人在保险事故发生时,对保险标的应当具有保险利益。"

2. 人身保险利益。人身保险利益是指投保人对于被保险人的寿命或身体所具有的利害关系。人身保险利益并不直接体现为投保人对保险标的之利害关系,而是体现为投保人和被保险人之间的某种人身依附关系或信赖关系,即人身利益关系。人身保险的投保人在保险合同订立时,对被保险人应当具有保险利益。

我国《保险法》第31条规定:"投保人对下列人员具有保险利益:(一)本人;(二)配偶、子女、父母;(三)前项以外与投保人有抚养、赡养或者扶养关系的家庭其他成员、近亲属;(四)与投保人有劳动关系的劳动者。除前款规定外,被保险人同意为其订立合同的,视为投保人对被保险人具有保险利益……"

三、最大诚信原则

最大诚信原则又称最大善意原则,是指保险活动的当事人应当以最大的诚实信用从事保险活动。诚实信用原则是民法的一项基本原则,是一切民事活动必须遵循的准则。最大诚信原则对于防止投保人欺诈,保护保险当事人的利益具有重要意义。为了使最大诚信原则得以贯彻实施,各国保险法一般都规定了若干具体的规则,如告知、隐瞒、保证、弃权及禁止反言等,这些都是影响保险合同效力的重要因素。

(一)告知

告知是指投保人在订立保险合同时,应当将保险标的的有关重要事实如实告知保险人。告知的内容应为保险标的的重要事实。所谓重要事实,是指当一个谨慎的保险人在考虑他应否与投保人订立合同或应基于何种条件与之订立合同时,足以对其判断发生影响的事实。关于告知的方法,我国《保险法》第16条第1款规定:"订立保险合同,保险人就保险标的或者被保险人的有关情况提出询问的,投保人应当如实告知。"对于保险人没有询问的事项,即使是重要事项,投保人不仅没有告知的义务,也不构成对告知义务的违反。

投保人违反告知义务,对保险合同的效力将产生一定的影响。根据我国《保险法》第16条的规定:(1)投保人故意隐瞒事实,不履行如实履行告知义务的,或者因重大过失未履行如实告知义务,足以影响保险人决定是否同意承保或者提高保险费率的,保险人有权解除保险合同。(2)投保人故意不履行如实告知义务的,保险人对于保险合同解除前发生的保险事故,不承担赔偿或者给付保险金的责任,也不退还保险费。(3)投保人因重大过失未履行如实告知义务的,对保险事故的发生有严重影响的,保险人对于保险合同解除前发生的保险事故,不承担赔偿或者给付保险金的责任,但可以退还保险费。

(二)保证

保险法上的保证,又可称为特约,是保险人订立保险合同或承担责任所需投保人或被保险人履行某种义务的条件。例如,投保人投保家庭财产盗窃险,保证安装防盗门;投保人投保火灾险,保证不在屋内放置易燃易爆物品等,都构成保险法上的保证。

保证有明示保证和默示保证。明示保证是指投保人在保险单中或者以附件的形式对某一事项所作的保证,又称为特约条款或保证条款。明示保证是指投保人以书面形式所作的保证,或者以特约条款的形式附加于保险单中,或者在保险单中规定特约条款。默示保证是指保险单中虽无规定,但习惯上认为投保人应当对某一事项的作为或不作为的保证。默示保证与明示保证具有同等法律效力,所不同的是,默示保证无须投保人明确表示,而是根据保险习惯推定。默示保证是航海习惯的合法化,主要适用于海上保险。

(三)弃权与禁止反言

弃权是指保险合同的一方当事人放弃在其保险合同中可以主张的权利,通常是指保险人放弃合同解除权和抗辩权。禁止反言又称禁止抗辩,是指保险合同的一方当事人既已放弃其在合同中的某种权利,则日后不得再向他方主张此权利。保险合同的当事人已经有弃权的表示,无论其为直接的或间接的、有意的或无意的,当事人事后都不得据以提出任何抗辩。例如,保险人或保险代理人在订立合同时,诱使被保险人相信可以做保险单上禁止做的某种事情,或者可以不做保险单上要求做的某种事情,则日后保险人不得以被保险人此种作为或不作为为理由,主张合同无效或解除。

弃权与禁止反言是两个紧密相连的法律概念,两者在法律上的意义略有不同,但所产生的法律后果却是一致的,即保险人不得解除保险合同,也不得拒绝赔偿或给付保险金。

四、近因原则

近因原则是指凡是以保险事故为近因所致的损失,原则上都可获得保险人的赔偿。近因是指与损失结果有直接因果关系的原因。保险事故的发生与损失结果的形成之间存在近因是保险人承担补偿责任的要件。但在我国保险实务中,有关因果关系的原则没有采用“近因”这一概念,而通常以直接原因作为判断责任的依据。

第三节　保险合同

一、保险合同的一般规定

(一)保险合同的概念与特征

1. 保险合同的概念

根据我国《保险法》第10条的规定,保险合同是投保人与保险人约定保险权利义务关系的协议。即保险合同是指投保人支付保险费，保险人在发生保险事故造成损失时，或者在合同约定的期限届满时，承担赔偿或给付保险金的协议。

2. 保险合同的特征

(1)保险合同是双务、有偿、诺成合同

第一，保险合同是双务合同。即投保人负有支付保险费的义务，保险人负有于保险事故发生时或合同约定的期限届满时赔偿或给付保险金的义务。第二，保险合同是有偿合同。在保险合同中，投保人不支付保险费就不能得到保险人对保险标的所给予的保障；保险人收取保险费，就必须在保险事故发生时或合同约定的期限届满时承担向被保险人赔偿或给付保险金的义务。第三，保险合同是诺成合同。我国《保险法》第 13 条第 1 款规定："投保人提出保险要求，经保险人同意承保，保险合同成立。保险人应当及时向投保人签发保险单或者其他保险凭证。"从这一规定来看，保险合同的成立与否，完全取决于双方当事人的意思表示是否一致。

(2)保险合同为不要式合同

根据我国《保险法》第 13 条的规定，保险合同是在投保人与保险人就保险合同条款达成协议时成立的，而不是在签发保险单或其他保险凭证时成立的。保险人签发保险单或其他保险凭证是其应当履行的义务，而不是合同成立的条件。如果保险人没有按照法律规定及时签发保险单或其他保险凭证，应承担由此产生的法律后果。由此可见，保险合同的成立无须具备法律形式，故为不要式合同。

(3)保险合同是附合合同

附合合同是指当事人一方只能接受对方提出的条件而订立的合同。在附合合同中，处于附随地位的当事人只有与对方当事人订立合同或不订立合同的自由，而没有修改事先确定的合同条款的权利。在保险合同中，保险合同的内容体现为保险单中列明保险的基本条款，这些条款或是保险业务管理部门制订的，或者是保险人事先拟定的，投保人只能表示接受与否，而不能加以改变。投保人只有依保险人事先拟定的不同险别的保险条款进行选择的自由，而没有拟定或磋商保险条款的权利。

(4)保险合同是射幸合同

射幸合同是以将来可能发生的事件或不确定的事实作为一方履行给付义务条件的合同。在保险合同中，仅投保人一方交付保险费，投保人的这项义务是确定的，而保险人是否承担保险责任，则取决于不确定的危险是否发生。当保险事故发生时，其就要承担保险责任，且数额要远远大于从投保人处所收取的保险费。但若没有出现保险事故，保险人则只收取保险费，而无保险责任；就投保人而言，当保险事故发生时，其所得到的保险金要远远多于其支付的保险费。但若没有出现保险事故，投保人则只付出保险费而无任何收入。

(二)保险合同的主体

保险合同的主体一般包括保险合同的当事人和保险合同的关系人。此外，还有一些人虽不是保险合同的主体，但其作为当事人之间的媒介或对保险合同的订立与履行起辅助作用，习惯上称为保险合同的辅助人，包括保险代理人、经纪人、公估人等。

1. 保险合同的当事人。保险合同的当事人是指直接承担合同义务和享有合同权利的人。保险合同的当事人是保险人和投保人。保险人又称承保人，是指与投保人订立保险合同，并按照合同约定承担赔偿或者给付保险金责任的保险公司。投保人又称要保人,是指与保险人订立保险合同,并按照合同约定负有支付保险费义务的人。投保人可以是自然人、法人以及非法人组织。

2. 保险合同的关系人。保险合同的关系人是指保险合同当事人之外的,对于保险合同规定的利益具有独立请求权的人。包括被保险人和受益人两种。

(1)被保险人。被保险人是指保险事故发生时,遭受损失,享有赔偿请求权的人。我国《保险法》第 12 条第 5 款将被保险人定义为:“被保险人是指其财产或者人身受保险合同保障,享有保险金请求权的人。投保人可以为被保险人。”在财产保险合同中,被保险人可以是自然人,也可以是法人或非法人组织,而在人身保险合同中,被保险人只能是自然人。无论何种保险合同,投保人与被保险人既可为同一人,也可为不同的人,但前者只限于为自己的利益而订立的保险合同。

(2)受益人。受益人是指由投保人或被保险人在保险合同中指定的,于保险事故发生时,享有赔偿请求权的人,又称保险金受领人。我国《保险法》第 18 条第 3 款将受益人定义为:“受益人是指人身保险合同中由被保险人或者投保人指定的享有保险金请求权的人。投保人、被保险人可以为受益人。”保险合同生效后,投保人或被保险人可以中途撤销或变更受益人,无须征得保险人的同意,但必须通知保险人,由保险人在保单上作出批注后才能生效。如果投保人与被保险人不是同一人,投保人变更或撤销受益人时,须征得被保险人的同意。如果投保人或被被保险人没有在保险合同中指明受益人的,则被保险人的法定继承人为受益人。由此可见,保险利益的最终决定权在被保险人而不是投保人,这有利于防止道德风险。另外,从我国《保险法》第 18 条的规定来看,立法上也明确了受益人只存在于人身保险合同中。

3. 保险合同的辅助人。保险合同的辅助人是指与保险合同的订立或履行具有一定辅助关系的人,包括保险代理人、保险经纪人和保险公估人。保险代理人,即保险人的代理人,也称保险代理商。我国《保险法》第 117 条第 1 款规定:“保险代理人是根据保险人的委托,向保险人收取佣金,并在保险人授权的范围内代为办理保险业务的机构或者个人。”保险人应当与保险代理人签订委托代理协议,保险代理人必须基于保险人的授权行为产生,必须在代理权限内以保险人的名义进行保险活动,保险代理人代理活动的后果由保险人承担。关于保险经纪人,我国《保险法》第 118 条规定:“保险经纪人是基于投保人的利益,为投保人与保险人订立保险合同提供中介服务,并依法收取佣金的机构。”保险经纪人必须是代投保人向保险人洽谈保险合同的人,必须基于投保人的利益,必须向承保的保险人收取佣金,保险经纪人不能由自然人担当。保险公估人,又称保险公证人、保险理算师,是指向保险人或被保险人收取费用,为其办理保险标的的评估、勘探、鉴定、估损、理算等业务,而给予证明的人。一般来说,保险公估人是一种法人组织;它既是直接服务于保险的辅助机构,又是独立于保险业之外的营利性实体。

(三)保险合同的形式

保险合同的形式是合同双方当事人洽谈有关保险事宜及意思表示一致的书面表现形式,能够起到证明的作用。我国《保险法》第 13 条规定,投保人提出保险要求,经保险人同意承保,保险合同成立。保险人应当及时向投保人签发保险单或者其他保险凭证。保险单或者其他保险凭证应当载明当事人双方约定的合同内容。当事人也可以约定采用其他书面形式载明合同内容。在我国,依据保险合同的订立程序,订立凭证大致可分为以下 4 种形式。

1. 投保单。又称投保书、要保书,即投保人表示愿意同保险人订立保险合同的书面申请。它是由保险人事先准备、具有统一格式的书据,投保单本身并非正式合同的文本,但一经保险人接受,即成为保险合同的一部分。

2. 暂保单。又称临时保险书、临时保险单,即保险单或保险凭证签发前,保险人发出的临时单证。暂保单不同于保险单,但是其在有效期内在保险单做成交付前,具有与保险单相同的效力。它的内容比较简单,但倘若某种保险无标准保险单,则暂保单尤为重要,足以证明保险人在正式保险单签发前所负的责任范围。

3. 保险单。简称保单,又称保险证券,是指保险人与投保人之间订立的保险合同的正式书面形式。保险单的内容与保险合同的基本条款大致相同,在实践中保险单与保险合同往往互相通用,但严格来讲两者是有区别的。保险单只是当事人经过口头或书面协商一致而成立保险合同的正式凭证而已。

4. 保险凭证。保险凭证是指证明保险合同存在的一种将保险合同内容简单化、小型化的表现形式,故也称小保单。保险凭证是一种简化的保险单。保险凭证与保险单具有同等法律效力,凡保险凭证上没有列明的内容就以同一险种的保险单的内容为准。但如果保险凭证所载明的事项与同一险种的保险单的内容有抵触或者保险凭证另有特订条款时,则以保险凭证为准。我国目前的国内货物运输保险、汽车保险等广泛使用保险凭证。

(四)保险合同条款

保险合同条款,是指有关保险合同当事人权利义务的具体规定,是保险人履行保险责任的依据。根据我国《保险法》第 18 条的规定,保险合同应当包括下列事项。

1. 保险人的名称和住所。

2. 投保人、被保险人的姓名或者名称、住所,以及人身保险的受益人的姓名或者名称、住所。

3. 保险标的。根据我国《保险法》的规定,保险标的是指作为保险对象的财产及其有关利益或者人的寿命和身体。保险标的是确定保险种类和确定投保人、被保险人是否有保险利益的基本依据。因此,保险合同中必须记明保险标的。

4. 保险责任和责任免除。保险责任是指保险事故发生或者保险期满时,保险人所承担的赔偿或给付保险金责任。保险责任条款又称保险危险条款,具体规定了保险人所承担的保险事故责任范围,是确定保险人义务的基本依据,必须在保险合同中明确规定。责任免除是指依法或依合同的规定,保险人可以不负保险责任。责任免除条款就是除外责任条款,是对保险责任的限制条款,它规定了保险人不承担保险责任的具体条件和范围,责任免除条款一般在保险单中列举。

5. 保险期间和保险责任开始时间。保险期间是指保险合同的有效期间,即保险合同生效和终止的期限。保险期间是确定保险人的保险责任的依据,既是计算保险费的根据,又是保险合同中必不可少的条款。保险责任的开始时间是指保险人开始履行保险责任的时间。我国《保险法》第 14 条规定:"……保险人按照约定的时间开始承担保险责任。"由此可见,保险责任的开始时间,一般是由保险合同约定的。

6. 保险金额。保险金额简称保额,是指保险人承担赔偿或给付保险金责任的最高限额。保险金额不仅是保险人承担保险给付义务的具体范围,而且是计算保险费的依据,与保险合同当事人的权利义务有密切联系。因此,保险金额必须在保险合同中加以规定。

7. 保险费以及支付办法。保险费简称保费,是指投保人向保险人支付的一定款项。交付保险费是投保人的基本义务。保险费的实质是投保人为了使其财产或人身获得保险合同的保障而付出的对价,是建立保险基金的基础。

8. 保险金赔偿或者给付办法。保险金的赔偿或者给付办法是保险人履行保险合同,进行赔偿或给付保险金的具体方式。它对于实现被保险人获得保险保障的权利很有意义,应当在保险合同中加以规定。由于保险合同的种类不同,保险金赔偿或给付的办法也有所不同。

9. 违约责任和争议处理。保险合同依法成立后,即受法律保护,任何一方都必须严格履行合同。如果保险合同的一方不履行合同,就应当承担违约责任。保险合同应当对违约责任作出规定。同时,对双方发生纠纷的处理方式也作出约定。

10. 订立合同的年、月、日。在保险合同中载明合同订立的时间是很重要的,只有订立保险合同的时间确定,才能确定投保人是否有保险利益、保险危险是否已经发生或消灭、保险费的交纳期限、保险合同的生效期间等问题。

二、人身保险合同

(一)人身保险合同的概念与特征

1. 人身保险合同的概念

人身保险合同以人的生命或身体为保险标的,是指保险人依被保险人的年龄、健康状况按照规定向投保人收取保险费,于被保险人死亡、伤残或者保险期限届满时,向被保险人或受益人支付赔偿金或保险金的合同。常见的人身保险合同如人寿保险合同、健康保险合同、伤害保险合同等;此外,还有单独人身保险合同和团体人身保险合同、自愿保险合同和强制保险合同等。

2. 人身保险合同的特征

人身保险合同除具有保险合同的一般特征外,还具有以下法律特征。

(1)保险标的体现为人格化的利益。人身保险合同以人的生命或身体为保险标的,所以法人不能成为人身保险合同的被保险人。人的身体和生命不是商品,不具有商品价值,不能用货币来估价。

(2)保险金一般实行定额给付。在保险事故发生时,除对医疗费用支出可以按实际损失补偿外,保险金给付均采用定额方式,即保险人仅按保险合同中约定的保险金额给付保险金。

(3)保险期限较长。财产保险合同的期限比较短,一般只有 1 年或者几个月,人身保险合同的有效期限一般较长。除个别的保险合同外,投保人可以任意选择中长期保险期限,且在期满后还可以办理续保手续。保险期间可分为交费期、领取期。

(4)人身保险兼而共有保障性、储蓄性和投资性。人身保险,尤其是人寿保险,通常合同的期限比较长,少则数年,多则几十年,截至终身。这与人身保险的目的是一致的。人身保险的目的往往在于为自己年老后或者丧失劳动能力后提供经济保障或者为了抚养或者赡养或者扶养自己身后的亲属。

人身保险合同的长期性的一个派生特点是,人身保险具有储蓄的性质。财产保险的功能在于补偿损失,而人身保险除补偿损失外,还兼具储蓄的性质。人身保险合同的长期性还派生出另一个特点,即可用于投资的基金较充裕。在人身保险中,保险人可以利用其长期稳定的保险费收入进行各种投资。事实上,投资已经成为寿险公司的一项重要的业务。

(5)保险费不得强制请求。我国《保险法》第 38 条规定:“保险人对人寿保险的保险费,不得用诉讼方式要求投保人支付。”就投保人而言,投保人在应当支付保险费时,可以选择交纳保险费以维持合同,也可以选择不交纳保险费以终止合同。就保险人而言,当投保人不能支付保险费时,其可以解除保险合同。

(6)人身保险不适用代位求偿权。我国《保险法》第46 条规定:“被保险人因第三者的行为而发生死亡、伤残或者疾病等保险事故的,保险人向被保险人或受益人给付保险金后,不得享有向第三人追偿的权利,但被保险人或受益人仍有权第三人追偿。”人身保险的保险标的不存在可以用金钱衡量的保险价值,因而人身保险不存在超额保险的问题。

(二)人身保险合同的特殊条款

人身保险合同的常见条款,除一些保险合同的基本事项外,还往往订立有以下一些主要条款。

1. 不可抗辩条款。又称不可争条款,是指投保人违反如实告知义务致使保险人有权解除合同或不负保险责任的,经过保险合同的特约期限后,保险人不得以投保人违反如实告知义务而拒绝保险合同的约束力的条款。我国《保险法》第 16 条第 2 款规定:“前款规定的合同解除权,自保险人知道有解除事由之日起,超过三十日不行使而消灭。自合同成立之日起超过二年的,保险人不得解除合同;发生保险事故的,保险人应当承担赔偿或者给付保险金的责任。”

2. 不丧失价值条款。除定期保险外,一般人身保险合同在交付保险费一定期间后都有现金价值,这种价值一般称为不没收价值或不没收给付。即人身保险费交给保险人后,其中一部分用于支付保险人的费用,剩下大部分没有用出去,积存了一定的责任准备金。这种积存的准备金不因保险效力的变化而丧失其价值,投保人有权任意选择有利于自己的方式来处理这种现金价值:一是可以借款。保险合同满一定期限后,投保人可以将保险合同交给保险人作抵押,向保险人借款。但所借数目不能超过保险合同的现金价值,并须支付利息。二是保险合同具有现金价值后,如投保人停交保费,即可将此现金价值作为一次交纳的保费。三是投保人也可以放弃保险,办理退保手续,领回这一部分现金价值。我国《保险法》第 47 条规定:“投保人解除合同的,保险人应当自收到解除合同通知之日起三十日内,按照合同约定退还保险单的现金价值。”

3. 贷款条款。又称为保单条款或保单质押贷款条款,适用于长期性人身保险合同。人身保险合同生效届满一定时期后,投保人可以在人身保险单积存的责任准备金的累计金额范围内以此笔金额为质押向保险人申请贷款,贷款的金额连同利息不得超过保单上的现金价值。

4. 自杀条款。是指在人身保险的被保险人,在投保后的一定期间内自杀的,保险人不承担给付保险金的义务,仅退还所缴的保险费。但法定期间后自杀的,保险人应承担保险责任。我国《保险法》第 44 条第 2 款规定:“以被保险人死亡为给付保险金条件的合同,自合同成立或者合同效力恢复之日起二年内,被保险人自杀的,保险人不承担给付保险金的责任,但被保险人自杀时为无民事行为能力人的除外。”

5. 受益人条款。是指在人身保险合同中,当事人所约定的、用以规范受益人的指定、变更、受益人份额、受益人顺序以及受益权的丧失等事项的条款。我国《保险法》规定,人身保险的受益人由被保险人或者投保人指定。投保人指定受益人时须经被保险人同意。投保人为与其有劳动关系的劳动者投保人身保险,不得指定被保险人及其近亲属以外的人为受益人。被保险人为无民事行为能力人或者限制民事行为能力人的,可以由其监护人指定受益人。受益人为数人的,被保险人或者投保人可以确定受益顺序和受益份额;未确定受益份额的,受益人按照相等份额享有受益权。被保险人或者投保人可以变更受益人并书面通知保险人。保险人收到变更受益人的书面通知后,应当在保险单或者其他保险凭证上批注或者附贴批单。投保人变更受益人时须经被保险人同意。受益人故意造成被保险人死亡、伤残、疾病的,或者故意杀害被保险人未遂的,该受益人丧失受益权。

三、财产保险合同

(一)财产保险合同的概念与特征

1. 财产保险合同的概念

财产保险是保险业务的重要组成部分,财产保险合同是一种独立的保险合同类型,是以财产及其有关利益为保险标的的保险合同。常见的财产保险合同如企业财产保险合同、家庭财产保险合同、机动车辆保险合同以及陆上运输货物保险合同等。

2. 财产保险合同的特征

财产保险合同在具备一般保险合同属性的同时,还具有如下特点。

(1)财产保险合同中的标的表现为特定的财产或者与财产有关的利益。此处采用的是广义的财产保险合同含义,即保险标的既包括是有形的物质财富,又包括相关经济利益或损害赔偿法律责任等无形财产,诸如责任保险合同、信用保险合同的保险标的。以物质财产作为保险标的的根本性特点,是确立财产保险合同其他特点的基础,也是财产保险合同与人身保险合同的根本区别。

(2)财产保险合同一般是短期性保险合同。财产保险合同承包的财产都是具有使用价值和交换价值的商品,这决定了其在市场经济活动中的流动性。因此,一般是按照年度来测算其损益结果的,保险人往往按年来约定财产保险合同的保险期限,以区别于以长期性为主的人身保险合同。

(3)严格适用损失补偿原则。损失补偿原则要求被保险人在保险事故发生后,按其实际损失请求保险人补偿,不得获取超过损失的额外利益。保险人履行保险责任的前提,必须是财产保险合同的保险标的因保险事故而遭受实际损失;相应地,被保险人可以通过财产保险合同获得赔偿,能够弥补这一损失。这一特点与以给付为目的的人身保险合同完全不同。

(二)财产保险合同的主要内容

1. 保险标的。保险标的是指投保人予以投保而寻求保险保障的对象,也是保险人同意承保并负担保险责任的目标。简单而言,它是保险人承担风险的财产或者财产利益,包括物质财富、物质利益、责任等。

2. 保险标的的损失。财产保险合同保险标的的损失是指财产保险合同承保的财产及其有关利益因保险事故发生所造成的没有回报代价的损坏或失去。但在具体的财产保险合同中，保险事故导致的保险财产的损失情况和损失程度不尽相同，保险人的赔偿方式也有所区别。

3. 保险金额。保险金额是指投保人对保险标的的实际投保金额，也是保险人承担赔偿或者给付保险金责任的最高限额。财产保险合同的保险金额是按照保险标的的实际价值确定的，我国《保险法》规定，投保人和保险人约定保险标的的保险价值并在合同中载明的，保险标的发生损失时，以约定的保险价值为赔偿计算标准。投保人和保险人未约定保险标的的保险价值的，保险标的发生损失时，以保险事故发生时保险标的的实际价值为赔偿计算标准。根据保险金额与保险财产实际价值的关系，一般可将保险金额分为足额保险、不足额保险和超额保险。

足额保险是指保险金额相当于财产实际价值的保险。保险财产的实际价值是指保险财产在某一特定时期和特定地区的市场价格。市场价格如有变动，应随时注意增加或减少保险金额，使之与市场价格相符。不足额保险是指保险金额低于财产实际价值的保险，其不足部分看作被保险人的自保，发生损失后从保险人那里只能获得一定比例的赔偿。我国《保险法》第 55 条第 4 款规定："保险金额低于保险价值的，除合同另有约定外，保险人按照保险金额与保险价值的比例承担赔偿保险金的责任。"超额保险是指保险金额大于财产实际价值的保险。由于超额保险的情形，无论其订约时动机如何，都会违背损害补偿原则，而且容易引起欺诈行为或道德风险的发生；因此，我国《保险法》第 55 条第 3 款规定："保险金额不得超过保险价值。超过保险价值的，超过部分无效，保险人应当退还相应的保险费。"

4. 保险责任和除外责任。保险责任是指保险人对于保险事故造成保险标的损失的，以财产保险合同的约定进行赔偿的义务。保险人应承担保险责任的范围主要包括以下两类：自然灾害造成的损失，即不能预见、不能避免并不能克服的客观情况，但是否构成自然灾害，应以气象、地质等专业部门的标准为准；意外事件所造成的损失，是指损害结果的发生，不是行为人出于故意或过失，而是由于不能抗拒或者不能预见的原因所引起的事件，如火灾、爆炸、空中运行物的坠落等。

在财产保险合同中，除列明保险责任外，还需将保险人不承保的危险事故作为除外责任列明于合同中。除外责任主要有：(1)投保人或被保险人的故意行为。我国《保险法》第 27 条第 2 款规定，"投保人、被保险人故意制造保险事故的，保险人有权解除合同，不承担赔偿或者给付保险金的责任"；(2)地震，只有在少数情况下，经保监会（银保监会）批准才可以扩展责任的方式承保；(3)战争、军事行动或暴力行为，暴力行为是指殴斗、打砸及骚动事件；核子辐射和污染；(4)堆放在露天或在罩棚下的保险财产，以及用芦席、布、草、纸板、塑料布做棚顶的罩棚，由于暴风、暴雨所造成的损失；(5)因财产自身缺陷、保管不善而致的损失；(6)因遭受保险责任内的灾害或事故造成停工、停业等的一切间接损失；(7)恐怖袭击。

（三）适用于财产保险合同的代位求偿权

1. 代位求偿权的概念

代位求偿权是指因第三人的行为导致保险标的发生保险事故而对被保险人负有赔偿责任

时,保险人向被保险人赔偿保险金后,在赔偿范围内取代被保险人享有对第三人请求赔偿的权利。

2. 代位求偿权的行使要件

(1)发生的保险事故必须是第三人的过错造成的,即存在被保险人对第三人的损害赔偿请求权。

(2)保险人已经赔偿保险金。保险人赔偿的保险金一方面,是其履行保险合同约定的赔偿保险金义务;另一方面,针对保险代位而言,又是保险人取得保险代位权的对价。各国保险法均规定,保险金必须先行给付,才有保险代位权的产生。我国《保险法》第 60 条第 1 款规定:"因第三者对保险标的的损害而造成保险事故的,保险人自向被保险人赔偿保险金之日起,在赔偿范围内代位行使被保险人对第三者请求赔偿的权利。"

(3)保险代位权的范围不得超过保险人的赔偿金额。保险人履行了赔偿保险金义务后,在其赔偿金额范围内取得对第三人的代位权。

3. 代位求偿权放弃的法律后果

根据我国《保险法》第 61 条的规定,保险事故发生后,保险人未赔偿保险金额之前,被保险人放弃对第三者的请求赔偿的权利的,保险人不承担赔偿保险金的责任。保险人向被保险人赔偿保险金后,被保险人未经保险人同意放弃对第二者请求赔偿的权利的,该行为无效。由于被保险人的过错致使保险人不能行使代位请求赔偿的权利的,保险人可以相应扣减保险赔偿金。

4. 代位求偿权的例外

我国《保险法》第 62 条规定,除被保险人的家庭成员或者其组成人员故意造成保险事故以外,保险人不得对被保险人的家庭成员或者其组成人员行使代位请求赔偿的权利。

5. 被保险人的协助义务

我国《保险法》第 63 条规定,在保险人向第三者请求行使代位求偿权时,被保险人应当向保险人提供必要的文件和其所知道的有关情况。若违反协助义务,致使保险人不能行使代位求偿权的,在未向被保险人支付保险金时,可以从保险金中作相应的扣减;若已向被保险人支付了保险金,则可以要求被保险人承担相应的赔偿责任。

第四节　保险公司的运营与监管

一、保险公司的运营

(一)保险公司的设立

根据我国《保险法》的规定,设立保险公司应当具备下列条件。

1. 要股东具有持续营利能力,信誉良好,最近 3 年内无重大违法违规记录,净资产不低于人民币 2 亿元;

2. 有符合我国《保险法》和《公司法》规定的章程;

3. 有符合我国《保险法》规定的注册资本;

4. 有具备任职专业知识和业务工作经验的董事、监事和高级管理人员；

5. 有健全的组织机构和管理制度，有符合要求的营业场所和与经营业务有关的其他设施；

6. 法律、行政法规和国务院保险监督管理机构规定的其他条件。

设立保险公司，其注册资本的最低限额为人民币 2 亿元。国务院保险监督管理机构根据保险公司的业务范围、经营规模，可以调整其注册资本的最低限额，但不得低于上述规定的限额。保险公司的注册资本必须为实缴货币资本。

设立保险公司应当经国务院保险监督管理机构的批准。国务院保险监督管理机构审查保险公司的设立申请时，应当考虑保险业的发展和公平竞争的需要。保险公司在中华人民共和国境内设立分支机构的，应当经保险监督管理机构的批准。保险公司分支机构不具有法人资格，其民事责任由保险公司承担。外国保险机构在中华人民共和国境内设立代表机构，应当经国务院保险监督管理机构批准。代表机构不得从事保险经营活动。此外，我国《保险法》在保险公司的类型上采取了开放式，取消了限制性条款，保险公司在组织形式上可以采取股份有限公司、有限责任公司和相互保险组织等形式。

(二)保险公司的业务范围

原保险法规定，保险公司的业务范围仅限于财产保险、人身保险及其再保险业务。根据我国《保险法》第 95 条的规定，保险公司的业务范围包括以下几个方面。

1. 人身保险业务，包括人寿保险、健康保险、意外伤害保险等保险业务；

2. 财产保险业务，包括财产损失保险、责任保险、信用保险、保证保险等保险业务；

3. 国务院保险监督管理机构批准的与保险有关的其他业务。

目前，保险公司的业务范围依据有关规定已有所拓展，如从事企业补充保险受托管理业务，参与失地农民养老保险、新型农村合作医疗制度改革试点工作等。为了适应现实需要，修订后的我国《保险法》规定，保险公司可以从事国务院保险监督管理机构批准的与保险有关的其他业务。此外，根据我国《保险法》第 96 条的规定，经国务院保险监督管理机构批准，保险公司可以经营该法第 95 条规定的保险业务的分出保险和分入保险的再保险业务。

(三)保险公司的兼营与兼业

保险公司的兼营是指保险公司是否可以同时经营财产保险业务与人身保险业务。由于财产保险业务和人身保险业务性质不同，经营技术有别，财产保险具有补偿性，人身保险中寿险业务则具有储蓄性，财产保险的短期赔付可能导致寿险的长期偿付能力不足，为保护广大被保险人的利益，绝大多数国家作了禁止兼营的规定，即保险公司不能同时兼营财产保险业务和人身保险业务。我国《保险法》第 95 条第 2 款规定：“保险人不得兼营人身保险业务和财产保险业务。但是，经营财产保险业务的保险公司经国务院保险监督管理机构批准，可以经营短期健康保险业务和意外伤害保险业务。”

保险公司的兼业是指保险公司是否可兼营保险以外的其他业务，及非保险组织是否可兼营保险或类似保险的业务。我国《保险法》第 8 条规定：“保险业和银行业、证券业、信托业实行分业经营、分业管理，保险公司与银行、证券、信托业务机构分别设立。国家另有规定的除外。”为“金融混业”留出了发展空间。

(四)保险公司的资金运用

保险公司的资金运用是指保险公司将自有资金和保险准备金,通过法律允许的各种渠道进行投资或运用来获取投资收益的经营活动。保险资金的运用直接关系保险公司的偿付能力,以保证安全性为首要原则。但是,随着我国保险市场的发展,保险业竞争的加剧,保险公司的承保利润逐步降低,保险资金的投资回报已经成为保险公司利润的一个主要来源。同时,我国保险市场逐步成熟,保险公司经营管理日益规范,资本市场进一步发展,这些条件也为拓宽保险公司资金运用渠道提供了可能。因此,我国《保险法》规定,保险资金可以用于银行存款、买卖债券、股票、证券投资基金份额等有价证券,投资不动产,以及国务院规定的其他资金运用形式。

二、保险公司经营活动的监管

(一)偿付能力的监管

保险公司的偿付能力是指保险公司对被保险人履行合同约定的赔偿或给付保险金责任的能力。保险监督管理机构应当通过对保险公司偿付能力的监管,了解保险公司的财务状况,及时提醒偿付能力不足的保险公司采取积极有效的措施恢复偿付能力,以切实保障被保险人的利益。保险法对保险公司如何保持偿付能力充足性提出了一些具体要求,如依法提取保证金、各项责任准备金、公积金,缴纳保险保障基金,限制个别风险自留额和全部风险自留额等;同时,也对保险公司出现严重问题时规定了整顿、接管、破产清算等程序。并且规定对偿付能力不足的保险公司,国务院保险监督管理机构应当将其列为重点监管对象。

(二)关联交易的监管

关联交易是指存在关联关系的双方或多方当事人之间进行的交易活动。正常的关联交易可以稳定公司业务、分散经营风险,有利于公司的发展。但是,如果缺乏监管,可能发生保险公司的控股股东或者实际控制人利用关联交易损害保险公司利益和少数股东的利益的问题。由于保险公司的资金主要用于承担保险责任,保险公司利益受损也就可能损害投保人、被保险人和受益人的利益。因此,必须加强对保险公司从事关联交易的监督管理。因此,我国《保险法》规定,保险公司应当按照国务院保险监督管理机构的规定,建立对关联交易的管理和信息披露制度。保险公司的控股股东、实际控制人、董事、监事、高级管理人员不得利用关联交易损害公司的利益。此外,还明确规定了保险公司的股东利用关联交易严重损害公司利益,危及公司偿付能力时的法律责任。

复习思考题

一、名词解释

1. 受益人;2. 保险金额;3. 不可抗辩条款;4. 保险利益。

二、简答

1. 简述人身保险合同的特征。

2. 简述财产保险合同中的代位求偿权的行使要件。

3. 简述保险法的最大诚信原则。

三、案例分析

1. 2018年9月3日甲公司将一车货物从A市运往B市,途经某镇时,因当地居民乙违章在自家院外挖坑施工且未设置警示标志,导致甲公司的货车翻入坑内,部分货物毁损,损失5000元。经公安部门认定,乙对该事故负全责。甲公司所运该批货物已向保险公司投保,遂向保险公司索赔。保险公司认为,甲公司应先向实际致害人乙索赔,于是作出拒赔决定。

问题:

(1) 保险公司的拒赔理由是否成立? 为什么?

(2) 如果保险公司向甲公司赔付了保险金,保险公司是否有权向乙追偿?

2. 2016年10月25日在征得母亲的书面同意后,甲为其母投保了以死亡为给付保险金条件的人身保险,保险期限为10年,并指定甲及其儿子乙为受益人。保险公司向甲签发了书面保险单。2017年10月25日乙病亡。2018年6月25日甲母与甲发生争吵,在争吵过程中,甲故意用棍棒击打其母亲,致使其母亲伤残。次日,甲母亲自缢身亡。甲父亲5年前病故。甲以其是受益人为由要求保险公司给付保险金。

问题:

(1) 本案中的保险合同是否有效? 为什么?

(2) 甲是否丧失了受益权? 为什么?

(3) 本案中保险公司是否应当承担给付保险金的义务? 为什么?

第二十章 信托法律制度

本章知识结构图

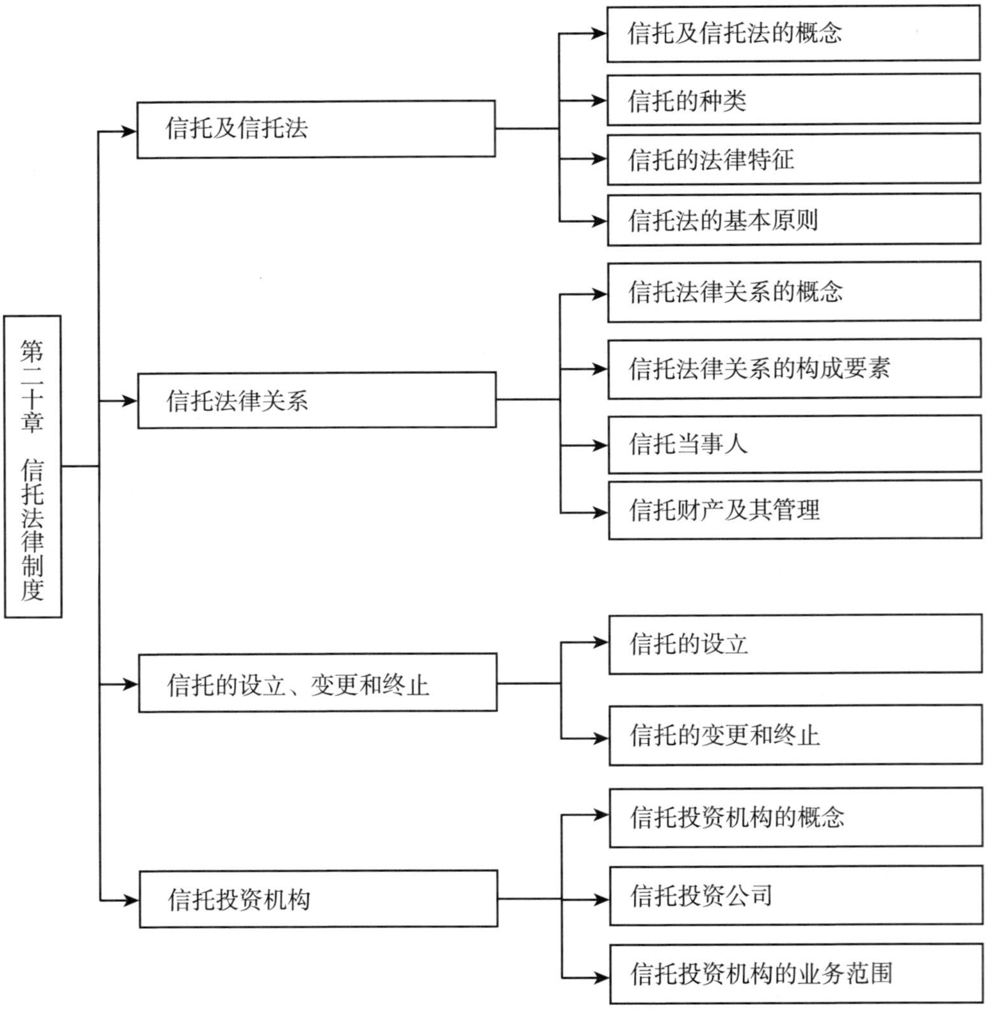

引导案例

王女士早年丧夫，有一儿一女，儿子32岁，女儿30岁。儿女不服管教，整日游手好闲、挥霍无度、无所事事。王女士经过多年打拼，积累下不少财产，其中，包括银行存款5000万元、自己打理的独资工厂1个、投资用的别墅2栋、3家公司的股权。经过专业机构推荐，王女士对财产进行如下处置:将银行存款5000万元用于购买集合资金信托;将自己打理的独资工厂和2栋别墅购买财产信托;将3家公司的股权购买股权信托;另外,根据自己的身体情况和子女情况,王女士又购买了一份遗嘱信托。

问题:

1. 按照法定继承,王女士去世后,财产应如何处置?能否限制子女的消费和挥霍?

2. 王女士购买的4份信托产品,有何不同?如何体现王女士的不同心愿?

第一节　信托法概述

一、信托及信托法的概念

信托是指委托人基于对受托人的信任,将其财产权委托给受托人,由受托人按委托人的意愿以自己的名义,为受益人的利益或者特定目的,进行管理或者处分的行为。信托法是指调整信托关系的法律规范的总称。

2001年4月28日第九届全国人大常委会第二十一次会议审议通过了《信托法》,该法于2001年10月1日起施行。

二、信托的种类

(一)按设立的目的划分,信托可以分为私益信托和公益信托

私益信托是指完全为委托人自己或其指定的其他人的利益而设定的信托;公益信托是指为救济贫困,发展教育、文化、科技、医疗卫生、环保、慈善、宗教等社会公益事业而设立的信托。

(二)按设立信托的不同行为方式划分,信托可以分为合同(契约)信托和遗嘱信托

合同信托,又称契约信托,一般也称为生前信托,是指以订立信托合同的法律行为方式所设立的信托;遗嘱信托是指以委托人订立遗嘱的法律行为方式为前提所设立的信托。此外,还有自由信托和法定信托、民事信托和商事信托、自益信托和他益信托、资金信托、实物信托和债权信托等。

(三)按合作方分类,信托可以分为私募合作基金信托和信政合作信托

私募合作基金信托是指通过信托计划进行股权投资或者证券投资,也是阳光私募的典型形式,分为公司型、有限合伙型和信托型;信政合作信托是指地方政府为了缓解地方政府基础建设的资金困难而与信托公司合作推出的,通过信托贷款、股权投资、权益投资或应收债权投资等方式募集资金的一类信托产品。

(四)按资金运用分类,信托可以分为财产信托、债权信托、股权信托、标品信托、同业信托、事务管理类信托、资产证券化信托和公益(慈善)信托

1. 财产信托是指信托企业受信托人的委托,将财产转让或出售给其指定或不指定单位的一种信托业务。

2. 债权信托是指以金融企业及其他具有大金额债权的企业作为委托人,以委托人难以或无暇收回的大金额债权作为信托标的的一种信托业务。

3. 股权信托是指信托公司运用信托资金对项目进行股权投资,以股息、红利所得以及到期转让股权方式作为信托收益的一种资金运用形式。

4. 标品信托是指以标准化产品,如可分割、公开市场流通的有价证券等进行的信托业务。

5. 同业信托是指信托公司依据信托文件的约定,将信托资金来源或运用于银行、证券、保险等金融同业机构的信托业务。

6. 事务管理类信托是指委托人交付资金或财产给信托公司,指令信托公司为完成信托目的,从事事务性管理的信托业务,为不同的委托人提供符合其需求的、个性化的事务管理服务。

7. 资产证券化信托是指以基础资产未来所产生的现金流为偿付支持,通过结构化设计进行信用增级,在此基础上发行资产支持证券的过程。

8. 公益(慈善)信托是指仅以实现社会慈善事业为目的,并以全社会或部分社会公众为受益人的信托。

三、信托的法律特征

(一)委托人财产所有权的移转与信托财产所有权的分离

信托必须存在财产所有权的移转与分离。信托是以财产为中心设计的一种财产管理法律制度。信托的首要法律特征是委托人必须将自己拥有的财产所有权进行移转,使委托人财产所有权转化为信托财产所有权。与此同时,信托财产所有权在受托人与受益人之间进行分离。财产所有权的移转与分离,是信托区别于类似财产管理法律制度的根本属性。

(二)信托财产的独立性

就委托人而言,其一旦将财产交付信托,即丧失对该财产的所有权,从而使信托财产完全独立于委托人的固有财产,处于委托人债权人追及范围之外。就受托人而言,虽然因信托而取得信托财产的经营管理权和处分权,但必须将信托财产与其自有财产严格区分,不能享有信托财产取得的收益,不能对信托财产行使继承、偿债或抵债等行为。信托财产这种独立于其他财产的性质,称作信托财产的独立性。不仅如此,就受益人而言,虽然因信托而取得信托财产的收益权,信托财产运作所获利益归其享用,但受益人并不享有信托财产的所有权。

(三)信托民事责任的独立性和有限性

一方面,只要受托人履行了自己的义务,即使未能使信托财产增值获利或造成了信托财产的损失,受托人也不以自有财产对信托的债务承担责任,如果受托人先行以自己的财产负责后,则可以用信托财产弥补自身财产因此遭受的损失。另一方面,如果信托财产在运作过程中发生对第三方的侵权或违约责任,对此不要求委托人和受益人以自己的财产承担责任,而只需以信托财产为限独立承担民事责任。

(四)信托目的制约或决定信托财产管理

信托制度要求,必须将信托财产及其相应的管理处分权全部移转给受托人。为保证实现委托人的意愿与受益人的利益,信托从一开始就必须确立明确的信托目的,从法律上要求受托人依信托目的管理或处分信托财产。信托目的是信托不可或缺的要素之一,由信托目的制约或决定信托财产的管理反映了信托制度的本质要求。

四、信托法的基本原则

我国《信托法》第 5 条规定:“信托当事人进行信托活动,必须遵守法律、行政法规,遵循自愿、公平和诚实信用原则，不得损害国家利益和社会公共利益。”由此可见，我国《信托法》的基本原则主要包括以下几项。

(一)守法原则

守法原则是指信托当事人进行信托活动应当遵守包括信托法律在内的一切现行有效的法律和法规。

(二)自愿原则

信托在本质上是当事人自由意志的结合，信托法旨在实现当事人的意愿。信托当事人进行各项信托活动的自由选择，应当受到法律的保护，不受国家机关和他人的非法干预。信托法应当以维护当事人设立信托的自由和自愿作为其重要目标。

(三)公平原则

公平原则是指信托当事人应依据社会公认的公平理念从事信托活动，以维护信托当事人之间的利益均衡。信托法的公平原则，是指实现信托当事人地位平等的要求和体现，使当事人在公平、公正、平等的基础上，充分尊重彼此的意志和利益，保护社会公共利益，维护社会公共秩序。确立公平原则，为设立信托、履行信托的当事人实现各自的信托利益提供了保障。

(四)诚实信用原则

诚实信用原则是指信托当事人从事信托活动，应当诚实守信，以善意的方式行使权利、履行义务，不得有欺诈行为，并以此为标准，维持当事人之间的利益、当事人利益与社会公共利益之间的平衡。

(五)维护国家利益、社会公共利益的原则

维护国家利益、社会公共利益的原则是指信托当事人进行信托活动不得损害国家利益和社会公共利益。

第二节　信托法律关系

一、信托法律关系的概念

信托法律关系是指由信托法调整和保护的在委托人、受托人和受益人之间形成的，以信托当事人的权利、义务为内容的社会关系。

二、信托法律关系的构成要素

信托法律关系由主体、客体和内容所构成。

(一)信托法律关系主体

信托法律关系主体是指能够参加信托法律关系，享有信托权利和承担信托义务的当事人，即委托人、受托人和受益人。我国《信托法》第 24 条第 1 款规定，受托人应当是具有完全民事行为能力的自然人、法人。此外，我国《商业银行法》第 43 条规定，商业银行在中华人民共和国境内不得从事信托投资和股票业务，不得投资于非自用不动产。

(二)信托法律关系客体

信托法律关系客体是指信托法律关系主体享受权利、承担义务所共同指向的对象,也就是借以产生信托法律关系的信托财产。在一般情况下,其具体内容可以表现为有形的货币、有价证券、动产和不动产,也可以是无形的发明专利权、商标使用权、牌照使用权及其他可转让的有价值的权利等。但我国《信托法》第14条规定,法律、行政法规禁止流通的财产不得作为信托财产。

(三)信托法律关系的内容

信托法律关系内容是指法律关系主体之间的权利和义务,包括:(1)委托人的权利和义务;(2)受托人的权利和义务;(3)受益人的权利和义务等。

信托法律关系的产生、变更和终止必须有法律事实的出现。与引起一般民事法律关系产生的法律事实不同,信托法律关系的产生只能由行为引起。此外,信托法律关系还可因法律的直接规定(如法定信托)、法院的推定和拟制(如回归信托和拟制信托)以及国家行政机关的指定(大陆法系国家中在一定情形下的公益信托)而产生。

三、信托当事人

信托当事人是指信托法律关系的主体,狭义的信托当事人仅包括委托人、受托人和受益人。在我国,公民、个体工商户、农村承包经营户、法人以及合伙组织等民事主体,只要具备信托法规定的主体资格,即可以参加信托法律关系成为信托当事人,享受信托权利并承担信托义务。广义的信托当事人除委托人、受托人和受益人外,还包括信托管理人、信托财产管理人以及公益信托中的信托监察人。

(一)委托人

委托人是指将信托财产委托他人管理处分的人。在我国,自然人、法人以及其他组织等均可以成为委托人。

1. 委托人的权利

根据我国《信托法》的规定,委托人享有的权利主要有以下几项:(1)信托执行知情权;(2)信托财产管理方法调整请求权;(3)救济权,包括撤销权、返还财产请求权、恢复原状请求权以及赔偿损失请求权;(4)解任权,分为自行解任和申请解任两种;(5)受托人辞任的同意权,即对受托人提出的辞任请求表示同意的权利;(6)新受托人的选任权;(7)对信托事务处理报告的认可权;(8)在特定情形下解除信托权。

2. 委托人的义务

委托人的义务主要包括以下几项:(1)移转信托财产的义务;(2)支付报酬的义务;(3)赔偿损失的义务;(4)不干涉受托人处理信托事务的义务;(5)费用补偿义务。

(二)受托人

即在信托中接受委托人的委托或有关国家机关的指定,以自己的名义为受益人的利益或者特定目的,对信托财产进行管理运用和处分的人。受托人是信托关系中最重要的一方当事人,在信托关系中居于核心地位。

1. 受托人的权利

根据我国《信托法》的规定,受托人享有以下权利:(1)委托他人代为处理的权利;(2)取得报酬权;(3)费用和损失补偿请求权;(4)辞任权。

受托人除享有以上 4 项权利外，基于信托的本旨，在信托关系存续期间，受托人还享有管理、支配、运用，以及处分信托财产和处理信托事务的权利。

2. 受托人的义务

受托人的义务主要包括以下几项：(1) 诚实、信用、谨慎和有效管理义务；(2) 忠实义务；(3) 分别管理义务；(4) 亲自管理义务；(5) 保存记录义务；(6) 定期报告义务；(7) 依法保密的义务；(8) 向受益人支付信托利益的义务。

在信托执行过程中，一旦出现法定事由，受托人的职责即行终止。当出现受托人职责终止的事由时，为了使信托事务继续得以处理，并最终实现信托目的，应该选任新的受托人。

(三) 受益人

受益人是指在信托中享有信托受益权的人。信托受益权有狭义和广义之分。狭义的受益权即受益人所享有的对信托财产的收益权；广义的受益权除收益权外，还包括附随收益权以保护受益人利益的其他权利，具体有 8 项，即信托执行知情权、信托财产管理方法调整请求权、救济权(包括撤销权、返还财产请求权、恢复原状请求权以及赔偿损失请求权)、解任权、受托人辞任的同意权、新受托人的选任权、对信托事务处理报告的认可权、特定情形下解除信托权，我国《信托法》第 49 条明确规定了受益人的这些权利。受益人的义务主要包括补偿义务和支付报酬的义务。对受益人来说，这两项义务均以其对信托利益享有受益权为前提。受益权是信托财产权的一项重要内容，作为受益人的法定权利，其取得、放弃、用于偿债、转让和继承必须依照法律的规定进行。

在一个信托中，受益人有 2 个或 2 个以上的即为共同受益人。我国《信托法》第 45 条对共同受益人享受信托利益作出了专门规定。依据该规定，共同受益人按照信托文件的规定享受信托利益，信托文件对信托利益的分配比例或者分配方法未作规定的，各受益人按照均等的比例享受信托利益。受托人违反信托目的处分信托财产或者因违背管理职责、处理信托事务不当致使信托财产受到损失的，受益人有权向人民法院申请撤销该处分。

四、信托财产及其管理

(一) 信托财产的范围

信托财产是指受托人因承诺信托而取得的财产。按照信托财产的经济特征和使用目的的不同，可以对信托财产进行不同的分类。

概括而言，信托财产主要有以下几类：(1) 金钱，包括本国货币和外国货币；(2) 有价证券，包括股票、政府债券、公司债券、汇票、提单、仓单，以及信托受益证券等；(3) 不动产，即在空间上具有固定位置，移动便会影响其经济价值的财产，如土地、林木、桥梁、隧道和建筑物等；(4) 动产，泛指除土地、房屋及其附着物以外的，能够在空间上移动而不影响其价值的一切实物性财产；(5) 知识产权；(6) 其他财产权，主要是指除所有权以外的各种财产权利，如用益物权、担保物权和继承权等。

除信托委托人于信托设立时交付给受托人的最初信托财产外，下列由受托人在信托关系存续期间所取得的各项财产也属于信托财产的范围：(1) 委托人追加的财产；(2) 受托人因管理运用信托财产而取得的财产；(3) 受托人因处理信托财产所取得的财产；(4) 受托人因信托财产灭失、毁损而取得的财产；(5) 受托人以信托财产所有人的身份取得其所有权的，因信托财产与固有财产发生添附而形成的财产。

(二)信托财产的管理

信托设立后,信托财产即转归受托人所有,受托人应依据信托目的对信托财产依法进行管理,并有效运用。受托人对信托财产的管理和运用必须与信托设立的目的相一致,有时既表现为管理,又表现为运用;有时仅表现为管理,或者仅表现为运用。信托财产的管理和运用必须遵循“信托财产独立性”的原则,并贯穿于信托设立至信托终止的整个过程。

关于信托财产管理方法的变更,我国《信托法》赋予了委托人和受益人单方请求受托人调整信托财产管理方法的权利,而委托人的继承人和受托人对信托财产管理方法的变更不享有任何权利。在我国,法院介入信托财产管理方法的变更只限于委托人与受益人意见出现不一致时的情况,而且须由受益人向法院提出申请。

(三)信托财产的处分

信托财产的处分是受托人的一项重要权利和义务。受托人处分信托财产应依据信托目的进行,重在保护受益人的利益。违反信托目的处分信托财产应当承担相应的法律责任。我国《信托法》对受托人违反信托目的处分信托财产的行为规定了相应的法律后果,以给委托人和受益人以一定的救济权。主要表现为:(1)撤销权、恢复原状或赔偿损失的请求权;(2)解任权和申请解任权;(3)拒付报酬权。

第三节 信托的设立、变更和终止

一、信托的设立

(一)信托行为

信托的设立,即通过一定行为在有关当事人之间创设信托关系,使这些当事人在法律上分别具备委托人、受托人以及受益人的身份。信托是一种基于信任而产生的财产关系,这种财产关系的设立、变更和终止与信托行为密不可分。信托行为有广义和狭义之分。广义的信托行为是指信托当事人之间以设立、变更或终止信托权利义务为目的,以意思表示为要素,依法产生相应法律后果的行为。狭义的信托行为仅是指信托的设立行为。

信托行为具有以下特征:(1)信托行为必须有合法的信托目的;(2)信托行为应当采取书面形式;(3)信托行为以意思表示为要素;(4)信托行为是合法行为。

信托行为必须具备有效要件才能发生法律效力,产生预期的法律效果。根据我国《民法通则》以及《信托法》的有关规定,信托行为的有效要件可以分为一般有效要件和特殊有效要件。

信托行为的一般有效要件主要表现为:(1)信托型为主体适格;(2)意思表示真实;(3)内容不违反法律或者社会公共利益。

信托行为的特殊有效要件主要源自我国《信托法》的规定,包括:(1)信托目的合法;(2)信托财产能够确定且为委托人合法所有;(3)受益人或者受益人范围确定。

(二)信托的设立形式

我国《信托法》规定,设立信托应当采取书面形式。书面形式包括信托合同、遗嘱或者法律、行政法规规定的其他书面文件等。书面形式只是信托成立的要件，而不是信托生效的要件。根据我国《信托法》第9条的规定，设立信托，其书面文件载明的事项中分为应当载明的事项和可以载明的事项两类。

1. 应当载明事项

信托书面文件应当载明的事项包括下列5项：(1)信托目的；(2)委托人、受托人的姓名或者名称、住所；(3)受益人或者受益人范围；(4)信托财产的范围、种类及状况；(5)受益人取得信托利益的形式、方法。

2. 可以载明事项

信托书面文件可以载明的事项包括下列6项：(1)信托期限；(2)信托财产的管理方法；(3)受托人的报酬；(4)新受托人的选任方式；(5)信托终止的事由；(6)其他事项。

除上述关于书面形式的要求外，如果有关法律、行政法规规定应当办理登记手续的，还应当依法办理信托登记，否则该信托不产生法律效力。

(三)无效信托

无效信托，是指信托虽然已经成立，但因其违反法律、行政法规的规定被确认为无效，从而对信托当事人不产生法律效力，达不到当事人预期的法律后果。根据我国《信托法》第11条的规定，下列6种情况下信托无效：(1)信托目的违反法律、行政法规或者损害社会公共利益的，信托无效；(2)信托财产不能确定的，信托无效；(3)委托人以非法财产或者以信托法规定不得设立信托的财产设立信托的，信托无效；(4)专以诉讼或者讨债为目的设立信托的，信托无效；(5)受益人或者受益人范围不能确定，信托无效；(6)法律、行政法规规定的其他情形。

(四)债权人的撤销权

在信托中，为了防止委托人以设立信托的方式恶意逃避债务，保护其债权人的利益，我国《信托法》专门就委托人的债权人对损害其利益的信托的撤销权作出了具体规定。所谓债权人撤销权，是指委托人设立信托损害其债权人利益的，债权人有权申请人民法院撤销该信托。债权人撤销权的构成要件有客观要件和主观要件两个方面。

1. 在客观方面，必须具备以下要件：(1)委托人须于债权成立后实施信托行为；(2)委托人的行为须系使其责任财产减少的信托行为；(3)须委托人的信托行为有害于债权。此外，能够通过行使撤销权方式进行保全的债权还必须具备一定的条件：(1)该债权必须在委托人的信托行为发生之前就已有效存在；(2)该债权主要是以金钱给付为标的的债权；(3)该债权一般并不附有担保。

2. 在主观方面，一般情况下表现为委托人、受托人以及受益人主观上均有恶意，但对该主观要件，依委托人所为的信托行为系有偿或无偿而又有所不同。债权人撤销权的行使，其效力依判决的确立而产生，并对委托人、受托人、受益人以及债权人均产生效力。同时，信托一旦被撤销，即从信托成立时起失去效力，债权人撤销权的行使可以发生溯及既往的效果。债权人的撤销权，自债权人知道或者应当知道撤销原因之日起1年内不行使的，归于消灭。

二、信托的变更和终止

(一)信托的变更

信托的变更是指当法定或约定的事由出现对依法设立的信托予以改变的行为，其有狭义和广义之分。狭义的信托变更是指信托内容的变更,即信托有效成立后,对信托内容包括信托期限、信托财产管理方法等事项所作的修改或补充;广义的信托变更除上述信托内容的变更外,还包括信托主体的变更,如受托人的变更等。

信托变更具有以下特征:(1)必须有合法有效的信托存在;(2)信托的变更必须依据法律的规定或当事人的约定进行;(3)信托的变更不得违法或违背社会公共利益;(4)信托的变更不导致原信托的消灭。

信托的变更遵循以下两项原则:(1)法定或约定事由原则,即只有当法定或约定的事由出现时才能变更信托;(2)协商一致原则,即信托当事人协商一致时可以变更信托。

信托变更后产生如下法律效力:变更信托部分内容的,该变更部分如果符合法律的规定,即发生法律效力,未变更的部分继续有效;信托的变更并没有消灭原信托关系,因此不产生溯及既往的问题,只对未来发生效力,已为的行为不因信托的变更而必然失效。当法定或约定的事由出现时,变更权人通过行使信托变更权利对信托进行变更,可以行使信托变更权的有委托人、受托人、受益人、法院和公益事业管理机构。

(二)信托的终止

当法律规定或者信托文件约定的事由出现时信托关系消灭,信托归于终止。能引起信托终止的事由主要有:信托文件规定的终止事由发生;信托的存续违反信托目的;信托的目的已经实现或者不能实现;信托当事人协商同意;信托期限届满;信托被撤销;信托被解除。

信托终止后产生以下法律后果:确定信托财产的权利归属人,权利归属人确定后,受托人应当将信托财产转移给权利归属人;信托财产在转移给权利归属人的过程中,信托被视为存续,权利归属人视为受益人;法院依法对原信托财产进行强制执行时,以权利归属人为被执行人;受托人可依法行使请求给付报酬、从信托财产中获得补偿的权利;受托人应当作出处理信托事务的清算报告,当受益人或信托财产的权利归属人对清算报告予以确认后,受托人的责任解除。

第四节 信托投资机构

一、信托投资机构的概念

信托投资机构是指经批准经营信托业务的组织机构。从历史上来看,信托投资机构是在信托长期发展的基础上产生的。我国自 19 世纪末和 20 世纪初开始引进英美的信托制度,20 世纪 20 年代出现信托机构。中华人民共和国成立后,由于客观经济条件的制约和信托业自身消极因素的影响,信托业逐渐消失。1978 年改革开放以后,信托业在我国得到恢复。1979 年 10 月中国国际信托投资公司成立,标志着我国第一家信托投资机构的诞生。此后,我国信托业得到了迅速发展,更多的信托投资机构得以设立。

二、信托投资公司

(一)信托投资公司的概念

信托公司是指依照我国《公司法》和《信托投资公司管理办法》规定设立的主要经营信托业

务的金融机构。信托公司以信任委托为基础、以货币资金和实物财产的经营管理为形式，融资和融物相结合的多边信用行为。

（二）信托投资公司的设立

1. 根据我国法律的有关规定，设立信托投资公司必须经中国银行保险监督管理机构批准，未经其批准，任何单位和个人不得经营信托业务，任何经营单位不得在其名称中使用“信托投资”字样；

2. 设立信托投资公司，应当采取有限责任公司或者股份有限公司的形式，并具备法定的条件；

3. 在程序上，首先要向主管机关提出设立申请，主管机关在收到申请设立信托机构的正式申请文件和有关材料后，应当进行审查，作出许可或者不许可设立的决定，经主管机关审查批准后，经批准设立的信托投资公司应持中国银行保险监督管理机构颁发的信托机构法人许可证到工商行政管理部门申请登记注册，注册后由工商行政管理部门核发营业执照，信托投资公司自领取营业执照之日起宣告正式成立。

信托投资公司设立后，在发展过程中可根据发展需要或者某些客观情况的变化，变更其有关事项，但变更必须经中国银行保险监督管理机构批准，依法进行。

三、信托投资机构的业务范围

依我国有关法律、法规的规定，我国信托投资公司可经营下列业务：信托业务，投资基金业务，投资银行业务，中间业务，自有资金的投资、贷款、担保等业务和公益信托业务。信托投资公司可依法或依信托文件的约定，采取贷款、投资、出售、出租等多种方式开展信托业务。

信托投资公司在开展信托业务时必须遵循下列规则：(1)以书面的形式设立信托，书面形式包括信托合同、遗嘱或者法律、法规规定的其他书面文件；(2)以受益人利益最大化为宗旨处理信托事务，并谨慎管理信托财产；在业务经营中不得为法律、法规禁止的行为；(3)应当自己处理信托事务，但信托文件另有规定或者有不得已事由的，可以委托他人代为处理；(4)应当将信托财产与其固有财产分别管理、分别记账，并将不同委托人的信托财产分别管理、分别记账；(5)每年应当从税后利润中提取5%，设立信托赔偿准备金，但该赔偿准备金累计总额达到公司注册资本的20%时，可不再提取。

复习思考题

一、名词解释

1. 信托；2. 信托财产；3. 信托目的；4. 信托委托人；5. 信托受托人；6. 信托受益人；7. 信托投资公司；8. 遗嘱信托。

二、单项选择

1. 我国《信托法》自(　　)起施行。

A. 2000 年 4 月 28 日　　B. 2000 年 10 月 1 日

C. 2001 年 4 月 28 日　　D. 2001 年 10 月 1 日

2. 信托行为设立的基础是(　　)。

A. 委托　　B. 金钱

C. 信任　　D. 股权

3. 信托业务中,在受托人无过失的情况下,信托财产的风险由(　　)负责。

A. 委托人和受益人　　B. 委托人和受托人

C. 受托人和受益人　　D. 受托人和担保人

4. 下列哪项义务属于信托受益人的义务?(　　)。

A. 忠实义务　　B. 定期报告义务

C. 支付报酬义务　　D. 依法保密义务

5. 信托业务的监管机构是(　　)。

A. 中国人民银行　　B. 证监会

C. 银保监会　　D. 信监会

三、多项选择

1. 信托法律关系当事人包括(　　)。

A. 信托委托人　　B. 信托财产管理人

C. 信托受托人　　D. 信托受益人

2. 信托受益人的义务有哪些?(　　)。

A. 忠实义务　　B. 补偿义务

C. 支付报酬义务　　D. 依法保密义务

3. 信托财产的独立性表现在(　　)。

A. 信托财产独立于委托人的财产　　B. 信托财产独立于受托人的财产

C. 信托财产独立于受益人的财产　　D. 信托财产独立于信托监管机构的财产

4. 以下哪种信托是按资金运用进行的分类?(　　)。

A. 财产信托　　B. 债权信托

C. 股权信托　　D. 资产证券化信托

5. 信托投资公司的组织形式有(　　)。

A. 有限责任公司　　B. 特殊的普通合伙企业

C. 有限合伙企业　　D. 股份有限公司

四、简答

1. 什么是信托?信托的法律特征有哪些?

2. 什么是信托法律关系?信托法律关系中的当事人有哪些?

3. 信托行为的特征是什么?信托行为有效的要件有哪些?

4. 信托财产的范围包括哪些?

第二十一章　税收法律制度

本章知识结构图

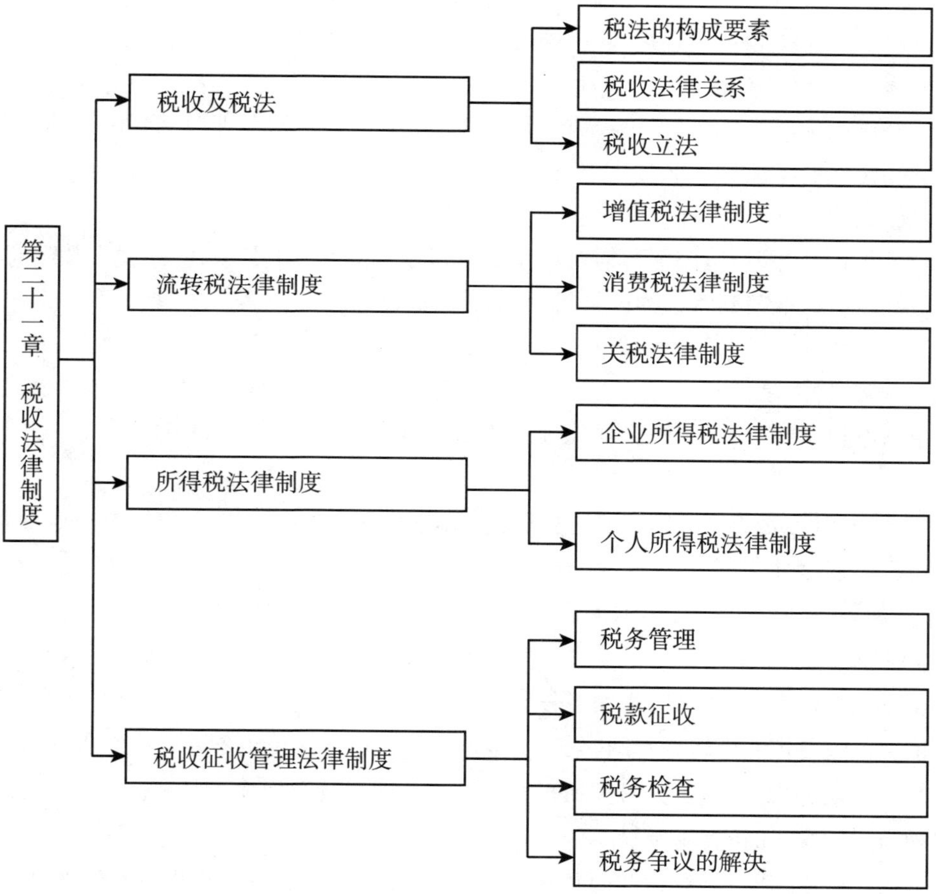

引导案例

2018 年 10 月 3 日新华社就范冰冰“阴阳合同”涉税一事公开发声，称案件事实已经查清。从调查核实情况来看，范冰冰在电影《大轰炸》剧组拍摄过程中，实际取得片酬 3000 万元，其中 1000 万元已经申报纳税，其余 2000 万元以拆分合同方式偷逃个人所得税 618 万元，少缴营业税及附加 112 万元，合计 730 万元。此外，还查出范冰冰及其担任法定代表人的企业少缴税款 2.48 亿元，其中偷逃税款 1.34 亿元。对于上述违法行为，有关部门对范冰冰和其工作室处以滞纳金罚款共计约8.83亿元人民币。

问题：

1. 什么是“阴阳合同”？

2. 偷税和逃税有何区别？

第一节　税法概述

一、税收与税法

(一)税收的概念及特征

税收是国家为了满足社会公共需要，无偿地取得财政收入的一种形式。税收具有无偿性、强制性和固定性的特征。

1. 税收的无偿性

税收的无偿性，是指国家征税后对纳税人不存在直接意义上的偿还，纳税人从政府的财政支出中所获得的利益与其缴纳的税款间不存在等价有偿的对应关系。

2. 税收的强制性

税收的强制性，是指国家通过法律形式对社会产品进行分配，而非纳税人自愿缴纳。纳税人必须依法纳税，否则会受到法律制裁，强制性是国家权力在税收领域的体现。

3. 税收的固定性

税收的固定性，是指税收国家通过立法，事先规定了纳税人、征税对象以及税率等要素，并保持稳定性及连续性，可以保证国家财政收入的及时、稳定和可靠，也可以使纳税人预见其税收负担，任何单位和个人无权擅自改变税法的规定，增加或减少纳税义务。

(二)税收的分类

依据不同的标准，税收可以作如下分类。

1. 依据税收负担能否转嫁不同，分为直接税与间接税。凡税负不能转嫁给他人，须由纳税人直接承担的税种为直接税，如各类所得税。凡税负可以转嫁于他人，纳税人只是间接承担税负的税种为间接税，如各类流转税。

2. 依据计税依据的不同，税收可以分为从量税与从价税。从量税以征税对象的数量、重量、容量为依据计征的税种。从价税以征税对象的价格(商品或劳务的销售额)为计税依据的税种，按照价格的一定比例计征税款。

3. 按税收与价格的关系分为价内税与价外税。凡在产品或服务的售价中已经包括税款的为价内税。凡税款独立于价格之外的为价外税，买方在购买商品或接受服务时除支付价款外还要单独支付税款，如增值税。

4. 按照税收收入归属不同，分为中央税、地方税及中央与地方共享税。凡是全部税收收入归属于中央财政收入的税种为中央税，如消费税、关税、车辆购置税等。凡是全部税收收入归地方财政的税种为地方税，如房产税等。共享税的税收收入在中央和地方之间按照一定比例分成享有,如增值税、所得税等。

5. 依据征税对象不同,分为商品税、所得税、财产税。商品税是指对商品或服务征收的税;所得税是指对公司企业所得或个人所得征收的税;财产税是指对静态财产本身征收的税。

(三)税法的概念及分类

税法是指国家指定的调整征税主体与纳税主体在征税方面的权利及义务关系的法律规范的总称。税法与税收制度密切联系,税法是税收制度的法律表现形式,税收制度是税法调整的具体内容。税法与税收是形式与内容的关系,两者密不可分,有税必有法、有法必有税。税法的内容丰富、范围广泛,可以按照不同的标准作如下分类。

1. 按税法的基本内容和效力的不同,可分为税收基本法和税收普通法。税收基本法是税法的主体和核心,在税法体系中起着母法的作用。我国目前尚未制定统一的税收基本法。税收普通法是相对于税收基本法来说的,是根据税收基本法的原则,对税收基本法规定的事项分别规定的法律,如各税种法、税收征管法等。

2. 按照税法的职能作用不同,分为税收实体法和税收程序法。税收实体法是指各税种的立法,具体规定各税种的纳税人、征收对象、税率等具体要素。税收程序法是指税务管理方面的法律,如我国《税收征收管理法》就是税收程序法。

3. 按照各税种的征税对象不同,可分为流转税法、所得税法、资源及财产税法等。流转税法包括增值税、消费税和关税,征税对象是商品和劳务,在商品的生产、销售等流通环节征收;所得税包括企业所得税和个人所得税,以纳税人的纯所得为征税对象,可以调节收入、调整分配关系;财产税对纳税人拥有的不动产如车辆、船舶以及房屋、土地使用等征收。

二、税法的构成要素

税法的构成要素是指各税种单行法所具有的共同基本要素的总称。具体包括以下几项。

(一)纳税人

纳税人是指税法规定的直接负有纳税义务的单位和个人。任何一个税种首先要解决的就是“国家向谁征税”的问题。

(二)征税对象

征税对象是指税法规定对什么征税,解决的是对什么征税的问题。征税对象是区别一种税与另一种税的重要标志,按征税对象的不同才形成了不同的税种法种类。

(三)税率

税率是计算税款的比例或征收额度,是计算税额的尺度,也是衡量税负轻重的标志,体现了征税的深度。我国目前采用的税率形式有比例税率、定额税率、超额累进税率和超率累进税率。

比例税率是对同一征税对象,不分数量多少、数额大小,均按同一比例计算应征税额。定额税率也叫固定税率或固定税额,是指对单位对象,不采用百分比的形式,而是直接规定固定的税额。定额税率适用于从量计征的税种。

超额累进税率是把征税对象的数额划分为若干等级,各等级分别适用相应的等级税率征税。当征税对象超过某一等级时,仅就超过的这一部分按较高一级的税率征税;超率累进税率是指对纳税人的全部征税对象,按税率表规定的相对量级距,划分为若干段分别适用不同的税率,各段应纳税额的总和就是全部征税对象的应纳税额。超率累进税率与超额累进税率的原理相同,不同是前者以征税对象的增长率为累进依据,后者则以征税对象的数额为累进依据。

(四)纳税期限

纳税期限是指税法规定的关于税款缴纳时间方面的限定。税法关于纳税期限的规定有3个概念:一是纳税义务发生时间,是指在法律上何时产生纳税义务,一般是指应税行为的发生时间。二是纳税期限,是指纳税人发生纳税义务后每隔固定时间汇总一次纳税义务的时间。三是申报纳税期限,是指税法规定的纳税期限届满后,纳税人将应纳税款缴入国库的时间,属于税法的程序性要素。

(五)纳税地点

纳税地点主要是指根据各个税种征税对象的纳税环节和有利于税务机关征管而规定的具体纳税地点。

(六)税收优惠

税收优惠也称减免税,是指对某些纳税人给予的减少征税或免税的特殊规定。

三、税收法律关系

税收法律关系是指由税收法律规范确认和调整的发生在征税主体和纳税主体之间的权利义务关系。国家征税和纳税人在纳税形式上表现为利益分配关系,但经过法律明确其双方的权利与义务后,这种关系实质上已上升为一种特定的法律关系。

(一)税收法律关系的构成

税收法律关系和其他法律关系一样,包括税收法律关系的主体、客体和内容三个部分。

1. 税收法律关系的主体

税收法律关系的主体即税收法律关系中享有权利和承担义务的当事人。在我国税收法律关系中,主体一方是代表国家行使征税权的征税主体,包括各级税务机关、海关和财政机关;另一方是纳税主体,包括依法负有纳税义务的纳税人和依法负有代扣代缴义务的扣缴义务人。

2. 税收法律关系的客体

税收法律关系的客体是税收法律关系主体的权利、义务所共同指向的对象,一般认为客体就是征税对象。不同的税收法律关系有不同的征税对象,如流转税法律关系的客体是商品和劳务,所得税法律关系的客体是所得等。

3. 税收法律关系的内容

税收法律关系的内容就是权利主体所享有的权利和所应承担的义务,这也是税收法律关系中最实质的东西。税务机关的权利主要表现在依法征税、税务检查以及对违章者进行处罚,其义务主要是向纳税人宣传、解读税法、依法受理纳税人对税收争议的申诉等。

纳税义务人的权利主要有申请退税权、延期纳税权、依法申请减免税权、申请行政复议和提起行政诉讼权等;其义务主要是依法办理税务登记、进行纳税申报、接受税务检查和依法纳税等。

(二)税收法律关系的产生、变更与消灭

税法是引起税收法律关系的前提条件,但税法本身并不能产生具体的税收法律关系。税收法律关系的产生、变更和消灭由税收法律事实来决定。税收法律事实可以分为事件和行为,事件是不以主体的意志转移的客观情况,而行为是在主体的正常意志支配下的活动。前者如自然灾害可以使纳税人的纳税义务减免,后者如纳税人开业经营而产生税收法律关系,因停业而使税收法律关系终止。

四、税收立法

税收立法是指有权机关依据法定程序,遵循法定权限制定、修改和废止税收法律法规和规章的活动。由于制定税收法律、法规和规章的机关不同,其法律级次不同,因此其法律效力也不同。

(一)税收立法体制

1. 全国人民代表大会和全国人大常委会制定税收法律。在我国现行税法中,《企业所得税法》《个人所得税法》《税收征收管理法》都是税收法律,除《宪法》外,税收法律具有最高的法律效力,是其他机关制定税收法规和规章的依据。

2. 全国人大或人大常委会授权立法。授权立法是全国人大及其常委会根据需要授权国务院制定某些具有法律效力的暂行规定或者条例。授权立法与制定行政法规不同,国务院经授权立法所制定的规定或条例等,具有国家法律的性质和地位,其法律效力高于行政法规,如各个流转税种目前都是以暂行条例的形式存在的,为在条件成熟时上升为法律做好准备。

3. 国务院制定税收行政法规。国务院作为最高权力机关的执行机关,是最高的国家行政机关,拥有广泛的行政立法权。税收行政法规在全国范围内适用,其效力位于宪法、法律之下,但高于地方法规、部门规章、地方规章。国务院发布的《企业所得税暂行条例》《税收征收管理法实施细则》等,都是税收行政法规。

4. 地方人民代表大会及其常委会制定税收地方性法规。由于我国在税收方面的立法上坚持“统一税法”的原则,因此,地方权力机关制定税收地方性法规很少,只在海南省和各民族自治地区按照全国人大授权立法规定,在遵循《宪法》、法律和行政法规的原则基础上,可以制定有关税收地方性法规,其他省市一般都无权制定税收地方性法规。

5. 国务院税务主管部门制定税收部门规章。国务院各个部、委、局、署等单位,根据法律和行政法规在本部门的权限内,发布命令、指示和规章。有权制定税收部门规章的税务主管机关是财政部、国家税务总局和海关总署。税收部门规章在全国范围内具有普遍效力,但不得与税收法律、行政法规相抵触。例如,财政部颁发的《增值税暂行条例实施细则》等属于税收部门规章。

6. 地方政府制定税收地方规章。地方政府制定税收规章必须在法律、法规的明确授权下,并且不得与税收法律、法规相抵触。地方政府越权制定税收规章的,没有法律效力。国务院发布实施的城市维护建设税、车船税、房产税的地方性税种暂行条例均规定,省、自治区和直辖市人民政府可根据条例制定实施细则。

(二)我国税收立法权划分现状

具体而言,我国税收立法权划分的层次如下所示。

1. 全国性税种的立法权,即包括全部的中央税、中央和地方共享税和在全国范围内开征的地方税的税法立法权集中在中央,属于全国人民代表大会及其常委会。

2. 经全国人大及其常委会授权,全国性税种可先由国务院以“条例”或“暂行条例”的形式存在,经过一段时期,待立法条件成熟后再行修订,由全国人大及其常委会正式立法。

3. 经全国人大及其常委会授权,国务院有制定税法实施细则、增减税目和调整税率的权力。经国务院授权,国家税务主管部门有税收条例的解释权,即制定税收条例实施细则。

4. 省级人民代表大会及其常委会有根据本地区经济发展的具体情况和实际需要,在不违背国家统一税法、不影响中央财政收入、不妨碍统一市场的前提下,开征全国性税种以外的地方税种的税收立法权。

5. 经省级人民代表大会及其常委会授权,省级人民政府有本地区地方税法的解释权。地区性地方税收的立法权应仅限于省级立法机关或经省级立法机关授权同级政府,不能层层下放。

第二节　流转税法律制度

一、增值税法律制度

流转税是以商品生产流通和劳务服务在各个环节的增值额为计税依据的一类税。我国现行的流转税包括增值税、消费税和关税等税种,是我国税收收入的主要来源。

(一)概念和特点

增值税是指在我国境内销售货物或者加工、修理修配劳务(以下简称劳务),销售服务、无形资产、不动产以及进口货物的单位和个人就其实现的增值额征收的一种税。1993 年 12 月 13 日国务院发布了《增值税暂行条例》,并于 1994 年 1 月 1 日起施行。2008 年国务院决定全面实施增值税转型改革,将生产型增值税转为消费型增值税,2008 年 11 月 10 日国务院公布了修订后的《增值税暂行条例》(第一次修订),并于 2009 年 1 月 1 日起施行。2011 年年底国家决定在上海试点营业税改征增值税工作,2016 年 3 月 23 日财政部和国家税务总局发布了《关于全面推开营业税改征增值税试点的通知》(财税〔2016〕36 号),决定自 2016 年 5 月 1 日起,在全国范围内全面推开"营改增"试点。2017 年 11 月 19 日国务院发布了《关于废止〈中华人民共和国营业税暂行条例〉和修改〈中华人民共和国增值税暂行条例〉的决定》(第二次修订),决定自公布之日起施行。

(二)纳税人

在中华人民共和国境内销售货物或者加工、修理修配劳务,销售服务、无形资产、不动产以及进口货物的单位和个人,为增值税的纳税人。按照会计核算是否健全以及经营规模大小又分为一般纳税人和小规模纳税人。

1. 一般纳税人

一般纳税人是指年应税销售额超过小规模纳税人的企业和企业性单位。下列纳税人不属于一般纳税人:(1)年应税销售额未超过小规模纳税人标准的企业;(2)个人;(3)非企业单位;(4)不经常发生增值税应税行为的企业。

2. 小规模纳税人

发生应税行为的纳税人,年销售额在 500 万元以下的为小规模纳税人。

（三）征税对象

增值税的征税对象范围广泛，包括以下几个方面。

1. 销售或者进口的货物。货物是指有形动产，包括热力、电力和气体等。

2. 加工、修理修配劳务。加工是指受托制造货物并收取加工费的行为；修理修配是指对丧失功能的货物进行修复，使其恢复原状和功能的业务。

3. 销售服务、无形资产和不动产。

（四）税率

增值税实行比例税率，又由于一般纳税人和小规模纳税人的不同分别使用不同的税率。一般纳税人适用基本税率和低税率。其中，纳税人销售货物、劳务、有形动产租赁服务或者进口货物，除另有规定外，税率为17%。纳税人销售交通运输、邮政、基础电信、建筑、不动产租赁服务，销售不动产，转让土地使用权，销售或者进口生产生活资料的，税率为11%。2018年4月4日财政部和国家税务总局发布了《关于调整增值税税率的通知》（财税〔2018〕32号），规定从2018年5月1日起，将制造业等行业增值税税率从17%降至16%，将交通运输、建筑、基础电信服务等行业及农产品等货物的增值税税率从11%降至10%。2019年3月20日财政部、税务总局、海关总署联合发布了《关于深化增值税改革有关政策的公告》（财政部、税务总局、海关总署公告2019年第39号），规定增值税一般纳税人发生增值税应税销售行为或者进口货物，原适用16%税率的，税率调整为13%；原适用10%税率的，税率调整为9%。

此外，为鼓励出口，除国务院另有规定外，出口环节税率为零。小规模纳税人适用征税率，不区分货物种类一律按照3%来计税。

（五）计税原理

1. 一般纳税人的计税原理。我国对于增值税一般纳税人的计税采用的是抵扣法，即先按当期销售额和适用税率计算出销项税额，然后对当期购进项目已经缴纳的税款（进项税额）进行抵扣，从而间接计算出应当缴纳的增值税。增值税一般纳税人销售货物或者提供应税劳务的应纳税额，等于当期销项税额抵扣当期进项税额后的余额。计算公式如下：

当期应纳税额 = 当期销项税额 − 当期进项税额
　　　　　　 = 当期销售额 × 税率 − 当期进项税额

2. 小规模纳税人的计税原理。小规模纳税人销售货物或者提供应税劳务，实行按照销售额和征收率计算应纳税额的简易办法，并且不得抵扣进项税额。其应纳税额计算公式如下：

应纳税额 = 销售额 × 征税率

3. 进口货物应纳增值税的计算。进口货物的计算不再区分一般纳税人和小规模纳税人，一律按照组成计税价格作为计税依据，依据法定税率计算。计算公式如下：

应纳税额 = 组成计税价格 × 税率

组成计税价格 = 关税完税价格 + 关税 + (消费税)

(六)增值税的征收管理

1. 纳税义务的发生时间

纳税人销售货物或者应税劳务,为收讫销售款项或者取得销售款项凭据的当天;先开具发票的,为开具发票的当天。纳税人进口货物的,为报关进口的当天。

2. 纳税期限

增值税的纳税期限分别为:1 日、3 日、5 日、10 日、15 日、1 个月或者 1 个季度。纳税人的具体纳税期限,由主管税务机关根据纳税人应纳税额的大小分别核定;不能按照固定期限纳税的,可以按次纳税。纳税人以 1 个月或者 1 个季度为 1 个纳税期的,自期满之日起 15 日内申报纳税;以 1 日、3 日、5 日、10 日或者 15 日为 1 个纳税期的,自期满之日起 5 日内预缴税款,于次月 1 日起 15 日内申报纳税并结清上月应纳税款。

3. 纳税地点

固定业户应当向其机构所在地主管税务机关申报纳税;非固定业户销售货物或者应税劳务,应当向销售地主管税务机关申报纳税;进口货物,应当由进口人或其代理人向报关地海关申报纳税。

二、消费税法律制度

(一)概念和特点

消费税是对特定消费品征收的一种流转税。1993 年 12 月 13 日国务院发布了《消费税暂行条例》,并于 1994 年 1 月 1 日起施行。2008 年 11 月 5 日国务院颁布了修订以后的《消费税暂行条例》,并于 2009 年 1 月 1 日起施行。消费税具有以下几方面特征。

1. 以特定消费品为征税对象;

2. 实行单一环节征收,其征税环节一般选择委托加工环节、销售环节、进口环节、零售环节征收;

3. 消费税是间接税,即纳税义务人和实际负担税款的消费者不是同一主体。

(二)纳税人

总体而言,消费税的纳税义务人是指在中华人民共和国境内生产、委托加工和进口特定消费品的单位和个人。

(三)征税对象

消费税的征税对象是,对有形的特定消费品征税,不对服务类无形消费征税。征税范围具体包括 5 类消费品:有害消费品、高能耗消费品、奢侈消费品、不可再生或替代消费品、具有一定财政意义的消费品。

(四)税率

1. 比例税率。计税方法从价计征,绝大多数应税消费品使用比例税率计税。

2. 定额税率。仅啤酒、黄酒、汽油、柴油适用定额税率,从量计征。

3. 复合税率。同时适用比例税率从价计征又适用定额税率从量计征,如卷烟、粮食和薯类白酒适用。

（五）计税原理

1. 生产销售应税消费品的计算公式

（1）从价计征情况下：应纳消费税 = 销售额 × 比例税率

（2）从量计征情况下：应纳消费税 = 销售量 × 单位税额

2. 委托加工应税消费品的计算公式

委托加工业务是指原材料必须由委托方提供，受托方只能收取加工费用和代垫部分辅助材料的加工业务。对于符合条件的委托加工业务委托方是消费税的纳税义务人，受托方负责代扣代缴消费税税款。

应纳消费税 = 组成计税价格 × 消费税税率

组成计税价格 = (原材料成本 + 辅料成本 + 加工费) ÷ (1 − 消费税税率) × 消费税税率

3. 生产应税消费品后自我使用情况下消费税的计算公式

应纳消费税 = 组成计税价格 × 消费税税率

组成计税价格 = (成本 + 利润) ÷ (1 − 消费税税率)

（六）征收管理

1. 纳税义务的发生时间

纳税人生产并销售消费品的，其纳税义务发生时间为取得销售款或取得付款凭据的当天；纳税人自产自用的应税消费品，其纳税义务的发生时间，为移送使用的当天。纳税人委托加工的应税消费品，其纳税义务的发生时间，为纳税人提货的当天。纳税人进口的应税消费品，其纳税义务的发生时间，为报关进口的当天。

2. 纳税期限

消费税的纳税期限，由税务机关根据纳税人应纳消费税税额的大小，分别核定为 1 日、3 日、5 日、10 日、15 日或者 1 个月。如不能按照固定期限纳税的，可按每次取得的销售收入计算纳税。

3. 纳税地点

（1）纳税人销售的应税消费品，以及自产自用的应税消费品，除国家另有规定外，应当向纳税人核算地主管税务机关申报纳税；（2）委托加工的应税消费品，由受托方向所在地主管税务机关代扣代缴税款。受托方为个体经营者，应于委托方收回后，在委托方所在地缴税；（3）进口的应税消费品，由进口人或者其代理人向报关地海关缴纳消费税。

三、关税法律制度

（一）关税的概念及特征

关税是指对进出境的货物或物品由海关负责征收的一种流转税。现行关税法律规范以

2007 年 7 月修订的《海关法》为法律依据,以 2003 年 11 月国务院发布的《进出口关税条例》以及作为条例组成部分的《海关进出口税则》为基本法规。关税具有以下特征。

1. 纳税上的统一性和一次性。按照全国统一的《进出口关税条例》和《海关进出口税则》征收关税,在征收一次性关税后,货物就可在关境内流通,不再另行征收关税。

2. 征收上的过"关"性。是否征收关税,是以货物是否通过关境为标准。凡是进出关境的货物才征收关税;凡未进出关境的货物则不属于关税的征税对象。

3. 税率上的复式性。同一进口货物设置优惠税率和普通税率的复式税则制。优惠税率是一般的、正常的税率,适用于同我国订有贸易互利条约或协定的国家;普通税率适用于同我国没有签订贸易条约或协定的国家。这种复式税则充分反映了关税具有维护国家主权、平等互利发展国际贸易往来和经济技术合作的特点。

4. 征管上的权威性。关税是通过海关执行的。海关是设在关境的国家行政管理机构,是贯彻执行本国有关进出口政策、法令和规章的重要保障机构。其任务是根据有关政策、法令和规章,对进出口货物、货币、金银、行李、邮件、运输工具等实行监督管理,如征收关税、查禁走私货物、临时保管通关货物和统计进出口商品等。

5. 对进出口贸易的调节性。许多国家通过制定和调整关税税率来调节进出口贸易。在出口方面,通过低税、免税和退税来鼓励商品出口;在进口方面,通过税率的高低、减免来调节商品的进口。

(二)关税的分类

1. 按货物的流向不同,关税可分为进口关税、出口关税和过境关税。进口关税,即对国外转入本国的货物和物品所征收的一种关税。出口关税,即对从本国输往外国的货物和物品于出境时征收的一种关税。过境关税,即对进入本国港口停留转运他国的货物征收的一种关税。

2. 按征收目的不同,关税可分为保护性关税和财政性关税。保护性关税,即以保护本国经济发展为首要目的而征收的关税;保护性关税主要体现在进口关税方面,一般设置较高的税率。财政性关税,也称收入关税,即以增加财政收入为主要目的而征收的关税。

3. 按对进口国的差别待遇不同,关税可分为加重关税和优惠关税。加重关税是指对从某些输出国、生产国的进口货物,因某种原因(如歧视、报复、保护和经济方面的需要等)在征收一般进口关税之外又加征的一种临时进口附加税,主要包括反倾销关税、反补贴关税、报复关税等。优惠关税是指对来自某些特定的受惠国的货物,使用比普通税率较低的优惠税率而给予的优惠待遇,包括互惠关税、特惠关税、普惠关税和最惠国待遇。

4. 按计税标准不同,关税可分为从价关税、从量关税、复合关税和滑动关税。从价关税,即以货物的价格作为计税依据而计算征收的关税。我国对进口商品基本上都实行从价税。从量关税,即以货物的重量、长度、容量、面积等计量单位为计税依据而计算征收的关税。复合关税,即对同一种进口货物同时使用从价和从量计征的一种关税。滑动关税,或称滑准税,是指一种关税税率随进口货物价格由高到低而由低到高设置计征关税的方法。滑准税可以使进口货物价格越高,其进口关税税率越低,进口货物价格越低,其进口关税税率越高。

(三)纳税人

关税的纳税人是指根据关税法的规定,负有缴纳关税义务的单位和个人,包括进口货物的收货人、出口货物的发货人。物品的关税纳税人包括入境旅客随身携带的行李、物品的持有人、各种运输工具上服务人员入境时携带自用物品的持有人、馈赠或以其他方式入境物品的所有人、进口个人邮件的收货人。

（四）税率

现代关税法规定，对进出关境的不同商品甚至来自不同国家或地区的同一商品使用不同的关税率。关税的税率分为进口税率和出口税率两个部分。

1. 进口关税设置最惠国税率、协定税率、特惠税率、普通税率、关税配额税率等多种税率。对于进口货物在一定期限以内可以实行暂定税率。

2. 出口关税设置出口税率，对于出口货物在一定期限以内也可以实行暂定税率，适用出口税率的出口货物有暂定税率的，应当适用暂定税率。

（五）关税完税价格

关税完税价格是关税的计税依据，是指为计算应纳关税而由海关审核确定的进出口货物的价格。根据国际性海关估价的规定，海关估价的主要依据是成交价格或发票价格，同时规定了应当包括的费用和不应当包括的费用来调整成交价格，形成了以成交价格为基础的离岸价格或到岸价格。

1. 进口货物的完税价格

进口货物的完税价格，以海关审定的成交价格为基础的到岸价格作为完税价格。到岸价格包括货价、加上起卸前的包装费、运费、保险费和其他劳务费等费用，以及支付的与进口该项货物有关的知识产权转让与使用的费用和资料费。海关估价是指海关确定货品的完税价格的过程；海关估价的依据为进出口货物的实际成交价格，或一般贸易项下买方为购买该项货物向卖方实际支付或应当支付的价格。海关有权依据一定的标准对申报不实的成交价格进行调整。

2. 出口货物的完税价格

出口货物的完税价格，由海关以该货物向境外销售的成交价格为基础予以审查确定，并应包括货物运至我国境内输出地点装卸前的运输及相关费用、保险费，在成交价格以外支付给国外的佣金单独列明的准予扣除，在成交价格以外，买方另行支付的货物包装费计入成交价格，就形成了以成交价格为基础的离岸价格，但其中包含的出口关税税额应当扣除。

（六）关税的征收管理

进口货物自运输工具申报进境之日起 14 日内，出口货物在货物运抵海关监管区后装货的 24 小时以前，应由进出口货物的纳税义务人向货物进（出）境地海关申报，海关根据《海关进出口税则》归类和完税价格计算应缴纳的关税和进口环节代征税，并填发税款缴款书。纳税义务人或他们的代理人应在海关填发税款缴纳证的次日起 15 日内，向指定银行缴纳税款。如关税缴纳期限的最后一日是周末或法定节假日，则关税缴纳期限顺延至周末或法定节假日过后的第一个工作日。

为了方便纳税义务人，经申请且海关同意，进（出）口货物的纳税义务人可以在设有海关的指运地（启运地）办理海关申报、纳税手续。关税纳税义务人因特殊情况不能按期缴纳税款的，经海关审核批准将纳税义务人的全部或部分应纳税款的缴纳期限予以延长，但最长不得超过 6 个月。

第三节　所得税法律制度

一、企业所得税法律制度

所得税是以纳税人的纯收益为征税对象的一类税。我国现行所得税包括企业所得税和个人所得税两种。

企业所得税法是指国家制定的用以调整企业所得税征收与缴纳之间权利及义务关系的法律规范。现行企业所得税法的基本规范,是2007年3月16日第十届全国人民代表大会第五次全体会议通过的《企业所得税法》和2007年11月28日国务院第197次常务会议通过的《企业所得税法实施条例》。

企业所得税是对我国境内的企业或其他组织获取的生产经营所得和其他所得征收的一种税。

(一)纳税人

我国《企业所得税法》第1条规定:"在中华人民共和国境内,企业和其他取得收入的组织(以下统称企业)为企业所得税的纳税人,依照本法的规定缴纳企业所得税。个人独资企业、合伙企业不适用本法。"按照一定标准,企业所得税的纳税人具体分为居民企业和非居民企业。

所谓居民企业,是指依法在中国境内成立,或者依照外国(地区)法律成立但实际管理机构在中国境内的企业。居民企业应当就其源于中国境内、境外的所得缴纳企业所得税。非居民企业是指依照外国(地区)法律成立且实际管理机构不在中国境内,但在中国境内设立机构、场所的,或者在中国境内未设立机构、场所,但有源于中国境内所得的企业。

非居民企业在中国境内设立机构、场所的,应当就其所设机构、场所取得的源于中国境内的所得,以及发生在中国境外但与其所设机构、场所有实际联系的所得,缴纳企业所得税。非居民企业在中国境内未设立机构、场所的,或者虽设立机构、场所但取得的所得与其所设机构、场所没有实际联系的,应当就其源于中国境内的所得缴纳企业所得税。

(二)税率

企业所得税的税率既体现了企业的税收负担水平,也决定了国家所得税税收收入的规模,企业所得税的税率适中,为25%。在特殊情况下,还规定了优惠税率20%。

(三)征税对象

企业所得税的征税对象是企业的各项应税所得,应税所得不同于企业的收入总额,应税所得是纯所得,主要包括生产、经营所得、财产转让所得、利息所得、租赁所得、特许权使用费所得等。

(四)企业所得税的计算

企业所得税的计税依据是应纳税所得额,即企业每一纳税年度的应税收入总额减去准予扣除项目后的余额。其中,收入总额是指企业在生产经营活动中以及其他行为取得的各项收入的总和,包括纳税人源于中国境内、境外的生产经营收入和其他收入。在计算应纳税所得额时准予从收入额中扣除的项目，是指纳税人每一纳税年度发生的与取得应纳税收入有关的所有必要和正常的成本、费用、税金和损失。按税法规定的程序和标准确定，其计算公式如下所示：

应纳税所得额 = 收入总额 − 准予扣除项目金额

应纳所得税 = 应纳税所得额 × 税率

（五）企业所得税的税收优惠

企业所得税法中规定了大量的税收优惠措施，改变了以往单纯的地域优惠，侧重于行业优惠，如国家对重点扶持和鼓励发展的产业和项目，给予企业所得税优惠；符合条件的小型微利企业，减按 20% 的税率征收企业所得税；国家需要重点扶持的高新技术企业，减按 15% 的税率征收企业所得税等。

（六）征收管理

1. 纳税期限

企业所得税按纳税年度计算。纳税年度自公历 1 月 1 日起至 12 月 31 日止。企业在 1 个纳税年度中间开业，或者终止经营活动，使该纳税年度的实际经营期不足 12 个月的，应当以其实际经营期为 1 个纳税年度。企业所得税分月或者分季预缴。企业应当自月份或者季度终了之日起 15 日内，向税务机关报送预缴企业所得税纳税申报表，并预缴税款。企业应当自年度终了之日起 5 个月内，向税务机关报送年度企业所得税纳税申报表，并汇算清缴，结清应缴应退税款。

2. 纳税地点

除税收法律、行政法规另有规定外，居民企业以企业登记注册地为纳税地点；但登记注册地在境外的，以实际管理机构所在地为纳税地点。居民企业在中国境内设立不具有法人资格的营业机构的，应当汇总计算并缴纳企业所得税。非居民企业在中国境内设立经营机构的，以机构、场所所在地为纳税地点。非居民企业在中国境内设立 2 个或者 2 个以上机构、场所的，经税务机关审核批准，可以选择由其主要机构、场所汇总缴纳企业所得税。非居民企业在我国未设立经营机构或者取得与设立的经营机构无关的所得，以扣缴义务人所在地为纳税地点。

二、个人所得税法律制度

个人所得税是对自然人取得的各项应税所得为征税对象而征收的一种所得税。自 1980 年 9 月 10 日第五届全国人民代表大会第三次会议审议通过了《个人所得税法》以来，该法于 1993 年、1999 年、2005 年、2007 年、2011 年和 2018 年分别经历了 7 次修订。

（一）纳税人

个人所得税的纳税义务人是自然人，是与企业、法人相对的主体，包括我国公民和外籍个人。按照住所和居住时间来划分，具体包括居民和非居民纳税人。居民纳税人是指在中国境内有住所，或者无住所而在境内居住满 183 日的个人。对于居民纳税人，对其源于中国境内和境外取得的所得，依照规定缴纳个人所得税。非居民纳税人是指在中国境内无住所又不居住或者无住所而在境内居住不满 183 日的个人。对于非居民纳税人，仅对其源于中国境内取得的所得，依照规定缴纳个人所得税。

(二)征税对象

个人所得税的征税对象包括下列种类的所得。

1. 工资、薪金所得;

2. 劳务报酬所得;

3. 稿酬所得;

4. 特许权使用费所得;

5. 经营所得;

6. 利息、股息、红利所得;

7. 财产租赁所得;

8. 财产转让所得;

9. 偶然所得。

居民个人取得前述第1项至第4项所得(以下统称综合所得),按纳税年度合并计算个人所得税;非居民个人取得前述第1项至第4项所得,按月或者按次分项计算个人所得税。纳税人取得前述第5项至第9项所得,依照企业所得税法的规定分别计算个人所得税。

(三)税率

个人所得税的税率包括超额累进税率和比例税率两种。其中,综合所得适用3% ~45%的超额累进税率(税率表一附后);经营所得适用5% ~35%的超额累进税率(税率表二附后);利息、股息、红利所得、财产租赁所得、财产转让所得和偶然所得适用比例税率,税率为20%。

个人所得税税率表一

(综合所得适用)

级数	全年应纳税所得额	税率(%)
1	不超过36,000元的	3
2	超过36,000元至144,000元的部分	10
3	超过144,000元至300,000元的部分	20
4	超过300,000元至420,000元的部分	25
5	超过420,000元至660,000元的部分	30
6	超过660,000元至960,000元的部分	35
7	超过960,000元的部分	45

注1:本表所称全年应纳税所得额是指依照《个人所得税法》第6条的规定,居民个人取得综合所得以每一纳税年度收入额减除费用60,000元以及专项扣除、专项附加扣除和依法确定的其他扣除后的余额。

注2:非居民个人取得工资、薪金所得,劳务报酬所得,稿酬所得和特许权使用费所得,依照本表按月换算后计算应纳税额。

个人所得税税率表二

（经营所得适用）

级数	全年应纳税所得额	税率(%)
1	不超过30,000元的	5
2	超过30,000元至90,000元的部分	10
3	超过90,000元至300,000元的部分	20
4	超过300,000元至500,000元的部分	30
5	超过500,000元的部分	35

注:本表所称全年应纳税所得额是指依照《个人所得税法》第6条的规定,以每一纳税年度的收入总额减除成本、费用以及损失后的余额。

（四）计税依据的确定

（1）居民个人的综合所得,以每一纳税年度的收入额减除费用60,000元以及专项扣除、专项附加扣除和依法确定的其他扣除后的余额,为应纳税所得额。

（2）非居民个人的工资、薪金所得,以每月收入额减除费用5000元后的余额为应纳税所得额;劳务报酬所得、稿酬所得、特许权使用费所得,以每次收入额为应纳税所得额。

（3）经营所得,以每一纳税年度的收入总额减除成本、费用以及损失后的余额,为应纳税所得额。

（4）财产租赁所得,每次收入不超过4000元的,减除费用800元;4000元以上的,减除20%的费用,其余额为应纳税所得额。

（5）财产转让所得,以转让财产的收入额减除财产原值和合理费用后的余额,为应纳税所得额。

（6）利息、股息、红利所得和偶然所得,以每次收入额为应纳税所得额。

劳务报酬所得、稿酬所得、特许权使用费所得以收入减除20%的费用后的余额为收入额。稿酬所得的收入额减按70%计算。

个人将其所得对教育、扶贫、济困等公益慈善事业进行捐赠,捐赠额未超过纳税人申报的应纳税所得额30%的部分,可以从其应纳税所得额中扣除;国务院规定对公益慈善事业捐赠实行全额税前扣除的,从其规定。

第（1）项规定的专项扣除,包括居民个人按照国家规定的范围和标准缴纳的基本养老保险、基本医疗保险、失业保险等社会保险费和住房公积金等;专项附加扣除,包括子女教育、继续教育、大病医疗、住房贷款利息或者住房租金、赡养老人等支出,具体范围、标准和实施步骤由国务院确定,并报全国人民代表大会常务委员会备案。

（五）税收优惠

1. 法定的免税项目

（1）省级人民政府、国务院部委和中国人民解放军军以上单位,以及外国组织、国际组织颁发的科学、教育、技术、文化、卫生、体育、环境保护等方面的奖金;

（2）国债和国家发行的金融债券利息;

(3)按照国家统一规定发给的补贴、津贴；

(4)福利费、抚恤金、救济金；

(5)保险赔款；

(6)军人的转业费、复员费、退役金；

(7)按照国家统一规定发给干部、职工的安家费、退职费、基本养老金或者退休费、离休费、离休生活补助费；

(8)依照有关法律规定应予免税的各国驻华使馆、领事馆的外交代表、领事官员和其他人员的所得；

(9)中国政府参加的国际公约、签订的协议中规定免税的所得；

(10)国务院规定的其他免税所得。

前述第(10)项免税规定,由国务院报全国人民代表大会常务委员会备案。

2. 法定减税项目

有下列情形之一的,可以减征个人所得税,具体幅度和期限由省、自治区、直辖市人民政府规定,并报同级人民代表大会常务委员会备案:

(1)残疾、孤老人员和烈属的所得；

(2)因自然灾害遭受重大损失的。

国务院可以规定其他减税情形,报全国人民代表大会常务委员会备案。

残疾、孤老人员和烈属的所得;因严重自然灾害造成重大损失的;其他经国务院财政部门批准减税的。

(六)征收管理

1. 纳税申报

有下列情形之一的,纳税人应当依法办理纳税申报:(1)取得综合所得需要办理汇算清缴;(2)取得应税所得没有扣缴义务人;(3)取得应税所得,扣缴义务人未扣缴税款;(4)取得境外所得;(5)因移居境外注销中国户籍;(6)非居民个人在中国境内从两处以上取得工资、薪金所得;(7)国务院规定的其他情形。

2. 纳税期限和汇算清缴

(1)居民个人取得综合所得,按年计算个人所得税;有扣缴义务人的,由扣缴义务人按月或者按次预扣预缴税款;需要办理汇算清缴的,应当在取得所得的次年3月1日至6月30日内办理汇算清缴。

(2)非居民个人取得工资、薪金所得,劳务报酬所得,稿酬所得和特许权使用费所得,有扣缴义务人的,由扣缴义务人按月或者按次代扣代缴税款,不办理汇算清缴。

(3)纳税人取得经营所得,按年计算个人所得税,由纳税人在月度或者季度终了后15日内向税务机关报送纳税申报表,并预缴税款;在取得所得的次年3月31日前办理汇算清缴。

(4)纳税人取得利息、股息、红利所得,财产租赁所得,财产转让所得和偶然所得,按月或者按次计算个人所得税,有扣缴义务人的,由扣缴义务人按月或者按次代扣代缴税款。

(5)纳税人取得应税所得没有扣缴义务人的,应当在取得所得的次月15日内向税务机关报送纳税申报表,并缴纳税款。

(6)纳税人取得应税所得,扣缴义务人未扣缴税款的,纳税人应当在取得所得的次年6月30日前缴纳税款;税务机关通知限期缴纳的,纳税人应当按照期限缴纳税款。

(7)居民个人从中国境外取得所得的,应当在取得所得的次年3月1日至6月30日内申报纳税。非居民个人在中国境内从两处以上取得工资、薪金所得的,应当在取得所得的次月15日内申报纳税。

第四节　税收征收管理法律制度

一、税收征收管理法概述

(一)税收征收管理法的概念

税收征管法是有关税收征收管理法律规范的总称,包括税收征收管理法及与税收征收管理活动有关的法律、法规和规章。我国《税收征收管理法》于1993年颁布实施,先后经过1995年、2001年、2013年和2015年4次修改。

(二)我国《税收征收管理法》的立法宗旨及适用范围

我国《税收征收管理法》第1条规定:"为了加强税收征收管理,规范税收征收和缴纳行为,保障国家税收收入,保护纳税人的合法权益,促进经济和社会发展,制定本法。"此条对征收管理法的立法宗旨作了高度概括,不仅要保障国家财政收入也要保障纳税人的合法权益。

我国《税收征收管理法》第2条规定:"凡依法由税务机关征收的各种税收的征收管理,均适用本法。"税收的开征、停征以及减税、免税、退税、补税,依照法律的规定执行;法律授权国务院规定的,依照国务院制定的行政法规的规定执行。任何机关、单位和个人不得违反法律、行政法规的规定,擅自作出税收开征、停征以及减税、免税、退税、补税和其他同税收法律、行政法规相抵触的决定。

二、税务管理

(一)税务登记

税务登记是税务机关对纳税人的生产、经营活动进行登记并据此对纳税人实施税务管理的一种法定制度。税务登记包括开业税务登记、变更税务登记和注销税务登记。

1. 开业税务登记

企业,企业在外地设立的分支机构和从事生产、经营的场所,个体工商户和从事生产、经营的事业单位(以下统称从事生产、经营的纳税人)自领取营业执照之日起30日内,持有关证件向税务机关申报办理税务登记。税务机关应当自收到申报之日起30日内,审核并发给税务登记证件。工商行政管理机关应当将办理登记注册、核发营业执照的情况,定期向税务机关通报。

2. 变更税务登记

纳税人税务登记内容发生变化的,应当自工商行政管理机关或者其他机关办理变更登记之日起30日内,持有关证件向原税务登记机关申报办理变更税务登记。

纳税人税务登记内容发生变化,不需要到工商行政管理机关或者其他机关办理变更登记的,应当自发生变化之日起 30 日内,持有关证件向原税务登记机关申报办理变更税务登记。

3. 注销税务登记

纳税人发生解散、破产、撤销以及其他情形,依法终止纳税义务的,应当在向工商行政管理机关或者其他机关办理注销登记前,持有关证件向原税务登记机关申报办理注销税务登记;按照规定不需要在工商行政管理机关或者其他机关办理注册登记的,应当自有关机关批准或者宣告终止之日起 15 日内,持有关证件向原税务登记机关申报办理注销税务登记。

纳税人被工商行政管理机关吊销营业执照或者被其他机关予以撤销登记的,应当自营业执照被吊销或者被撤销登记之日起 15 日内,向原税务登记机关申报办理注销税务登记。

(二)账簿、凭证管理

1. 关于账簿、凭证的设置。纳税人、扣缴义务人按照有关法律、行政法规和国务院财政、税务主管部门的规定设置账簿,根据合法、有效凭证记账,进行核算。从事生产、经营的纳税人应当自领取营业执照或者发生纳税义务之日起 15 日内,按照国家有关规定设置账簿。

2. 关于账簿、凭证的保管。账簿、记账凭证、报表、完税凭证、发票、出口凭证以及其他有关涉税资料应当合法、真实、完整。账簿、记账凭证、报表、完税凭证、发票、出口凭证以及其他有关涉税资料应当保存 10 年;但是,法律、行政法规另有规定的除外。

3. 关于发票管理。税务机关是发票的主管机关,负责发票印制、领购、开具、取得、保管、缴销的管理和监督。单位、个人在购销商品、提供或者接受经营服务以及从事其他经营活动中,应当按照规定开具、使用、取得发票。其中,增值税专用发票由国务院税务主管部门指定的企业印制;其他发票按照国务院税务主管部门的规定,分别由国家税务总局各省、自治区、直辖市税务局指定企业印制。未经前款规定的税务机关指定,不得印制发票。

(三)纳税申报

纳税人、扣缴义务人必须依照法律、行政法规规定或者税务机关依照法律、行政法规的规定确定的申报期限、申报内容如实办理纳税申报,报送纳税申报表、财务会计报表以及税务机关根据实际需要要求纳税人报送的其他纳税资料。经税务机关批准,纳税人、扣缴义务人可以采取邮寄、数据电文方式办理纳税申报或者报送代扣代缴、代收代缴税款报告表。

纳税人在纳税期内没有应纳税款的,也应当按照规定办理纳税申报。纳税人享受减税、免税待遇的,在减税、免税期间应当按照规定办理纳税申报。

三、税款征收

税款征收是税收管理工作中的中心环节,是全部税收征管工作的目的,在整个税收工作中占有重要地位。

(一)税款征收的原则

1. 税务机关是征税的唯一行政主体原则。根据我国《税收征收管理法》第 29 条的规定:“除税务机关、税务人员以及经税务机关依照法律、行政法规委托的单位和人员外,任何单位和个人不得进行税款征收活动。”

2. 税务机关只能依据法律、行政法规的规定征收税款的原则。根据我国《税收征收管理法》第 28 条第 1 款的规定,税务机关依照法律、行政法规的规定征收税款,不得违反法律、行政法规的规定开征、停征、多征、少征、提前征收、延缓征收或者摊派税款。

3. 税款优先的原则。税务机关征收税款，税收优先于无担保债权，法律另有规定的除外。纳税人欠缴的税款发生在纳税人以其财产设定抵押、质押或者纳税人的财产被留置之前的，税收应当先于抵押权、质权、留置权执行。纳税人欠缴税款，同时又被行政机关决定处以罚款、没收违法所得的，税收优先于罚款、没收违法所得。

（二）税款征收的具体制度

1. 代扣代缴税款制度

扣缴义务人依照法律、行政法规的规定履行代扣、代收税款的义务。对法律、行政法规没有规定负有代扣、代收税款义务的单位和个人，税务机关不得要求其履行代扣、代收税款义务。扣缴义务人依法履行代扣、代收税款义务时，纳税人不得拒绝。纳税人拒绝的，扣缴义务人应当及时报告税务机关处理。税务机关按照规定付给扣缴义务人代扣、代收手续费。

2. 延期纳税制度

纳税人、扣缴义务人按照法律、行政法规规定或者税务机关依照法律、行政法规的规定确定的期限，缴纳或者解缴税款。纳税人因有特殊困难不能按期缴纳税款的，经国家税务总局各省、自治区、直辖市税务局批准，可以延期缴纳税款，但是最长不得超过 3 个月。

3. 税收滞纳金征收制度

纳税人未按照规定期限缴纳税款的，扣缴义务人未按照规定期限解缴税款的，税务机关除责令限期缴纳外，从滞纳税款之日起，按日加收滞纳税款万分之五的滞纳金。

4. 减、免税制度

纳税人可以依照法律、行政法规的规定书面申请减税、免税。减税、免税的申请须经法律、行政法规规定的减税、免税审查批准机关审批。地方各级人民政府、各级人民政府主管部门、单位和个人违反法律、行政法规规定，擅自作出的减税、免税决定无效，税务机关不得执行，并向上级税务机关报告。

5. 税收保全措施

税务机关有根据认为从事生产、经营的纳税人有逃避纳税义务行为的，可以在规定的纳税期之前，责令限期缴纳应纳税款；在限期内发现纳税人有明显的转移、隐匿其应纳税的商品、货物以及其他财产或者应纳税的收入的迹象的，税务机关可以责成纳税人提供纳税担保。如果纳税人不能提供纳税担保，经县以上税务局（分局）局长批准，税务机关可以采取下列税收保全措施：(1) 书面通知纳税人开户银行或者其他金融机构冻结纳税人的金额相当于应纳税款的存款；(2) 扣押、查封纳税人的价值相当于应纳税款的商品、货物或者其他财产。纳税人在限期内已缴纳税款，税务机关未立即解除税收保全措施，使纳税人的合法利益遭受损失的，税务机关应当承担赔偿责任。

6. 税收强制执行措施

从事生产、经营的纳税人、扣缴义务人未按照规定的期限缴纳或者解缴税款，纳税担保人未按照规定的期限缴纳所担保的税款，由税务机关责令限期缴纳，逾期仍未缴纳的，经县以上税务局（分局）局长批准，税务机关可以采取下列强制执行措施：(1) 书面通知其开户银行或者其他金融机构从其存款中扣缴税款；(2) 扣押、查封、依法拍卖或者变卖其价值相当于应纳税款的商品、货物或者其他财产,以拍卖或者变卖所得抵缴税款。

7. 税款的退还和追征制度

纳税人超过应纳税额缴纳的税款,税务机关发现后应当立即退还;纳税人自结算缴纳税款之日起3年内发现的,可以向税务机关要求退还多缴的税款并加算银行同期存款利息,税务机关及时查实后应当立即退还;涉及从国库中退库的,依照法律、行政法规有关国库管理的规定退还。

因税务机关的责任,致使纳税人、扣缴义务人未缴或者少缴税款的,税务机关在3年内可以要求纳税人、扣缴义务人补缴税款,但是不得加收滞纳金。因纳税人、扣缴义务人计算错误等失误,未缴或者少缴税款的,税务机关在3年内可以追征税款、滞纳金;有特殊情况的,追征期可以延长到5年。对偷税、抗税、骗税的,税务机关追征其未缴或者少缴的税款、滞纳金或者所骗取的税款,不受前述规定期限的限制。

四、税务检查

(一)税务检查的概念

税务检查是税务机关根据国家税法和财务会计制度的规定,对纳税人履行纳税义务的情况进行的监督、审查活动。税务检查是税收征收管理工作的重要内容,也是税务监督的重要组成部分。

(二)税务检查的内容

税务机关有权进行下列税务检查。

1. 检查纳税人的账簿、记账凭证、报表和有关资料,检查扣缴义务人代扣代缴、代收代缴税款账簿、记账凭证和有关资料;

2. 到纳税人的生产、经营场所和货物存放地检查纳税人应纳税的商品、货物或者其他财产,检查扣缴义务人与代扣代缴、代收代缴税款有关的经营情况;

3. 责成纳税人、扣缴义务人提供与纳税或者代扣代缴、代收代缴税款有关的文件、证明材料和有关资料;

4. 询问纳税人、扣缴义务人与纳税或者代扣代缴、代收代缴税款有关的问题和情况;

5. 到车站、码头、机场、邮政企业及其分支机构检查纳税人托运、邮寄应纳税商品、货物或者其他财产的有关单据、凭证和有关资料;

6. 经县以上税务局(分局)局长批准,凭全国统一格式的检查存款账户许可证明,查询从事生产、经营的纳税人、扣缴义务人在银行或者其他金融机构的存款账户。

五、法律责任

违法税法的法律责任是指纳税人、扣缴义务人、税务机关及其工作人员以及其他与税收征收管理工作有关的当事人违反我国《税收征收管理法》应承担的行政和刑事责任。纳税人承担的行政责任主要有吊销营业执照、罚款、停止出口退税权、没收违法所得等,情节严重的承担相应的刑事责任。税务人员有违反我国《税收征收管理法》的规定,损害纳税人利益或者国家税收权益,尚不构成犯罪的,依法给予行政处分;构成犯罪的,依法追究刑事责任。

六、税务争议的解决

纳税人、扣缴义务人、纳税担保人同税务机关在纳税上发生争议时,必须先依照税务机关的纳税决定缴纳或者解缴税款及滞纳金或者提供相应的担保，然后可以依法申请行政复议；对行政复议决定不服的，可以依法向人民法院起诉。当事人对税务机关的处罚决定、强制执行措施或者税收保全措施不服的，可以依法申请行政复议，也可以依法向人民法院起诉。当事人对税务机关的处罚决定逾期不申请行政复议也不向人民法院起诉、又不履行的，作出处罚决定的税务机关可以采取强制执行措施，或者申请人民法院强制执行。

复习思考题

一、名词解释

1. 税法要素；2. 居民纳税人；3. 税收优先权；4. 小规模纳税人。

二、单项选择

1. 纳税义务人必须遵守国家税法的规定纳税，否则要受到法律制裁。这是税收的哪一特点的体现（　　）。

A. 强制性　　B. 固定性

C. 法律性　　D. 有偿性

2. 下列各种类型的税率中，适用于从量计征的税率是（　　）。

A. 比例税率　　B. 定额税率

C. 超额累进税率　　D. 超率累进税率

3. 区分不同类型税种的主要标志是（　　）。

A. 税率　　B. 纳税人

C. 征税对象　　D. 纳税期限

4. 纳税人因有特殊困难，不能按期缴纳税款的，经省以上国家税务机关批准，可以延期纳税，但最长不超过（　　）个月。

A. 2　　B. 3

C. 4　　D. 5

三、多项选择

1. 我国《税收征收管理法》规定的纳税申报方式是（　　）。

A. 直接申报　　B. 邮寄申报

C. 电话申报　　D. 数据电文申报

2. 需要经县以上税务局局长批准，才可以对纳税人采取的措施有（　　）。

A. 拍卖扣押商品　　B. 冻结纳税人银行存款

C. 查询企业存款账户　　D. 延期纳税

3. 增值税的征税对象包括（　　）。

A. 销售货物　　B. 提供加工劳务

C. 转让无形资产　　D. 销售不动产

4. 下列属于个人所得税中的综合所得的项目有（　　）。

A. 劳务报酬所得　　B. 稿酬所得

C. 特许权使用费所得　　D. 财产租赁所得

四、案例分析

甲厂为增值税一般纳税人,主要经营实木地板生产,2018 年 6 月委托乙厂加工一批白坯板,甲厂提供的原木成本为 1000 万元,取得增值税专用发票上注明的加工费 400 万元,增值税 64 万元。甲厂收回白坯板后全部直接对外销售,取得不含增值税销售额 2500 万元。乙厂未代收代缴消费税。

问题:

1. 简要说明税法意义上委托加工应税消费品的含义。
2. 乙厂未履行代收代缴消费税义务应承担的法律责任是什么?
3. 甲厂应补缴的消费税税额是多少?

复习思考题参考答案

第一章　法律基础

一、名词解释(略)

二、单项选择

1. A　2. C　3. D　4. A　5. D　6. C　7. A　8. D　9. C　10. B

三、多项选择

1. AC　2. ABCD　3. ABC　4. CD　5. CD　6. ABD

第二章　公司法律制度

一、单项选择

1. C　2. B　3. C　4. C　5. B

二、简答(略)

三、案例分析

1.

(1)不得以劳务出资。

(2)股东不按规定缴纳出资的,除应当向公司足额缴纳外,还应当向已按期足额缴纳出资的股东承担违约责任。

(3)公司成立后,股东不得抽逃出资。

2.

(1)合法。全体发起人购买的股份数不得少于公司应发行股份总数的35%。

(2)公司不能成立时,发起人对设立行为所产生的债务和费用负连带责任。

(3)公司不能成立时,对认股人已缴纳的股款,发起人负返还股款并加算银行同期存款利息的连带责任。

第三章　合伙企业法律制度

一、名词解释(略)

二、单项选择

1. C　2. A　3. B

三、多项选择

1. BD　2. AB　3. BD

四、案例分析

答:有限合伙人不执行合伙事务,普通合伙人可以以劳务出资,合伙人可以约定分担亏损的方式,但不能约定只由部分合伙人承担亏损。

第四章　个人独资企业法律制度

一、名词解释(略)

二、单项选择

1. A　2. A　3. C　4. C

三、简答(略)

四、案例分析

答:现有资产 3 万元先清偿职工工资 2 万元和社会保险费用 1 万元;王某须以个人其他财产清偿税款 6000 元;以个人其他财产清偿甲、乙公司的债务。

第五章　企业破产法律制度

一、名词解释(略)

二、单项选择

1. B　2. A　3. B　4. B　5. D　6. B　7. C　8. C　9. B　10. C

三、案例分析

(1)有权决定解除合同或者继续履行,并通知对方乙公司。

(2)管理人自破产申请受理之日起 2 个月未通知乙公司或者收到乙公司催告之日起 30 日

未答复的,视为解除合同。

(3)赔偿乙公司损失。

(4)支付 100 万元给乙公司。

(5)可以。理由管理人可以在第一次债权人会议召开之前,决定继续或者停止债务人的营业。

第六章　物权法律制度

一、单项选择

1. A　2. D　3. C　4. A　5. C

二、简答(略)

三、案例分析

1. 答:

(1)不可以。不符合留置权的成立条件。

(2)不能。既不符合留置权的实现要求,又不适用善意取得。

2. 答:可以。质权的善意取得。

第七章　工业产权法律制度

一、名词解释(略)

二、单项选择

1. C　2. B　3. D　4. B　5. B　6. A　7. B　8. B　9. C　10. C

三、案例分析

(1)甲研究所。因为李阳是发明人,该发明是为职务发明,专利申请权属于单位即甲研究所。

(2)没有。因李阳在调离原单位 1 年以内做出与在原单位承担的本职工作或者原单位分配的任务有关的发明创造,属于职务发明。专利申请权属于原单位即甲研究所。

(3)可以。

(4)可以。

(5)2024 年 2 月 10 日。

(6)专利权转让无效。转让专利权的,当事人应当订立书面合同,并向国务院专利行政部门登记,专利申请权或者专利权的转让自登记之日起生效。

第八章 合同法律制度

一、单项选择

1. A 2. B 3. D 4. B 5. C 6. C 7. C

二、简答(略)

三、案例分析

1. 答:乙应当为甲更换热水瓶。甲以确定的价格购买了乙出卖的热水瓶,双方形成了有效买卖合同关系。乙在商店入口处以醒目标志标明的“货物出门,概不退换”的规定,应属于格式条款,因为甲要么接受、要么拒绝,不能与乙协商。同时,该条款的目的在于排除乙应承担的瑕疵担保责任、违约责任或依产品质量法而应承担的销售者责任,故应属于免责条款。根据合同法的规定,免除条款提供方责任的格式条款属于无效条款,所以,“货物出门,概不退换”的条款应为无效条款,甲有权要求乙更换热水瓶。

2. 答:(1)甲能够向乙主张抵销。甲与乙的债务均未约定履行期,甲、乙均可要求对方履行,或者向对方作出履行,其债务可以抵销。(2)甲的抵销行为不合法。按照我国《合同法》第99条规定,抵销不得附条件或者附期限。而甲的抵销是附有条件的,即“再过60天,乙的商店还办得下去”。(3)甲不能向乙主张抵销。因为抵销权的行使是民事法律行为,要求抵销权人具有完全民事行为能力。甲成为限制民事行为能力人,抵销需要经过甲的法定代理人的同意。

第九章 票据法律制度

一、单项选择

1. D 2. A 3. B 4. B 5. A

二、简答(略)

三、案例分析

1. 答:

(1)无效,因为这张汇票缺乏出票行为的完整性,导致不满足汇票的形式要件而无效。

(2)根据我国《票据法》关于汇票出票行为的规定,出票人必须在票据上记载“汇票”的字样、无条件支付的委托、确定的金额、付款人名称、收款人名称、出票日期、出票人签章。以上事项欠缺之一者,票据无效。

(3)本案中,承兑银行可以拒绝付款。因为出票行为属于基本的票据行为,由于出票行为缺乏绝对必要记载事项而无效,致使票据无效,即使是银行承兑汇票。在票据由于不满足形式要件而无效时,主根据行为无效,附属票据行为也无效,所以,银行的票据行为无效,银行也就不必付款了。

2. 答：

(1)甲所签发的支票有效。因为，虽然甲签发的支票是空头支票，但是在款式等票据形式方面完全具备法律要求；所以，甲所签发的支票的金额虽然超过在付款人处的实有存款，成为空头支票，但是仍然属于有效的票据。

(2)甲对丙的抗辩不合法。因为虽然赌债是非法之债，但是基于票据无因性原理，票据关系的效力独立于票据基础关系的效力。因此，虽然作为票据基础关系的赌债是非法的，但是由于所签发的票据是有效的票据，所以甲就需要承担出票人的责任，在持票人得不到付款时，承担清偿票据金额的责任。

(3)甲应当对丙承担追索责任。因为虽然甲签发的是空头支票，但是该张支票为有效的票据，那么就可以产生票据效力，包括持票人的付款请求权与追索权与出票人等票据债务人的票据责任。本案中，甲作为出票人，在持票人丙未能得到付款而对其行使追索权时，就应当清偿被追索的票据金额。

第十章　反垄断法律制度

一、名词解释(略)

二、单项选择

1. C　2. D　3. C　4. D

三、简答(略)

四、案例分析

1. 7 大商场的行为属于联合抵制交易的行为，构成横向垄断协议，违反了我国《反垄断法》的相关规定。

2. 2018 年 3 月根据国务院机构改革方案组建国家市场监督管理总局，对反垄断执法机构的设置作了较大调整，将原来分散在商务部、发改委和工商总局的反垄断执法机构合并，统一归属在国家市场监督总局。因此，本案的管辖机构是当地的市场监督管理局，对其可以处 50 万元以下的罚款。

第十一章　反不正当竞争法律制度

一、名词解释(略)

二、单项选择

1. C　2. A　3. C

三、多项选择

1. ABD　2. ACD

四、案例分析

1. 答:考虑欧珀公司是否区别对待并故意干扰用户对“腾讯手机管家”软件的正常使用,降低了用户体验、干扰了用户选择,并可能导致腾讯公司客户的流失,市场份额的减少。

2. 答:误导、欺骗、强迫用户修改、关闭、卸载其他经营者合法提供的网络产品或者服务。

第十二章　产品质量法律制度

一、名词解释(略)

二、单项选择

1. C　2. A　3. D　4. C　5. D

三、多项选择

1. AB　2. ABC　3. BCD　4. ABD

四、案例分析

1. 答:使用不当,容易造成产品本身损坏或者可能危及人身、财产安全的产品,应当有警示标志或者中文警示说明,生产商是否尽到了充分警示,如构成产品缺陷,涉及产品责任的承担。

2. 答:如果乙公司提供的产品不符合产品说明所述质量,但不存在不合理的危险,不构成产品责任,销售者承担产品瑕疵担保责任。

第十三章　消费者权益保护法律制度

一、名词解释(略)

二、单项选择

1. A　2. C　3. D　4. D

三、简答(略)

四、案例分析

1. 答:侵害消费者权益的法律责任有民事责任、行政责任和刑事责任3种。本案适用侵犯消费者人身权的民事责任。

2. 答:经营者提供商品或者服务,造成消费者人身伤害的,应当赔偿医疗费、护理费、交通费等为治疗和康复支出的合理费用,以及因误工减少的收入。造成残疾的,还应当赔偿残疾生活辅助具费和残疾赔偿金;造成死亡的,还应当赔偿丧葬费和死亡赔偿金;造成严重精神损害的，受害人可以要求精神损害赔偿。

第十四章 价格法律制度

一、名词解释（略）

二、单项选择

1. C 2. C 3. B 4. C

三、简答（略）

四、案例分析

答：该行为不合法，违反我国《价格法》第14条第1项的规定，属于“相互串通，操纵市场价格，损害其他经营者或消费者合法权益”的价格违法行为。

第十五章 广告法律制度

一、名词解释（略）

二、单项选择

1. B 2. B 3. D 4. A

三、多项选择

1. AB 2. ABCD 3. ABCD 4. BC 5. ABCD

四、案例分析

答：广告法规定，广告使用数据、统计资料、调查结果、文摘、引用语等引证内容的，应当真实、准确，并表明出处。广告以虚假或者引人误解的内容欺骗、误导消费者的，构成虚假广告。分析由乙所在地还是甲公司所在地的市场监督管理部门更合适。

第十六章 会计和审计法律制度

一、名词解释（略）

二、单项选择

1. B 2. B 3. D 4. A

三、简答(略)

四、案例分析

答:(1)属于伪造会计凭证行为;(2)属于单位负责人强令会计人员伪造会计凭证的行为;(3)属于变造会计凭证的行为。公司负责人对以上造成会计凭证和会计账簿资料不真实的情况承担行政责任;构成犯罪的,承担刑事责任。应更正不真实的会计凭证和会计账簿,规范会计行为,对负有责任的会计机构负责人、会计人员,应依法追究行政责任;构成犯罪的,追究刑事责任。

第十七章　银行法律制度

一、名词解释(略)

二、单项选择

1. C　2. B　3. D　4. A　5. C　6. B　7. B　8. A

三、多项选择

1. ACD　2. ABD　3. BCE　4. ACD　5. AD

四、简答(略)

第十八章　证券法律制度

一、名词解释(略)

二、单项选择

1. D　2. A　3. D　4. A

三、多项选择

1. ABC　2. ABCD　3. ABCD　4. ACD

四、案例分析

答:振兴生化股份有限公司未将担保事项及涉诉情况按临时报告与定期报告要求在证券市场上及时披露,违反了我国《证券法》第193条的规定,构成证券虚假陈述行为。可以对相关单位、人员予以罚款、警告等处罚。结合最高人民法院《关于受理证券市场因虚假陈述引发的民事赔偿案件的若干规定》的规定,符合法定条件的投资人可要求振兴生化股份有限公司对投资损失予以赔偿。

第十九章　保险法律制度

一、名词解释(略)

二、简答(略)

三、案例分析

1. 答:

(1)保险公司的拒赔理由不正确。保险合同已经成立并且生效,被保险人因保险责任范围内的保险事故发生遭受实际损失,保险人应当承担责任。

(2)保险公司有权向乙追偿。我国《保险法》第60条第1款规定:“因第三者对保险标的的损害而造成保险事故的,保险人自向被保险人赔偿保险金之日起,在赔偿范围内代位行使被保险人对第三者请求赔偿的权利。”

2. 答:

(1)有效。我国《保险法》第34条规定:“以死亡为给付保险金条件的合同,未经被保险人同意并认可保险金额的,合同无效。”本案中,投保人与被保险人具有保险利益,并且已经征得被保险人同意,故合同有效。

(2)丧失受益权。我国《保险法》第43条第2款规定:“受益人故意造成被保险人死亡、伤残、疾病的,或者故意杀害被保险人未遂的,该受益人丧失受益权。”

(3)被保险人不承担给付保险金的责任。我国《保险法》第44条规定:“以被保险人死亡为给付保险金条件的合同,自合同成立或者合同效力恢复之日起二年内,被保险人自杀的,保险人不承担给付保险金的责任,但被保险人自杀时为无民事行为能力人的除外。”本案中,被保险人自杀时间,距离合同成立时间不足两年,故保险不承担给付保险金的责任。

第二十章　信托法律制度

一、名词解释(略)

二、单项选择

1. D　2. C　3. A　4. C　5. C

三、多项选择

1. ACD　2. BC　3. ABC　4. ABCD　5. AD

四、简答(略)

第二十一章　税收法律制度

一、名词解释(略)

二、单项选择

1. A　2. B　3. C　4. C

三、多项选择

1. ABD　2. ABC　3. ABCD　4. ABC

四、案例分析

答:

(1)委托加工应税消费品是指委托方提供原料和主要材料,受托方只收取加工费和代垫部分辅助材料加工的应税消费品。

(2)乙厂未履行代收代缴消费税义务,应按照我国《税收征收管理法》的规定,对其处以应代收代缴税款50%以上3倍以下的罚款。

(3)甲厂应补缴的消费税税额 $=2500\times5\%=125$(万元)。

图书在版编目(CIP)数据

经济法概论 / 魏俊, 朱福娟主编. -- 3 版. -- 北京: 法律出版社, 2019(2020.8 重印)
ISBN 978-7-5197-3693-4

Ⅰ. ①经… Ⅱ. ①魏… ②朱… Ⅲ. ①经济法-中国-高等学校-教材 Ⅳ. ①D922.29

中国版本图书馆 CIP 数据核字(2019)第 159338 号

经济法概论(第三版)
JINGJIFA GAILUN(DI-SAN BAN)

魏　俊　朱福娟　主编

策划编辑　沈小英
责任编辑　沈小英　毛镜澄
装帧设计　马　帅

出版　法律出版社
总发行　中国法律图书有限公司
经销　新华书店
印刷　固安华明印业有限公司
责任校对　马　丽
责任印制　吕亚莉

编辑统筹　法治与经济出版分社
开本　787 毫米×1092 毫米　1/16
印张　23.5
字数　546 千
版本　2019 年 8 月第 3 版
印次　2020 年 8 月第 2 次印刷

法律出版社/北京市丰台区莲花池西里 7 号(100073)
网址/www.lawpress.com.cn
投稿邮箱/info@lawpress.com.cn
举报维权邮箱/jbwq@lawpress.com.cn
销售热线/400-660-8393
咨询电话/010-63939796

中国法律图书有限公司/北京市丰台区莲花池西里 7 号(100073)
全国各地中法图分、子公司销售电话:
统一销售客服/400-660-8393/6393
第一法律书店/010-83938432/8433　西安分公司/029-85330678　重庆分公司/023-67453036
上海分公司/021-62071639/1636　深圳分公司/0755-83072995

书号:ISBN 978-7-5197-3693-4
定价:49.80 元
(如有缺页或倒装,中国法律图书有限公司负责退换)